Hannes Hofbauer

Europa. Ein Nachruf

Bibliografische Information der Deutschen Bibliothek:
Die Deutsche Bibliothek verzeichnet diese Publikation
in der Deutschen Nationalbibliografie.
Detaillierte bibliografische Daten sind im Internet über http://dnb.ddb.de abrufbar.

Druck: CPI – Clausen & Bosse, Leck
Printed in Germany
ISBN: 978-3-85371-475-1

Fordern Sie die Kataloge unseres Verlags an:
Promedia Verlag
Wickenburggasse 5/12
A-1080 Wien
E-Mail: promedia@mediashop.at
Web: www.mediashop.at
www.verlag-promedia.de

Hannes Hofbauer

EUROPA
Ein Nachruf

PROMEDIA

Über den Autor

Hannes Hofbauer, geboren 1955 in Wien, studierte Wirtschafts- und Sozialgeschichte. Publizist und Verleger. Im Promedia Verlag ist von ihm u. a. erschienen: »EU-Osterweiterung. Historische Basis – ökonomische Treibkräfte – soziale Folgen« (2. Auflage 2007) und »Feindbild Russland. Geschichte einer Dämonisierung« (2016).

Inhalt

Vorwort . . . 7

1. Europa: Begriff – Mythos – Erdteil . . . 9

2. Die Vorgeschichte . . . 13

Europas ideologisches Substrat:
Die Verschmelzung von Antike und Christentum . . . 13

Tätiges Christentum: Die Kreuzzüge . . . 19

Europas Herrscherhäuser im Kampf um die Vorherrschaft . . . 27

Napoleons Europa: Durch Expansion zur Einheit . . . 30

Utopien und Friedensprojekte . . . 37

Gegen den drohenden Hegemonieverlust: Paneuropa . . . 45

Tausendjähriges Europa . . . 50

3. Nach 1945: Westeuropa wird amerikanisch . . . 59

Von den War-and-Peace-Studies zu Bretton Woods . . . 60

Marshallplan für den Westen, Cocom für den Osten . . . 64

Die Gründerväter der »Europaidee« . . . 71

Unter US-Schirmherrschaft:
Die Herstellung einer deutsch-französischen Achse . . . 79

4. Großraum für Kohle und Stahl: Die Montanunion . . . 85

Die wirtschaftlichen Grundlagen der Montanunion . . . 89

Kernstück der Montanunion . . . 91

5. Vom Kohle-Stahl-Pakt der Sechs zur Wirtschaftsgemeinschaft der Zwölf . . . 93

Die »Römischen Verträge« . . . 93

De Gaulles »Europa der Vaterländer« scheitert . . . 103

RGW und EFTA . . . 105

Von Norden nach Süden: EWG-Erweiterungen . . . 107

6. Neoliberaler Durchstart: Kapitalherrschaft im Binnenmarkt . . . 111

Die »Einheitliche Europäische Akte« . . . 111

Die Wirtschafts- und Währungsunion . . . 118

Die Deutsche Einheit als europäische Triebkraft 120
Die Kriterien von Maastricht 126
Gemeinschaftswährung und Zentralbank 133
7. Die Militarisierung der Europäischen Union 141
Die Vorgeschichte 141
Erste EU-Kampftruppen aus »Amsterdam« 143
Die Einpeitscher 145
Von ESVP bis PESCO: Militärsprech für Aufrüstung 147
Exkurs 157
Die Instrumente der Union 157
Der Rat 157
Die Kommission 162
Der Europäische Rat 165
Das EU-Parlament 167
Der Europäische Gerichtshof (EuGH) 169
8. Gescheiterte (Supra)Staatsbildung 177
Ausfluss von Nizza: ein Konvent 179
Volkes Meinung wird ignoriert: Lissabon 182
9. Die Osterweiterung 187
Katzenjammer im Osten 197
10. Von der Weltwirtschaftskrise zum Brexit 203
Fiskalpakt und »Europäischer Stabilitätsmechanismus« 207
Brüssel weiter auf Expansionskurs: Ostpartnerschaft 214
Innerer Zerfall 217
Brexit 223
Ringsum Feinde 230
11. Brüssels Todesvirus 241
Krisengewinner 247
Neue Leitsektoren 249
Ohnmächtiges Brüssel im Angesicht der Corona-Krise 251
Europa ohne EU denken 256

Literaturliste 263

Vorwort

Mitte März 2020 saß EU-Kommissionspräsidentin Ursula von der Leyen in ihrem Brüsseler Büro und musste tatenlos zusehen, wie ein Mitgliedsland nach dem anderen Verordnungen zu Grenzschließungen erließ, ohne diese zuvor auf EU-Ebene abzustimmen. Am tschechischen Grenzübergang České Velenice fuhren Radpanzer auf, im dänischen Pattburg schleppten Baufahrzeuge Barrikaden heran und überall begann man eifrig damit, Menschen nach ihren Staatsbürgerschaften zu sortieren.

Nicht das auf Sars-CoV-2 getaufte Virus war es, das den Offenbarungseid der EU-europäischen Institutionen bewirkte, sondern die einzelstaatlichen, völlig unkoordinierten Maßnahmen dagegen. Dieses Management der 27 – Großbritannien hatte bereits kurz zuvor die Flucht ergriffen – förderte zutage, was Worthülsen wie »europäische Solidarität« und »Weltoffenheit« wert sind, wenn es auf sie ankommt: nichts.

Doch die EU scheitert nicht bloß am Umgang mit einer Seuche, deren Gefährlichkeit auch ein halbes Jahr nach ihrem Auftauchen umstritten ist. Das europäische Einigungsprojekt war von Anfang an nicht als solidarisches und demokratisches gedacht, sondern folgte immer spezifischen wirtschaftlichen und geopolitischen Interessen. Es ging um die Herstellung eines Großraumes für ökonomische Protagonisten in einem angeblich alternativlosen weltweiten Konkurrenzkampf. Als ideologische Begleiterscheinung dieses Geschäftsmodells wird das Selbstbild einer Wertegemeinschaft gemalt, deren anhaftendes Beiwort »europäisch« etwas erklären soll, das für die meisten BewohnerInnen dieses Raumes keinen Sinn ergibt. Schon die unhinterfragte, auch militärische Einbettung in die transatlantische Allianz macht die Eigenwahrnehmung ihrer Eliten unglaubwürdig. Die Ablösung dieser amerikanisch-europäischen Achse durch den Aufstieg Chinas auf der einen Seite sowie zunehmende regionale und soziale Ungleichheiten auf der anderen Seite beschleunigen den Niedergang der Brüsseler Union.

Ein Blick zurück zeigt, dass Europa-Ideen eine lange historische Tradition aufweisen. Aus der Verschmelzung von Antike und Christentum entsteht im

Hochmittelalter die Grundlage eines Europabildes, das in der Folge in den unterschiedlichsten Varianten auftaucht. Die allermeisten Vorstellungen eines solchen »Europa« waren exklusiv, das heißt, die Feindwahrnehmung bildete die entscheidende Gemeinsamkeit und den Zusammenhalt im Inneren. Neben dem Kampf dynastischer Herrscherhäuser um territoriale Erweiterungen, der mit jeweils unterschiedlichen Vorstellungen von Europa legitimiert wurde, verstanden sich die allermeisten Europa-Ideen als Gegenbilder zur muslimischen und zur russischen Welt. Ausnahmen davon waren selten, dafür umso interessanter.

Der Großteil des Buches beschäftigt sich mit der Entwicklung der europäischen Einigungsbestrebungen nach dem Zweiten Weltkrieg. Dabei wird deutlich, wie sehr die einzelnen Schritte hin zu einem größeren Europa von einer schmalen Schicht vorangetrieben werden, die ausschließlich wirtschaftlichen Interessen folgt. Vom »Komplott« des Kohle-Stahl-Paktes über die Missachtung einer ganzen Reihe von ablehnenden Volksentscheiden bis zur Konstruktion eines EU-»Parlaments«, das nicht einmal über ein gesetzgeberisches Vorschlagsrecht verfügt, steht die Geschichte der Europäischen Union für eine herrschaftliche Einrichtung von oben ohne demokratische Legitimation von unten.

Die Idee Europa faszinierte gleichwohl Menschen und Mächte in unterschiedlichsten Zeitaltern und Formen. Das wird auch nach dem absehbaren Zusammenbruch dieser aktuellen Europäischen Union so sein, weshalb am Ende dieses Buches ein Ausblick auf ein Europa ohne EU gewagt wird.

Mein spezieller Dank gilt den Menschen in meiner Umgebung, mit denen ich seit Jahren über Sinn und Nutzen der Europäischen Union diskutiere. Insbesondere seit der großen Osterweiterung 2004/2007 habe ich den einen oder die andere mit meiner Beharrlichkeit vielleicht irritiert, wofür ich mich – gerade wegen meiner Beharrlichkeit – aber nicht entschuldigen kann. Ich hoffe, die Debatten dienten der gegenseitigen Bereicherung; für mich war es jedenfalls so. Meiner Erstleserin und Lebensgefährtin Andrea Komlosy sei ein besonderer Dank ausgesprochen. Ohne die Hunderten von Stunden, in denen wir miteinander auf- und abdiskutiert haben, wäre dieses Buch nicht entstanden.

Hannes Hofbauer
Wien, im August 2020

1. Europa: Begriff – Mythos – Erdteil

Dunkelland. So könnte man den Begriff »ereb« bzw. »erp« übersetzen, mit dem die unter assyrischer Herrschaft stehenden Phönizier vor 3000 Jahren jenen Landstrich bezeichneten, in dem die Sonne unterging. Damit erklären Altertumsforscher die etymologischen Wurzeln des Wortes »Europa«. Von den BewohnerInnen der phönizischen Städte Kleinasiens aus betrachtet stand »ereb« für das Land der Finsternis, während »asia« den Osten beschrieb, in dem jeden Tag die Sonne aufging. Den Wortsinn übernahm später das Lateinische mit dem Begriffspaar Okzident und Orient. Auch wir sprechen heute noch im Deutschen vom Abendland in Blickrichtung untergehender Sonne und vom Morgenland im Osten. Konträr zu seinen sprachlichen Wurzeln ist es allerdings gelungen, »Europa« einem Bedeutungswandel zu unterziehen. Heute werden mit dem Begriff Helligkeit und Zukunft assoziiert, als ob die Sonne im Westen aufginge und das Dunkel im Asiatischen läge.

In der griechischen Mythologie, also der die Welt erklärenden Erzählung, kommt »Europa« als Frauengestalt vor, die von Göttervater Zeus, der in Gestalt eines Stiers auftritt, geraubt und geschwängert wird. Hier verbinden sich griechische mit phönizischen Gründungsmythen. Denn die von Zeus entführte Europa war die Tochter (oder Schwester) von Phoinix, dem Stammvater der Phönizier. Zeus zeugte mit ihr auf Kreta drei Söhne. Frauenraub war über Jahrtausende eine gängige Praxis, um die Reproduktionskapazitäten eines Stammes zu stärken. Dass der Raub und das anschließende Schwängern der Europa in der Literatur und auf bildlichen Darstellungen (Europa und der Stier) seit der griechischen Antike fast durchwegs als dynamisch und glücksbringend dargestellt wird, zeugt von der seit damals dominanten patriarchalen Gesellschaftsstruktur. Man könnte die mythologische Figur der Europa aber auch als eine von der stärksten Macht, dem Göttervater, verschleppte und vergewaltigte Frau zeichnen. Dies ergäbe – schon von der Altertumserzählung her – ein anderes Europabild.

Wo Europa geographisch zu verorten ist, änderte sich im Zeitenlauf stark. Einem Bericht des Geschichtsschreibers Herodot aus dem 5. Jahrhundert v. u. Z. verdanken wir die vielleicht erste konkrete Territorialisierung. Herodot berichtet über einen Streit zwischen Perserkönig Xerxes und seinem Ratgeber und Onkel Artabanos. Letzterer will im Jahr 480 v. u. Z. einen persischen Feldzug gegen die Griechen verhindern, weil er große Verluste befürchtet, und warnt Xerxes: »Mein König! Es ist billig, daß ich Dir sage, was ich von dem Krieg befürchte. Den Hellespontos willst du überbrücken und das Heer durch Europa nach Hellas führen.«[1] In dieser Quelle taucht Europa als Landstrich zwischen den Dardanellen (Hellespontos) und Griechenland (Hellas) auf. Tatsächlich war »Europós« damals als Bezeichnung für zwei Städte in Makedonien sowie einen Fluss in Thessalien in Gebrauch,[2] während Herodot nur 30 Jahre später in seiner um 445 v. u. Z. erschienenen Landkarte die Welt in drei großen Blöcken zeichnete: Europa, Asia, Libya, wobei letzteres für damals bekannte afrikanische Gebiete steht.

Als Grenze zwischen Europa und Asia nimmt Herodot den Fluss Tanaïs (Don) sowie das Asowsche Meer an, fragt sich aber zugleich, wozu es überhaupt nötig sei, »drei Erdteile Libya, Asia und Europa zu unterscheiden«.[3] Die Frage, wo Europa in Hinblick auf die eurasische Landmasse aufhört und wo Asien beginnt, treibt seit dem Altertum nicht nur Geographen um. Ein Blick auf die heutige Weltkarte könnte einem ob der aktuellen wirtschafts- und geopolitischen Verschiebungen zu der Ansicht verleiten, Europa wäre auch geographisch gesehen nur ein »Vorgebirge des asiatischen Kontinents« bzw. »eine Halbinsel Asiens«, wie der französische Philosoph Paul Valéry anmerkte.

Die Neuzeit hatte der Grenzziehung zwischen Europa und Asien, wie sie von Herodot vorgenommen wurde, nichts Wesentliches hinzuzufügen. Der bekannte kaiserliche Diplomat Sigismund von Herberstein vermerkte zur Mitte des 16. Jahrhunderts: »Tanais oder Don ist ein namhafftiger bekandter fluß, welcher Europam von Asia absünderet.«[4] Das Russland östlich davon zählte Herberstein zu Asien. Erst im 18. Jahrhundert einigten sich westeuropäische und russische Experten auf Gebirge und Fluss Ural als Ostgrenze Europas, wobei bis heute der genaue Verlauf nicht zuletzt aufgrund von Achsenverschiebungen des Gebirges umstritten ist. Eine allgemein anerkannte Grenzlinie fehlt auch

1 Herodot, Historien, Deutsche Gesamtausgabe, Buch VII. Stuttgart 1971
2 Wolfgang Schmale, Geschichte Europas. Wien-Köln-Weimar 2001, S. 21
3 Herodot, zit. in: Wolfgang Geier, Europabilder. Begriffe, Ideen, Projekte aus 2500 Jahren. Wien 2009, S. 8
4 Sigismund von Herberstein, Rerum moscoviticarum commentarii (erschienen 1567), zit. in: John Hale, Die Kultur der Renaissance in Europa. München 1994, S. 39

im Kaukasus zwischen dem Schwarzen und dem Kaspischen Meer. Landvermesser kommen heutzutage auf 10,5 Millionen Quadratkilometer Land, die sie zu Europa rechnen.

Mit seiner Begriffsbestimmung und territorialen Festlegung hat der Erdteil für uns allerdings noch keine Bedeutung gewonnen. Was macht Europa aus? Wer bedient sich seiner? Und warum scheitern Europapläne immer wieder? Solchen Fragen wollen wir uns in diesem Buch widmen und hoffen, damit der vorherrschend apologetischen Debatte ein wenig historische Wirklichkeit und notwendige Nüchternheit entgegensetzen zu können. Denn es ist sicher nicht ausreichend, Europa als Teil des Zivilisationsprozesses zu definieren, wie es Norbert Elias vorgeschlagen hat.[5] Eine solche Wahrnehmung läuft auch Gefahr, ein Europabild weiterzutragen, das sich Jahrhunderte lang als ein den Orientalen und den Barbaren zivilisierendes Projekt verstanden hat, um damit seinen expansiven Drang zu legitimieren. Seit der Kolonisierung Amerikas im 16. Jahrhundert hatte sich Europas Präsenz in der Welt in Form von Forts und Stützpunkten manifestiert, mit denen Handelsnetze über ganze Weltregionen gesponnen wurden.[6] Europäisierung galt damals als Kontrolle der Schifffahrt und des Handels, Einwanderung weißer Abenteurer und Siedler mit dem nicht seltenen Effekt der Ausrottung einheimischer Bevölkerungen. Zugleich sorgte Kapitalexport aus den europäischen Zentralräumen Spaniens, Portugals, den Niederlanden, Frankreichs und Großbritanniens für Normierungen im wirtschaftlichen, rechtlichen und später kulturellen Bereich.

Vor diesem Hintergrund können wir uns nicht damit zufrieden geben, Europa dort zu sehen, »wo Menschen von Europa reden und schreiben, wo Menschen Europa malen oder in Stein meißeln, oder anders ausgedrückt, wo Menschen Europa imaginieren und visualisieren ...«, wie der Historiker Wolfgang Schmale schreibt.[7] Derlei postmoderne Zuschreibung hat zwar den Vorteil, dass sich jede und jeder sein Bild von Europa selbst anfertigen kann, einer allgemeinen, kollektiven Erkenntnis ist damit jedoch nicht gedient.

5 Norbert Elias, Über den Prozeß der Zivilisation. Soziogenetische und psychogenetische Untersuchungen. Bern 1969

6 Andrea Komlosy, Europa und seine Grenzen, in: Thomas Ertl/Andrea Komlosy/Hans-Jürgen Puhle (Hg.), Europa als Weltregion. Zentrum, Modell oder Provinz? Wien 2014, S. 18

7 Schmale, S. 14

Demgegenüber stellt der Kultursoziologe Wolfgang Geier trocken fest: »Europa war in der Vergangenheit und ist in der Gegenwart als ›Einheit‹, als Ganzes, ein ›imaginärer Kontinent‹, eine Utopie oder Vision, eine in vielen Ausformungen erscheinende Antizipation eines möglicherweise gar nicht erreichbaren Zustandes«.[8] Und die Wiener Historikerin Andrea Komlosy beantwortet die Frage, wo Europas Identität geistesgeschichtlich gefunden werden kann, mit der radikalen Feststellung: »Eine (…) Kontinuitätslinie stellt die Tatsache dar, dass Europa niemals eine politische oder kulturelle Einheit dargestellt hatte. Gleichwohl war die Vielfalt von Staaten und Kulturregionen, die sich als europäisch verstanden, stets mit dem Anspruch einzelner Teilregionen konfrontiert, als Pars pro Toto zu definieren, was als ›Europa‹ bzw. ›europäisch‹ zu gelten habe.«[9] Im Umkehrschluss wird damit auch klar, was bzw. wer – je nach Zeitpunkt – als nicht-europäisch galt: Barbaren, Heiden, orthodoxe Christen, Muslime, Kommunisten, Nationalisten etc.

In Europa prallen seit alters her unterschiedliche Hemisphären aufeinander, mögen sie religiös, politisch oder ökonomisch inspiriert sein. Wie zu keinem anderen Kontinent gehören zu Europa Trennungen und Teilungen, die über Jahrhunderte in Kriegen, Friedensschlüssen, Verträgen und wieder Kriegen zum Ausdruck kommen. Auch heute wieder scheitert solch ein Vertrag an der Wirklichkeit. Die Europäische Union kann ihren europäischen Anspruch nicht erfüllen.

8 Geier 2009, S. 10
9 Komlosy 2014, S. 30

2. Die Vorgeschichte

Europas ideologisches Substrat: Die Verschmelzung von Antike und Christentum

Griechisches Altertum und Christianisierung sind die beiden Grundpfeiler, auf denen europäisches Sein und Bewusstsein errichtet wurden. Römisches Rechtsempfinden und ein universalistisches Weltbild entpuppten sich als wesentliche Zutaten. Ihr hegemonialer Anspruch begründete den expansiven Charakter des Europäertums.

»Die Griechen erfanden die Freiheit des Einzelnen«, definiert der Historiker Rolf Hellmut Foerster den Ursprung der europäischen Identität und setzt fort: »Der Schritt von verschleiertem Allgefühl zum klaren Weltbewußtsein ließ einen neuen Begriff vom Menschen entstehen. (...) Hier wurzelt unsere Wissenschaft, unsere Philosophie und folglich auch unser Staatsdenken.«[10] Der antike griechische (eleutheria) und römische (libertas) Begriff von Freiheit hat mit seiner modernen Verwendung indes wenig zu tun. Im Weltbild von Aristoteles (350 v. u. Z.) war es in philosophischer Hinsicht die Freiheit des Denkens, die gemeint war, und politisch gesehen die Freiheit, »die staatliche Gewalt unter die Bürger des Landes aufzuteilen«, wie es Benjamin Constant schon 1819 beschrieben hat.[11] Aus dieser proto-demokratischen Haltung speist sich, rückblickend, die Idee von einer griechisch-europäischen Identität.

Die große Mehrheit der Bevölkerung in der griechischen Antike konnte von Freiheit nicht einmal träumen. Wie das Verhältnis zwischen freien Bürgern und Sklaven war, lässt sich aufgrund fehlender systematischer Volkszählungen schwer schätzen. Einzig in der bevölkerungsreichen Region Attika gab es im 4. Jahrhundert unter Demetrios von Phaleron eine statistische Erhebung. Aus dieser geht hervor, dass dort 21.000 Bürger und 400.000 Sklaven lebten.[12] Die antike

10 Rolf Hellmut Foerster, Europa. Geschichte einer politischen Idee. München 1967, S. 11

11 Zit. in: Uwe Walter, Skinners Seitenblick – antike und moderne Freiheit. In: https://blogs.faz.net/antike/2009/02/02/skinners-seitenblick-antike-und-moderne-freiheit/ (30.3.20)

12 https://de.wikipedia.org/wiki/Sklaverei_im_antiken_Griechenland#Wirtschaftliche_Bedeutung (13.8.2019)

Gesellschaft der griechischen Stadtstaaten zeichnete sich durch eine extreme soziale Differenz aus, was ihrer Inanspruchnahme als Ursprung europäischer Werte keinen Abbruch tat.

Es war die kulturelle Hegemonie über Küstenstriche, die Götterverehrung beispielsweise im Apollo-Kult, die über ganz Griechenland hinweg gemeinschaftsbildend wirkte. Sie äußerte sich ebenso in Pilgerfahrten nach Delphi. Foerster sieht in diesen kultischen Versammlungen Vorläufer von Bünden wie dem Attischen Seebund oder dem Peloponnesischen Bund, die zwischen den einzelnen Stadtstaaten Verträge schlossen und damit erste »europäische« Verbindungen darstellten.

Im Städtebund der pyläisch-delphischen Amphiktyonie waren seit dem 8. Jahrhundert v. u. Z. nicht zufällig zwölf Stämme zusammengeschlossen, galt doch die Zahl 12 den Griechen als heilig; so existierten zwölf olympische Götter und Herkules musste zwölf Aufgaben erfüllen, um den Mord an seiner Frau und drei Kindern zu sühnen. Im Laufe der Zeit erweiterte sich der Bund auf 30 Mitgliedsstaaten, die sich – dies war der heiligen Zahl geschuldet – die zwölf Stimmen auf gemeinsamen Versammlungen teilen mussten. Ob über 2000 Jahre später in Brüssel der Verantwortliche daran dachte, als er einem Grafikbüro die Aufgabe erteilte, eine Fahne für die Europäische Gemeinschaft zu entwerfen?

Die christlichen Wurzeln haben sich tief ins europäische Sein und Bewusstsein gegraben. Galten den Griechen des Altertums in erster Linie die Perser als Feinde, die sie ihr eigenes, später als europäisch interpretiertes Selbstbild prägen ließen, so betrachtete das christliche Europa die Muslime als entscheidendes Gegenbild. In vorislamischer Zeit dienten noch (germanische) Barbaren bzw. der Kampf gegen diese der christlichen Selbstfindung. Die Zerstörung Roms durch das Gotenheer Alarichs im Jahr 410, dem sich Hundertschaften von entlaufenen Sklaven anschlossen, hinterließ eine traumatisierte frühchristliche Gesellschaft, die sich in Selbstzweifeln aufzugeben drohte. Es war der lateinische Kirchenmann Augustinus (354–430) mit seinem Monumentalwerk »De civitate Dei« (»Über den Gottesstaat«), der der Christenheit wieder Mut einflößte. Augustinus entwickelte einen göttlichen Heilsplan zur Wiedererrichtung eines christlichen Roms und rettete damit – laut Foerster – die Idee Europa, die freilich erst in der Neuzeit als solche auftauchte.[13] Augustinus' Schrift gegen den Untergang, in der er auch den notwendigen, gottgefälligen Krieg preist, gilt seit damals als früh-europäischer Schlüsseltext. Das darin bestimmende christliche Element wurde also erst nachträglich in ein europäisches umgedeutet.

Parallel zu dem seit dem 7. Jahrhundert einsetzenden, wahrlich epochalen christlich-muslimischen Kulturkampf spaltete sich die Christenheit in zwei Lager. Rom und Byzanz/Konstantinopel standen sich bald feindlich gegenüber. Es entstand eine innereuropäische »›Antemurale Christianitatis‹ (Vormauer der Christenheit, d. A.) zwischen dem fränkisch-germanischen, römisch-katholischen ›Westen‹ auf der einen und dem überwiegend süd- und ostslawischen, griechisch-orthodoxen ›Osten‹« auf der anderen Seite.[14] Das große Morgenländische Schisma von 1054, das der (west)römische Papst Leo IX. durch die Exkommunikation seines oströmischen Rivalen Michael I. Kerularios in die Wege leitete, vollzog die innerchristliche Scheidelinie formal – sie ist bis heute in Kraft. Nach der Plünderung Konstantinopels durch katholische Kreuzfahrer im Jahr 1204 wartet die Ostkirche bis heute auf eine Entschuldigung Roms. Patriarch Bartolomeos I. forderte eine solche 800 Jahre später anlässlich einer Einladung zum Gedenken an die massenmörderische Tragödie im Festsaal der Wiener Akademie der Wissenschaften. Eine Antwort bekam er nicht, nahm doch sein katholischer Gegenspieler, Papst Johannes Paul II., an der von der kirchlichen Arbeitsgemeinschaft Pro Oriente ausgerichteten Konferenz nicht teil.[15]

Ein bis in unsere Tage betriebener Europa-Mythos ist mit dem fränkischen König und späterem römisch-deutschen Kaiser Karl (dem Großen) verbunden. In der Geschichtswissenschaft kursiert über seine Wirkungsmacht eine eigene, sogenannte Translationstheorie. Der zufolge ging mit der Krönung Karls zu Weihnachten des Jahres 800 das byzantinische Kaisertum auf den Franken über, womit die Grundlage für das Heilige Römische Reich (später: deutscher Nation) geschaffen worden sei. Dieses bis 1806 bestehende Imperium gilt vielen als historisch bedeutendste Ausprägung einer europäischen Idee, weil seine

13 Foerster 1967, S. 28

14 Wolfgang Geier, Europabilder. Begriffe, Ideen, Projekte aus 2500 Jahren. Wien 2009, S. 29–30

15 89. Ökumenisches Symposion der Stiftung »Pro Oriente« zum Thema »Orthodoxe und Griechisch-Unierte in der Westukraine«, Mitschrift vom 30. Juni 1998

Staaten-übergreifende Klammer sich als Vorbild für die Europäische Union interpretieren lässt.

Tatsächlich schlitterte der Frankenkönig Karl mitten hinein in eine innerrömische Intrige, von einer Belebung des (römischen) Reichsgedankens oder einer abendländischen Einheit, die ihm Generationen von nachgeborenen Europäern unterstellen, wollte er nichts wissen. Die Geschichte begab sich so: Papst Leo III. hatte Streit mit einem kirchlichen Rivalen, der Rom bürgerkriegsähnliche Zustände bescherte. Um den Rivalen auszuschalten bzw. wegen welcher Delikte auch immer schuldig sprechen zu können, bedurfte es eines kaiserlichen Schiedsspruchs. Doch der Kaiser saß in Byzanz und der Bosporus war weit weg, zudem herrschten winterliche Verhältnisse, die es nicht erlaubten, einen Sendboten in den Osten zu schicken. Also bat Papst Leo III. seinen damaligen Schutzherrn Karl nach Rom, lockte ihn in den Dom und krönte ihn zum Kaiser. Karl versicherte anschließend, dass er nicht in die Kirche eingetreten wäre, hätte er von dem Vorhaben gewusst.[16] Papst Leo III. bekam seinen Schiedsspruch und wurde seinen Widersacher los – während Karl nicht zum Schöpfer eines gesamteuropäischen Reiches aufstieg. Im Gegenteil: In weiten Teilen Europas herrschten um das Jahr 800 anarchische Zustände; Spanien, England und Schottland spürten von der Macht des Kaisers ebenso wenig wie Polen, Skandinavien oder Ungarn. Im Jahr 814 erstreckte sich der Fränkische Reich im Westen bis Nantes, im Süden bis Rom und umschloss im Osten Bayern.

Umso verwunderlicher ist es, dass es ausgerechnet jener Karl ist, der dem wichtigsten und renommiertesten Preis »für die europäische Einigung« seinen Namen gibt. Der Karlspreis wird seit 1950 in Aachen vergeben, sein erster Preisträger war der alt-österreichische Adelige Richard Coudenhove-Kalergi (für seine Idee einer paneuropäischen Union; den Adelstitel hatten seine brabantinischen Vorfahren pikanterweise für die Teilnahme am Kreuzzug 1099 erhalten), es folgten u. a. 1952 Alcide De Gasperi (für den italienischen Einsatz zur Gründung der NATO), 1957 Paul Henri Spaak (für das Zustandebringen der Staatengemeinschaft Benelux), 1958 Robert Schuman (für die Gründung der

16 Foerster 1967, S. 37f.

Montanunion), 1963 Edward Heath (für die britischen Beitrittsverhandlungen), 1987 Henry Kissinger (für sein Verdienst um die Entspannungspolitik, zu der die Ausweitung des Vietnam-Krieges und der Putsch gegen Chiles Präsidenten Salvador Allende gehörten), 1988 François Mitterrand und Helmut Kohl (für die deutsch-französische Zusammenarbeit), 1991 Václav Havel (für die Verdienste um das Ende der kommunistischen Herrschaft in der Tschechoslowakei), 1995 Franz Vranitzky (für das Zustandekommen des EU-Beitritts Österreichs), 2000 Bill Clinton (offiziell für das Lancieren der irischen Friedensgespräche, inoffiziell für den Krieg gegen Jugoslawien), 2002 Wim Duisenberg als persönlicher Vertreter des »Euro« (für die Herstellung einer gemeinsamen Währung), 2006 Jean-Claude Juncker (für sein EU-europäisches Engagement), 2018 Emmanuel Macron (für seine Neubegründung des europäischen Projektes, wo immer die Jury ein solches gesehen haben mag).

Karl dem Großen wird jedenfalls bei jeder dieser Verleihungen Unrecht getan, erst seine Instrumentalisierung durch spätere Europabegeisterte auf ihrer Suche nach europäischen Ursprüngen machte ihn zum »Pater Europae«.

Ähnlich erging es den ottonischen Nachfolgern auf dem Kaiserstuhl. Ihre gewaltsam betriebene Christenmission der Slawen und Ungarn verliehen Otto I. (936–973) und Otto III. (980–1002) lange nach deren Tod »europäische« Würden. »Mit dem Sieg am Lechfeld«, schreibt der Historiker Michael Gehler in Anspielung auf die blutige Auseinandersetzung mit dem ungarischen Heer im Jahr 955, »der Slawenmissionierung und der Übernahme der Königsmacht in Oberitalien bekam sein (Ottos, d. A.) Königreich europäische und imperiale Züge.«[17] Tatsächlich handelte es sich bei dem für die weitere Geschichte des Kontinents entscheidenden Kriegsgang um eine Konsolidierung Westeuropas, um eine apostolische Mission. Denn der ungarische Heerführer Bulscú war ein christlich getaufter »Patricius« des (ost)römischen Reiches, versehen mit byzantinischen Insignien. Auf dem Lechfeld standen sich also die lateinische und die griechische Welt im Herzen des europäischen Kontinents gegenüber. Otto I. ließ den besiegten Bulcsú unmittelbar nach dem Ende der Schlacht aufhängen, um ihn symbolhaft und weithin sichtbar seiner aus Byzanz mitgebrachten

17 Michael Gehler, Europa. Von der Utopie zur Realität. Innsbruck–Wien 2014, S. 18

christlichen Heilkraft, die die Taufe mit sich bringt, zu berauben.[18] Die Ungarn wechselten daraufhin ins römisch-katholische System. Diese »Heimholung« byzantinisch-orthodox getaufter Christen unter die Fittiche des römischen Papstes wiederholte sich in der späteren Geschichte übrigens immer dann, wenn orthodoxe Gläubige durch territoriale Machtausdehnung in ein weströmisches Umfeld gelangten.[19] Die griechisch-katholischen Unierungen seit dem 16. Jahrhundert erfassten weite Teile Osteuropas.

Der bekannte polnische Historiker Oskar Halecki nimmt die Zeitenwende des Jahres 1000 in den europäischen Blick und stellt fest, dass neben der Unabhängigkeit Polens das »neubekehrte Ungarn« sowie die »Bekehrung zum Christentum der drei skandinavischen Königreiche zu selbstständigen Mitgliedern der europäischen Gemeinschaft« die großen Zäsuren jener Tage waren, die als »Enddatum im Aufbau Europas angesehen werden« können.[20] Mit dem Begriff des »neubekehrten Ungarn« wird die ausschließliche Anerkennung einer europäischen Identität als eine (west)römische unterstrichen. In Byzanz Getaufte galten schon in der Schlacht am Lechfeld 955 nicht als wahre Christen, wurden 1054 im Zuge des großen Schismas exkommuniziert und während des Kreuzzugs 1204 massakriert. Die Konstruktion des europäischen Selbstverständnisses als ein exklusiv weströmisches, dessen Zentrum sich über die Jahrhunderte von Rom weg oftmals verlagert hatte und aktuell in Brüssel festgemacht werden kann, hat sich seither nicht substanziell verändert. Wir erinnern uns noch an den Fall des Eisernen Vorhanges, der von Politik und Medien im Westen unter dem Stichwort »Rückkehr nach Europa« abgefeiert wurde. Diese euphorisch gebrauchte Wortsentenz, die das Ende der kommunistischen Epoche im Osten des Kontinents beschrieb, stieß sich nicht daran, dass die Rückkehr der osteuropäischen Länder historisch streng genommen eine in die vorkommunistischen Zeiten war, also in die Zeit der Herrschaft von deutschem Nationalsozialismus, italienischem Faschismus und deren osteuropäischen Handlangerregierungen. Dies war mit dem Bild der Rückkehr freilich nicht gemeint, man hatte damit

18 Vgl. Viorel Roman/Hannes Hofbauer, Transsilvanien – Siebenbürgen. Begegnung der Völker am Kreuzweg der Reiche. Wien 1996, S. 31

19 Andrea Komlosy, Europa und seine Grenzen, in: Thomas Ertl/Andrea Komlosy/Hans-Jürgen Puhle (Hg.), Europa als Weltregion. Zentrum, Modell oder Provinz? Wien 2014. S. 28

20 Oskar Halecki, Europa. Grenzen und Gliederung seiner Geschichte. Darmstadt 1957, S. 34

länger Gültiges, Universelles im Sinn, auch wenn dies auf die partikulare Situation in Osteuropa niemals zutraf: die Zugehörigkeit zu einem vom Westen dominierten Europa, dessen Wurzeln in der Verschmelzung von Antike und weströmischem Christentum liegt.

Tätiges Christentum: Die Kreuzzüge

Im mittelalterlichen Kreuzzugsgedanken fand sich eine erste, weite Teile Europas umfassende Bewegung wieder. Kreuzzüge waren, so sieht es die vorherrschende Geschichtswissenschaft, europäische, ja kosmopolitische Unterfangen.[21] Zeitgenossen bezeichneten sie als Expeditionen (»expeditio«) oder Pilgerfahrten (»peregrinatio«). Sie waren anfangs sehr beliebt, Zehntausende Christen aus Italien, Frankreich, Spanien und deutschsprachigen Ländern schlossen sich ihnen an. Als Initialzündung für den ersten großen Kreuzzug gilt die Eroberung Jerusalems durch turksprachige Seldschuken im Jahre 1077. Die den Christen heilige Stadt befand sich zwar bereits seit dem 7. Jahrhundert in muslimischen Händen, gegen Ende des 11. Jahrhunderts wurden die Stimmen zur Befreiung Jerusalems allerdings lauter. Dies war auch darauf zurückzuführen, dass mit der Seldschuken-Herrschaft die bis dahin üblichen christlichen Pilgerfahrten immer gefährlicher wurden und Berichte über Schikanen und todbringende Übergriffe zunahmen. Solche Pilgerfahrten nach Jerusalem waren das gesamte Frühmittelalter hindurch ein einträgliches Geschäft für Handelsunternehmen aus Venedig und anderen italienischen Stadtstaaten gewesen. Nun drohten die Seldschuken diesem Wirtschaftszweig den Garaus zu machen.

Der päpstliche Aufruf von Urban II. zur ersten »expeditio«, zum ersten Kreuzzug im Jahr 1095 war also nicht nur gottgewollt, sondern hatte auch wirtschaftliche Hintergründe. Und mehr als das: zunehmende Landknappheit im Westen Europas stellte vor allem die jüngeren Söhne von Adelsfamilien vor das Problem, kein adäquates Einkommen und damit Auskommen erwirtschaften zu können. Im Heiligen Land entlang der Levante erhoffte man sich neuen Besitz und erlangte gleichzeitig per päpstlichem Beschluss Ablass für alle Sünden.

21 Vgl. Foerster 1967, S. 42

Die Rechnung sollte – vorerst – aufgehen. Wirtschaftlich in Europa zu kurz gekommene Adelssprösslinge gründeten eine Reihe von Kreuzfahrerstaaten im moslemischen Morgenland. Keiner von ihnen erlebte seinen 200. Gründungstag.

Was die Kreuzfahrerei als europäische Bewegung auszeichnet, ist neben ihrer »internationalen« Teilnehmerschar und dem ökonomischen Antrieb auch eine besondere postulierte Gemeinsamkeit. Diese kommt in der Losung Papst Urbans II., mit der er zum Sturm auf das Heilige Land rief, zum Ausdruck: »Kein Christ streite mehr wider den anderen«, verkündete Gottes Stimme auf Erden im Jahr 1095, »damit das Christentum selbst nicht untergehe. (…) Es höre auf Mord und Feindschaft und Bedrückung.«[22]

Zwischen 1096, als das erste Ritterheer den päpstlichen Aufruf in die Tat umsetzte, und 1272 fanden sieben große Kreuzzüge statt, weitere kleinere folgten bis Ende des 14. Jahrhunderts.[23] Sie wirkten über weite Strecken einigend auf die zerstrittenen europäischen Fürstenhäuser, konnten Kriegsgänge untereinander gleichwohl nicht verhindern. Kaiserliche, englische und französische Heere ritten gegen die Ungläubigen, konnten sich aber meist nicht auf ein gemeinsames Kommando einigen. Über zwei Jahrhunderte verwüsteten sie immer wieder ganze Landstriche im Nahen Osten, meuchelten die dortige muslimische Bevölkerung und scheuten im 4. Kreuzzug (1202–1204) auch nicht davor zurück, das christliche Konstantinopel in Schutt und Asche zu legen, weil die Glaubensbrüder und -schwestern aus dem Osten dem Papst in Rom als Häretiker galten.

Einzelne Theologen wie der Würzburger Gerhoch von Reichersberg übten schon damals Kritik an den gewalttätigen Vormärschen der Ritterheere, indem sie sich auf Bibelzitate z. B. aus dem Matthäusevangelium beriefen.[24] Dort wird demjenigen, der das Schwert zuerst zieht, prophezeit, dass er durch das Schwert sterben werde. Päpste und Kreuzzugsteilnehmer ließen sich davon nicht beirren. Und auch in späterer Zeit mündete die Beschäftigung mit den Kreuzzügen in der westeuropäischen Historiographie kaum je in eine fundamentale Ablehnung. Vielmehr überwog bis ins 19. Jahrhundert die Ansicht, es handelte

22 zit. in: Karl Heinrich Peter (Hg.), Reden, die die Welt bewegten. Stuttgart 1959, S. 14

23 In der ersten Hälfte des 12. Jahrhunderts fanden auch Kreuzzüge gegen die elbslawischen Wenden und andere Ostseevölker statt, um sie – in Christi Namen – zu missionieren.

24 https://www.wikizero.com/de/Kreuzzug (19. 9. 2019)

sich, trotz (oder vielleicht auch wegen) des expansiven Charakters um eine erste gemeinsame »europäische« Angelegenheit: den Kampf gegen den Islam. Einer der bekanntesten Kulturhistoriker des 19. Jahrhunderts, Jacob Burckhardt, brachte 600 Jahre nach all den päpstlich gedeckten Massakern diese Sicht auf den Punkt: »Der Kreuzzug vollendet das Gefühl eines gemeinsamen okzidentalischen Lebens.«[25]

Die Hochblüte der Kreuzzüge war längst vorüber, als im Jahre 1306 die Schrift »De recuperatione terrae sanctae« (»Über die Wiedergewinnung des Heiligen Landes«) erschien. Verfasser war der engste juristische Berater des französischen Königs Philipp IV. (des Schönen), Pierre Dubois (ca. 1255–1321). In Reaktion auf den 7. Kreuzzug und einem Massaker an muslimischen Händlern hatten die Mameluken zwischen 1289 und 1291 das libanesische Tripoli und das palästinensische Akkon erobert, womit das »europäische«, christliche Abenteuer im Nahen Osten beendet schien. Innenpolitisch stieß man sich in Frankreich Anfang des 14. Jahrhunderts an der Allmacht des Papstes, die sich erst vor wenigen Jahrzehnten herausgebildet hatte; zuvor gab es bischöfliche Versammlungen und Synoden, die eine Art demokratische Grundstruktur für Gottes Vertretung auf Erden darstellten. Pierre Dubois beschrieb beide Ursachen der grassierenden Unzufriedenheit, die Niederlage der katholischen Kreuzfahrer im Nahen Osten und die sich aufplusternde päpstliche Herrschaft, in seiner aus 142 Paragraphen bestehenden Flugschrift. Darin schlug er einen Zusammenschluss der (west) europäischen Reiche und Fürstenstaaten zu einem einzigen Staat vor. »Jede vereinte Kraft«, so der französische Scholastiker, »ist stärker als dieselbe Kraft im Zustand der Zerstreuung. Deshalb wäre es gut, wenn unter allen Katholiken (...) der Friede dadurch gesichert würde, dass sie sich gleichsam zu einem einzigen Staat zusammenschließen.«[26] Konkret wandte sich Dubois gegen das Heilige Römische Reich (Sacrum Imperium), dessen Krone zu jener Zeit Albrecht I. von Habsburg trug. Statt des dort üblichen Systems der Königswahl, das Dubois für ineffektiv und untragbar hielt, forderte er die Installierung einer Erbmonarchie.

25 Jacob Burckhardt, Historische Fragmente. Aus dem Nachlaß gesammelt von Emil Dürr. Basel 1942, S. 55, zit. in: Foerster 1967, S. 43

26 zit. in: Jürgen Mittag, Kleine Geschichte der Europäischen Union. Von der Europa-Idee bis zur Gegenwart. Münster 2008, S. 38

Dubois trat ferner für eine großräumige »Welt«wirtschaft ein und einen stärkeren Handel mit dem Orient. Sein eigentliches Ziel einer geeinten Christenheit – gemeint als Katholiken – verband er mit dem Kreuzzugsgedanken. So sollte jeder am »europäischen Völkerverein« beteiligte Fürst eine ständige Truppenpräsenz in Palästina bereitstellen. Und jeder europäischen Nation wäre nach dem Plan Dubois' ein ihrer Stärke entsprechendes Gebiet im Heiligen Land zugewiesen worden; wobei sich der Berater des französischen Königs für Jerusalem und Akkon eine gemeinsame Verwaltung vorstellte.[27]

Pierre Dubois im Wortlaut: »Zur Wiederbelebung und Behauptung des Heiligen Landes muß eine gewaltige Kriegsschar aufgeboten werden. Wenn so viele Menschen dorthin ziehen und dort bleiben wollen, wird es notwendig sein, daß die katholischen Fürsten in Eintracht leben und keine Kriege gegeneinander führen. (…) Um den Frieden zu sichern, soll der Papst ein Konzil sämtlicher Könige und Fürsten einberufen, das die Leitung aller Staatsgeschäfte in Händen hat. Der Krieg zwischen christlichen Staaten ist verboten.«[28]

Ein Auszug wie dieser lässt unschwer erkennen, warum Dubois bei aktuellen Rezeptionen und Anthologien über Europabilder nicht fehlen darf und was ihm darin einen so prominenten wie beliebten Platz verschafft: Europa als friedliches Projekt nach innen, dessen Einheit durch Aggression nach außen hergestellt wird. Realpolitisch ging es Dubois darum, die vorhandene Macht des französischen Königs weiter zu stärken. Dieser sollte der von ihm angedachten Delegiertenversammlung der Fürsten vorstehen. Den Papst wies er die Rolle als Schiedsrichter bei Meinungsverschiedenheiten zu. Oder anders gesagt: Dubois' »Europa« war gegen die Institution des »Heiligen Römischen Reiches« gerichtet, in dem die Habsburger noch nicht die spätere Führungsrolle gepachtet hatten, und es sollte die aufsteigende Macht des Papstes bremsen. So gesehen erscheint seine Schrift über die Wiedergewinnung des Heiligen Landes nicht ein Entwurf einer föderativen Verbindung europäischer Mächte, wie er in der einschlägigen Geschichtswissenschaft heute dargestellt wird, sondern ein Werkzeug zur Legitimierung der Macht für Philipp den Schönen gewesen zu

27 Vgl. Foerster 1967, S. 67

28 zit. in: Rolf Hellmut Foerster, Die Idee Europa 1300–1946. Quellen zur Geschichte der politischen Einigung. München 1963, S. 35f.

sein. Verwirklicht wurde all das nicht. Im Gegenteil: Philipp wurde von Papst Bonifatius VIII. exkommuniziert, worauf sich dieser mit einem Attentatsversuch revanchierte. Auf der Flucht vor Philipps Schergen starb Bonifatius, nachdem er den Habsburger Albrecht I. in dessen Funktion als Reichskönig um Hilfe angefleht hatte. Papst-Nachfolger Benedikt XI. starb nach nur wenigen Monaten im Amt an einer Vergiftung, die ihm mutmaßlich der Franzosenkönig Philipp zufügen ließ. Im Zuge dessen gelang es Philipp auch, die Residenz des nächsten, ihm nun ergebenen Papstes nach Avignon zu verlegen. So sah Europa zu Beginn des 14. Jahrhunderts in Wirklichkeit aus.

Von einer weltumspannenden Monarchie träumte auch der florentinische Dichter und Denker Dante Alighieri (1265–1321). Eine solche Herrschaftsform konnte damals freilich nur »europäisch« gedacht werden. Anders als sein Zeitgenosse Dubois gründete Dantes Sehnsucht nach der Wiederherstellung des (römischen) Kaiserreichs nicht in der Idee, die stärkste westliche Macht auf dem Kontinent, Frankreich, in den Mittelpunkt zu stellen. Das war verständlich, galten doch zu jener Zeit die französischen Könige aus dem Hause Anjou im südlichen Italien als Fremdherrscher. Dantes Vision eines einheitlichen Staatsgebildes richtete sich dementsprechend gegen den französischen Herrschaftsanspruch. In den bürgerkriegsähnlichen Auseinandersetzungen, die Ende des 13. Jahrhunderts in oberitalienischen Städten tobten, kämpfte er anfangs auf der Seite der eher papsttreuen Guelfen (gegen die kaisertreuen Ghibellinen), um sich bald einer Splittergruppe anzuschließen, die sich immer mehr Fraktionen zum Feind machte. Dantes Flucht aus Florenz folgte die Konfiskation seines Besitzes und 1302 die Verhängung der Todesstrafe, derentwegen er sein restliches Leben im Exil verbrachte.

Für den modernen Europaforscher sind Dantes Schriften insofern von Interesse, als darin erstmals der Konflikt zwischen Kaiser und Papst, der schon seit dem Investiturstreit des 11. Jahrhunderts brodelte, zur politischen Kraftprobe wurde.[29] Die Aufgabe des Papstes sah der mittelalterliche Philosoph darin, so viele Menschen wie möglich zum ewigen Leben, zum Paradies, zu führen,

29 Der Machtkampf tobte zwischen den Ghibellinen (Kaiserlichen) und den Guelfen (Papst-Anhängern), zu denen auch Dante gehörte.

während der weltliche Herrscher für das irdische Glück des Menschengeschlechts zuständig sei. Diese Ansätze eines Dualismus, die viel später in der Trennung von Kirche und Staat ihre Erfüllung gefunden haben, werden als konstitutiv für das (westliche) Europabild gesehen. Auf politisch-gesellschaftlicher Ebene setzte sich das System der zweigeteilten Herrschaft von Fürst und Ständen durch und letztlich in der Gewaltentrennung des bürgerlichen Parlamentarismus fort.

Die Eroberung Konstantinopels durch das osmanische Heer Sultan Mehmeds II. im Jahr 1453 löste Schockwellen bis an den Atlantik aus. Sie war zugleich der Auftakt für eine bislang nie dagewesene Europa-Identität unter führenden Intellektuellen. Einer von ihnen, der Priester, Dichter und Historiker Enea Silvio Piccolomini (1405–1464) warf sich diesbezüglich besonders ins Zeug. Mit seiner »Türkenrede« auf dem Frankfurter Reichstag 1454, den er als kaiserlicher Kommissar leitete, nahm er die Bedrohung aus dem Osten zum Anlass, um zum gerechten, europäischen Krieg gegen die Ungläubigen aufzurufen: »Wenn wir die Wahrheit gestehen sollen«, so Piccolomini, »hat die Christenheit seit vielen Jahrhunderten keine größere Schmach erlebt als jetzt. (...) Denn in früheren Zeiten sind wir nur in Asien und Afrika, also in fremden Ländern, geschlagen worden, jetzt aber wurden wir in Europa, also in unserem Vaterland, in unserem eigenen Haus, aufs schwerste getroffen. (...) Niemand dürfte daran zweifeln, wie ihr euch verhalten werdet, ihr edlen Deutschen, wenn ihr diesen Krieg übernehmt, zu dem der Kaiser uns ermahnt, um den der Papst uns bittet, den Christus uns befiehlt, zur Verherrlichung und in der Liebe zu ihm.«[30]

Es ist ein Aufruf zum Krieg als einer explizit europäischen Angelegenheit, dem Kaiser und dem Papst geschuldet, in der Liebe zu Christus. Piccolomini nutzte die Gunst der Stunde, um sich in Szene zu setzen. Einen neuen Kreuzzug brachte er schlussendlich nicht zustande, für seine Wahl zum Papst im Jahre 1458 reichte sein Engagement gegen die Türken allemal. Als Pius II. trat er in die Fußstapfen von Apostel Petrus. Als Gelehrter hatte er sich schon zuvor einen Namen und um den Europabegriff verdient gemacht. »Europa« hieß das unter seiner Federführung entstandene ethnographisch-kosmographische Hauptwerk,

30 zit. in: Rolf Hellmut Foerster 1963, S. 40

das auf den Band »Asien« folgte. Es war die einzige Schrift des Mittelalters, die mit der Titelzeile »Europa« erschien und es dementsprechend kultur-religiös definierte.[31]

Der Historiker und Europaforscher Rolf Hellmut Foerster wertet die berühmte Türkenrede Piccolominis als defensiv. »Man muß«, schrieb Foerster 1963, »in diesem Aufruf zum Kreuzzug nicht den Plan einer Aggression, sondern eines Verteidigungsaktes sehen.«[32] Dieses im christlichen Westen gängige Narrativ sieht in der Eroberung von Konstantinopel durch die muslimische Soldateska korrekterweise eine die Christenwelt bedrohende Aggression, die es abzuwehren gilt. Ein tiefergehender historischer Rückblick zeigt allerdings, dass die Geschichte der Kreuzzüge ab 1096 einen expansiven Charakter aufweist. Und seit der 4. Kreuzzug 1204 mit der Zerstörung des damals christlichen, allerdings oströmischen Konstantinopels endete, kann eigentlich von einer Verteidigung des Christentums als europäische Aufgabe im Osten nicht mehr gesprochen werden.

Sein antitürkisches Abenteuer endet für Papst Pius II. elendiglich. Mitte Juni 1464 schifft er sich in Ancona ein, um seinen zehn Jahre zuvor gepredigten Kreuzzug zu starten. Allein, außer einer Handvoll heruntergekommener Abenteurer will ihm niemand folgen. Am 15. August 1464 stirbt der verhinderte Kreuzfahrer Piccolomini/Papst Pius II. auf seinem Schiff auf dem Weg zwischen Venedig und Istrien. Zuvor hatte er noch eine zweite »europäische« Front aufgemacht, nämlich jene gegen die tschechischen Hussiten, also eine mitten in Europa als ungläubig definierte frühreformatorische Bewegung. Mit Georg von Podiebrad (1420–1471) erwuchs dem Papst ein mächtiger Gegenspieler, der es ebenfalls verstand, auf die europäische Karte zu setzen.

Podiebrad stammt aus mährischem Adel und wandte sich in jungen Jahren von der katholischen Kirche ab, um dem tschechischen Reformer Jan Hus zu folgen. Als sogenannter Ultraquist gehörte er dem gemäßigten hussitischen Flügel an, der gegen die sozial radikaleren Taboriten zu Felde zog und diese besiegte. Die ultraquistische Ständemehrheit wählte Georg von Podiebrad im Jahr

31 Dietmut Majer/Wolfgang Höhne, Europäische Einigungsbestrebungen vom Mittelalter bis zur Gründung der Europäischen Wirtschaftsgemeinschaft (EWG) 1957, Band 3 der Schriftenreihe Juris Fontes. Karlsruhe 2014, S. 37

32 Ebd., S. 38

1458 zum König von Böhmen. Seine religiöse Gesinnung rief sogleich den Papst von Rom, Pius II, auf den Plan. Schon die husstische Symbolik des Kelches, aus dem alle Gläubigen und nicht nur der Priester das Blut Christi in Gestalt des Weines trinken sollten, zeugt von der kirchenreformerischen Idee, die für den römischen Katholizismus mit seiner hierarchischen Struktur inakzeptabel war (und bis heute ist). Folgerichtig drohte Rom mit einem Kirchenbann, dem der Böhmenkönig angeblich mit einer heimlichen Rückkehr in den Schoß der römischen Kirche zuvorkommen wollte.[33] Der Order des Papstes, zwecks Abbitte nach Rom zu reisen, entsprach Podiebrad nicht.

Stattdessen entwickelte er seinerseits die Idee eines Kreuzzuges gegen die »furchtbaren Mohammedaner«, um sich als wahrer Christ zu inszenieren. Und diese Idee ergänzte er mit einem europäischen Föderationsplan, der heute als Vorläufer von immer wieder auftauchenden Einigungsprozessen gilt. In 21 Kapiteln entwarf Podiebrad die Idee für einen Bund gleichberechtigter Fürsten, in dem alle fünf Jahre der Vorsitz wechseln, ein gemeinsamer Gerichtshof innereuropäische Streitigkeiten beilegen und ein Finanzierungstopf für föderative Organe aufgelegt werden sollte. Geplant war – wie auch bei seinem Gegenspieler Papst Pius II. – eine christlich-»europäische« Armee. Sein Plan fand anfangs Zuspruch beim polnischen König Wladimir IV., Albrecht von Brandenburg und dem reichsten italienischen Stadtstaat Venedig. Letzterer sprang jedoch bald ab, als sich der finanzschwache Vatikan erholte und seinerseits zu einem Kreuzzug aufrief. Alaun-Funde auf dem Territorium des Gottesstaates waren dafür mitverantwortlich, weil die Gewinnung dieses Rohstoffes zur Färbung von Wolle plötzlich die Kassen Roms füllte.

Podiebrads Vorhaben scheiterte; und nach dem Tod von Papst Pius II. wurde er von dessen Nachfolger exkommuniziert. Für uns ist dabei von Interesse, wie durchsichtig die europäischen Einigungsideen des Mittelalters, in diesem Fall jene parallel von Pius II. und dem Böhmenkönig Podiebrad entwickelten, als Mittel zum Zweck für die Erweiterung des jeweils eigenen Machtbereiches eingesetzt wurden. Dieser Instrumentalisierung werden wir auch in der Neuzeit und bis herauf in unsere Tage begegnen.

33 Wolfgang Geier 2009, S. 50

Europas Herrscherhäuser im Kampf um die Vorherrschaft

Der von Maximilien de Béthune, genannt Herzog von Sully (1560–1641), um das Jahr 1632 verfasste und vielfach kopierte und veränderte »Große Plan« (»Grand Dessin«) ist so eine Machtvision. Sully war Marschall von Frankreich und enger Berater des französischen Königs Henri IV. Hinter seiner Idee eines europäischen Staatenbundes stand der Wunsch des Hofes im Palais du Louvre, eine Allianz gegen die immer mächtiger werdenden Habsburger, die in Spanien und Österreich herrschten, zu schmieden. Der deutsche Historiker Michael Gehler nennt den »Großen Plan« eine Mystifikation.[34]

Schon seine Entstehungsgeschichte zeigt, welchem Unbill sich nachgeborene europäische Spurensucher auszusetzen haben. Das »Grand Dessin« erschien 22 Jahre nach dem Tod von Henry IV. und gilt als dessen Vermächtnis an die Welt, an Europa. Für die Veröffentlichung der endgültigen Fassung verstrichen nochmals mehr als 100 Jahre, bis sie ein Abbé de L'Écluse 1745 drucken ließ. Ausgangspunkt für Sullys Vorstellung einer europäischen Zukunft war – wie konnte es anders sein – ein Kriegsprojekt, oder besser gesagt: sogar zwei von Franzosenkönig Henry IV. angedachte Waffengänge: einen gegen die habsburgischen Niederlande und einen gegen das Osmanische Reich. Letzterer wird von der Geschichtswissenschaft als unseriöses Gerücht bezeichnet, stand doch Paris Anfang des 17. Jahrhunderts in gutem Einvernehmen mit dem Sultan. Dies auch deshalb, weil die Hauptstoßrichtung der französischen »Europa«-Pläne gegen Wien und Madrid zielte.

Im »Grand Dessin« wird ein Bündnis aus 15 christlichen Staaten, sogenannten Dominiationen, herbeiphantasiert, in dem u. a. die Erbmonarchien Frankreich, England und Dänemark, der päpstliche Gottesstaat, die Königreiche von Ungarn und Polen sowie die vier Republiken Schweiz, Niederlande, Venedig und Neapel-Sizilien vereint hätten werden sollen. Aus den mitteleuropäischen Besitzungen der Habsburger würden sich die am Projekt Sully beteiligen Staaten territorial bedienen (z. B. hätte die Schweiz Tirol bekommen) bzw. wären drei neue Fürstentümer entstanden. Auch war ein »Europa-Rat« vorgesehen, in den

34 Gehler 2014, S. 51

die Teilnehmer je nach eigener Größe zwei bis vier Kommissare entsenden sollten. Sully schreibt in seinem großen Wurf von einer »sehr christlichen Republik«, wobei sein Republikbegriff nicht antimonarchistisch gedacht war.

Sullys mitten im 30-jährigen Krieg verfasster Plan zur Neugestaltung Europas schloss das türkische Osmanenreich definitiv aus und sah auch für das russische Zarenreich keinen Platz vor. Zu Russland ist bei ihm zu lesen: »Dieses ungeheure Land (…) wird z.T. noch von Götzendienern bewohnt, z.T. auch von schismatischen Griechen und Armeniern, deren Gottesdienst mit tausenderlei abergläubischen Gebräuchen vermischt ist, und mit dem unsrigen eben deshalb sehr wenig Ähnlichkeit hat.«[35] Die Geschichte ging über diesen französischen Europa-Plan hinweg; am 24. Oktober 1648 wurde in Münster und Osnabrück der Westfälische Friede geschlossen, der das europäische Staatensystem ohne einen »Großen Plan« bis zur Französischen Revolution weitgehend prägte. Dem nach langen Kriegsjahrzehnten in Münster und Osnabrück vereinbarten Frieden lag ein Konsensprinzip zugrunde, das an die Stelle der Berufung auf eine christliche Gemeinsamkeit trat.[36]

Was Europapläne des 17. Jahrhunderts betrifft, so kann der Philosoph, Mathematiker und Historiker Gottfried Wilhelm Leibniz (1646–1716) in gewisser Weise als das deutsche Gegenstück zu Herzog von Sully gesehen werden. Auch Leibniz stand – als dafür Spätgeborener – noch unter dem Eindruck des weite Teile Europas verheerenden 30-jährigen Krieges. Seine Friedensidee ging von der Zähmung französischer Expansionsgelüste aus und wollte auch die Macht der Habsburger in die Schranken weisen. Europas innere Befriedung sollte durch ein starkes, kraftvolles, vereintes Deutschland erfolgen. Sein Plan trägt den sperrigen Titel »Bedenken, welchergestalt Securitas publica interna et externa und Status praesens im Reich jetzigen Umständen nach auf festen Fuß zu stellen«. Erschienen ist die Schrift 1670 im Auftrag des kurfürstlich-mainzischen Rates. Ihr Ziel war die Überwindung der deutschen Kleinstaaterei zwecks Etablierung eines deutschen Reichsbundes. Und wieder stoßen wir auf aggressive Expansionsstrategien, die Streit und Krieg zwischen den christlich-europäischen

35 zit. in: Denkwürdigkeiten, Zürich 1783–1786, S. 470; zit. in: Rolf Hellmut Foerster 1967, S. 141

36 Hans-Heinrich Nolte, Weltgeschichte. Imperien, Religionen und Systeme. 15. bis 19. Jahrhundert. Wien-Köln-Weimar 2005, S. 289f.

Fürsten verhindern sollen. Der vielleicht letzte Universalgelehrte Leibniz schlägt in dankenswerter Offenheit den einzelnen europäischen Herrscherhäusern vor, ihre Energien und Aggressionen nach außen zu wenden; und er wird sehr konkret dabei: der Habsburger Kaiser, Polen und Schweden möchten gegen die Türken kämpfen (was mehr als ein Jahrzehnt später dann tatsächlich passierte); England und Dänemark könnten Erweiterungen in Nordamerika in Angriff nehmen; Spanien dasselbe in Südamerika betreiben; für Holland wäre eine Expansion nach Indien hilfreich und Frankreich könne die Levante und Ägypten »zivilisieren«. »Hierbei würde unsterblicher Ruhm, ruhiges Gewissen, applausus universalis, gewisser Sieg, unaussprechlicher Nutzen sein«,[37] lobpreist der Gelehrte seinen Plan.

Das Besondere am Leibniz'schen Europagedanken ist, dass er unbedingt auch das zaristische Russland mit einbinden will. Dieses soll gefälligst seine Kraft gegen die Tataren wenden und Streit und Hader innerhalb der christlichen Welt vermeiden. Hier schwingt eine seltene Akzeptanz der orthodoxen Christenwelt mit, der Leibniz im europäischen Expansionsreigen einen speziellen Platz zuweist. Die Idee der Einheit des Christentums nicht bloß als weströmische zeichnet den Gelehrten aus.

Am ausführlichsten beschrieben hat Leibniz den sogenannten »Ägyptischen Plan«. Damit will er Frankreichs Kriegslust gegen seine Nachbarn, beispielsweise einen bevorstehenden Überfall auf Holland, nach dem osmanisch beherrschten Nordafrika ablenken. Dafür reist der Leipziger Aufklärer extra nach Paris, um König Ludwig XIV. (1683–1715) von seinem Vorhaben gegen Holland abzubringen. Den fertigen Plan für den Feldzug gegen Ägypten hat er in der Tasche, und schreibt, dass es zwischen 30.000 und 50.000 Soldaten brauche, um das Land, das kaum Befestigungen und dafür leicht einnehmbare Häfen habe, zu überrennen. Auch an eine mögliche militärische Hürde dachte Leibniz, nämlich das osmanische Heer. Dies sei aber derzeit, so will er den französischen König beruhigen, mit Angriffsplänen gegen Polen beschäftigt. Frankreich hätte also freie Bahn in Ägypten und, so der schlaue Zusatzgedanke, würde dort auch indirekt holländische Expansionsgelüste in Ostasien behindern können. Denn

37 Leibniz, Sämtliche Schriften und Briefe. Akademieausgabe, 4. Reihe, Politische Schriften, Bd. 1. Darmstadt 1931, S. 167

von Ägypten sei der Weg für Frankreich nach Osten offen.[38] Den »Ägyptischen Plan« hat Ludwig XIV. nie zu Gesicht bekommen. Anstatt Ludwig XIV. traf Leibniz mit dem russischen Zaren Peter I. (dem Großen) zusammen. In ihm sah er jenen Mann, der Russland zivilisieren und für die Teilnahme an einem aufgeklärten Europa vorbereiten könne.

Leibniz' Image als Europa-Vordenker hat darob über die Jahrhunderte allerdings nicht gelitten. Auch deshalb, weil er seinen »Ägyptischen Plan« als den letzten Krieg bezeichnet, nach dem jeder Streit innerhalb Europas zu Ende wäre und ein Tausendjähriges Reich heraufzöge, in dem Maschinen menschliche Fähigkeiten verstärken, Krankheiten besiegt würden und eine christliche Sittenlehre universelle Gültigkeit hätte. Geopolitisch stellte sich Leibniz sein Europa folgendermaßen vor: »Das Reich ist das Hauptglied. Deutschland das Mittel von Europa (…), wie anfangs Griechenland, hernach Italien.«[39]

Napoleons Europa: Durch Expansion zur Einheit

Die Französische Revolution des Jahres 1789 wurde ihrem Namen gerecht: revolvere, umdrehen, das Untere nach oben spülen, die Verhältnisse auf den Kopf stellen, im sozialen Sinn genauso wie in Fragen der politischen Herrschaft. Sie war die Antithese zu allen vorher erdachten Europavisionen. Von einer herbeigewünschten »christlichen Einheit« konnte keine Rede mehr sein; das Prunkstück der französischen Gotteshäuser, die allerchristlichste Notre Dame de Paris, diente als Lagerhalle für Lebensmittel und Waffen; und selbst den auf Jesu Geburt datierten Kalender ersetzte man durch eine neue Zeitzählung. Der selbstherrliche Sonnenkönig Ludwig XVI. starb unter der Guillotine, die Volkssouveränität trat an seine Stelle. Der Begriff Europa kam in den revolutionären Texten nicht vor, stattdessen berauschte sich das Volk am nationalen Hochgefühl, die absolutistische, ausbeuterische Schreckensherrschaft der Monarchie abgeschüttelt zu haben. Dass man selbst bald daran ging, mit der Guillotine auch Fraktionskämpfe auszutragen, blieb der Nachwelt als Grausamkeit in Erinnerung.

38 vgl. Foerster 1967, S. 154f.

39 Leibniz, Bedenken, welchergestalt Securitas publica interna et externa et Status praesens im Reich jetzigen Umständen nach auf festen Fuß zu stellen; zit. in: Foerster 1963, S. 73

Die revolutionäre Friedensidee unterschied sich entscheidend von der vorrevolutionären, die den inneren Frieden nur durch die Bezwingung eines äußeren Feindes denken konnte. »Ich glaube«, meinte der jakobinische Revolutionär Maximilien de Robespierre in einer seiner Ansprachen an die französische Nationalversammlung am 15. Mai 1790, »daß ihr lieber den Frieden wahrt, als euch in einen Krieg einzulassen, dessen Gründe ihr nicht kennt.«[40] Er forderte das Volk auf, sich nicht für fürstliche Erweiterungspläne abschlachten zu lassen, mit welchen Argumenten auch immer sie vorbereitet, ausgerufen und geführt werden.

Demokratie und Menschenrechte – freilich nur gültig für Männer in Frankreich und nicht in den Kolonien – waren die Leitlinien der modernen Verfassung, wie sie 1791 in der Nationalversammlung festgelegt wurden und bis heute als »europäisch« definiert werden, ohne allerdings damals diesen Anspruch gehabt zu haben. Es sollte nicht lange dauern, bis beide nichts mehr wert waren. Postrevolutionäre Fraktionskämpfe nehmen schaurige Ausmaße an. Das sogenannte Direktorium, die letzte Regierungsform der Französischen Revolution, putscht am 27. Juli 1794 gegen die parlamentarische Versammlung, weist die Forderung nach sozialer Gleichheit zurück und beendet damit die radikale Phase der Revolution. Ein 24-jähriger Korse, der kurz zuvor in revolutionären Diensten die von England unterstützten Royalisten in Toulon geschlagen hatte, rückt im Oktober 1795 gegen Aufständische in den Pariser Vororten aus und lässt sie zusammenschießen. Napoléon Bonapartes Aufstieg beginnt.[41]

In den späten 1790er-Jahren trieb er oft schlecht ausgebildete Soldatenhaufen in Feldzüge gegen Italien und Ägypten; seine Motivationskraft bescherte ihm Ruhm und Ehre in Militärkreisen. Am 9. November 1799 erklärt sich Napoléon zum Ersten Konsul und die Revolution für beendet. Fünf Jahre später krönt er sich selbst in Paris zum Kaiser. In Austerlitz schlägt er 1805 die österreichischen Habsburger (bereits zum zweiten Mal), erleidet allerdings im selben Jahr eine Niederlage gegen die englische Flotte bei Trafalgar. Nun verhängt der Selbstherrscher die Kontinentalsperre gegen England, das erste große Handelsembargo der neuzeitlichen Geschichte. England soll mit wirtschaftlichem Boykott ruiniert

40 Robespierre, Œuvres, Bd. 4, Discours 1789–1790. Paris 1950, S. 359

41 Vgl. Hans-Heinrich und Christiane Nolte, Vom Jakobiner zum Imperator. In: *Wiener Zeitung* vom 10./11. August 2019

werden. Als sich Zar Alexander I. diesem Embargo nicht anschließen will, marschiert Napoléon am 24. Juni 1812 mit einer halben Million Soldaten in Russland ein. Der Rest ist Niederlage: vor Moskau und nahe Waterloo.

Warum uns diese Eroberungszüge des kleinen Korsen, die ihm zwischenzeitlich allerlei Königs- und Fürstentitel eingetragen und im Jahr 1806 auch zum Ende des Heiligen Römischen Reiches geführt hatten, im Zusammenhang mit Europabildern interessiert? Weil Napoléon seine multiplen europäischen Kriegsgänge am Ende seines Lebens, als Gefangener auf St. Helena, als großen Plan zur Föderalisierung Europas dargestellt hat. »Es war unser Ziel«, schrieb er im Nachhinein bzw. ließ er schreiben, »ein großes europäisches Föderationssystem zu schaffen. (…) Um es zu vervollkommnen und ihm die größtmögliche Ausdehnung und Stabilität zu geben, haben wir die Errichtung einiger innenpolitischer Institutionen befohlen, die besonders geeignet waren, die Freiheit der Bürger zu schützen.«[42] Und an anderer Stelle liest sich sein Lieblingsplan einer europäischen Föderation folgendermaßen: »Europa (…) würde auf diese Art bald wahrhaft nur *ein* Volk gebildet haben, und jeder würde auf seinen Reisen überall sich in einem gemeinschaftlichen Vaterland befunden haben.«[43] Der Russland-Feldzug, so versicherte Napoléon, würde die letzte militärische Aktion gewesen sein. Dann hätte er gemeinsame Maßeinheiten, ein allgemein gültiges Gesetzbuch, den Code civil, ein europäisches Münzwesen sowie ein einheitliches Steuer- und Finanzwesen eingeführt. Hätte er in Russland gesiegt, so sein heute zynisch anmutender Kommentar aus der Gefangenschaft, dann wäre ein »Europa freier Völker« entstanden. »Einer meiner großen Gedanken«, so spinnt er ihn weiter, »war die Verschmelzung und Konzentration aller Völker, die geografisch zu einer Nation gehören und durch Revolution oder durch die Politik zerstückelt worden waren.«[44] Dieser imaginierten europäischen Nation rechnete er 30 Millionen Franzosen, 15 Millionen Spanier, 15 Millionen Italiener und 30 Millionen Deutsche zu. Dazu musste er, wie er ohne jeden Ansatz von Selbstkritik schreibt, »Europa mit den Waffen zähmen (…).« Und weiter: »Ich habe Frankreich und Europa neue Ideen eingepflanzt, die (…) Europa durch

42 zit. in: Foerster 1963, S. 238

43 zit. in: Emmanuel de Las Cases, Denkwürdigkeiten von Sanct-Helena, Bd. 5, Stuttgart-Tübingen 1826, S. 308f.

44 Ebd., Bd. 7, S. 125f.

unauflösliche Föderativbande wiedervereinen, überall in der Welt, wo heute Barbaren wohnen, wovon Wohltaten des Christentums und der Zivilisation verkünden: darauf müssen alle Gedanken meines Sohnes gerichtet sein, das ist die Sache, für die ich als Märtyrer sterbe.«[45]

Gestorben sind für Napoléons Europa-Idee jedoch Hunderttausende auf den Schlachtfeldern. Und am Höhepunkt seiner Macht zeigte sich auch, anders als in den Schriften am Ende seines Lebens, wie er sich die Herrschaft über den Kontinent konkret vorstellte. Alle Macht ging von seiner Person aus und er administrierte die in Besitz genommenen Länder nach patriarchalisch-großfamiliärer Art und Weise, nahm zahlreiche Titel wie die Königswürde von Italien selbst an und versorgte seine engsten Familienmitglieder mit satten territorialen Pfründen. Seinen Brüdern streute er Herrscherwürden über ganz Europa: Joseph erhielt Spanien, Louis wurde König von Holland, ein weiterer Bruder, Jerôme, erhielt das Königreich Westfalen und sein Schwager Joachim Murat das Königreich Neapel. Nepotismus paarte sich mit Despotie.

Nichtsdestotrotz gelten seine Versuche, die Verwaltungspraxis in seinem »Europa« zu vereinheitlichen, also zu zentralisieren, manchen Historikern auch heute noch als Vorläufer späterer Europapläne. Wolfgang Schmale z. B. hält ihm zugute, dass er »ein Stück europäische Integration (...) durch die Verbreitung seines Zivilgesetzbuches schaffte«,[46] weist aber zugleich auf die hegemoniale Struktur des Unternehmens Napoléon hin, dem eine »wirkliche Europaphilosophie fehlte«;[47] und der britisch-italienische Historiker Stuart Woolf[48] unterstreicht den napoleonischen Beitrag zur Integration Europas.

Den endgültigen Sieg über den Korsen feierten die drei Monarchen Österreichs, Russlands und Preußens zur Jahreswende 1814/1815 auf dem Wiener Kongress. Die dort von Wien, Moskau und Berlin aus der Taufe gehobene »Heilige Allianz« war ein reaktionäres Bündnis, ein Zurück zum Status quo vor der Französischen Revolution. Kaiser Franz I., Zar Alexander I. und König Friedrich Wilhelm III. stellten die alte europäische Ordnung wieder her, gaben

45 zit. in: Foerster 1963, S. 167f.

46 Schmale 2001, S. 95

47 Ebd., S. 94

48 Stuart Woolf, Napoleon's Integration of Europe. London 2015

ihr allerdings einen neuen Anstrich. De facto erschöpfte sich diese Allianz in gegenseitiger militärischer Unterstützung im Fall revolutionärer Aufstände im Inneren.

Für das Europabild des 19. Jahrhunderts wichtiger als die »Heilige Allianz« war der ebenfalls auf dem Wiener Kongress gegründete »Deutsche Bund«. Als größter Staatenbund, den der Kontinent bis dato gesehen hatte, umfasste er sämtliche deutschen Fürstentümer, große Teile der Habsburgermonarchie, die bis 1806 zum Heiligen Römischen Reich gehört hatten, die Niederlande und Dänemark. Als eine Art völkerrechtlicher Vertrag sollte er für die innere und äußere Sicherheit der Mitgliedstaaten sorgen. Neben einem Rat der elf größten Staaten und einem Plenum existierte ein ständig tagender Gesandtenkongress in Frankfurt/Main, der sogenannte Bundestag.

Die Kernaufgabe des »Deutschen Bundes« bestand darin, jegliche revolutionäre Strömung im Keim zu ersticken. Das Trauma der Französischen Revolution saß den Fürsten Europas noch in den Knochen. Deshalb wurde der Informationsaustausch im Polizei- und Spitzelwesen großgeschrieben und auch die einzelnen staatlichen Zensurbehörden miteinander verknüpft. Im Bundesbeschluss vom 20. September 1819 über die Maßregelung von Universitäten, die als potenzielle Brutstätten revolutionärer Umtriebe gefürchtet waren, kommt dies anschaulich zum Ausdruck. Darin werden die einzelnen Mitgliedsstaaten des »Deutschen Bundes« aufgefordert, bei jeder Universität entsprechend aufmerksame »Curators«, Spitzel, einzustellen, um über die Vorgänge an den Ausbildungsstätten stets informiert zu sein. »Die Bundesregierungen«, heißt es wörtlich, »verpflichten sich gegeneinander, Universitäts- und andere Lehrer, die durch erweisliche Abweichung von ihrer Pflicht, (...) durch Mißbrauch ihres rechtmäßigen Einflusses auf die Gemüther der Jugend, durch Verbreitung verderblicher, der öffentlichen Ordnung und Ruhe feindseliger oder die Grundlagen der bestehenden Staatseinrichtungen untergrabender Lehren, ihre Unfähigkeit zur Verwaltung des ihnen anvertrauten wichtigen Amtes an den Tag gelegt haben, von den Universitäten und sonstigen Lehranstalten zu entfernen.« Und um sicher zu gehen, dass einmal enttarnte revolutionäre Subjekte nicht anderswo umtriebig werden, heißt es abschließend: »Ein auf solche Weise ausgeschlossener Lehrer darf in keinem anderen Bundesstaate bei irgend einem öffentlichen

Lehr-Institut wieder angestellt werden.«[49] Die suprastaatliche Einrichtung des »Deutschen Bundes« funktionierte als Repressionsinstrument gegen republikanische Gesinnung bis nach den Revolutionen des Jahres 1848 und zerbrach dann am preußisch-österreichischen Gegensatz um die Führung, der sich 1866 in der Schlacht von Königgrätz entlud.

Nichtsdestotrotz diente der »Deutsche Bund« manch einer weiter gedachten europäischen Idee als Folie. So entwarf der Leiter der dänisch-königlichen Reichsbank, Conrad Friedrich von Schmidt-Phiseldek, ein Projekt eines wirtschaftlich geeinten europäischen Bundes, der auf dem »Deutschen Bund« aufbauen und wie dieser Frankfurt/Main als Zentrum ausweisen könnte. Als Banker fürchtete er um die Konkurrenzfähigkeit Europas gegenüber dem erstarkenden Nordamerika. Der europäische Kontinent sei ökonomisch zersplittert, durch gegenseitige Ein- und Ausfuhrverbote, Hafen- und Flusssperren sowie in einzelnen Staaten monopolistisch agierende Handelskonzerne geschwächt; er müsse sich, so Schmidt-Phiseldek, »endlich als ein Staatsganzes begreifen«.[50] Die Vereinigten Staaten von Amerika sieht der Däne im Jahr 1820 durch »Eintracht und gesetzlich freie Entwicklung« geprägt, ein Vorbild für Europa. Die Tatsache, dass sich Amerika in jenen Jahren am Höhepunkt der ethnischen Säuberungen befand, die zur Auslöschung der indianischen Urbevölkerung führten, übersah er – ganz der Idee von der »White Supremacy« verhaftet – nonchalant.

Konkret träumte Schmidt-Phiseldek von einem Europa mit einheitlichem Rechts- und Verkehrswesen, einer gemeinsamen Währung und einer bewaffneten Streitmacht und einem europäischen Kongress, der von allen souveränen Staaten beschickt werden sollte. Nur so könne dem »Weltteil in die Schranken getreten (werden), der mit stets wachsender Riesenkraft dem ganzen Europa die Fehde bietet.«[51] Eine Europavision als Überholmanöver gegenüber der USA.

Etwas anders gelagert waren die Ideen des deutschen Nationalökonomen Friedrich List (1789–1846). Ihn trieb die ungleiche Entwicklung europäischer Staaten an, der er mit Schutzmaßnahmen für die deutschen Länder begegnen

49 Protokolle der Bundesversammlung 1819, 35. Sitzung, § 220, zit. in: Dietmut Majer/Margarethe Hunzinger (Hg.), Verfassungsstrukturen, Freiheits- und Gleichheitsrechte in Europa seit 1789. Eine Sammlung ausgewählter Verfassungstexte. Karlsruhe 2009, S. 267

50 Conrad Friedrich von Schmidt-Phiseldek, Europa und Amerika. Kopenhagen 1820, S. 125; zit. in: Foerster 1967, S. 266

51 Conrad Friedrich von Schmidt-Phiseldek, Der Europäische Bund. O. O. o. J., S. 146; zit. in: Foerster 1967, S. 266

wollte. Die Niederlage Napoléons brachte im Jahr 1815 auch die Aufhebung der Kontinentalsperre mit sich, die für Kontinentaleuropa einen Schutz vor der Konkurrenz billiger englischer Fabrikprodukte gebracht hatte. Plötzlich überschwemmten englische Waren die wirtschaftlich ungeschützten 39 deutschen Staaten und setzten dort die erst im Aufbau befindlichen Industrien unter Druck. List, der wegen seines Eintretens für kommunale Selbstverwaltung in Württemberg politisch verfolgt wurde und in die USA ging, kam als reicher Kohlengruben- und Eisenbahnbesitzer in seine deutsche Heimat zurück und gründete 1819 den »Allgemeinen Deutschen Handels- und Gewerbeverein«. Dieser trat gleichzeitig für die Aufhebung von Binnenzollgrenzen und die Errichtung von Außenzollmauern ein, wie sie 1834 im Deutschen Zollverein umgesetzt wurden, dem die Habsburgermonarchie jedoch nicht beitrat. Auf diese Art wollte Friedrich List »eine gleichmäßige Stufe von Kultur und Macht erreichen«.[52]

Protektionismus sah er als notwendiges Mittel für eine nachholende Entwicklung an, weil deutsche Fürstentümer »in der Gewerbeindustrie, in Handel und Kolonien, in Schiffahrt und Seemacht noch so unendlich weit hinter England stehen.« Lists Idee eines ganz Deutschland umgebenden Schutzzolls wird bis in unsere Tage unterschiedlich interpretiert. Die einen sehen darin eine rein defensive Maßnahme zum Ausgleich unterschiedlicher nationaler Entwicklungsniveaus. Andere interpretieren in die versuchte Beseitigung nationaler Rückstände das Ziel eines geeinten imperialistischen Auftretens der westlichen Industrieländer gegenüber Kolonien und abhängigen Gebieten hinein. Es war wohl von beidem etwas. Denn List spricht sowohl von einer »Universalunion, welche der Wohlfahrt des menschlichen Geschlechts nur zuträglich sein kann«[53], als auch von zu zivilisierenden Regionen im östlichen Mittelmeer und Nordafrika. Er ist also auf wirtschaftlichen Ausgleich in Europa bedacht und gleichzeitig Stichwortgeber für europäischen Imperialismus, zur Mitte der 19. Jahrhunderts keine ungewöhnliche Kombination.

Geradezu wegweisend für spätere Europaideen war der Orientalist und Mitglied der Académie française, Ernest Renan. Er machte sich vor allem als

52 Friedrich List, Das nationale System der politischen Ökonomie. Jena 1904, S. 62
53 Ebd.

Nationen-Forscher einen Namen, indem er die Nation als eine historisch sich ändernde Solidargemeinschaft darstellte. Seinem berühmt gewordenen Ausspruch »Die Nation ist ein tägliches Plebiszit« fügte er den Wunsch hinzu, »das Nationalitätsprinzip durch das Prinzip der Föderation (zu) regulieren.«[54] Mitten im preußisch/deutsch-französischen Krieg 1870/71 erhob Renan die Forderung nach einer europäischen Konföderation, die er »Vereinigte Staaten von Europa« nannte. Diese sollten multinational aus (dem erst im Entstehen begriffenen) Deutschland, Frankreich und England zusammengesetzt sein. Wie die allermeisten Vorstellungen von Europa verstand sich auch das Renan'sche Projekt in klarer Abgrenzung, wenn nicht Feindschaft zu fremden Integrationsräumen, die als bedrohlich empfunden werden. Die Gegner bzw. Konkurrenten seiner europäischen Einigungsidee sah er in Nordamerika, dem russischen Osten und dem Islam, den er als »vollkommene Negation Europas«[55] begriff. Renan träumte vom »endgültigen Siegeszug Europas« und vom »Triumph des indoeuropäischen Geistes« als Zivilisationsprojekt. Das aus England, Frankreich und Deutschland herbeiphantasierte Dreigestirn sollte »die Welt, vor allem Rußland, mit den Mitteln des Geistes auf die Pfade des Fortschritts führen«.[56]

Utopien und Friedensprojekte

Den bisher besprochenen Europaplänen war – trotz sehr unterschiedlicher geopolitischer Ausrichtungen – eines gemeinsam: sie bauten sich an einem Feindbild auf, das durchgehend anti-osmanisch/türkisch/muslimisch geprägt war und sich bis auf eine Ausnahme (Leibniz) auch gegen Russland wandte. Im Übrigen beruhten die französischen oder deutschen Europaträume auf einem einheitlichen Raum, dessen Erweiterungs- oder Konsolidierungspläne auf Kosten des jeweils anderen umgesetzt werden sollten. Um derlei Europaphantasien ins Werk zu setzen, galt Krieg als zentrales Mittel.

54 Brief von Ernest Renan an seinen Schriftstellerkollegen David Friedrich Strauß vom 13. September 1870, zit. in: Ernest Renan, Nation? Und andere politische Schriften, in: Œuvres Renan 1947, Tome 1, S. 446, zit. in: Dieter Langewiesche, Staat, Nation und Föderation in der europäischen Geschichte. Münster 2008, S. 15

55 Der Beitrag der semitischen Völker zur Geschichte der Zivilisation (1862), in Œuvres Renan 1947, Tome 2, S. 333, zit. in Langewiesche 2008, S. 16

56 Der deutsch-französische Krieg (1870), in: Œuvres Renan 1947, Tome 1, S. 421, zit. in: Langewiesche 2008, S. 16

Dass es auch Europaideen ganz anderer Art gab, soll hier nicht verschwiegen werden, wenngleich utopische und pazifistische Projekte von der meisten Literatur mangels Durchsetzungsfähigkeit oft nicht ernst genommen und nicht unter dem Stichwort »Europa« vermerkt werden.

Eine frühe Idee eines friedlichen Zusammenlebens in Europa, für dessen Zustandekommen auch kein Krieg akzeptiert oder gar eingefordert wird, verdanken wir Erasmus von Rotterdam. Der in den späten 1460er-Jahren in den Niederlanden geborene Theologe und Philosoph folgte seinen von ihm selbst postulierten humanistischen Idealen in kompromissloser Art und Weise. Seine Friedensrufe gründen im Bewusstsein, dass alle Menschen gleich sind. »Alle haben denselben Stammvater, denselben Religionsstifter, alle sind sie durch das gleiche Blut erlöst, durch dieselbe Taufe geweiht ... alle gehören derselben Kirche an.«[57] Dieser Text entstand kurz bevor Martin Luther am 31. Oktober 1517 seine 95 Thesen an der Schlosskirche von Wittenberg anschlug, wodurch bald nicht mehr alle in Westeuropa derselben (katholischen) Kirche angehörten.

Auch dem grassierenden Türkenhass setzte Erasmus seine auf Latein verfasste Schrift »Klage des Friedens« entgegen, in der er den Krieg grundsätzlich ablehnt. Erasmus' unerschütterlicher Pazifismus hielt ihn auch davon ab, Europa groß zu denken. Er wollte ein friedfertiges Europa und wandte sich deshalb dezidiert gegen Erweiterungspläne und Grenzverschiebungen. In seiner heute naiv anmutenden Sprache will er die Fürsten darauf verpflichten, ihrem Land treu zu bleiben und ihre Macht nicht auszudehnen. Er wendet sich auch gegen das in der Hocharistokratie übliche weltweite Heiratskarussell, wenn er schreibt: »Durch solche wechselseitigen Heiraten geschieht es, daß einer, der in Irland geboren ist, jetzt in Indien regiert, oder wer neulich in Syrien herrschte, bald König von Italien ist. So kommt es, daß keines von beiden Ländern einen Fürsten hat; denn er verließ sein früheres Land und wird in dem späteren nicht anerkannt, weil er dort unbekannt ist.«[58] Ein solches Bild von Europa würde heute in der Brüsseler Bürokratie wenig Anhänger finden; umso erstaunlicher ist es, dass ausgerechnet

57 Erasmus von Rotterdam, Klage des Friedens, der bei allen Völkern verworfen und niedergeschlagen wurde (1517 auf Lateinisch). Zit. in: Kurt von Raumer, Ewiger Friede. Friedensrufe und Friedenspläne seit der Renaissance. Freiburg 1953, S. 226

58 Ebd., S. 236

Erasmus' Name im universitären Milieu für das Gegenteil von dem in Gebrauch ist, wofür der niederländische Humanist stand. »Erasmus-Programme« hetzen Generationen junger Studierender von Universitätsstadt zu Universitätsstadt, um ihnen ein »europäisches« Gefühl zu vermitteln, das so gar nicht nach dem Geschmack des Namensgebers war.

Einen Plan zur totalen europäischen Brüderlichkeit legte zur Mitte des 17. Jahrhunderts der tschechische Theologe und Philosoph Jan Amos Komenský vor. Für den 1592 in Mähren geborenen späteren Bischof der Böhmischen Brüder war die Schlacht am Weißen Berg (1620) das einschneidendste Erlebnis seines Lebens. Habsburgs Sieg über die protestantischen Stände löste nach 1620 eine umfassende gegenreformatorische Repressionswelle aus. Komenský selbst verbrachte Jahre auf der Flucht. Unter diesem Eindruck stehend, verfasste er 1645 einen »Allgemeinen Weckruf«, in dem er Europa nicht als ein von Reichen gebildetes Konstrukt sieht, sondern eine gemeinsame politische Kultur ins Zentrum seiner utopischen Vorstellungen stellt. »Da wir alle Mitbürger einer Welt sind, was hindert uns, in einem Gemeinwesen unter gleichen Gesetzen zusammenzufinden«,[59] wünscht sich Komenský eine Welt bzw. einen Kontinent ohne religiöse und politische Verfolgung. Für den Historiker Rolf Hellmut Foerster gehören Ideen wie jene von Komenský nicht in die europäische Schublade, er sieht in den Texten des tschechischen Philosophen eine »Mischung aus panchristlicher Gläubigkeit und Naturlehre« und diffamiert sie als »unerträgliche Traktätelei«.[60]

Wesentlich konkreter als die obigen idealistischen Vorstellungen eines friedlichen Zusammenlebens in Europa äußerte sich der 1644 in London geborene William Penn. Sein 1692 veröffentlichter europäischer Einigungsplan sah einen tatsächlich ganz Europa umfassenden europäischen Staatenbund mit einem Reichsrat vor. Penn stammte aus einer der reichsten Familien Englands. Von seinem Vater erbte er im Alter von 37 Jahren drei Dutzend Schuldtitel gegen König Karl II. Um diese Schuld zu tilgen, vermachte ihm König Karl II. ein riesiges Landstück in Nordamerika, das dieser in Erinnerung an seinen erblassenden Vater Penns Waldland, Pennsylvania, nannte. Zuvor hatte William Penn als

59 Comenius (Komenský), Ausgewählte Schriften. Leipzig 1924, Kap. VIII, 14, S. 90

60 Foerster 1967, S. 160

Jugendlicher wegen seiner Mitgliedschaft bei den Quäkern zwei Mal Bekanntschaft mit englischen Gefängnissen gemacht, die Religionsfreiheit war auf den britischen Inseln nicht besonders ausgeprägt. Protestantische Ethik und unermesslicher Reichtum paarten sich bei Penn zu einem liberalen, toleranten und auch pazifistischen Weltbild. Seine amerikanischen Besitzungen, die heutigen Bundesstaaten Pennsylvania und Delaware, spiegelten dies modellhaft wider. Anstatt die indianischen Bewohner zu verjagen und zu töten, wie dies an anderen Orten üblich war, handelte Penn mit ihnen Verträge aus, die sowohl zugezogenen Weißen wie Ureinwohnern persönliche Freiheit zusicherten. Penns Credo der Religionsfreiheit machte zudem aus Pennsylvania einen Ort der Zuflucht für in Europa verfolgte religiöse Minderheiten wie Hugenotten, Böhmische Brüder oder Juden, die er auch persönlich zur Emigration ermutigte. Nach Konflikten innerhalb der Verwaltung Pennsylvanias entschloss sich Penn im Jahr 1712, das Land wieder an die englische Krone zu verkaufen.

Schon zuvor hatte William Penn 1692 sein politisches Vermächtnis in Form einer viel gelesenen Schrift hinterlassen: »Essay über den gegenwärtigen und zukünftigen Frieden in Europa«. Und dieser Essay hat es in sich. Erstmals wird Europa nicht mehr von einer religiösen, politischen und Friedensidee aus gedacht, sondern als wirtschaftliche Einheit, wobei explizit auch der sogenannte »gerechte Krieg« abgelehnt wird. Penn will keinen Fürstenbund mehr, sondern ein Parlament. »Die souveränen Fürsten müßten (…) aus dem gleichen Grund, der die Menschen ursprünglich dazu bewog, sich zu einer Gesellschaft zusammenzuschließen, nämlich aus Friedens- und Ordnungsliebe, übereinkommen, durch ihre bevollmächtigten Vertreter einen allgemeinen Reichstag, eine Generalversammlung oder ein Parlament zu bilden.«[61] Das Soldatenhandwerk will Penn gänzlich abschaffen, stattdessen soll die Jugend zu Kaufleuten, Ingenieuren und Bauern erzogen werden.

Die Rechtsgleichheit, die Penn schon in Amerika zwischen Weißen und Indianern ausprobiert hatte, will er auch in »seinem« Europa verwirklicht wissen. Dies entsprach auch einer in seinen Kreisen verbreiteten protestantisch-bürgerlichen

61 William Penn, Essay towards the Present and Future Peace in Europa, zit. in: Rolf Hellmut Foerster (Hg.), Die Idee Europa 1300–1946. Quellen zur Geschichte der politischen Einigung. München 1963, S. 81

Ethik. Logischerweise beinhaltete dies auch die Vision einer Reisefreiheit, die jedem Mann einen Pass garantieren müsse, »der durch die Liga des Friedensstaates legitimiert wird«.[62]

Das sensationell Neue, bislang historisch nie Dagewesene am Penn'schen Europaplan war, dass er den ganzen Kontinent umfassen sollte. Sein Reichstag bzw. sein Parlament sollte sich aus folgenden Vertretern zusammensetzen: Zwölf aus dem Heiligen Römischen Reich (deutscher Nation), je zehn aus Spanien, Frankreich, dem Osmanischen Reich und Russland, acht aus Italien, sechs aus England, je vier aus Schweden, Polen und den Niederlanden, je drei aus Venedig, Dänemark und Portugal und je einem aus Holstein und Kurland. Türken und Russen im 77 Plätze umfassenden Europaparlament! Dieser Gedanke war revolutionär. In den kommenden 330 Jahren bis heute sollte er kaum je wieder auftauchen, wenn von einem Zusammenschluss Europas die Rede war (und ist).

Zumindest mit dem Russland Peters des Großen wollte es auch der französische Sozialphilosoph und Publizist Charles de Saint-Pierre (1658–1743), genannt Abbé de Saint-Pierre, versuchen. Ab 1712 entwickelte er einen Plan für einen »ewigen Frieden in Europa«, der in relativ unlesbaren Traktaten bis 1717 erschien. Wieder wird ein Staatenbund vorgeschlagen, der diesmal 24 Mitglieder inklusive Russland umfassen soll. Ein solcher Bund wäre, so Saint-Pierre, in der Lage, mit den Osmanen ein Schutzbündnis zu schließen. Ein permanent tagendes Schiedsgericht sollte darüber wachen, »den Kriegszustand in einen ewigen Frieden (zu) verwandeln«.[63] Als dann in den 1740er-Jahren der preußisch-österreichische Krieg um Schlesien ausbrach, sah sich Saint-Pierre veranlasst, den Preußenkönig Friedrich II. aufzufordern, ein solches Schiedsgericht, das freilich noch nicht existierte, zur Schlichtung anzurufen. Geworden ist daraus nichts. Stattdessen ist ein Brief von Friedrich II. an Voltaire bekannt, in dem sich dieser über Saint-Pierre lustig macht. Der deutsche König schreibt darin: »Der Abbé de Saint-Pierre (...) hat mir ein schönes Werk über die Art und Weise, wie in Europa der Frieden wiederhergestellt und für immer gesichert werden könnte,

62 zit. in: von Raumer 1953, S. 341
63 zit. in: von Raumer 1953, S. 345

zugesandt. Die Sache ist sehr praktisch, um sie zustande zu bringen fehlt weiter nichts als die Zustimmung Europas und einige andere Kleinigkeiten dieser Art.«[64] Die Friedensidee von Saint-Pierre zerbrach an der Wirklichkeit.

Jean-Jaques Rousseau machte dann die Gedanken Saint-Pierres lesbar, interpretierte sie später neu und erweiterte sie um soziale Aspekte. Im Auftrag seiner Arbeitgeberin Madame Dupin verfasste der große Aufklärer im Jahr 1756 die Schrift »Extrait du project de paix perpetuelle de Monsieur l'Abbé de Saint-Pierre« (Auszug aus dem Plan eines ewigen Friedens von Herrn Abbé de Saint-Pierre). Darin greift er die Idee eines europäischen Fürstenbundes auf, in dem religiöse Toleranz, völkerrechtliche Gleichheit und gemeinsamer Handel die Fundamente einer friedlichen europäischen Zukunft sein sollen.[65] Seinem Weltbild entsprechend, das er kurz darauf im »Contract social« (Gesellschaftsvertrag) publizierte, forderte Rousseau eine Rückbesinnung auf den natürlichen Urzustand des Menschen. Der freie Wille des Einzelnen müsse (wieder) in Übereinstimmung mit der Ausgestaltung der Gesellschaft gebracht werden. Für Rousseaus Europaidee bedeutete dies, dass er von den Trägern des Fürstenbundes auch »sittliche Grundsätze« einforderte, wobei ihm klar war, dass »kein Staatsoberhaupt sich freiwillig zur Gerechtigkeit finden« würde.[66] Er sah also nicht, wie Saint-Abbé, nur die politischen Machtgelüste einzelner Fürsten als Hindernis für einen europäischen Zusammenschluss, sondern auch ihre »Geldgier«. Mithin stellt Rousseau auch die soziale Frage und denkt darüber hinaus, dass ihre Lösung einer revolutionären Umwälzung bedarf. Während Saint-Pierre also die politische Umgestaltung propagiert, geht Rousseau einen wesentlichen Schritt weiter und spricht von der Notwendigkeit einer gesellschaftlichen Umwälzung, um eine friedfertige europäische Zukunft zu erlangen. Sein Skeptizismus gebietet es ihm, einem Staatenbund, der sich auf rein politischer Ebene durch Absprache der Fürsten bildet, kritisch bis ablehnend zu begegnen, wenn er meint: »Man sieht, daß sich föderative Bündnisse nur durch Umwälzungen bilden; und wer von uns könnte infolgedessen zu sagen wagen, ob dieser europäische Bund zu wünschen oder zu fürchten ist?

64 Abbé de Saint-Pierre, Œuvres, T. XXII., S. 90; zit. in: Foerster 1967, S. 186

65 Vgl. Majer/Höhne 2014, S. 83

66 zit. in: Foerster 1967, S. 203

Er würde vielleicht mit einem Schlag mehr Unheil anrichten, als er für Jahrhunderte verhindern könnte.«[67] Rousseaus Europa war nicht jenes der Fürsten, sondern eines der Völker.

Der Königsberger Philosoph Immanuel Kant erweiterte 30 Jahre später, immer noch am Vorabend der Französischen Revolution, in seiner »Idee zu einer allgemeinen Geschichte in weltbürgerlicher Absicht«[68] Rousseaus europäisches Gesichtsfeld um das einer Weltfriedensordnung. Ihm ging es ausdrücklich nicht um Europa, sondern um »alle Staaten«. Er sprach von einem »Föderalismus freier Staaten«, die er sich ausschließlich als Republiken vorstellen konnte. Die Menschen, so Kant, müssten bereit sein, »aus dem gesetzlosen Zustand der Wilden hinauszugehen und in einen Völkerbund treten, wo jeder, auch der kleinste Staat, seine Sicherheit und Rechte (...) nach Gesetzen des vereinigten Willens erwarten könnte.«[69]

Den vielleicht letzten großen Visionär eines vereinten, friedlichen, ja pazifistischen Europa kennt die Welt fast ausschließlich als Schriftsteller. Doch Victor Hugo war mehr. Der 1802 im französischen Beşancon geborene Publizist war auch politisch als Abgeordneter des Senats aktiv und trat mehrfach bei internationalen Kongressen auf. Dort schmetterte er den politischen Herrschern seine Ideen von der Abschaffung der stehenden Heere, der Einführung eines allgemeinen Wahlrechts, der Versammlungs- und Pressefreiheit und »der Freiheit der Arbeiter ohne Ausbeutung«[70] entgegen. Dafür und wegen seiner Opposition zu Bonaparte, der sich 1852 als Napoléon III. zum Kaiser ausriefen ließ, wurde er für 20 Jahre aus Frankreich verbannt.

Noch vor seiner Verbannung hatte er auf dem Friedenskongress von Paris im August 1849 von den »Vereinigten Staaten von Europa« gesprochen. In seiner Eröffnungsrede sehnt er jenen Tag herbei, »an dem ein Krieg zwischen Paris und London, zwischen Petersburg und Berlin, zwischen Wien und Turin

67 Jean-Jaques Rousseau, Auszug aus dem Plan des Ewigen Friedens des Herrn Abbé de Saint-Pierre. Paris 1756, zit. in: Foerster 1963, S. 101

68 Immanuel Kant, Idee zu einer allgemeinen Geschichte in weltbürgerlicher Absicht. 1784/1795, in: Immanuel Kant, Kleine Schriften, 7. Satz, Leipzig 1871

69 Ebd., S. 11f.

70 Victor Hugo, Œuvres Complètes. Bd. 15. Paris 1985, S. 358f., zit. in: Wolfgang Geier, Europabilder. Begriffe, Ideen, Projekte aus 2500 Jahren. Wien 2009, S. 122

ebenso absurd und unmöglich erscheinen wird, wie heute bereits ein Krieg zwischen Rouen und Amiens, zwischen Boston und Philadelphia absurd und unmöglich ist.«[71] Noch empathischer bekräftigte Hugo sein Bild eines zukünftigen Europa anlässlich der Pariser Weltausstellung 1867, die er vom Londoner Exil aus beobachtete und kommentierte: »Im zwanzigsten Jahrhundert wird es eine außergewöhnliche Nation geben (...), sie wird mehr als eine Nation, sie wird eine Zivilisation, sie wird eine Familie sein. Einheit der Sprache, Einheit der Währung, der Maße, der Zeit, der Gesetze ... überall werden Schwerter zu Pflugscharen. (...) Diese Nation wird Paris als Hauptstadt haben, und sie wird nicht Frankreich heißen, sie wird sich Europa nennen.«[72] Teile der Hugo'schen Vorstellungen haben sich erfüllt, doch von den zu Pflugscharen umgeschmiedeten Schwertern und der Freiheit der Arbeiter ohne Ausbeutung ist das Brüsseler Europa des 21. Jahrhunderts weit entfernt.

In den 1830er-Jahren gründeten Künstler und Intellektuelle in vielen europäischen Staaten Sammelbewegungen, die Ideen einer nationalen Wiedergeburt mit revolutionären Ansätzen verknüpften, wobei dem Wiedergebären meist eine imaginierte Nation zugrunde lag. So entstanden im Gefolge der französischen Julirevolution 1830 das »Junge Deutschland« als Literatenklub (mit u. a. Heinrich Heine und Heinrich Laube) und das »Junge Italien« (mit Giuseppe Mazzini) als wesentlich politischere Einrichtung als ihr deutsches Pendant. Kurzfristig existierte auch ein Zusammenschluss unterschiedlicher national und/oder bürgerlich revolutionär gesinnter Gruppen, die das Bulletin »Junges Europa« herausgab. Darin erschien im Jahr 1845 ein Aufruf zu einer demokratischen Umgestaltung des Kontinents, beschrieben als »europäische Assoziation, eine Föderation von Völkern auf dem Prinzip der nationalen Souveränität«.[73] Die darin enthaltene Losung »Heilige Allianz der Völker« muss als revolutionärer Gegenentwurf zur reaktionären Heiligen Allianz gelesen werden, die 1815 zwischen den Monarchen Russland, Österreichs und Preußens geschlossen wurde.

71 Ebd., S. 356f., zit. in: Geier 2009, S. 120
72 Ebd., S. 357f., zit. in: Geier 2009, S. 121
73 Vgl. Geier 2009, S. 116

Gegen den drohenden Hegemonieverlust: Paneuropa

Im Völkerschlachten des Ersten Weltkrieges zerstoben – vorerst – alle Europaideen. Zwischen der Kriegserklärung Österreich-Ungarns an Serbien am 28. Juli 1914 und der Waffenstillstandsvereinbarung vom 11. November 2018 starben geschätzte 20 Millionen Menschen unmittelbar an den Folgen des erbarmungslosen Hauens und Stechens. Die Hälfte von ihnen waren Zivilisten, die andere Hälfte Soldaten. Die Entente (Russland, Frankreich, das Vereinigte Königreich und Verbündete) beklagte fünf Millionen getötete Kämpfer, die Mittelmächte (Österreich-Ungarn, Deutsches Reich, Osmanisches Reich und Bulgarien) knapp vier Millionen. Dazu kamen nochmals 21 Millionen Verletzte auf allen Seiten.[74] Europa war tot, und mit ihm auch die Idee davon.

Und doch wieder nicht. Denn mitten im blutigsten Jahr der Schlachtengänge, 1915, schrieb der evangelische Theologe und Mitglied des deutschen Reichstages, Friedrich Naumann, ein Programm für eine mitteleuropäische Wirtschaftsgemeinschaft unter dem Titel »Mitteleuropa«.[75] Er wollte bewusst einer Nachkriegsordnung vorgreifen: »Während ich dies schreibe, wird im Osten und Westen gekämpft. Absichtlich schreibe ich mitten im Krieg, denn nur im Krieg sind die Gemüter bereit, große umgestaltende Gedanken in sich aufzunehmen.«[76] Naumanns Mitteleuropa war ein deutsch geführtes. Er sprach von einem »Zusammenwachsen derjenigen Staaten, die weder zum englisch-französischen Westbunde gehören noch zum russischen Reiche«, vor allem aber vom »Zusammenschluß des Deutschen Reiches mit der österreichisch-ungarischen Doppelmonarchie«.[77] »In dieser heraufziehenden Geschichtsperiode (...) ist Preußen zu klein und Deutschland zu klein und Österreich zu klein und Ungarn zu klein.«[78] Was Bismarck verabsäumt hatte, die großdeutsche Lösung, Naumann propagierte sie: Zwei Kaiserreiche mit all ihren Rand- und Erweiterungsgebieten sollten bis weit nach Osten die Fahnenstange Mitteleuropas setzen.

74 http://www.centre-robert-schuman.org/userfiles/files/REPERES%20-%20Modul%201-1-1%20-%20Notiz%20-%20Bilanz%20in%20Ziffern%20des%20Ersten%20Weltkrieges%20-%20DE.pdf (9. 11. 2019)

75 Friedrich Naumann, Mitteleuropa. Berlin 1915

76 Naumann, zit. aus: Reinhard Opitz (Hg.), Europastrategien des deutschen Kapitals 1900–1945. Bonn 1994, S. 336.

77 Ebd.

78 Ebd., S. 337

»Mitteleuropa wird im Kern deutsch sein, wird von selbst die deutsche Welt- und Vermittlungssprache gebrauchen, muß aber vom ersten Tag an Nachgiebigkeit und Biegsamkeit gegenüber allen mitbeteiligten Nachbarsprachen zeigen, weil nur so die große Harmonie emporwachsen kann, die für einen allseitig umkämpften und umdrängten Großstaat nötig ist.«[79] So hörte sich mitten im Völkerschlachten die damals vorherrschende Version des Multikulturalismus an.

Schon eine Woche nach dem Waffenstillstand gründete Naumann die »Deutsche Demokratische Partei« (DDP), die sich nach einer Fusion mit einer weiteren liberalen Kleinpartei »Deutsche Staatspartei« nannte. Dem deutschen Staat war Naumann Zeit seines Lebens – so unterschiedlich seine Ausprägungen vor und nach 1918 auch gewesen sein mögen – treu ergeben. In der wilhelminischen Epoche unterstützte er den preußischen Militarismus und die Kolonialpolitik des Kaisers, nach Kriegsende engagierte er sich anfangs, auch finanziell, im Rahmen der sogenannten »Antibolschewistischen Liga« gegen das kommunistische Russland und setzte sich mit seiner Vision eines Mitteleuropa für ein geopolitisches Konstrukt ein, das gerade eben erst unter der Führung dreier Monarchen einen Krieg verloren hatte.

Anfang der 1920er-Jahre betrat dann der promovierte Philosoph Richard Coudenhove-Kalergi die politische Bühne. Der japanisch-österreichische Graf mit tschechoslowakischer und später französischer Staatsbürgerschaft warf den Begriff Paneuropa in die Debatte. Das Präfix »pan« leitet sich vom Griechischen für »alles« bzw. »total« ab. So wollte der in Tokio geborene Kalergi auch sein Europa verstanden wissen, als er 1923 im Alter von 29 Jahren »Das pan-europäische Manifest«[80] veröffentlichte. Anders als viele weiter oben beschriebene friedenspolitisch inspirierte Ideen des 19. Jahrhunderts setzte Coudenhove-Kalergi nicht auf Gesellschaftsveränderungen oder gar revolutionäre Kräfte. Sein Paneuropa machte bereits in seiner Symbolik auf dem Umschlag der Broschüre klar, woher die Inspiration kam und wohin das Projekt gehen sollte. Das rote Kreuzritterkreuz auf gelbem Grund wurde auch zum Logo der Paneuropa-Bewegung, deren Flagge heute zusätzlich zwölf goldene (EU)-Sterne zieren.

79 Ebd., S. 341
80 Richard Coudenhove-Kalergi, Das pan-europäische Manifest. Wien Leipzig 1923

Christentum und Russlandfeindschaft waren die ideologischen Geburtshelfer der Paneuropa-Bewegung, die vor allem zwei drohenden Gefahren entgegentreten wollte: dem Krieg christlicher Staaten untereinander und einem Russland, gleich ob es nach 1918 unter bolschewistisch-roter oder unter reaktionär-weißer Führung wiedererstarken würde. Noch ganz unter dem Eindruck der verheerenden Waffengänge des Ersten Weltkriegs warnt Kalergi vor einem neuerlichen »europäischen Vernichtungskrieg (…), der unseren Erdteil in einen Friedhof verwandeln würde«.[81] Sein Ton ist pathetisch, seine Botschaft »pan«, total: »Europas Schicksalsstunde schlägt«, heißt es im Manifest. »In europäischen Fabriken werden täglich Waffen geschmiedet, um europäische Männer zu zerreißen, in europäischen Laboratorien werden täglich Gifte gebraut, um europäische Frauen und Kinder zu vertilgen. (…) Europas Politik steuert einem neuen Krieg zu. (…) Dieser drohende Krieg bedeutet den gründlichen Untergang Europas, seiner Kultur und Wirtschaft. (…) Die zweite Gefahr, der ein zersplittertes Europa entgegengeht, ist: die Eroberung durch Rußland (…). Unter Führung eines roten oder weißen Diktators könnte Rußland, durch gute Ernten, amerikanisches Kapital und deutsche Organisation sich schneller aufrichten, als Europa ahnt. Dann werden die zersplitterten und uneinigen Kleinstaaten Europas der einigen russischen Weltmacht gegenüberstehen. (…) Vor dieser Gefahr gibt es nur eine Rettung: den europäischen Zusammenschluß. (…) Darum werft, Europäer, die europäische Frage in alle Debatten. Zwingt eure Mitmenschen, sich zu entscheiden für oder gegen den europäischen Gedanken. Macht es allen klar, daß es hier um alles geht.«[82]

Wie mit Zweiflern oder Gegnern seiner Paneuropa-Idee umzugehen sei, auch da machte Graf Coudenhove-Kalergi klar, dass er aufs Ganze gehen und jeden Widerspruch im Keim ersticken wollte: »Die, welche aus Blindheit Antieuropäer sind – klärt auf! Die es aus Wahnsinn sind – bekämpft! Die es aus Profitsucht und Ehrgeiz sind – vernichtet!«[83] Europa, Wahnsinn oder Tod, lautete Kalergis Devise, Alternativen existierten für ihn keine. Er war vom Wettlauf zwischen

81 Richard Coudenhove-Kalergi, Das pan-europäische Manifest. Wien Leipzig 1923, siehe: https://politik.brunner-architekt.ch/wp-content/uploads/2013/12/coudenhove_europaeische_manifest.pdf (18.12.2019), zit. in: Foerster 1963, S: 226f.

82 Coudenhove-Kalergi 1923, zit. auch in: Foerster 1963, S. 227/235

83 Ebd., S. 235

Europas Einigung und Russlands Wiederaufrichtung überzeugt. Eine Brücke dazwischen sah er nicht und wollte sie, ganz in der Tradition spätmittelalterlicher Europabilder, nicht sehen.

Geographisch durchschnitt das Kalergi'sche Paneuropa den Kontinent in seiner Mitte, die Grenze sollte von Finnland bis zum Schwarzen Meer verlaufen, oder genauer »die Luftlinie, die Königsberg mit Odessa verbindet« darstellen, wie der Paneuropäer es in seinem später erschienen Buch »Weltmacht Europa«[84] definierte. Die britischen Inseln und Irland sollten aus der Paneuropa-Idee ausgespart bleiben. Dies entsprach auch der Selbsteinschätzung weiter Kreise in Großbritannien. So fasste der nach 1945 zum »Europäer« mutierte Winston Churchill Anfang 1930 in einem Zeitungskommentar den Zugang der britischen Bourgeoisie zu einem Europa-Projekt folgendermaßen zusammen: »Wir sehen nur Gutes und Hoffnungsvolles in einer reicheren, freieren und zufriedeneren europäischen Gemeinschaft. Aber wir haben unseren eigenen Traum und unsere eigene Aufgabe. Wir sind mit Europa, aber nicht in Europa; mit ihm verbunden, aber nicht eingeschlossen.«[85] Damit brachte das liberal-konservative Aushängeschild der herrschenden Klasse im Vereinigten Königreich die Sonderstellung der Inseln perfekt zum Ausdruck.

Zurück zur Paneuropa-Bewegung. Organisatorisch war sie als Verein organisiert, der mit großen Namen auf der Mitgliederliste kokettierte. Ihr Gründungskongress fand im Herbst 1926 in Wien unter der Schirmherrschaft des radikal-katholischen Prälaten und Bundeskanzlers Ignaz Seipel statt, der aus seiner Sympathie für die Militarisierung seiner christlich-sozialen Partei keinen Hehl machte. Unter den 2000 Delegierten fanden sich tatsächlich eine erquickliche Zahl prominenter Namen wie der frühere deutsche Reichskanzler Joseph Wirth, der amtierende tschechoslowakische Außenminister Edvard Beneš und der spätere französische Finanzminister Joseph Caillaux. Anfangs unterstützten auch Persönlichkeiten der politisch linken Reichshälfte die Paneuropa-Idee, so der Franzose Léon Blum, der Portugiese José Ortega y Gasset oder Albert Einstein. Eine Massenbasis blieb der Paneuropa-Union verwehrt, finanziell konnte

84 Richard Coudenhove-Kalergi, Weltmacht Europa. Stuttgart 1971, S. 11

85 *Saturday Evening Post* vom 15. Februar 1930, zit. in: Heinrich von Siegler, Dokumentation der europäischen Integration. Bonn 1961, S. XI.

sie sich hingegen über oft hohe Zuwendungen aus den Beständen des reichen Blut- und Geldadels – wie Coudenhove-Kalergi die alten und neuen Eliten genannt haben würde – nicht beschweren. Die erste Großspende kam in Form von 60.000 Goldmark vom Hamburger Banker Max Warburg.[86]

Die Paneuropa-Union besteht bis zum heutigen Tag. Mitte 2020 wird sie vom französischen Gaullisten Alain Terrenoire präsidiert, spielt aber politisch keine Rolle. Eine kurze Hochphase hatte sie im August 1989, als sie nahe der Grenze zu Österreich auf der ungarischen Seite ein sogenanntes »paneuropäisches Picknick« abhielt. Der damalige Präsident der Organisation, der CSU-Abgeordnete und Sohn des letzten österreichischen Kaisers Otto Habsburg, richtete diese Demonstration gemeinsam mit der ungarischen »Partei des demokratischen Forums« (MDF) aus. Flugblätter zur Teilnahme am Picknick wurden auf Campingplätzen rund um den Balaton an UrlauberInnen aus der DDR verteilt. Im Gefolge schlüpften 600 Ostdeutsche in den Westen. Die erste Massenflucht aus der DDR fand unter Anleitung der Paneuropa-Union an der ungarisch-österreichischen Grenze statt.

Einer der wenigen hochrangigen Politiker der Linken, die sich dem paneuropäischen Gedanken verpflichtet sahen, war der Franzose Aristide Briand. Als mehrfacher Ministerpräsident führte er die Sozialisten politisch in die Mitte. Als Außenminister unterzeichnete er 1925 mit seinem deutschen Gegenüber, dem nationalliberalen Gustav Stresemann, die Verträge von Locarno, die unmittelbar eine Entmilitarisierung des Rheinlandes bewirkten und mittelfristig eine deutsch-französische Aussöhnung herbeiführten. Diese war nach dem von Berlin als »Schandfrieden« bezeichneten Versailler Vertrag von 1919 keine Selbstverständlichkeit. Briand und Stresemann erhielten dafür im Jahr 1926 den Friedensnobelpreis. Mit der deutsch-französischen Annäherung verfolgte Stresemann allerdings, was in der Rezeption dieses Ausgleichs vielfach vergessen wird, geopolitische Interessen. Er wollte damit eine Verständigung Frankreichs mit Großbritannien auf der einen und/oder mit Russland bzw. der Sowjetunion auf der anderen Seite verhindern.[87] Zu sehr stand Berlin noch unter dem Schock der anti-deutschen Allianz von vor dem Ersten Weltkrieg.

86 Majer/Höhne 2014, S. 144

87 Siehe: Brockhaus Enzyklopädie, Mannheim 1993, Bd. 21, S. 326

Mit seinem Memorandum vom 17. Mai 1930 (»L'organisation d'un régime d'union féderale européenne«) ging Aristide Briand noch einen Schritt weiter. Im Rahmen des 27 Mitglieder umfassenden Völkerbundes wollte er eine »Europäische Konferenz« einrichten, die der »Aufstellung des Grundsatzes zur moralischen Einheit Europas und zur feierlichen Bekräftigung der zwischen europäischen Staaten geschaffenen Solidarität«[88] verpflichtet sein sollte. Im Briand'schen Europakonzept blieb die nationale Souveränität oberstes Gebot, es stand »auf der Grundlage des Gedankens der Einigung, nicht der Einheit«[89], wie es dazu hieß. Die Mitgliedsstaaten des Völkerbundes zeigten sich höflich daran interessiert, außer der deutschen und der tschechoslowakischen Zustimmung ereilte das Memorandum allerdings das Schicksal vieler gut gemeinter Ratschläge; es landete im Papierkorb. Die Folgen der Weltwirtschaftskrise 1929–1931, die erst langsam alle Branchen erfasste, sowie die kalte Schulter, die London dem Unterfangen zeigte, hatten dieser wohl wichtigsten Europa-Initiative der Zwischenkriegszeit den Todesstoß versetzt. Als dann am 31. Juli 1932 die NSDAP als Siegerin aus den Reichstagswahlen in Deutschland hervorging, war es mit der Idee einer auf friedlichem Wege hergestellten europäischen Einheit für lange Zeit vorbei.

Tausendjähriges Europa

Der Sieg der Nationalsozialisten 1932 ließ Begriffe wie Mitteleuropa oder Paneuropa aus der Mode kommen. Nun war durchaus parallel von deutsch und europäisch die Rede, wenn es galt, die Expansion nach Osten – und später auch nach Westen – zu rechtfertigen.

In der Frage, ob diese Expansion eine deutsche oder eine europäische Grundlage haben sollte, standen sich grundsätzlich zwei Fraktionen gegenüben. Für die ökonomisch argumentierenden Nazis und mit ihnen eine ganze Reihe von Institutionen war die kriegerische Neuordnung eine »europäische«, während die Ideologie-Fraktion prinzipiell »deutsch« dachte. Je näher die Niederlage

88 Briand-Memorandum vom 17. Mai 1930, zit. in: Majer/Höhne 2014, S. 147
89 Ebd., S. 148

gegen die Alliierten rückte, desto fließender wurde der Übergang vom deutsch imaginierten Kontinent zum europäischen.

Bereits seit den Schriften des Volkswirtschaftlers Friedrich List[90] im Vormärz der 1840er-Jahre geisterte die Idee vom wirtschaftlichen »Großraum« durch Generationen von Nationalökonomen. Der damalige Kampf um die deutsche Zollunion, von List theoretisch geführt und auch praktisch angeleitet, sollte mit einem merkantilistischen, nach außen die heimische Wirtschaft schützenden Konzept einen solchen, deutsch geführten Großraum schaffen. Der Gedanke des Nachholens gegenüber den kolonialen Weltmächten Großbritannien und Frankreich findet sich in vielen Schriften auch der 1930er-Jahre wie z. B. bei Carl Schmitt. Sein 1938 veröffentlichter Aufsatz »Völkerrechtliche Großraumordnung mit Interventionsverbot für raumfremde Mächte«[91] leistete den Nationalsozialisten Vorschub für ihre völkisch argumentierte Expansionsstrategie, obwohl Schmitt diese nicht teilte, sondern von einer völkerrechtlichen Legitimation sprach.[92] Seine Großraumordnung sah das Deutsche Reich im Kern, das sich auf die angrenzenden deutschen Siedlungsgebiete erweitern und diese Erweiterung durch Verträge mit den Nachbarstaaten absichern sollte.

Großraumwirtschaft: unter diesem Schlagwort formulierten Geopolitiker und Ökonomen der Nationalsozialisten ihre Visionen. Ihre Idee des deutschen Vormarsches war eine europäische. In Forschungsinstituten und akademischen Einrichtungen wie der »Zentralstelle für europäische Großraumwirtschaft«, der »Gesellschaft für europäische Wirtschaftsplanung und Großraumwirtschaft« oder dem »Institut für Großraumwirtschaft« entwickelten sie seit den späten 1930er-Jahren Konzepte einer europäischen Wirtschaftspolitik unter deutscher Führung. In den Worten des Industriellen und Leiters der Abteilung Außenhandel im Außenpolitischen Amt der NSDAP, Werner Daitz, klang das dann 1936 folgendermaßen: »Die Freiheit, die Ehre und die Selbständigkeit jedes Volkes und jeder Volkswirtschaft ist die unerläßliche Voraussetzung einer neuen fruchtbaren europäischen Arbeits- und Kulturgemeinschaft. Eines

90 Friedrich List, Das nationale System der politischen Ökonomie. Stuttgart 1883 (1841).

91 Carl Schmitt, Völkerrechtliche Großraumordnung mit Interventionsverbot für raumfremde Mächte. Berlin 1939

92 Vgl. hierzu Sebastian Liebold, Konzeptionelle Überlegungen. In: Hendrik Thoß (Hg.), Mitteleuropäische Grenzräume (Chemnitzer Europastudien, Bd. 3). Berlin 2006

neuen kontinentaleuropäischen Wirtschaftskreislaufes, der allein den Lebens- und Kulturstandard der europäischen Völker wieder heben kann. Europa den Europäern! (…) Deutschland, in der Mitte des europäischen Kontinents gelegen, ist an erster Stelle verpflichtet, diese Aufgabe der Errichtung einer kontinentaleuropäischen Großraumwirtschaft nicht nur zu verkünden, sondern auch handelspolitisch-praktisch zu betätigen. Deutschland ist in dieser Hinsicht verantwortlich für Europa.«[93] Europa den Europäern!, lautete also die Devise in Kreisen nationalsozialistischer Unternehmer.

Werner Daitz war eine der führenden Unternehmerfiguren in der NSDAP und seit dem Jahr 1931 Mitglied in deren Reichsleitung. Immer wieder mahnte er den Blick auf das – europäische – Ganze ein: »Wenn wir den europäischen Kontinent wirtschaftlich führen wollen, wie dies aus Gründen der wirtschaftlichen Stärke des europäischen Kontinents als Kernraum der weissen Rasse unbedingt erforderlich ist und eintreten wird, so dürfen wir aus verständlichen Gründen diese nicht als eine deutsche Großraumwirtschaft öffentlich deklarieren. Wir müssen grundsätzlich immer von Europa sprechen, denn die deutsche Führung ergibt sich ganz von selbst und aus dem politischen, wirtschaftlichen, kulturellen, technischen Schwergewicht Deutschlands und seiner geografischen Lage.«[94]

Schon unmittelbar nach Kriegsausbruch im September 1939 waren auch aus dem Reichsaußenministerium ganz ähnliche Töne zu hören gewesen. »Der gegenwärtige Krieg«, hieß es da, »ist auch ein Krieg um die Einheit und Freiheit Europas.« Wie in vielen, weiter oben beschriebenen historischen Europabildern wird der Krieg mit einem zukünftigen, dann endgültigen Frieden legitimiert: »Seine Ziele sind: Herstellung eines dauerhaften, gesicherten Friedens für die europäischen Länder. Sicherheit gegen wirtschaftliche Erdrosselung und raumfremde Einmischung Englands und der Vereinigten Staaten. Europa den Europäern. Gemeinsame Lösung des bolschewistischen Problems. Ohne Vernichtung des Bolschewismus keine Freiheit und Sicherheit für Europa. (…) Überwindung

93 Denkschrift von Werner Daitz über die Errichtung einer Zentralstelle für europäische Großraumwirtschaft. Zit. in: Opitz 1994, S. 630

94 Denkschrift von Werner Daitz betreffend die Errichtung eines Reichskommissariats für Großraumwirtschaft (31. Mai 1940). Zit. in: Opitz (Hg.) 1994, S. 669

des europäischen Partikularismus durch friedliche und freie Zusammenarbeit der europäischen Völker.«[95] Wären da nicht Vokabel wie »raumfremd« und »Vernichtung« und ginge es nicht (auch) gegen das Vereinigte Königreich und die USA, dann könnte eine solche ministerielle Aktennotiz auch 80 Jahre später in einem internen Brüsseler E-Mail stehen.

Auch das damals junge Vorstandsmitglied der Deutschen Bank, Hermann Josef Abs, machte auf einem Vortrag im Oktober 1940 vor Bankern klar, dass die Wehrmacht für ihre europäischen Interessen im Einsatz sei: »Heute bietet der europäische Raum unserer politischen Einflußsphäre reiche und lohnende Möglichkeiten, um den Rahmen unserer Leistungsfähigkeit zu füllen. Die Aufgaben, die hier der Lösung harren, sind so groß, daß neben uns auch unsere hochentwickelten Nachbarländer ein weites Feld für ihre Kapitalausfuhr finden werden. Man denke nur an eine den Gesamtbedürfnissen des Großraums Rechnung tragende Ausgestaltung des Verkehrswesens.«[96] Abs' Deutsche Bank, eine der großen Gewinnerinnen des deutschen Vormarsches (allein in der Ostmark übernahm sie nach 1938 die Mehrheit an der größten österreichischen Bank[97]), exerzierte den Gleichschritt zwischen führender deutscher Nation und Europavision musterhaft vor. Übrigens: Nach der Niederlage Hitlers durfte Hermann Josef Abs im selben führenden Geldinstitut weitermachen, organisierte die Kreditanstalt für Wiederaufbau und war bis 1976 Aufsichtsratsvorsitzender der Deutschen Bank, ab 1976 deren Ehrenvorsitzender.

Auch auf höchster politischer Ebene apportierte man die europäischen Vorgaben der deutschen Industrie. Reichswirtschaftsminister Walther Funk schrieb am 6. August 1940 an den Reichsmarschall des Großdeutschen Reiches, Hermann Göring:«[B]etreffs: Kontinental- und Grossraumwirtschaft: ich gehe davon aus, dass die Eingliederung der besetzten Gebiete in die grossdeutsche Wirtschaft und der Neuaufbau einer europaeischen Kontinentalwirtschaft unter deutscher Fuehrung (…) durch eine Reihe von Einzelmassnahmen erreicht werden muss. Massgebend muss dabei sein, die europaeischen Volkswirtschaften

95 Anonyme Notiz für das Reichsaußenministerium vom September 1939, siehe: https://archive.org/stream/QuellenZurNeuordnungEuropasTeil1/Neuordnung1_djvu.txt (18.12.2019), Teile davon zitiert in: Schmale 2001, S. 122

96 Hermann Josef Abs in einem Vortrag »Aktive Kapitalpolitik« auf einer Veranstaltung des Deutschen Instituts für Bankwissenschaft und Bankwesen. (25.10.1940). Zit. in: Opitz (Hg.) 1994, S. 798

97 siehe: Hannes Hofbauer, Westwärts. Österreichs Wirtschaft im Wiederaufbau. Wien 1992, S. 29

so vollkommen und eng wie moeglich mit der grossdeutschen Wirtschaft zu verflechten.«[98] Direkt prophetisch liest sich aus heutiger Sicht eine Rede des besagten Wirtschaftsministers Funk vom 25. Juli 1940. Darin spricht er die Probleme einer einheitlichen Währung in einem Raum mit unterschiedlichen Entwicklungsniveaus an: »Im Rahmen einer gesunden europäischen Wirtschaft und einer vernünftigen wirtschaftlichen Arbeitsteilung zwischen den europäischen Volkswirtschaften wird sich die Währungsfrage von selbst lösen, weil sie dann nur noch ein Problem der richtigen Geldtechnik ist. Es ist selbstverständlich, daß die Reichsmarkwährung dabei eine dominierende Stellung haben wird. (…) Aber eine Währungsunion bedingt allmählich angeglichenen Lebensstandard (…).«[99]

Neben der wirtschaftlichen Großraum-Idee war auch die internationale Propaganda der Nazis europäisch gefärbt. So erschien zwischen 1940 und 1945 die eigens für besetzte Gebiete konzipierte Zeitschrift »Signal«. Ihre Auflage betrug fast zwei Millionen Exemplare in 15 Sprachen. Die französische Ausgabe war das Flaggschiff. Von ihr wurden im Jahr 1943, am Höhepunkt der medialen Vorwärtsstrategie, 800.000 Stück gedruckt.[100] Wenig verwunderlich argumentierten die Nazis darin nicht mit »deutschem Volk« oder »deutschem Vormarsch«, stattdessen war konsequent von »europäischer Einigung«, »föderalem Europa« oder »Europäischer Wirtschaftsgemeinschaft«[101] die Rede.

Auch während grausamster Kriegsverbrechen operierte die Berliner Propagandaabteilung mit dem Europabegriff und ließ Flugschriften entsprechenden Inhalts mit ihren Bombern über feindlichen Städten abwerfen. So z. B. während der eineinhalbjährigen Belagerung Leningrads, bei der über eine Million Menschen, meist am Hungertod, starben. Die Nazis glaubten offenbar, der russischen Zivilbevölkerung den »Endsieg« als gemeinsame europäische Zukunft vorgaukeln zu können.

Oranienburg liegt eine knappe Autostunde von St. Petersburg entfernt direkt am Finnischen Meerbusen. Die abgewrackten Schiffe im kleinen Hafen zeugen von besseren Zeiten, als der kleine Ort noch Lomonossow hieß,

98 Aus dem Briefwechsel Funk-Göring. Zentrales Staatsarchiv Potsdam, NP Fall XI, Dokumentenbuch 88 II, Bd. 369. Zit. in: Opitz (Hg.) 1994, S. 755

99 Rede von Walther Funk vom 25.Juli 1940, zit. in: Schmale 2001, S. 122

100 Majer Höhne 2014, S. 159/160

101 Ebd., S. 162

benannt nach dem hier aufgewachsenen Michael Lomonossow, der zum Sinnbild des sozialistischen Aufstiegs geworden war, vom (tatsächlich gar nicht so) armen Bauernjungen zum weltweit bekannten Wissenschaftler. Heute heißt die Siedlung wieder Oranienburg, sicherheitshalber stehen beide Bezeichnungen auf dem kleinen Bahnhofsgebäude. Touristen verschlägt es hierher wegen des großen Palastes, den Peter der Große Anfang des 18. Jahrhunderts für seinen engsten Vertrauten, Fürst Alexander Menschikow, erbauen ließ. In keinem Reiseführer wird hingegen das interessante städtische Museum in der Innenstadt erwähnt, dessen größtes von drei Zimmern von der Belagerung Leningrads durch die Wehrmacht erzählt. Diese im sowjetischen wie postsowjetischen Diskurs als Blockade bekannte Aushungerung einer europäischen Großstadt dauerte vom September 1941 bis Anfang 1944 und kostete 1,1 Millionen Menschen das Leben. Auch Oranienburg war in dieser Zeit von deutschen Truppen eingeschlossen, von der Außenwelt abgeschnitten. In einer Vitrine des Stadtmuseums findet sich ein höchst interessantes kleines Büchlein, mit dem die deutsche Wehrmacht im Jahr 1942 Stimmung für ihren – letztlich gescheiterten – Vormarsch machte. Und dieses wenige Seiten starke Büchlein ist für das Thema unseres Buches bedeutsam. Es ist ein schwarz-weiß gehaltener Volkskalender in russischer Sprache, der offensichtlich in großer Stückzahl Ende 1941 über den eingeschlossenen russischen Gebieten in und um Leningrad abgeworfen wurde. »Nowaja Evropa« (»Neues Europa«) steht in kyrillischen Lettern über der Jahreszahl 1942, das neue Jahr ankündigend. Mit dem Versprechen auf ein »neues Europa« wollten also die Nationalsozialisten die russische Zivilbevölkerung für sich gewinnen, eine angesichts der Hungerblockade zynische Vorstellung.

Die Chefideologen der Nationalsozialisten hatten – entgegen der Wirtschaftsfraktion und dem Außenministerium – mit dem Begriff Europa nichts am Hut. Reichspropagandaleiter Josef Goebbels brachte diesen Zwiespalt zwischen Unternehmern, Ökonomen und Außendarstellern auf der einen Seite und der deutsch-völkischen Ideologie auf der anderen Seite vor einer Schar ausgewählter Journalisten am 5. April 1940 zum Ausdruck: »Wenn heute wer fragt, wie denkt ihr euch das neue Europa, so müssen wir sagen, wir wissen es nicht. Gewiß haben wir eine Vorstellung. Aber wenn wir sie in Worte kleiden, bringt uns das nur

Feinde. (…) Heute sagen wir ›Lebensraum‹. Jeder kann sich vorstellen, was er will. Was wir wollen, werden wir zur rechten Zeit schon wissen.«[102]

Adolf Hitler und Heinrich Himmler bildeten die Speerspitze der Idee vom rein deutschen, germanischen Großraum, den sie sich als Siedlungsgebiet für Arier vorstellten. Tatsächlich war es purer Rassismus, der Menschen und Völker in den eroberten Gebieten Germanisierung oder Ausrottung anheimstellte. Hitler skizziert sein Bild eines zukünftigen Kontinents folgendermaßen: im Süden das faschistische Italien, im Westen ein entmachtetes Frankreich und Osteuropa als deutschen Lebensraum, und das alles geführt vom »Reich aller Deutschen« in der Mitte.[103]

Gegen Kriegsende hin wurden die Vorstellungen der Nazis über Europas Neuordnung geradezu visionär, nachkriegsvisionär. Angesichts der drohenden Niederlage geriet das NS-Bekenntnis zur Vorherrschaft der deutschen Rasse in den Hintergrund. Schon am 21. März 1943 hatte Hitlers prominentester Außenpolitiker, Joachim von Ribbentrop, die Gründung eines europäischen Staatenbundes vorgeschlagen.[104] Und ein Entwurf für eine Denkschrift des Auswärtigen Amtes über die Schaffung eines »Europäischen Staatenbundes«, der ein halbes Jahr später, im September 1943, bereits unter dem Eindruck eines möglicherweise bevorstehenden Zusammenbruchs der Nazi-Diktatur geschrieben worden ist, nimmt die Nachkriegsdiktion für die Schaffung einer europäischen Einigung vorweg: »Die Einigung Europas, die sich in der Geschichte bereits seit längerem abzeichnet, ist eine zwangsläufige Entwicklung. (…) Europa ist zu klein geworden für sich befehdende und sich gegenseitig absperrende Souveränitäten. (…) Die Lösung der europäischen Frage kann nur auf föderativer Basis herbeigeführt werden, indem die europäischen Staaten sich aus freiem, der Einsicht der Notwendigkeit entsprungenem Einschluß zu einer Gemeinschaft souveräner Staaten zusammenschließen. (…) Der europäische Staatenbund muß die Gemeinschaft möglichst aller europäischen Staaten sein. (…) Es war ein schwerer politischer Fehlgriff, daß die Mächte, die nach Beendigung des ersten Weltkrieges

102 Joseph Goebbels am 5. April 1940, zit. in: Mark Mazower, Hitlers Imperium: Europa unter der Herrschaft des Nationalsozialismus. München 2009, S. 119

103 Adolf Hitler, Mein Kampf. München 1934 (10. Auflage), zit. in: Majer/Höhne 2014, S: 195

104 Schmale 2001, S. 123

die Verantwortung für die Ordnung Europas hatten, den Unterschied zwischen Siegern und Besiegten zu verewigen suchten. Dieser Fehlgriff darf nicht wiederholt werden, vielmehr wird den besiegten Staaten in der neuen Gemeinschaft der europäischen Völker von Anfang an ein gleichberechtigter Platz einzuräumen sein, wenn sie bereit sind, an dem Aufbau des neuen Europa legal und positiv mitzuarbeiten. (...) Die Zeit der europäischen Binnenkriege muß beendet und der europäische Partikularismus überwunden werden.«[105]

Mit ähnlichen Floskeln hatte Mitte der 1930er-Jahre das deutsch-europäische Abenteuer begonnen. Nun, im Angesicht einer möglichen Niederlage, diktierten NS-Ideologen der nächsten Generation ihre europäischen Neuordnungspläne. Die Kapitulation Berlins am 8. Mai 1945 bedeutete weder in inhaltlicher noch in personeller Hinsicht einen vollständigen Bruch. In Bezug auf nationalsozialistische Europaideen war sogar Kontinuität angesagt. Diese Tatsache können auch aktuelle Interpretationen von nationalsozialistischen Erweiterungsplänen nur schwer kaschieren, die angesichts des seit 1989/91 stattfindenden Vormarsches deutsch-europäischer Unternehmer und Militärs Richtung Osten eine klare Distanz zur NS-Aggression schaffen wollen. In der Wahl der Mittel besteht diese fraglos, ihr strukturelles Ziel weist dennoch Ähnlichkeiten auf. Diese Parallelen klein zu reden oder gänzlich zu verschweigen, damit tut sich die Fachwelt der Historiker schwer. Der in Wien lehrende Historiker Wolfgang Schmale versucht es: »Der Nationalsozialismus hat zwar Europavorstellungen entwickelt, aber gemessen an der Tradition der Europaidee waren diese anti-europäisch.«[106] Hier irrt der Professor. Die im Erscheinungsjahr 2001 von Schmales Band »Geschichte Europas« euphorisierte Sicht auf die Osterweiterung der Europäischen Union sollte nicht zu einer voluntaristischen Geschichtsauffassung führen, nach dem Motto: was nicht ins aktuelle Konzept passt, ist anti-europäisch.

105 Entwurf für eine Denkschrift des Auswärtigen Amtes über die Schaffung eines »Europäischen Staatenbundes« (9.9.1943) aus: Zentrales Staatsarchiv Potsdam. Filmsammlung, Nr. 5582, Bl. D 514553ff. Zit. in: Opitz (Hg.) 1994, S. 957f.

106 Schmale 2001, S. 116

3. Nach 1945: Westeuropa wird amerikanisch

Bruch oder Kontinuität? Die gängige zeithistorische Forschung weicht der Frage aus, wenn es darum geht, den Übergang von der Großraumpolitik der NS-Zeit zu europäischen Einigungsbestrebungen nach dem Ende des Zweiten Weltkrieges zu betrachten. Oder sie macht es sich noch einfacher und definiert »Europa« als ein Konstrukt des Neubeginns, ja als Antithese zu den Nationalsozialisten. Bereits am Ende des vorigen Kapitels haben wir gesehen, dass man es sich so leicht nicht machen kann.

Da wäre einmal die Europaidee aus NS-Wirtschaftskreisen rund um Figuren wie Werner Daitz, Großindustrieller und hochrangiger NSDAP-Funktionär, die für ein wirtschaftlich geeintes Europa eintraten, dessen deutsche Führung sie als selbstverständlich erachteten, was jedoch mit Fortdauer des Krieges immer föderalistischer gedacht wurde. Auch die meisten der deutschen »Europäer« der Nachkriegszeit hatten ihr ökonomisches Handwerk unter der NS-Diktatur gelernt, personell gab es in den drei westlichen Besatzungszonen Deutschlands diesbezüglich keine Brüche, keine politischen Säuberungen. Banker wie das Vorstandsmitglied der Deutschen Bank Hermann Josef Abs oder der spätere Bundesbankpräsident Karl Blessing führten das deutsche Projekt der frühen 1940er-Jahre nahtlos in das europäische Projekt nach dem Kriegsende über. Auch Führungskräfte in Politik und Diplomatie wie der Bundeswirtschaftsminister Ludwig Erhard oder einer der »Väter des europäischen Gedankens«, Walter Hallstein, konnten ihre Nazi-Karrieren beim Aufbau Europas – sprich: Westeuropas – nutzbringend verwenden.

Mit den Siegern einte sie das Kriegsziel der Großraumwirtschaft, die nun nach dem Ende der NS-Schreckensherrschaft allerdings so nicht mehr genannt wurde. Gänzlich anders geartet war freilich die Art und Weise, wie ein solches Europa zustanden kommen sollte. Die brachiale Eroberungspolitik der Wehrmacht, in deren Schatten Menschen nach Rassen eingeteilt und je nach Zuordnung gebraucht, verbraucht oder vernichtet wurden, fand mit der bedingungslosen Kapitulation ihr Ende. Das neue Europa fußte auf Frieden und Verständigung, zur Wiederbewaffnung Deutschland sollte es noch Jahre dauern und an eine Militarisierung des westeuropäischen Einigungsprojektes war anfangs nicht gedacht.

Eine Konstante überlebte jedoch den Bruch vom Kriegsgang der Nazis zwecks Herstellung eines europäischen Großraums zur vorerst wirtschaftlichen, später politischen und schließlich militärischen Einigung des westlichen Halbkontinents unter blauer Fahne mit goldenen Sternen: das war die Feindschaft zur Sowjetunion bzw. zu Russland. Sie war Hitlers Antrieb, seine Armeen zu einer imaginierten »zivilisatorischen Mission« in den Osten zu schicken. Dieselbe Feindschaft bildete auch die Grundlage einer permanent antikommunistischen Stoßrichtung westeuropäischer Einigungsschritte, wie wir in der Folge sehen werden.

Und noch eine wesentliche geopolitische Änderung fand auf dem europäischen Parkett statt. Die deutsche Führung war perdu, an ihre Stelle trat die US-amerikanische. Auf militärischer Ebene funktionierte der Übergang geradezu bruchlos, im Baltikum und in der Ukraine übernahmen US-Geheimdienst und US-Außenministerium die lokalen Verbündeten Berlins. Und wirtschaftlich zog Washington schon während des Krieges die Fäden, die Westeuropa zusammenhalten sollten.

Es war also beides. Kontinuität und Bruch fanden parallel zueinander statt.

Von den War-and-Peace-Studies zu Bretton Woods

Als die USA am 8. Dezember 1941 als Antwort auf den japanischen Angriff auf Pearl Harbour ihren Eintritt in den Zweiten Weltkrieg erklärten, folgten sie einem Plan, der bereits zuvor in einer Arbeitsgruppe des »Council on Foreign Relations« (CFR) ausgearbeitet worden war. Der CFR bestand seit 1921 als Think-Tank der mächtigsten US-Konzerne. John P. Morgan, Paul M. Warburg und John D. Rockefeller gehörten von Anfang an zu den wichtigsten Finanziers dieses »außenpolitischen Establishments der USA«,[107] wie die Zeitschrift *Newsweek* den Council später einmal definieren sollte. Tatsächlich bildeten Vertreter von Unternehmen der Rockefeller-Gruppe (Chase Manhattan Bank, Bank of New York, Metropolitan Life, Mobil Oil, Standard Oil

107 *Newsweek* vom 6. September 1971, S. 74

etc.) und der Morgan-Gruppe (Morgan Stanley, US Steel, General Electric, IBM etc.) den Kern dieses Braintrusts. Seine Vorstandsmitglieder sollten nach dem Zweiten Weltkrieg steile Karrieren machen. So wurde der Industrielle William A. Harriman Botschafter in London, der US-Handelsminister und Sonderbeauftragte für den Marshall-Plan John F. Dulles bekam den Posten des US-Außenministers, sein Bruder Allan W. Dulles leitete während des Krieges den US-Geheimdienst OSS und baute danach die CIA auf, und der ranghohe Außenamtsmitarbeiter George F. Kennan gab in der hauseigenen Postille *Foreign Affairs* bereits unmittelbar nach Kriegsende die Losung aus, die Sowjetunion sei in die Knie zu zwingen. »Die USA haben es in ihrer Hand, die Belastungen, unter denen die sowjetische Politik operiert, enorm zu verschärfen und auf diese Art und Weise Entwicklungen zu fördern, die mit der Zeit entweder zum Zusammenbruch oder zur Aufweichung der sowjetischen Macht führen müssen«[108], schrieb er im Jahr 1947 unter dem Pseudonym »Mr. X«, weil er zu dieser Zeit nach seiner Arbeit als US-Diplomat in Moskau einen führenden Posten an der neu gegründeten Nationalen Kriegsakademie bekleidete und diese Funktion es ihm nicht erlaubte, unter Klarnamen zu publizieren.

Aus diesem unternehmerischen und personellen Umfeld heraus formierte sich im Laufe des Jahres 1939 die CFR-Arbeitsgruppe »War-and-Peace-Studies«. Schnell ging sie daran, die deutsche Großraumidee transatlantisch umzuinterpretieren. Im Bewusstsein, den bevorstehenden Waffengang für sich zu entscheiden, formulierten die Transatlantiker noch vor dem Kriegseintritt der USA ihre Nachkriegsvision. »Während einer Übergangsperiode der Anpassung und des Wiederaufbaus könnte der Großraum ein wichtiger Stabilisator der Weltwirtschaft sein«, heißt es in einem Memorandum; und weiter: »Vielleicht wäre es sogar möglich, die europäische Ökonomie in die des Großraums einzuflechten.«[109] Die Geschichte hat gezeigt, dass das Vorhaben gelungen ist.

Noch war es freilich nicht so weit. Die US-amerikanische Öffentlichkeit musste noch vom Kriegsgang in Europa überzeugt werden. Sie war mehrheitlich dagegen, »isolationistisch eingestellt«, wie es jene nannten, die bereits

108 Mr. X, The Sources of Soviet Conduct. In: *Foreign Affairs*, July 1947

109 War and Peace Studies, Memorandum E-B 34 vom 24. Juli 1941. Zit. in: Laurence Shoup/William Minter, Die Kulissenschieber e. V. Der Council on Foreign Relations und die Außenpolitik der USA. Bremen 1981, S. 101

imperialistische Nachkriegspläne schmiedeten. Es war der militärisch-industrielle Komplex, der entsprechenden Druck machte, auch auf Präsident Franklin D. Roosevelt. Dieser hatte sich mehrmals auf die sogenannten »Neutrality Acts« berufen, die den USA Waffenhandel an kriegsführende Staaten verboten und generell einem Kriegseintritt im Wege standen.

Anfang 1939 wurden dann die ersten Lieferverträge für den Verkauf von US-Militärflugzeugen an Frankreich und Großbritannien geschlossen. Einer der größten Waffenhändler, Jean Monnet, der in die Geschichtsschreibung als »Vater Europas« einging, berichtet darüber in seinen Memoiren. Im Auftrag des französischen Ministerpräsidenten Édouard Daladier wurde Monnet am 19. Oktober 1938 bei Roosevelt vorstellig, um abzuklären, welche Kapazitäten die US-Rüstungsindustrie hatte, um Frankreich mit Kampfbombern zu versorgen und was man politisch tun müsse, um die amerikanischen »Isolationisten« auszutricksen. Ein halbes Jahr später konnte Monnet Erfolg melden: »Die Aufträge, die ich schließlich unter Dach und Fach bringen konnte, beliefen sich auf sechshundert moderne Maschinen mit einer festen Option aus fünfzehnhundert weitere für Anfang 1940. Die amerikanische Flugzeugindustrie, die dadurch in Gang gesetzt wurde, lautlos und ohne vorzeitige Debatte im Kongreß, würde nicht mehr aufhören, sich weiterzuentwickeln, und sie würde eines Tages das gewaltige Arsenal der Alliierten bilden. Doch dies konnte Roosevelt noch nicht öffentlich sagen.«[110] Geheimdiplomatie rund um gigantische Waffengeschäfte war es also, die der USA den Kriegsgang schmackhaft machten und die Basis für die Amerikanisierung Westeuropas legten.

Die US-Kriegsmaschine war angeworfen. Nun galt es, für die Finanzierung der Lieferungen zu sorgen. Frankreich und – später – England benötigten gegen die deutschen Eroberungszüge nicht bloß waffentechnische Hilfe, sie wussten auch nicht, wie sie die dafür nötigen Summen aufbringen sollten. Während der Pariser Emissär Monnet von Anfang an darauf setzte, seine französisch-amerikanischen Geschäfte zur Grundlage einer geopolitischen transatlantischen Verbindung zu machen, wollte man in London auf die eigene Stärke setzen. So antwortete der britische Premierminister Neville Chamberlain auf ein Schreiben

110 Jean Monnet, Erinnerungen eines Europäers. München 1980, S. 157

seines französischen Amtskollegen Daladier, dass er sehr wohl von der Notwendigkeit der Lufthoheit überzeugt sei, jedoch glaube, dass »diese auch dank der Fabrikationsmöglichkeiten in England und in den Dominions zu erreichen ist«,[111] zudem hätte Großbritannien nicht die notwendigen Devisen, um massenweise Bomber und anderes Kriegsgerät in den USA zu kaufen.

Die Antwort auf die britische Reserviertheit, die Jean Monnet als »halsstarrig und illusionär« bezeichnete, fand sich im Lend-Lease-Verfahren, einem Leih-Pacht-System, das im Februar 1941 zwischen den USA und Großbritannien unterzeichnet wurde. Auch Frankreich – und in geringem Maße die Sowjetunion – nahmen in der Folge an diesem riesigen Geschäft teil. Bis zu seiner Aufhebung nach Kriegsende im Sommer 1945 erreichte das Lend-Lease-System die stolze Summe von 47 Mrd. US-Dollar. Großbritannien allein pachtete, lieh oder kaufte US-Kriegsmaterial um 31,5 Mrd. US-Dollar.[112] Wo es nicht gelang, Gegenwert-Geschäfte abzuschließen, machte das Lend-Lease-Verfahren die USA mit einem Schlag zum größten Gläubiger der Nachkriegszeit – und die Käufer oder Pächter der Rüstungsgüter zu deren Schuldnern. So gesehen war dieses Geschäft, das zum Ende der Nazi-Diktatur mit beitrug, auch bereits der Auftakt zur US-Herrschaft in Europa.

Mit der Verschuldung der alliierten Partner war der erste Grundstein für die US-Hegemonie in Europa gelegt. Auch die zukünftig entscheidenden währungs- und finanzpolitischen Eckpfeiler schlug man noch mitten im Krieg ein. Während zwischen Atlantikküste und den weiten russischen Ebenen Soldaten und ZivilistInnen zu Hunderttausenden ihr Leben ließen, trafen sich am 1. Juli 1944 Vertreter von 44 Staaten in einem der feinsten Kurorte der USA an den Abhängen des Mount Rosebrook in Bretton Woods/New Hampshire. Die Gründung des Internationalen Währungsfonds (IWF) und der Weltbank fand im Rahmen der UN-Währungs- und Finanzkonferenz statt. Die beiden Organisationen spiegelten die wirtschaftlichen Interessen der USA wider, indem sie einen Weltmarkt postulierten und sogleich auch formierten, der nationalstaatliche wirtschaftliche Entscheidungen möglichst einengen sollte, insbesondere keine Konkurrenz

111 Ebd., S. 169
112 Brockhaus Lexikon. Wiesbaden 1952, Bd. 1, S. 467

durch Währungsabwertungen erlaubte, multiple Wechselkurse unterband und in der Folge den US-Dollar zur Weltleitwährung machte.

Washington ging es darum, für die im Krieg entfachten industriellen Produktionskapazitäten auch nach Kriegsende Absatzmärkte zu finden, mithin einer drohenden Überschussproduktion vorzubeugen. Der deutsche Historiker Rainer Brähler bringt den Zweck der Bretton-Woods-Konferenz auf den Punkt: »Die Errichtung eines neuen Weltwährungssystems stellte eine wichtige Voraussetzung für eine Integration des kapitalistischen Weltmarktes unter die Dominanz der Vereinigen Staaten dar.«[113]

Weltbank und Währungsfonds sind, anders als die UNO, wie eine Aktiengesellschaft aufgebaut, in der die größten Volkswirtschaften das meiste Stimmrecht haben. Zu den für alle Teilnehmer gleichen 250 Grundstimmen erhielten die USA in Bretton Woods bei der Weltbank noch 31.700 zusätzliche Stimmen, Panama hingegen nur noch 2. Die Stimmrechte entsprachen – und entsprechen in abgewandelter Form bis heute – der Höhe der Einlage. De facto lief es bei der Weltbank auf ein Kartell hinaus, bei dem Washington und London zum Zeitpunkt der Gründung zusammen über 55 % an Kapital hielten.[114] Die Sowjetunion war in Bretton Woods vertreten, unterzeichnete das Abkommen aber nicht, Polen und die Tschechoslowakei verließen die Organisationen 1950 bzw. 1954. Deutschland trat 1952 bei, Österreich im August 1948.

Marshallplan für den Westen, Cocom für den Osten

Den politischen Startschuss für einen westeuropäischen Einigungsprozess gab der Führer der britischen Konservativen Winston Churchill im September 1946 in seiner Rolle als Oppositionspolitiker. Zuvor hatte der aus dem Hochadel stammende Churchill am 5. März 1946 bei einer Rede in Fulton im US-Bundesstaat Missouri den von NS-Propaganda-Chef Joseph Goebbels geprägten Begriff des »Eisernen Vorhangs« in die transatlantische Epoche herübergerettet. Damit

113 Rainer Brähler, Der Marshallplan. Zur Strategie weltmarktorientierter Krisenvermeidung in der amerikanischen Westeuropapolitik 1933–1952. Köln 1983, S. 105

114 United Nations Monetary and Financial Conference, Bretton Woods, New Hampshire July 1st to July 22nd 1944. Final Act and related Documents. Washington 1944, S. 60ff.

brandmarkte er den Machtanspruch Moskaus in Osteuropa und steckte zugleich den Einflussbereich der westlichen Interessen ab. Ein halbes Jahr später, am 19. September 1946, meldete sich Churchill an der Universität Zürich zu Wort und plädierte für die »Auferstehung Europas«. Seine »Vereinigten Staaten von Europa« sollten unter Ausschluss Großbritanniens gegründet werden und zur Aussöhnung Frankreichs mit Deutschland dienen. »Der erste Schritt zur Errichtung einer europäischen Familie muss die Partnerschaft zwischen Frankreich und Deutschland sein«, donnerte der gewichtige Tory in den Münsterhof der Universität. »Die Struktur der Vereinigten Staaten von Europa soll so verfasst sein, dass die materiellen Stärken einzelner Staaten weniger von Bedeutung sind.«[115] Großbritanniens Zukunft sah Churchill – wie schon seine Vergangenheit – im Commonwealth.

Die Europapläne der USA nahmen noch in den letzten Kriegstagen die Sowjetunion ins Visier. Nur vier Tage nach dem Ende der Potsdamer Konferenz legten »Little Boy« und »Fat Man« am 6. und am 9. August 1945 die japanischen Städte Hiroshima und Nagasaki in Schutt und Asche. Mit dem Einsatz von Atombomben wollten die USA, so die offiziell verbreitete Version, das Kriegsende im Fernen Osten beschleunigen. Tatsächlich hatte Japan bereits am 11. Juli ein erstes Kapitulationsangebot abgegeben. Die Rote Armee ließ sich dadurch von ihrem Vorstoß in Asien nicht abhalten und auch die USA wollten von einer »frühzeitigen« Kapitulation Japans nichts wissen. Die Atombomben dienten unmittelbar dazu, den Vormarsch der Sowjets in der Mandschurei zu stoppen und mittelbar zu ihrer Einschüchterung in Europa. »Mit den beiden Atombomben-Abwürfen«, so der Zeithistoriker Jürgen Bruhn, »wollten die USA dem sowjetischen Alliierten – mit dem man sich zur gleichen Zeit in Potsdam traf, um die Welt neu aufzuteilen – vorrangig die eigene militärische Überlegenheit beweisen.«[116]

Dass es auch konkrete US-Pläne gab, sowjetische Städte mit Atombomben auszulöschen, wurde der deutschsprachigen Öffentlichkeit erst durch eine Publikation des Historikers Karl Heinz Roth im Jahr 1985 bekannt. Darin ist

115 www.euro-know.org/speeches/paperchurchill.html

116 Jürgen Bruhn, Der Kalte Krieg oder die Totrüstung der Sowjetunion. Der US-militärisch-industrielle Komplex und seine Bedrohung durch den Frieden. Gießen 1995, S. 27

eine Liste von 20 sowjetischen Industrie- und Verwaltungszentren enthalten, die am 3. November 1945 vom »Joint Intelligence Committee« ausgearbeitet wurde. Sie umfasste Abwurfziele in Moskau, Leningrad, Gorki, Kasan, Tiflis und anderen Städten.[117]

Parallel zu den militärisch und geheimdienstlich geplanten und teilweise durchgeführten Aktionen gegen den Einfluss Moskaus in Osteuropa befanden sich die USA ja immer noch offiziell in einer antifaschistischen Partnerschaft mit Russland. Diese ging offiziell im März 1947 zu Ende, als der zwei Jahre zuvor ins Amt gewählte US-Präsident Harry Truman den neuen Kurs der Eindämmung (Containment) des kommunistischen Ostens proklamierte. Die sogenannte Truman-Doktrin teilte Europa (und die Welt) in zwei Teile: den der parlamentarisch-repräsentativen Demokratie mit offenen Märkten und den des totalitären Kommunismus. Truman versprach, vor allem auch in Hinblick auf die Bürgerkriegssituation in Griechenland, den »gefährdeten und unterdrückten Völkern« Unterstützung zu gewähren und sie vom kommunistischen Joch zu befreien. Trumans Botschafter bei der UNO, der spätere US-Außenminister John F. Dulles, legte noch ein Schäuflein nach, in dem er die Eindämmungspolitik mit der Staatswerdungsfrage Deutschlands und der europäischen Einigung verknüpfte. Nur eine Vereinigung Westeuropas, so Dulles, könne die (von ihm herbeiphantasierte) sowjetische Expansionspolitik aufhalten.[118]

Somit steht das Truman'sche Containment in zweifacher Hinsicht an der Wiege eines vereinten Westeuropas. Zum einen als eine Art Garantieerklärung, kommunistische Parteien und Bewegungen im Westen zu bekämpfen, wie es ja in Griechenland erfolgreich praktiziert wurde und auch in Italien und Frankreich gegenüber den dort starken kommunistischen Parteien gelungen ist; und zum anderen als politischer Rahmen für den teuersten Wirtschaftsplan, der bis dahin aufgelegt worden war: das European Recovery Program, vulgo: Marshall-Plan. Mit der Anfang April 1949 gegründeten NATO gesellte sich zum politischen Rahmen und dem wirtschaftlichen Vormarsch noch die militärische Komponente

117 Joint Intelligence Committee, Direktive JIC 329, Nov 3, 1945. Zit. in: Karl Heinz Roth, Atombomben auf Moskau, Taschkent, Leningrad ... Zur Vorgeschichte eines präventiven amerikanischen Atomkriegsplanes gegen die Sowjetunion vom November 1945. In: *Mitteilungen der Dokumentationsstelle zur NS-Sozialpolitik*, Heft 9/10, Nov./Dez. 1985, S. 15

118 Vgl. Johannes Pollak/Peter Slominski, Das politische System der EU. Wien 2012, S. 16

hinzu. Der spätere erste NATO-Generalsekretär Hastings Lionel Ismay erweiterte mit seinem Hang für befehlsartige Sätze den Begriff der Eindämmung, in dem er das Ziel der NATO bereits 1949 kurz und bündig umschrieb: »To keep the Russians out, the Americans in, and the Germans down«.[119] In die zeitgeschichtliche Forschung ging diese Charakterisierung als »triple containment« ein.

Am 19. Dezember 1947 nahm US-Präsident Harry Truman in einer Botschaft vor dem US-Kongress erstmals zum geplanten European Recovery Programm Stellung, das bald den Namen seines Verfassers, Außenminister George Marshall, tragen sollte. Truman tat dies mit salbungsvollen Worten: »Es ist von wesentlicher Bedeutung für die Vereinigten Staaten, daß die Gesundung Europas weiter fortschreitet und mit Erfolg abgeschlossen wird. Die traditionelle amerikanische Hilfsbereitschaft gegenüber den Notleidenden, unsere Bemühungen um den Aufbau einer gesunden Wirtschaft (…), all dieses zusammengenommen gibt uns das größte Interesse an der Gesundung Europas. (…) Das Anliegen, das dem Volk der Vereinigten Staaten am meisten am Herzen liegt, ist die Schaffung der Vorbedingungen für einen dauerhaften Frieden in der ganzen Welt.«[120] Dem öffentlich mit großem Pomp inszenierten Hilfsprogramm stand ein zeitgleich im Geheimen ausverhandeltes Embargo gegenüber, das vom sogenannten »Coordinating Committee« (Cocom) aufgelegt wurde und die Sowjetunion beschädigen sollte: Marshall-Plan für das kapitalistische Westeuropa, Cocom für den kommunistischen Osten. Wirtschaftliche Gesundung für die einen, Sanktionen für die anderen. Das sind allerdings »Vorbedingungen« nur für einen halben Frieden, und ein halber Friede ist freilich gar kein Friede, weshalb das Duo Marshall-Plan und Cocom-Embargo schließlich zur Vorbedingung für den Kalten Krieg wurde.

Mit 1. April 1948 nahm der Marshall-Plan – für die folgenden vier Jahre bis 1952 – volle Fahrt auf.[121] Er pumpte enorme Geldmengen an Krediten und Zuschüssen in die Ökonomien der westeuropäischen Teilnehmerländer (mit der Ausnahme Spanien) und verfolgte damit mehrere Ziele gleichzeitig. Erstens – und das überzeugte die US-Unternehmerkreise – eroberte er mit einem

119 https://www.nato.int/cps/en/natohq/declassified_137930.htm (14.4.2020)

120 *The New York Times* vom 20. Dezember 1947, zit. in: Europa-Archiv. Oberursel 1948, S. 1266f.

121 Vgl. zum Thema Marshall-Plan: Hannes Hofbauer, Westwärts. Österreichs Wirtschaft im Wiederaufbau. Wien 1992

Schlag riesige, vom Krieg zerstörte und im Wiederaufbaufieber steckende Länder, also: Märkte für amerikanisches Kapital. Damit dies funktionierte, musste sowohl Währungskonvertibilität hergestellt als auch Kapitalbildung erleichtert werden. Ersteres erfolgte mit sogenannten Ziehungsrechten, zweites mit Gegenwertkonten.

Die Ziehungsrechte (drawing rights) funktionierten als multilaterales Aufrechnungsinstrumentarium von Defiziten und Überschüssen zwischen den teilnehmenden Staaten. Damit mussten Gläubiger ihren Schuldnern die Möglichkeit einräumen, von ihnen Ausfuhrüberschüsse zu importieren und diese mit den ihnen gleichzeitig in der Währung des Gläubigers zur Verfügung gestellten Summe zu bezahlen. Die Bank für Internationalen Zahlungsausgleich begleitete die multilateralen Vorgänge, der Marshall-Plan stellte dafür 1,5 Mrd. US-Dollar als »bedingte Hilfe« zur Verfügung.[122] In kurzer Frist gelang es, die Hemmnisse bestehender Zahlungsbilanzdefizite zu durchbrechen und Währungskonvertibilität herzustellen. Damit wurde zwischenstaatlicher Handel enorm erleichtert, was vor allem US-amerikanische Exporteure nutzen konnten.

Die Gegenwertkonten (counterpart fonds) wirkten Kapital-bildend. Für alle im Rahmen des Marshall-Plans gelieferten Güter und Dienstleistungen wurden in der Höhe ihres Wertes die entsprechenden Beträge in Landeswährung auf Sonderkonten von dem jeweiligen Einkäufer-Unternehmer hinterlegt. Der Marshall-Plan kreditierte oder bezuschusste den geschäftlichen Vorgang. Auf diese Weise bildeten sich Kapitalvolumen auf besagten Gegenwertkonten für weitere Investitionen, über deren Genehmigung in allen Teilnehmerländern US-Beamte in den entsprechenden Wirtschaftsministerien wachten. So kam es, dass für gewünschte private Investitionen – meist mit US-Bezug – ERP-Gelder locker gemacht wurden, während dies beispielsweise für kommunalen Wohnbau nicht geschah.

Insgesamt stellte Washington für die 16 Marshall-Plan-Teilnehmerländer knapp 13 Mrd. US-Dollar bereit. Das Vorhaben erwies sich betriebswirtschaftlich als ein gutes Geschäft für US-Konzerne, standen ihnen damit doch mit einem Schlag Märkte in Ländern offen, die eben noch gegeneinander Krieg geführt

122 Ebd., S. 113

hatten. Und volkswirtschaftlich halfen die ERP-Gelder den USA beim Umstieg von der Kriegs- zur Friedensökonomie. Die Ironie an der Geschichte ist, dass es ausgerechnet ein gigantischer Wirtschaftsplan – der Marshall-Plan – war, mit dem die europäische Marktwirtschaft in die Gänge kam und der die kommunistische Planwirtschaft außen vor hielt.

Zeitgleich mit dem Marshall-Plan wurden auf Drängen der USA umfassende Embargomaßnahmen gegen alle Länder verhängt, die unter dem Einfluss Moskaus standen. Bereits im November 1947 ließ der frühere US-Botschafter in London und langjährige Chefkoordinator des Marschall-Plans, Averell Harriman, mit der Frage aufhorchen, ob nicht die »Lieferung wichtiger Produkte an Rußland einer angemessenen Kontrolle unterworfen werden sollte.«[123] Viel mehr drang damals über die Vorbereitung eines veritablen Wirtschaftskrieges nicht an die Öffentlichkeit. Das »Koordinierende Komitee« (Cocom), dem neben den USA auch Vertreter Großbritanniens, Frankreichs, Italiens und später aller NATO-Staaten (mit Ausnahme Islands) angehörten, hielt nach außen dicht. Dem Cocom ging es um die Schwächung der Sowjetunion und ihrer »Vasallen«, sowohl was die tatsächliche wirtschaftliche Kraft beim Wiederaufbau betraf als auch eine mögliche positive Ausstrahlung kommunistischer Politik insbesondere in die Länder Südeuropas.

Erstmals setzte Washington seine Handelspolitik als politische Waffe ein. Kernstück des umfassenden Ost-Embargos, das im Übrigen während der gesamten Zeit des Kalten Krieges aufrechtblieb, waren sogenannte »Schwarze Listen«, die Produkte und Warengruppen beinhalteten, deren Export in die feindliche kommunistische Welt verboten war. Auf weiteren Listen fanden sich jene Waren, die einer speziellen Genehmigung bedurften, um ausgeführt werden zu dürfen. In sämtlichen US-Botschaften Europas saßen dafür ausgebildete Experten, Wirtschaftsabwehrbeamte, die das Embargo kontrollierten. Um sicherzustellen, dass über den Marshall-Plan nach Westeuropa eingeführte Produkte nicht in den Osten kamen, wurden alle Teilnehmerstaaten zur Umsetzung des Embargos verpflichtet. Im Marshall-Plan-Gesetz, dem »Economic

123 Averell Herriman zit. in: Gunnar Adler-Karlsson, Der Fehlschlag. 20 Jahre Wirtschaftskrieg zwischen Ost und West. Wien 1971, S. 36

Cooperation Act«, hieß es dazu: »Der Administrator wird angewiesen, gegenüber Teilnehmerländern (…) die Lieferung von Waren abzulehnen, die der Produktion einer Ware zugutekommen, die zur Lieferung an europäische Nichtteilnehmerländer bestimmt ist, wenn es sich um eine Ware handelt, für die von den Vereinigten Staaten die Genehmigung zur Ausfuhr (…) verweigert werden würde.«[124] Damit war von US-Seite bereits 1948 ein ökonomischer »Eiserner Vorhang« mitten durch Europa gezogen worden. Der DDR-deutsche Mauerbau folgte im Sommer 1961.

Geschätzte 50 Staaten waren über das Cocom-System zum Embargo gegen die Sowjetunion und die Mitglieder des »Rats für gegenseitige Wirtschaftshilfe« gezwungen. Die »Schwarzen Listen« waren gespickt mit Warengruppen aus allen Branchen. Metallverarbeitende Maschinen gehörten genauso dazu wie chemische Ausrüstung, Elektro- und Kraftwerksprodukte, Präzisionsinstrumente, Plastik, Kautschuk, Gummi und so weiter. Anfang der 1950er-Jahre gab es für 1700 Warengattungen Exportverbote in den politischen Osten.[125]

Als politischer Ausfluss der großräumigen transatlantischen Wirtschaftsintegration überlebte das »Committee for European Economic Cooperation« (CEEC). Es wurde im Juli 1947 von den zukünftigen Marshall-Plan-Teilnehmerstaaten gegründet, im April 1948 in »Organisation for European Economic Cooperation« (OEEC) umbenannt und firmiert heute unter dem Kürzel OECD, hinter dem freilich mehr Mitgliedsstaaten stehen. In Artikel 1 dieses Abkommens steht geschrieben: »Die vertragsschließenden Parteien kommen überein, ihre wirtschaftlichen Beziehungen untereinander in enger Zusammenarbeit zu pflegen.« Artikel 6 beinhaltet dann die »Herabsetzung von Zöllen« und fordert von den Unterzeichnern, »andere Hindernisse für die Ausdehnung des Handels« zu beseitigen.[126] Der OEEC gehörten alle ERP-Mitgliedsländer an: Belgien, Dänemark, Frankreich, Griechenland, Großbritannien, Irland, Island, Italien, Luxemburg, Niederlande, Norwegen, Österreich, Portugal, Schweden, die Schweiz, die Türkei und die drei Westzonen Deutschlands. Die Geschichte

124 Europa-Archiv, Auslandshilfegesetz Abschnitt 117d. Oberursel 1948, S. 1392

125 Studiengruppe zur Förderung der österreichischen Wirtschaftsentwicklung (Hg.), Sichert Österreichs Wirtschaftsfreiheit! Wien 1957, S. 4

126 Europa-Archiv 1948, S. 1386

der europäischen Einigung sollte zeigen, dass sich nicht alle Marshall-Plan-Empfängerländer in der Folge daran beteiligten.

Die Gründerväter der »Europaidee«

Man kann »Europa« in vielfältiger Hinsicht definieren, wie bereits im einleitenden Kapitel angesprochen. Nach dem Ende des Zweiten Weltkrieges ging es jenen, die sich in der Folge als »Europäer« bezeichneten, nicht um geographische Gesichtspunkte, auch nicht um oft strapazierte kulturelle Gemeinsamkeiten; die Europaidee, die letztlich in den Brüsseler Suprastaat mündete, fußte auf ökonomischen und geopolitischen Vorstellungen. Es ging den Gründervätern im Wesentlichen um drei Dinge: die Herstellung einer dauerhaften deutsch-französischen Achse nach zwei gegeneinander geführten Kriegen; den Kampf gegen die kommunistische Sowjetunion, der nach deren Zusammenbruch als antirussische Allianz weitergeführt wurde; und die Unterstellung dieser beiden Ziele unter ein US-geführtes transatlantisches Kommando, wenngleich letzteres in jüngster Zeit EU-europäischen Eliten zunehmend schwer fällt. Um dieses Projekt umsetzen zu können, kam (und kommt) das gesamte Arsenal an Eingriffsmöglichkeiten zum Einsatz: wirtschaftliche, politische, mediale, juristische und – wenn nötig – militärische.

Wir wollen uns nun jenen Personen zuwenden, die in den Geschichtsbüchern als »Väter Europas« firmieren, Mütter waren – ganz in der Tradition griechisch-patriarchalischer Mythologie – nicht dabei.

Jean Monnet ist die wohl schillerndste Figur, die das Historienkabinett der europäischen Einigung[127] zu bieten hat. Geboren 1888 im französischen Cognac, entstammt er einer reichen Schnaps- und Weinbrand-Dynastie, die weltweit im Handel tätig war. Schon als 16-Jähriger schickte ihn sein Vater für zwei Jahre nach London, nicht nur um die Sprache der wichtigsten Kunden zu lernen, sondern auch, um sich in der »City« umzusehen. Das größte europäische Finanzzentrum flößte dem jungen Mann mächtig Respekt ein. »Diese Welt ist ein Viertel aus Büros und Banken, aber sie ist auch ein Milieu, das sozial in sich geschlossen und

127 Dass die »europäische Einigung« eine westeuropäische war, muss hier nicht nochmals betont werden.

beruflich zur Welt hin offen ist«, schreibt er später dazu in seinen Memoiren.[128] Diese Paarung von sozialer Geschlossenheit im Milieu von Bankern, Händlern und Industriellen mit geschäftlicher Weltoffenheit prägte den jungen Monnet. Sie verkörpert geradezu ein von Kapitalinteressen durchsetztes Weltbild, in dem die Reichen ihre engen Kreise bilden und gleichzeitig eine Ideologie von wirtschaftlichem Großraum und Offenheit propagieren; Liberalismus in Reinkultur. Das, was Monnet als 16-Jähriger in der Londoner »City« milieumäßig verspürt hatte, begleitete ihn sein ganzes Leben.

Zurück aus England, ging er kurz darauf nach Amerika. Auch hier war es die Pflege von Kundenkontakten sowie der Aufbau einer Vertriebsstruktur für den väterlichen Weinbrandhandel, denen Jean Monnet seinen Aufenthalt jenseits des Atlantiks verdankte. Die Entwicklung der Cognac-Marke galt ihm als etwas ganz Natürliches, wie er rückblickend schreibt. »Doch was ich in Amerika vorfand, war etwas anderes und hatte auch einen anderen Namen: Expansion.«[129] Daran konnte sich Monnet begeistern. »Ohne Zweifel rührt es aus diesem Kontakt mit dem Amerika der Pionierzeit her«, gesteht er freimütig, »daß ich mir die Freude an den Geschichten der Eroberung des Westens bewahrt habe.«[130]

In Kanada schloss Monnet dann einen wichtigen Vertrag mit der Firma »Hudson's Bay Company« ab, die den Trappern Schnaps für die Indianer in großen Mengen verkaufte und umgekehrt den Pelzhandel Nordamerikas in ihren Händen hielt. »Hudson's Bay« war das älteste Handelshaus Kanadas, sein Gouverneur Robert Kindersley bekleidete auch den Posten des Direktors der Bank of England.[131] Monnet nützte all diese Kontakte und gründete selbst die Bank »Monnet, Murname & Co.«, wobei ihm der Präsident der Federal Reserve Bank (FED) zur Seite stand. Monnets persönliches Netzwerk in den USA ging schnell über Geschäftskreise hinaus. Zu seinen Bekannten zählten bald die wichtigsten Figuren der amerikanischen Außenpolitik wie Dean Acheson, John McCloy und John F. Dulles.

Monnets Rolle als Waffenhändler im Weltkrieg wurde weiter oben bereits angesprochen. Sie ließ ihn 1939 US-Bomber für die französische Armee kaufen

128 Monnet 1980, S. 52

129 Ebd., S. 55

130 Ebd., S. 57

131 Moloch EU und Strippenzieher Jean Monnet. In: *Zeit-Fragen* Nr. 38 vom 27. September 2010.

und 1940 für kurze Zeit auch Präsident des französisch-britischen Koordinierungsausschusses für die Kriegsproduktion werden. Bei Kriegsende ernannte ihn der französische Präsident Charles de Gaulle zum Kommissar für einen französischen Modernisierungsplan. Monnet hingegen sah seine Aufgabe darin, in früheren Jahren gespannte persönliche Netze zu US-amerikanischen Stellen zu stärken und zu nutzen, was ihn bald in fulminanten Gegensatz zu de Gaulle brachte, der für nationale Souveränität stand. Monnet, der keinem Wahlvolk verpflichtet war, ja, der niemals in seinem Leben in irgendein politisches Amt gewählt, sondern immer nur ernannt worden war bzw. sich selbst entsandte, brauchte und wollte auf nationale Befindlichkeiten keine Rücksicht nehmen. »Es war klar«, schreibt er in Bezug auf Charles de Gaulle und Winston Churchill, »daß beide aufgrund ihrer Herkunft und ihres mystischen Glaubens an die nationale Souveränität die Inhalte unseres Projektes als unvorstellbar und unrealisierbar ablehnten.«[132] Unser Projekt, wie er es nannte, war zu einem frühen Zeitpunkt die – gescheiterte – Vereinigung von Großbritannien und Frankreich und später der Aufbau einer französisch-deutschen Allianz unter dem wachsamen Auge Washingtons, die zur Gründung der Gemeinschaft für Kohle und Stahl und später zur Europäischen Union führen sollte.

Es war der transatlantische Großraum, wie ihn Monnet vom Handel mit Weinbrand aus Cognac kannte, der ihm politisch vorschwebte und den er wirtschaftlich herstellen wollte. »Es wird keinen Frieden in Europa geben«, schrieb er nach dem großen Völkerschlachten, »wenn die Staaten auf der Basis nationaler Souveränität wiederhergestellt werden (...). Die Länder Europas sind zu klein, um ihren Völkern den Wohlstand zu sichern, (...) dazu braucht man größere Märkte«, mit einem Wort: »eine europäische Entität«. Und in Richtung de Gaulle stichelte er: »Von der Lösung des europäischen Problems hängt die Existenz Frankreichs ab.«[133] Peu à peu sollten sich Monnets Vorstellungen durchsetzen, freilich nicht zum Wohle der Völker und – wie sich spätestens seit dem NATO-Angriff auf Jugoslawien im März 1999 zeigte – auch nicht als Friedensgarantie für den Kontinent.

132 Monnet 1980, S. 30
133 Ebd., S. 284

Noch zu Lebzeiten wurde Jean Monnet mit Ehrungen überhäuft, 1953 übergab ihm die Stadt Aachen den Karlspreis, 1976 erhielt er in Anwesenheit sämtlicher Regierungschefs der damaligen Europäischen Gemeinschaft den Titel »Erster Ehrenbürger Europas«. Nach seinem Tod erhöhte ihn die politische und mediale EU-Apologetik zum »Erfinder Europas«. Sein Name fand auch in die universitäre Lehre Einzug, gegenwärtig existieren allein an deutschen Universitäten 27 sogenannte Jean-Monnet-Lehrstühle in den Bereichen Recht, Wirtschaft und Politik, die durch höhere finanzielle Mittel besser als übliche Studieneinrichtungen ausgestattet sind.

Robert Schuman, kongenialer Partner bzw. politisches Sprachrohr Monnets, wurde 1886 als reichsdeutscher Staatsbürger in Luxemburg geboren. Der Elsass und Teile Lothringens waren im Zuge der deutschen Reichsbildung 1871 von Frankreich an Deutschland abgetreten worden. Der junge Schuman, dem zeit seines Lebens sein moselfränkischer deutscher Dialekt sowohl in der deutschen als auch in der französischen Sprache durchschimmerte, studierte in Metz, Bonn und Straßburg. Der Versailler Vertrag von 1919 sprach dann Elsass-Lothringen wieder Frankreich zu, womit Schuman nun die französische Staatsbürgerschaft bekam. Sein kleines Stadtratsmandat in Metz, das er 1918 eingenommen hatte, war nun hinfällig geworden; als Mitglied der lokalen Partei »Union Republicaine Lorraine« zog er als Abgeordneter in die französische Nationalversammlung ein.

Ganz im Gegensatz zu Jean Monnet stammte Schuman nicht aus einem reichen Elternhaus, sondern war mittelständischer Herkunft. Was ihn für politische Ämter prädestinierte, war nicht nur seine Zweisprachigkeit, sondern auch das Verständnis für ein Leben in zwei Kulturen. Als es nach Kriegsende darum ging, die deutsch-französische Feindschaft zu überwinden und durch Kooperation zu ersetzen, war er von seiner Biographie her der perfekte Mann dafür. Zwischen 1946 und 1952 bekleidete Schuman hintereinander das Amt des französischen Finanzministers, des Ministerpräsidenten und ab 1948 des Außenministers.

Seine Erklärung vom 9. Mai 1950 gilt gemeinhin als historischer Startschuss für den (west)europäischen Einigungsprozess. Im Uhrensaal des Pariser Quai d'Orsay verkündete er den sogenannten Schuman-Plan, der nur wenige Tage zuvor von Jean Monnet verfasst worden war. In seinen Memoiren stellt Monnet den Ablauf der Ereignisse folgendermaßen dar: Den Text zur Erklärung begann er mit dem Satz »Die französische Regierung schlägt vor, ...«. Doch die Regierung wusste noch nichts davon, sie musste »diesen Vorschlag erst kennen und ihn zu dem ihren machen«, schreibt Monnet. »Und ich musste den Mann suchen, der die Macht und den Mut hatte, ihn durchzuführen, um überraschend eine so große Veränderung hervorzurufen. Robert Schuman schien mir der richtige Mann zu sein (...).«[134] So entstand also jenes Papier, das in die Geschichtsbücher als erste Szene des Vielakters der Europäischen Union eingegangen ist.

»Der Schuman-Plan war praktisch das Ergebnis eines Komplotts.«[135] Diese Einschätzung kommt nicht aus EU-skeptischen Kreisen, sondern steht so schwarz auf weiß in einer Broschüre des »Amtes für amtliche Veröffentlichungen der Europäischen Gemeinschaften« aus dem Jahr 1990. Tatsächlich kam das erste entscheidende Dokument der späteren Gemeinschaft auf abenteuerliche Weise und ohne jede Diskussion zustande. Es sollte dennoch – oder besser: deswegen – wegweisend für die zukünftige Arbeit werden. In den letzten Apriltagen des Jahres 1950 hatte Jean Monnet mit einer kleinen Gruppe von verschworenen Mitarbeitern »ohne herkömmliche Konsultationen der zuständigen Ministerien« und »unter größter Diskretion« jenen Plan ausgeheckt, der Frankreich und Deutschland über wirtschaftliche Bande zusammenführen sollte. »Die unvermeidlichen Einwände und Gegenvorschläge hätten den revolutionären Charakter des Vorschlags verfälscht und den notwendigen Überraschungseffekt beseitigt«,[136] heißt es 40 Jahre später dazu in der EG-Postille. Während Schuman ein Wochenende gewährt wurde, um den Text des Planes zu studieren, sandten Emissäre den Vorschlag nach Bonn an den deutschen Bundeskanzler Konrad Adenauer, dem nur ein paar Stunden blieben, um sich damit auseinanderzusetzen. Adenauer stimmte zu. Und am selben Tag des 9. Mai 1950 um 16 Uhr machte Schuman als französischer Außenminister den Plan publik. Sein Kernsatz: »Die französische Regierung schlägt vor, die Gesamtheit der französisch-deutschen Kohle- und Stahlproduktion einer gemeinsamen Hohen Behörde zu unterstellen, in einer

134 Monnet 1980, S. 380

135 Europäische Dokumentation, Eine neue Ordnung für Europa. Vierzig Jahre Schuman-Plan (1950–1990). Luxemburg 1990, S. 12

136 Ebd.

Organisation, die den anderen europäischen Ländern zum Beitritt offensteht.«[137] Die später so genannte Montanunion war auf Schiene gebracht.

Gänzlich andere Biographien und Herkünfte als die französischen »Gründerväter« wies das Personal der deutschen Seite auf. Hier war angesichts der offen zutage liegenden Antwort auf die Kriegsschuld-Frage defensives, ja devotes Verhalten angesagt. Nicht ganz zufällig war es der bei Kriegsende bereits 69 Jahre alte **Konrad Adenauer**, der sich als idealer Partner für die französische Seite erwies. Sein erstes politisches Leben, als ihn die Kölner Stadtverordnetenversammlung noch im Ersten Weltkrieg zum jüngsten Oberbürgermeister einer deutschen Großstadt wählte, lag bereits hinter ihm. Während des Hitlerismus vermied es Adenauer, sich die Hände an den Nationalsozialisten schmutzig zu machen, setzte Zeichen des Ungehorsams, als er z. B. die Stadt Köln im Jahr 1933 beim Besuch des »Führers« nicht beflaggen ließ, schreckte aber auch vor jedem tatsächlichen Widerstand zurück, obwohl er mehrmals darauf angesprochen wurde.

Am 4. Mai 1945 ernannten ihn die Amerikaner wieder zum Kölner Bürgermeister. Kurz darauf wurde er jedoch vom britischen Militärgouverneur wieder abgesetzt, woraufhin sich Adenauer der Parteiarbeit widmete, die schließlich in der Gründung der CDU mündete, deren Vorsitz in der britischen Besatzungszone er am 23. Januar 1946 übernahm. In unermüdlicher Kontaktpflege spann er seine Beziehungsnetze insbesondere zu US- und britischen Stellen, die ihre Besatzungszonen 1946 zur sogenannten Bi-Zone verschmolzen. Der SPD-Mann und Mitverfasser des deutschen Grundgesetzes Carlo Schmid nannte Adenauer einmal »den ersten Mann des zu schaffenden Staates, noch ehe es ihn gab.«[138]

Als geborener Rheinländer fühlte sich Adenauer kulturell einem Lothringer wie Robert Schuman nahe, als Deutscher lag ihm politisch in allererster Linie daran, die Linke nicht hochkommen zu lassen. Dies wurde unter anderem im Jahr 1949 deutlich, als er in seiner Funktion als Bundeskanzler bei seinem französischen Amtskollegen Georges Bidault intervenierte, West-Berlin den Status eines Bundeslandes zu verweigern, »weil sonst die Gefahr eines

137 https://europa.eu/european-union/about-eu/symbols/europe-day/schuman-declaration_de (30. 12. 2019)

138 Zit. nach: Hans Peter Mensing, Konrad Adenauer. In: Udo Kempf/Hans-Georg Merz: Kanzler und Minister 1949–1998. Wiesbaden 2001, S. 82

sozialdemokratischen Übergewichts in Westdeutschland entstünde.«[139] Die Eingliederung Westdeutschlands – ohne Westberlin – in die von den westalliierten Besatzungsmächten aufgebauten Strukturen hatte für ihn Vorrang vor allem anderen. Eine deutsche Einheit, wie sie Josef Stalin noch 1952 in Verbindung mit einer Neutralisierung des Landes vorschlug, war für Adenauer undenkbar. Er stand als Garant für die atlantische Ausrichtung Westdeutschlands, was gleichbedeutend war mit der Teilung Deutschlands in einen kapitalistischen Westen und einen kommunistischen Osten. Souveränität, zumal die nationale, war für ihn Verhandlungssache. Das kam bereits in seiner ersten Regierungserklärung vom 20. September 1949 zum Ausdruck. Ab diesem Zeitpunkt stellte er den (west) europäischen Zusammenschluss als alternativlos dar. Sein Ausspruch, wonach die »Wiedererlangung der Souveränität durch die Bereitschaft zur Aufgabe von Souveränitätsrechten«[140] zu erfolgen habe, wurde zur Maxime – und mithin zur Identität – der BRD (Bundesrepublik Deutschland).

Aus anderem, braunen Holz geschnitzt war der vierte »Gründervater Europas«, **Walter Hallstein**. Geboren 1901 in Mainz, legte er in den 1930er- und 1940er-Jahren eine musterhafte Karriere als Universitätsprofessor für Rechtswissenschaften hin. Diese umfasste die Mitgliedschaft beim NS-Rechtswahrerbund, der Nationalsozialistischen Volkswohlfahrt und des NS-Dozentenbundes.[141] Schon unter den Nazis arbeitete er an einem Projekt für ein »Neues Europa«,[142] damals noch unter der Ägide der NSDAP, der Hallstein gleichwohl nicht beitrat.

Kurz nach der Verkündung des Schuman-Plans vom Mai 1950 machte Adenauer Hallstein – nachdem er Monnet diesbezüglich personell um Rat gefragt hatte[143] – zum Leiter der Delegation für die Vorbereitung zur Gründung der »Europäischen Gemeinschaft für Kohle und Stahl«, vulgo: Montanunion. Bald darauf wurde der Jurist Staatssekretär im Bundeskanzleramt. Jahrelang blieb

139 Pressedienst der Bundesregierung, Korrespondenz-Spiegel. Schnell-Information vom 21. Juli 1959, zit. in: https://de.wikipedia.org/wiki/Konrad_Adenauer#cite_note-27 (29.12.2019)

140 Konrad Adenauer in seiner Regierungserklärung als Bundeskanzler vom 20. September 1949, in: Auswärtiges Amt (Hg.), Die Auswärtige Politik der Bundesrepublik Deutschland, Köln 1972, S. 22; zit. in: Nikolaus Bayer, Wurzeln der Europäischen Union. Visionäre Realpolitik bei der Gründung der Montanunion. St. Ingbert 2002, S. 40/41

141 Paul Klee, Das Personenlexikon zum Dritten Reich. Wer war was vor und nach 1945. Frankfurt am Main 2005, S. 221

142 Siehe: Interview mit dem französischen Parlamentsabgeordneten und Präsidentschaftskandidaten Philippe de Villiers über sein Buch »J'ai tiré sur le fil du mensonge et tout est venu«??, in: *Le Figaro* vom 26. März 2019, zit. in: *Zeit-Fragen* vom 23. April 2019

143 Siehe: Monnet 1980, S. 405

er zuständig für die Verhandlungen zum westeuropäischen Einigungsprozess, in dem seine Karriere Anfang 1958 als erster Präsident der EWG-Kommission gipfelte.

Seinen harten Antikommunismus hatte sich Hallstein über die Jahrzehnte hin bewahrt und schärfte ihn mit einer in seinem Staatssekretariat ausgearbeiteten Doktrin, nach der die Aufnahme diplomatischer Beziehungen mit dem zweiten deutschen Staat, der DDR, international als unfreundlicher Akt gegenüber der BRD zu werten sei. Die »Hallstein-Doktrin« aus dem Jahr 1955 unterstrich den deutschen Alleinvertretungsanspruch als BRD und führte dazu, dass diplomatische Beziehungen z. B. mit Jugoslawien und Kuba abgebrochen wurden, nachdem diese Länder die DDR anerkannt hatten. Die Doktrin entlarvt auf primitive Weise, was von dem Gerede über eine »europäische Einigung« tatsächlich zu halten war, nämlich der unbändige Wunsch westdeutscher Eliten, im Fahrwasser der USA, die ihrerseits seit 1947 im antikommunistischen McCarthy-Fieber lagen, ihre wirtschaftlichen Interessen durchsetzen zu können.

Dass ausgerechnet Walter Hallstein, nationalsozialistischer Universitätsprofessor und antikommunistischer Nachkriegspolitiker, viele Jahre nach seinem Tod zum Kronzeugen der Idee einer »Republik Europa« aufgerufen wurde, ist verwunderlich. Dass dieser Aufruf von einem sich als links empfindenden »Europäer« kam, irritiert nur mehr. Der österreichische Autor Robert Menasse würzte jahrelang Vorträge und essayistische Beiträge mit einem Walter Hallstein unterschobenen Zitat: »Die Abschaffung der Nation ist eine europäische Idee.«[144] Damit wollte Menasse seinem Projekt einer »Republik Europa«, das auf die Zerschlagung von Nationalstaaten zielt, höhere Weihen des ersten Präsidenten der EWG-Kommission angedeihen lassen. Als er dann noch im Dezember 2017 während einer Buchpräsentation behauptete, Hallstein hätte seine für Europa wegweisenden antinationalen Aussagen während seiner EWR-Antrittsrede in Auschwitz gehalten, brach das Lügengebäude zusammen. Das deutsche Feuilleton, das Menasse bis dahin ergeben war, kappte vor der Wirklichkeit seine Sympathien für den Österreicher. Denn es kam heraus, dass Walter Hallstein

144 siehe: https://www.deutschlandfunkkultur.de/aerger-um-menasses-erfundene-auschwitz-rede-der.1013.de.html?dram:article_id=437536 (29. 12. 2019)

weder je in Auschwitz gesprochen noch derlei Sätze formuliert hatte. Menasse legte Hallstein schlicht ausgedachte Zitate in den Mund, die der deutsche »Gründervater Europas« nie gesagt hatte.[145]

Unter US-Schirmherrschaft: Die Herstellung einer deutsch-französischen Achse

Parallel zur Inbetriebnahme des Marshall-Plans, der Milliarden Dollar dafür aufbrachte, in Westeuropa einen möglichst einheitlichen und für das US-Kapital brauchbaren Markt zu schaffen, gründete sich in New York am 23. April 1948 das »American Committee for a United Europe« (ACUE). Stichwortgeber für die Initiative zur Schaffung eines »freien und vereinten Europas« war einmal mehr der österreichische Graf Richard Coudenhove-Kalergi, der dazu aufrief, möglichst viele Kräfte gegen den im Osten des europäischen Kontinents grassierenden Kommunismus zu bündeln. Die USA schenkten ihm sogleich Gehör bzw. instrumentalisierten seine Kampagne und gaben ihr den entsprechenden organisatorischen und finanziellen Rahmen. Als Geschäftsführer des ACUE wurde der ehemalige US-Geheimdienstchef des »Office of Strategic Services«, William Donovan, installiert, zum Stellvertreter ernannten die Geldgeber den CIA-Chef Allen W. Dulles. Die Ford Foundation und die Rockefeller-Stiftung ließen sich nicht lumpen und finanzierten zusammen mit US-Haushaltsmitteln über das ACUE Bewegungen wie die »European Youth Campaign« oder die »Union Europäischer Föderalisten«, an der u. a. Robert Schuman und der spätere NATO-Generalsekretär Henri Spaak führend beteiligt waren.[146] Neben direkten Geldzuwendungen an einigungswillige Westeuropäer erarbeitete das Komitee einen Entwurf für eine europäische Verfassung, lancierte eine Kampagne für einen Europarat und forcierte in den späten 1950er-Jahren die Einbindung Großbritanniens in die Europäische Wirtschaftsgemeinschaft. Die USA und eine Reihe von Stiftungen mächtiger US-Kapitalgruppen verfolgten also

145 vgl. *Die Presse* vom 12. Jänner 2019, siehe auch: https://www.faz.net/aktuell/feuilleton/buecher/themen/robert-menasse-hat-auschwitzer-hallstein-rede-erfunden-15967837.html (29.12.2019)

146 https://de.wikipedia.org/wiki/American_Committee_on_United_Europe (29.12.2019). Siehe auch: Kapitalistischer Internationalismus – Die Europäische Union. In: *Arbeiterstimme* Nr. 204, Sommer 2019, S. 3

von Anbeginn an das Ziel einer (west)europäischen Integration, nicht bloß auf wirtschaftlichem, sondern auch auf (geo)politischem Gebiet.

Entscheidend für das Gelingen dieses Projekts war die deutsch-französische Achse, die freilich erst hergestellt werden musste. Washington hatte dafür alle Trümpfe in der Hand. Die Gelder des Marshall-Plans machten Skeptiker gefügig und mit einem teilweisen Kriegsschuldenerlass an Frankreich erkauften die USA trotz gaullistischer Vorbehalte französisches Wohlwollen. Das führte im Januar 1948 dazu, dass der französische Außenminister Georges Bidault seinen Militärbefehlshaber in der eigenen Besatzungszone anwies, alles zu unternehmen, »um nützliche Beziehungen zu den Deutschen aufzubauen« und klarzustellen, dass »die Franzosen nicht nach Herrschaft strebten, sondern lediglich nach einem ehrenvollen Platz in einem geeinten und kooperativen Europa.«[147]

Politisch zur Sache ging es dann am 28. April 1949 mit der Unterzeichnung des Ruhrstatuts. Dieser von Washington angeleierte Vertrag, der neben den USA von Großbritannien, Frankreich und den Beneluxstaaten ratifiziert wurde, legte die Kontrolle über das Herzstück der westdeutschen Großindustrie, das nordrhein-westfälische Kohle- und Stahlrevier in die Hände einer »Internationalen Ruhrbehörde«. Bezeichnend daran war auch, dass die Sowjetunion sich vergeblich um eine Beteiligung im Aufsichtsrat bemühte. Die Ablehnung durch die drei Westalliierten wurde in Moskau als Zeichen des beginnenden Kalten Krieges gewertet. Mit der Installierung dieser amerikanisch-französisch-britischen Ruhrbehörde war die Keimzelle nicht nur für die spätere Montanunion, sondern für die Europäische Union selbst gelegt. Ihr Sitz befand sich im Düsseldorfer Atlantikhaus. Deutschland trat erst nach dem Petersberger Abkommen vom 22. November 1949 bei, das es nun der Bundesrepublik ermöglichte, internationale Verträge einzugehen. Mit seinen drei (von insgesamt 15) Stimmen war Bonn allerdings nicht einmal gemeinsam mit Frankreich (ebenfalls drei Stimmen) in der Lage, über sein Kohle- und Stahlrevier zu bestimmen.

Auch nicht die extrem komplizierte Territorialgeschichte des Saarlandes konnte langfristig einen Keil zwischen Frankreich und Deutschland treiben. Die

147 Zit. nach: John Gillingham, Die französische Ruhrpolitik und die Ursprünge des Schuman-Plans, in: *Vierteljahreshefte für Zeitgeschichte* Nr. 35 (1987); zit. in: Bayer 2002, S. 26

Lösung der Saarland-Frage nötigte allseitig Respekt ab. Das aus verschiedenen Fürstentümern und Grafschaften erst 1920 gebildete Land stand bis 1935 unter Verwaltung des Völkerbundes, anschließend entschied eine Volksabstimmung seine Zugehörigkeit zum Deutschen Reich. Nach Kriegsende befand es sich zunächst unter französischer Besatzung und musste zwischen 1946 und 1949 eine Reihe von kleineren Gebietsänderungen über sich ergehen lassen, in die sich auch die USA einmischten. 1947 entstand unter der Kontrolle der Westalliierten eine eigene saarländische Territorialität mit kurzzeitig eigener Währung. Auch bei den Olympischen Spielen 1952 traten seine Athleten mit einer eigenen Mannschaft an.[148] Im März 1950 einigte sich Paris mit dem saarländischen Ministerpräsidenten Johannes Hoffmann auf die sogenannte Saar-Konvention, die die diplomatische Vertretung des Landes und seine Kohlengruben für 50 Jahre an Frankreich übertrug, mithin das Saarland zu einem französischen Protektorat machte.[149] Eine Volksabstimmung über eine mögliche Europäisierung des Saarlandes im Oktober 1955 wurde mehrheitlich abschlägig beantwortet, wodurch ein von Adenauer und seinem französischen Amtskollegen Pierre Mendès ausverhandeltes Saar-Statut hinfällig geworden war. Diesem Statut zufolge wäre das Saarland unter die Kontrolle eines westeuropäischen Kommissars gestellt worden. Zwei Drittel der SaarländerInnen – bei einer fast 100 %igen Wahlbeteiligung – erteilten dem Vorhaben eine Abfuhr. Am 1. Januar 1957 trat das Saarland der Bundesrepublik Deutschland bei.

All diesen Verwicklungen zum Trotz gelang es den französischen und deutschen Verhandlern, sich über die wirtschaftlichen Kerninteressen des saarländischen Kohlereviers nicht zu zerstreiten. Das war in erster Linie dem defensiven Auftreten Adenauers zu verdanken, von dem selbst nach der von Paris und Saarbrücken ausverhandelten Saar-Konvention keinerlei Protest zu vernehmen war. Schlussendlich mündeten die unterschiedlichen Interessen Frankreichs und Deutschlands in die gemeinsam gegründete Montanunion, von der im folgenden Kapitel zu lesen sein wird.

Zuvor sei noch ein kurzer Absatz zur Weitsichtigkeit US-amerikanischer

148 https://de.wikipedia.org/wiki/Abkommen_zwischen_den_Regierungen_der_Bundesrepublik_Deutschland_und_der_Franz%C3%B6sischen_Republik_%C3%BCber_das_Statut_der_Saar (30.12.2019)

149 Bayer 2002, S. 42

Europapolitik eingeschoben, der sich der Klassenfrage widmet. Den Amerikanern war natürlich bewusst, dass es mit geopolitischen Strategien allein nicht getan ist, um die wirtschaftlichen Interessen ihrer exportorientierten Unternehmen in Europa durchzusetzen. Die Erhebungen der Arbeiterschaft nach dem Ersten Weltkrieg, die im Osten des Kontinents zur Gründung der Sowjetunion geführt hatten und an vielen Plätzen – kurzfristige – Räterepubliken aus dem Boden schießen ließen, saßen den bürgerlich-kapitalistischen Kreisen noch in den Knochen. Auch nach dem Ende des Zweiten Weltkrieges drohte ihnen klassenmäßiges Unbehagen. Diesem musste entschieden entgegengetreten werden.

In von Moskau kontrollierten Gebieten setzte Washington auf geheimdienstlich orchestrierte Sabotageaktionen und finanzierte ab 1949 die sogenannte »Kampfgruppe gegen Unmenschlichkeit«, die Sabotageakte wie z. B. Brandanschläge auf Lebensmittelläden und Strommastensprengungen in der DDR verübte.[150] Dies führte aber zu keinem Erfolg. Große Sorgen bereitete den USA auch die organisierte Arbeiterschaft in westeuropäischen Industriezentren. Um diese zu kontrollieren bzw. bei der personellen Zusammensetzung der Gewerkschaftsspitzen mitreden zu können, platzierte das Foreign Office bereits ab 1943, also noch mitten im Krieg, Labour-Attachés in vielen europäischen Botschaften. Die US-amerikanische Großgewerkschaft AFL/CIO (American Federation of Labor/Congress of Industrial Organizations) stand dafür Gewehr bei Fuß. Ihr Präsident, William Green, schlug vor, Delegierte in jedes Land zu schicken, um »den Geist der freien Gewerkschaftsbewegung zu fördern«[151] und klassenkämpferische Ideen und Organisationen zu bekämpfen.

Nach Kriegsende verstärkten die Herren der AFL/CIO, denen beste Kontakte zum CIA und zur US-Army nachgesagt wurden, ihre antikommunistischen Aktivitäten. Am Beispiel Österreich hat dies das Forscherduo Prader/Unterleitner[152] nachgezeichnet. Hier ging es den Amerikanern vor allem darum, die starke austro-marxistische Strömung in Gewerkschaft und Sozialistischer Partei (SPÖ) lahmzulegen und die Führer der Arbeiterschaft auf einen bürgerlich-kooperativen

150 https://www.spiegel.de/politik/ausland/ddr-cia-finanzierte-sabotage-und-anschlaege-a-1019554.html (14. 4. 2020)

151 Europa-Archiv 1948, S. 1375

152 Hans Prader/Michael Unterleitner, Das »Trade Union Recovery Program« der amerikanischen Gewerkschaften in Westeuropa und Österreich der Nachkriegszeit. In: *Österreichische Zeitschrift für Politikwissenschaften* Nr. 1/76. Wien 1976, S. 90

bzw. sozialdemokratischen Kurs einzuschwören. Der AFL/CIO schwebte ein österreichischer Gewerkschaftsbund vor, der Streiks unterdrücken konnte und der US-Außenpolitik gegenüber grundsätzlich positiv eingestellt war. Dafür wurden auch gehörige finanzielle Mittel in die Waagschale geworfen.[153] Geldspenden für Propaganda-Arbeit gehörten genauso dazu wie die Einladung von hohen österreichischen Gewerkschaftsfunktionären in die USA. So war der strikt anti-klassenkämpferisch ausgerichtete Chef der Bau- und Holzarbeitergewerkschaft Franz Olah bereits 1948 zur Schulung nach Amerika verschickt worden, im Laufe der Jahre sollten ihm Dutzende weitere folgen. Bei der Niederschlagung des größten Ausstandes der österreichischen Nachkriegsgeschichte, dem Oktoberstreik des Jahres 1950, sollte sich die Arbeiterpolitik der USA bezahlt machen. Franz Olah stand an der Spitze jener Schlägertrupps, die mit Prügeln auf die Streikenden einschlugen und den Ausstand mit martialischen Mitteln beendeten. Später gab er freimütig zu, die Schläger mit jeweils 50 Schilling über einen US-Fonds angeheuert zu haben.[154]

Zusammenfassend kann man festhalten, dass ohne den politischen Druck und die wirtschaftliche Kraft der USA – sowie ihrer militärischen Präsenz im Westen des Kontinents und insbesondere in westdeutschen Landen – ein europäisches Einigungsprojekt nicht zustande gekommen wäre. Dazu waren auch Figuren wie die oben beschriebenen vier »Gründerväter« nötig, die weitgehend ohne parlamentarische Mitwirkung die ersten und entscheidenden Konzepte für ein Europaprojekt ausarbeiteten. Der anthroposophisch ausgerichtete Historiker Andreas Bracher fasst den zentralen Mechanismus des Zustandekommens der französisch-deutschen Achse recht gut zusammen. Das Ganze, so schreibt er, »funktionierte etwa folgendermaßen: Die USA betreiben den Wiederaufstieg Deutschlands (und werden dadurch von diesem als Freund wahrgenommen). Dann bedeutet man Frankreich, dass dieser Wiederaufstieg entweder in den Bahnen eines Nationalstaates erfolgen kann, von dem sich Frankreich bedroht fühlen könnte, oder dass er in europäischen Institutionen kontrolliert werden könnte. Vor diese Alternative gestellt, findet sich Frankreich zu jenem

153 Vgl. auch ERP-Austria Country Study. Wien 1949, S. 96

154 http://www.arbeiter-innen-kampf.org/publikationen/marxismus-buecher/streiks-der-2-republik/von-der-kpoe-gefuehrte-streiks-anfang-oktober-1950/ (14.4.2020)

Souveränitätsverlust bereit, den die europäischen Institutionen von ihm verlangen. Deutschland wird gleichzeitig bedeutet, dass die eigentlich unverdiente Gunst, die man ihm gewährt, als Gegengabe den weiteren Ausbau der europäischen Institutionen erfordert.«[155]

155 Bracher 2002, S. 94

4. Großraum für Kohle und Stahl: Die Montanunion

Vom geschichtsträchtigen 9. Mai 1950 war bereits weiter oben die Rede. An diesem Tag schlug der französische Außenminister Robert Schuman vor, die gesamte französische und deutsche Kohle- und Stahlproduktion einer gemeinsamen Hohen Behörde zu unterstellen. Der daraus gebildeten Montanunion traten in der Folge weitere Staaten bei.

Überlegungen, die französische Stahlproduktion mit den deutschen Kohlevorkommen und Stahlwerken zu bündeln, gab es – in völlig anderer Form – schon zuvor. So gingen Stahlbarone aus dem Ruhrpott und Erzgrubenbesitzer aus Lothringen/Lorraine Mitte der 1920er-Jahre mit der Idee schwanger, ein internationales Stahlkartell zu bilden. Dieses hätte keinen supranationalen Charakter gehabt, das gemeinsame Marktauftreten war eine vorwiegend betriebswirtschaftliche Angelegenheit.

Noch vor dem Schuman-Plan meldete sich am 1. Januar 1949 der nordrhein-westfälische Ministerpräsident Karl Arnold in seiner Neujahrsansprache zu Wort, um aus der im April 1948 geschaffenen Ruhrbehörde »einen völkerrechtlichen Zweckverband auf genossenschaftlicher Grundlage zu errichten. In diesem Zweckverband würde Deutschland die Ruhr, Frankreich das Erzvorkommen Lothringens, beide die Saar, Belgien und Luxemburg ihre Schwerindustrie einbringen.«[156] Der Vorschlag Arnolds ist heute in Vergessenheit geraten. Auch er beinhaltete kein klassisch-supranationales Gebilde, hätte er doch nicht ganze Branchen einer übergeordneten Administration unterstellt, sondern einen grenzüberschreitenden regionalen Verbund geschaffen. Seine Idee, diesen genossenschaftlich zu verwalten, war mit den Kapitalinteressen nicht abgesprochen. Arnold gehörte gemeinsam mit Jakob Kaiser zu jener Fraktion innerhalb der CDU, die – anders als Konrad Adenauer und der Wirtschaftsliberale Ludwig Erhard – für eine Vergesellschaftung der Schlüsselindustrien eintrat.[157] Seine

156 Zit. in: Jürgen Mittag, Kleine Geschichte der Europäischen Union. Von der Europaidee bis zur Gegenwart. Münster 2010, S. 74

157 https://de.wikipedia.org/wiki/Karl_Arnold_(Politiker) (31.12.2019)

Vorstellung einer genossenschaftlich verwalteten Produktionszone vom Ruhrgebiet bis Lothringen unter Einbeziehung von belgischer und luxemburgischer Schwerindustrie war letztlich das diametrale Gegenteil der Jahre später ins Werk gesetzten Montanunion.

Gegen die personelle Inkarnation der führenden Kapitalgruppen, den Verfasser des Schuman-Plans Jean Monnet, hatte Karl Arnolds »genossenschaftlicher Zweckverband« keine Chance. Ihm, Monnet, wird heute gehuldigt. Auch in den meisten historischen Abhandlungen fehlt jede kritische Auseinandersetzung mit ihm. So beschreibt ihn der Historiker Wolfgang Schmale in seinem Standardwerk »Geschichte Europas« geradezu apologetisch: »Er (Monnet, d. A.) kannte sich mit Währungssystemen, Industrie und Handel aus, er kannte die Warenströme, er kannte die zentrale Stellung der amerikanischen Wirtschaft innerhalb der Weltwirtschaft. Diese profunde Kenntnis des Terrains verband er mit dem Ideal einer europäischen Integration.«[158]

Wer waren nun die Teilnehmerstaaten der am 18. April 1951 gegründeten »Europäischen Gemeinschaft für Kohle und Stahl« (EGKS), die auch als Montanunion firmiert? Neben Frankreich (inklusive Algerien als Teil des französischen Mutterlandes) und der Bundesrepublik Deutschland zählten Italien, Belgien, Luxemburg und die Niederlande zu den Gründungsmitgliedern des auf 50 Jahre abgeschlossenen Vertrages. Was sich 70 Jahre später als scheinbar reibungsloser Vorgang liest, war tatsächlich ein hartes Ringen um Einfluss und Macht. In Washington, das hinter den Kulissen die Fäden zog, gab man sich erfreut über das Zustandekommen dieser ersten (west)europäischen Gemeinschaft, Gegenstimmen wurden kaum laut. Anders in Frankreich. Dort saßen im Parlament der im Oktober 1946 gegründeten Vierten Republik zwei starke politische Fraktionen, die keine große Freude mit der Annäherung an Deutschland hatten und noch weniger mit der Abgabe von staatlicher Souveränität. Diese betraf immerhin den gesamten Energie- und Stahlsektor. Mit Gaullisten und Kommunisten wäre keine supranationale Behörde zustande gekommen. Dagegen bildete sich die sogenannte »dritte Kraft«, eine seltsame Allianz aus Sozialisten, Christdemokraten und Radikalliberalen. Seit 1947 stellte diese »dritte Kraft« die

158 Wolfgang Schmale, Geschichte Europas. Wien-Köln-Weimar 2001, S. 235

regierende Koalition. Ihre innenpolitische Schwäche ist durch siebenmaligen Wechsel des Regierungschefs in nur fünf Jahren dokumentiert. Außenpolitisch hielt sie – gestützt auf US-amerikanische Kredite und Schuldenerlasse – die gewünschte Linie. Nicht viel anders bot sich die Lage bei der Arbeiterschaft dar. Die kommunistische Gewerkschaft CGT brandmarkte schon den Schuman-Plan als »Angriff auf die nationale Souveränität.«[159] Die Führung der christdemokratischen Gewerkschaft CFTC hingegen stand hinter dem Gemeinschaftsplan der Montanunion und die 1948 als antikommunistische »Force Ouvrière« (wieder) gegründete Organisation machte ebenfalls der supranationalen Idee die Mauer. Ihr war von der amerikanischen Gewerkschaft AFL/CIO (American Federation of Labor/ Congress of Industrial Organizations) unmittelbar nach Kriegsende heftig unter die Arme gegriffen worden.[160]

In Deutschland stand Bundeskanzler Adenauer ohne Wenn und Aber zur geplanten Suprastaatlichkeit. Er betrachtete die Montanunion aus rein politischer Perspektive, die das Land nach dem Krieg international wieder respektabel machte. Reine Marktliberale wie Bundeswirtschaftsminister Ludwig Erhard waren da schon skeptischer. Die Kontrolle der deutschen Kohleindustrie durch eine »Hohe Behörde« war ihm ein Dorn im Auge. Es gab sogar Stimmen wie jene des Leiters der Marshall-Plan-Administration und Sprechers der Stahlindustrie Clarence Randall, die im Kohle- und Stahlpakt einen »Super-Sozialismus« sahen, der die »freie Marktwirtschaft zum Schafott führen«[161] würde. Erhard äußerte sich weniger radikal, seine Skepsis basierte allerdings auf ähnlichem Weltbild. Ganz anders die Sozialdemokratie: Die SPD lehnte anfangs die Gründung einer Montanunion ab, und zwar nicht deshalb, weil sie sich in Opposition zur CDU-Regierung befand, sondern weil sie grundsätzlich einer einseitigen Westorientierung der BRD reserviert bis ablehnend gegenüberstand. Noch gab es in ihren Reihen die Hoffnung auf eine deutsche Wiedervereinigung unter neutralen Vorzeichen, wie sie Josef Stalin im Mai 1952 vorgeschlagen hatte. Auch ging die Angst in der

159 Jean Monnet, Erinnerungen eines Europäers. München 1980, S. 403

160 https://journals.openedition.org/chrhc/1666 (31.12.2019)

161 Charles Barthel, Sturm im Wasserglas. Das Streben der Stahlkocher nach einer Gangbarmachung des Schuman-Plans. Einige Betrachtungen aus der Sicht Luxemburger Industriearchive (1950-1952). In: Centre d'études et des recherches européennes Robert Schuman (Hg.), Le Luxembourg face à la construction européenne – Luxemburg und die europäische Einigung, Luxemburg 1996. S. 203ff.

SPD um, mit der Abgabe von nationaler Souveränität die Besatzungszeit indirekt zu verlängern. Ihr Parteivorsitzender, Kurt Schumacher, erklärte während der Verhandlungen zur Unterzeichnung der »Europäischen Gemeinschaft für Kohle und Stahl«: »Die Deutschen sind dabei, die Verlängerung der Besatzung um 50 Jahre zu unterschreiben« und wies drohend darauf hin, dass dies gleichbedeutend mit der Herrschaft der »vier K« sei: »Kapitalismus, Klerikalismus, Konservativismus und Kartelle.«[162] Einer mit derartigen klassenkämpferischen Tönen geführten Sozialdemokratie konnte man von Seiten der Vertreter dieser »vier K« freilich nicht tatenlos zusehen. Das sprach auch der Mastermind hinter dem Gemeinschaftsplan, Jean Monnet, an und erinnert in seinen Memoiren an einen jungen SPD-Abgeordneten, der sich damals gegen die Schumacher-Linie stellte und dem in Zukunft Aufmerksamkeit gebühren würde. Dieser meinte öffentlich: »Wir haben schon zu lange eine echte Europäisierung der Schwerindustrie gefordert, um nicht mit Freude alles zu begrüßen, was uns diesem Ziel näherbringt.«[163] Diese junge Stimme gehörte einem damals Unbekannten, dem späteren Bundeskanzler Willy Brandt. Tatsächlich war es dann der Gewerkschaftsbund (DGB), der die Sozialdemokraten ins Pro-Lager drängte, weil er sich damit eine Arbeiter-Mitbestimmung in der Montanunion erhoffte.

Nicht unerwähnt soll auch bleiben, dass sich Großbritannien grundsätzlich weigerte, an den Verhandlungen teilzunehmen. Die Übertragung von Hoheitsrechten an eine außerbritische Institution war für London undenkbar. Die Regierung in London verlautete nach der Veröffentlichung des Schuman-Plans 1950: »Eine politische Föderation, begrenzt auf Westeuropa, ist weder mit unseren Bindungen zum Commonwealth noch mit unseren Verpflichtungen als Mitglied der größeren Atlantischen Gemeinschaft noch mit dem Status als Weltmacht vereinbar.«[164] Und die Labour Party setzte noch eines drauf und machte die britische Position für jedermann deutlich: »Wir sind in Großbritannien unseren Kinsmen in Australien und Neuseeland, die auf der anderen Seite der Welt leben, näher als Europa.«[165]

162 Zit. in: Monnet 1980, S. 404
163 Ebd.
164 Martin Saeter, Europa – politisch. Alternativen, Modelle und Motive der Integrationspolitik. Berlin 1977, S. 36
165 Zit. in: Johannes Pollak/Peter Slominski, Das politische System der EU. Wien 2012, S. 22

Die wirtschaftlichen Grundlagen der Montanunion

Die Grundstoffvorkommen sind regional ungleich verteilt. Das Erz liegt in Lothringen, die Kohle im Ruhrgebiet. Diese naturräumlich-geologische Gegebenheit macht einen Austausch der beiden Bergbauprodukte für die Herstellung von Stahl notwendig. In den nordfranzösischen Revieren benötigte man die Ruhr-Kohle zur Verkokung, um die Eisenverhüttung zu garantieren. Umgekehrt sind die Ruhrbarone auf den Import von Erzen angewiesen, um die Stahlkocher am Laufen zu halten.

Auch die Struktur der französischen und der deutschen Montanindustrie hätte unterschiedlicher nicht sein können. Während in Frankreich die Bergwerks- und Stahlunternehmen nach dem Zweiten Weltkrieg heruntergewirtschaftet und verstaatlicht waren, formten die deutschen Ruhrunternehmer auch noch in der Besatzungszeit ein vertikales Kartell, das die Verteilung des Grundstoffes Kohle monopolisierte.[166] Als »Rheinisch-westfälisches Kohlesyndikat« war der Vorläufer 1893 gegründet worden und setzte gemeinsam Preise und Produktionsmengen fest. Damit verhinderten die Ruhrbarone einen, wie sie es nannten, »ungesunden« Konkurrenzkampf. Unter den Nazis wurde das Syndikat um den saarländischen Kohlenbergbau erweitert. Seine größten Profiteure waren Stinnes und Thyssen. Trotz der offiziellen Auflösung im Jahr 1945 konnte die monopolistische Struktur der Ruhrindustrie beibehalten werden und mündete in die »Deutsche Kohleverkaufsgesellschaft«.[167] Sie war besser – sprich: profitabler – aufgestellt als die französische. Eine dringend notwendige Modernisierung der nordfranzösischen Stahlunternehmen drohte im Preiskampf mit der deutschen Konkurrenz einem Verdrängungswettbewerb zum Opfer zu fallen. Deshalb forderte Paris eine Dekartellierung, also eine Zerschlagung des Syndikats, und die Etablierung einer überstaatlichen Behörde zur Kontrolle der gemeinsamen Kohle- und Stahlindustrie, konkret »eine Unterstellung des deutschen Kohlebergbaus unter eine internationale Verteilungsbehörde.«[168]

166 Siehe Nikolaus Bayer, Wurzeln der Europäischen Union. Visionäre Realpolitik bei der Gründung der Montanunion. St. Ingbert 2002, S. 21

167 https://de.wikipedia.org/wiki/Rheinisch-Westf%C3%A4lisches_Kohlen-Syndikat (2. 1. 2020)

168 Bayer 2002, S. 21

Die französische Forderung einer Dekartellierung lief auf die Zerschlagung der monopolistisch organisierten »Deutschen Kohleverkaufsgesellschaft« hinaus, in der wenige Ruhrbarone die Verteilung des Grundstoffes in der Hand hielten. Der frisch gegründete »Bund der Deutschen Industrie« (BDI) sah durch das französische Begehren die freie Marktwirtschaft gefährdet und schrie Alarm. Der BDI wollte unter keinen Umständen einer Auflösung des Kartells zustimmen und stemmte sich auch gegen vorgesehene Produktionspläne sowie eine Eigentümerentflechtung. Die starken Ruhrindustriellen kämpften gegen den Versuch, sie über das politische Instrument einer »Hohen Behörde« zu schwächen.

Es entstand kräftemäßig ein Patt, an dem eine deutsch-französische Einigung zu scheitern drohte. In diesem Moment trat wieder einmal Jean Monnet auf den Plan bzw. rief im Oktober 1950 seinen Freund, den US-Hochkommissar für Deutschland John McCloy, zu Hilfe. Der frühere Firmenanwalt der Rockefeller-Gruppe und der J. P. Morgan Bank sowie ehemalige Weltbank-Chef war weitschichtig mit Konrad Adenauer verwandt, seine Ehefrau war eine Cousine von Auguste Adenauer, was seiner Rolle als »Schlichter« nicht zum Schaden gereichte.[169] McCloys Intervention überzeugte den deutschen Bundeskanzler, der der Auflösung des deutschen Kohlekartells und der Zerschlagung der zwölf Stahlunternehmen in doppelt so viele Einheiten zustimmte. Auch gelang es McCloy und Monnet, das feste Band von Kohle und Stahl zu durchtrennen, indem deutschen Stahlunternehmen zukünftig untersagt wurde, ihre Stahlkocher zu mehr als 75 % aus eigenen Kohlegruben zu versorgen.[170] Enteignungen oder direkte Eingriffe in den Aktienbesitz wurden keine vorgenommen.

Das politische Primat hatte über die ökonomischen Interessen im deutsch-französischen Streit insofern obsiegt, als dass die Bildung der Montanunion die Unternehmensstrukturen im Ruhrpott veränderte, ohne die Besitzverhältnisse anzutasten. Der Druck der USA und die durch Adenauer vermittelte Erkenntnis, dass die Rückgewinnung internationaler politischer Akzeptanz für Deutschland in diesem Moment wichtiger als die wirtschaftliche Stärke war, machten dies möglich. Der Beitritt Italiens zur »Europäischen Gemeinschaft für Kohle

169 https://de.wikipedia.org/wiki/John_Jay_McCloy (1. 1. 2020)
170 Bayer 2002, S. 66

und Stahl« war ähnlicher Einsicht geschuldet. Die Benelux-Staaten wiederum sahen die starke französisch-deutsche Achse als Garant dafür, den wachsenden französischen Einfluss in ihrer Montanindustrie zurückdrängen zu können.

Kernstück der Montanunion

Nicht einmal ein Jahr nach der Erklärung des Schuman-Plans unterzeichneten die Vertreter Frankreichs, Deutschlands, Italiens und der drei Benelux-Staaten in Paris den Vertrag zur »Europäischen Gemeinschaft für Kohle und Stahl«. Wegen des Ortes der Paraphierung wird von ihm gelegentlich auch als Pariser Vertrag gesprochen. Am 23. Juli 1952 trat er in Kraft, nachdem ihn alle sechs Unterzeichnerstaaten ratifiziert hatten. Als Exekutivorgan wurde die »Hohe Behörde« bestimmt, die sich aus neun Vertretern zusammensetzte, wovon einer durch sie selbst ernannte wurde. Als erster Präsident amtierte Jean Monnet. Die »Hohe Behörde« der Montanunion ging 1967 in der »Europäischen Kommission« auf. Daneben bestand ein Ministerrat der Teilnehmerstaaten sowie eine gemeinsame Versammlung von 78 Personen, die von den sechs Mitgliedsländern entsandt wurden. Für Frankreich und die Bundesrepublik Deutschland saßen je 18 in diesem Vorläufer des Europäischen Parlaments, für Luxemburg vier.

Deutschlands Vorschlag, die 78 Abgeordneten direkt vom Volk wählen zu lassen, fand keine Mehrheit. Ein niederländischer Antrag, die Kohle-Stahl-Gemeinschaft in den eben erst gegründeten Europarat einzubinden, scheiterte wiederum am Widerstand Jean Monnets und Walter Hallsteins. Die 78 Vertreter wurden von ihren nationalen Parlamenten in die gemeinsame Versammlung nach Straßburg entsandt und übten damit ein Doppelmandat (national in den jeweiligen Parlamenten und supranational für die Montanunion) aus. Das entscheidende Organ stellte die »Hohe Behörde« dar, der das ausschließliche Recht zur Gesetzesinitiative vorbehalten war … und in Form der EU-Kommission bis heute blieb. Eine demokratische Legitimität konnte sie nicht vorweisen. Sie war von keinem Volkswillen gewählt oder auch nur bestätigt, ihre Mitglieder durchliefen als eine Art Emissäre mehrfache Filter politischer und wirtschaftlicher Interessen. Ihr Präsident, Jean Monnet, kam quasi jungfräulich ins Amt, ein von den Herren der deutsch-französischen Stahl- und Kohleindustrie unter US-Aufsicht gezeugter Homunkulus.

Die Montanunion gliederte die Branchen Kohle und Stahl, in den 1950er-Jahren die Herzstücke der modernen Grundstoffindustrie, aus nationalen Gesetzen aus und unterstellte sie einer Aufsichtsbehörde, die das nun supranationale Marktgeschehen überwachte. Kernpunkte des geheimsamen Marktes für Kohle und Stahl waren die Aufhebung der Binnenzölle. Ferner verboten waren eine Beschränkung des Warenverkehrs sowie staatliche Preisfestsetzungen oder Subventionen. Im Vertragstext liest sich das in Artikel 4 folgendermaßen: »Als unvereinbar mit dem gemeinsamen Markt für Kohle und Stahl werden aufgehoben und untersagt: Ein- und Ausfuhrzölle oder Abgaben gleicher Wirkung sowie mengenmäßige Beschränkungen des Warenverkehrs, (...) von Staaten bewilligte Subventionen oder Beihilfen (...)«[171] Eine Zollunion war – vorerst – nicht vorgesehen, gegenüber Drittstaaten konnte die Gemeinschaft für Kohle und Stahl (noch) nicht auftreten. Für Arbeitskräfte aus dem Bergbau- und Stahlbereich entstand jedoch so etwas wie eine ArbeitnehmerInnenfreizügigkeit, die damals noch nicht so kompliziert genannt wurde und realiter auch keine Frauen betraf. Die Arbeitsmärkte der sechs Teilnehmerstaaten wurden für Bergwerkskumpel und Stahlkocher geöffnet.

Mit der Montanunion war der Grundstein für die spätere Europäische Union gelegt. Marktöffnung für jene Unternehmen, die davon profitieren konnten, also die jeweils stärksten der Industriegruppe, hieß die Devise. Insofern war es auch kein Zufall, dass die Herstellung eines vergrößerten Marktes ausgerechnet bei kapitalstarken und volkswirtschaftlich bedeutsamen Branchen begann und dort den Konzentrationsprozess vorantrieb, im Namen der Konkurrenzfähigkeit und des Profites.

171 Text des EGKS-Vertrages, in: BGBl. II vom 6. Mai 1952, Nr. 7, zit. in: Hannes Hofbauer, EU-Osterweitung. Historische Basis – ökonomische Triebkräfte – soziale Folgen. Wien 2007, S. 65

5. Vom Kohle-Stahl-Pakt der Sechs zur Wirtschaftsgemeinschaft der Zwölf

Noch vor der »Europäischen Gemeinschaft für Kohle und Stahl« erblickte eine weitere Institution europäischer Einigungsbestrebungen das Licht der Welt, die hier nicht unerwähnt bleiben soll: der Europarat.[172] Er startete mit gänzlich anderen Vorzeichen als die von den sogenannten »Gründervätern« Monnet, Schuman und Konsorten betriebenen Großraumpläne. Am 5. Mai 1949 gegründet, zielte er von Anfang an auf eine rein politische Zusammenarbeit und bewahrte die nationale Souveränität der einzelnen Mitglieder. Der anfänglich aus zehn nord- und westeuropäischen Staaten (ohne Deutschland, mit Großbritannien) gebildeten Organisation gehören heute sämtliche Länder Europas an (mit Ausnahme von Belarus, das allerdings einen Beobachterstatus hat, und dem Kosovo, dessen Staatlichkeit umstritten ist). Der Europarat fungiert als ein zwischenstaatliches Forum. Darüber hinaus sind seine Agenden beschränkt, in oft blutleeren Resolutionen setzt er sich für Menschenrechte, Demokratie und sozialen und wirtschaftlichen Fortschritt ein. Seine »Beratende Versammlung«, die später in »Parlamentarische Versammlung« umgetauft wurde, findet in Straßburg statt. Ein Ministerkomitee tritt einmal jährlich zusammen. Das, was die aus der Kohle-Stahl-Gemeinschaft hervorgegangene Europäische Union an suprastaatlicher Macht generiert hat, fehlt dem Europarat völlig. Umgekehrt besteht seine Stärke gerade darin, dass er einen Dialog zwischen allen Ländern Europas aufrechterhält, während die EU sich zunehmend gegen Länder von außerhalb – wie Russland oder die Türkei, die beide Mitglieder des Europarates sind – in Stellung bringt.

Die »Römischen Verträge«

Die Montanunion war erst der Anfang. Unermüdlich trieben die immer stärker werdenden Kräfte (west)europäischer Einigungsbemühung zur

172 Der Europarat ist nicht zu verwechseln mit dem »Europäischen Rat« der EU, das heißt dem Gremium der EU-Regierungschefs bzw. Minister.

Suprastaatlichkeit. Bald nach Inkrafttreten des Kohle-Stahl-Pakts ging man daran, weitere europäische Gemeinschaften in die Wege zu leiten. Es sollte ein Dreiklang aus Wirtschaft, Militär und Atomenergie werden. Dementsprechend wurden Vorbereitungen getroffen, um eine europäische Wirtschaftsgemeinschaft, eine europäische Verteidigungsgemeinschaft und eine europäische Atomgemeinschaft zu gründen.

Die »Europäische Verteidigungsgemeinschaft« (EVG) scheiterte – zumindest vorerst. Von 1952 an hätte eine gemeinsame Armee geschaffen werden sollen. Aus Großbritannien und den USA, insbesondere von US-Außenminister Dean Acheson, gab es dafür seit September 1950 grünes Licht.[173] Mit der Einbindung einer deutschen Armee in die westeuropäische Militärstruktur glaubte auch Frankreich die von Adenauer betriebene Wiederbewaffnung der BRD zähmen zu können. Im sogenannten »Pleven-Plan« vom 24. Oktober 1950 unterbreitete der französische Ministerpräsident René Pleven einen entsprechenden Vorschlag. Monatelange Streitereien um die Führungskompetenzen in einer EVG sowie um die Deutschland zugestandenen Waffensysteme verzögerten das Vorhaben. Als dann am 27. Mai 1952 der Vertrag über die »Europäische Verteidigungsgemeinschaft« unterschrieben wurde, kam der Widerstand dagegen – bis zur Ratifizierung – erst richtig in Gang. In Frankreich führte mittlerweile Pierre Mendès eine neue, gaullistische Regierung, die in einer gemeinsamen Armee den Verlust französischer Selbstständigkeit fürchtete. Und die Sowjetunion protestierte heftig gegen den Aufbau einer westeuropäischen Militärunion unter deutscher Beteiligung. Die Stalin-Note vom 10. März 1952 schlug Verhandlungen über die Wiedervereinigung Deutschland vor, die eine Neutralisierung sowie den Abzug aller fremden, alliierten Truppen binnen Jahresfrist beinhalteten. Die Westmächte und Adenauer lehnten ab, die Stalin-Note wurde als Störfaktor für die voll im Gang befindliche Westintegration der BRD betrachtet. Bis heute beharrt man in westlichen Historikerkreisen darauf, dass die Stalin-Note nicht ernst gemeint war. Im Osten Deutschlands allerdings kämpfte eine Gruppe von Intellektuellen unter der Führung Wolfgang Harichs und Walter Jankas auf Basis der sowjetischen Position für die Wiedervereinigung, indem sie eine »Plattform

173 https://de.wikipedia.org/wiki/Europ%C3%A4ische_Verteidigungsgemeinschaft (2.1.2010)

für den besonderen deutschen Weg zum Sozialismus« formulierten.[174] Nachdem klar war, dass sich dafür weder die Führung der BRD noch die der DDR einsetzen wollte und sich SED-Chef Walter Ulbricht von den Bestrebungen bedroht sah, wanderten die Mitglieder des Harich-Janka-Kreises 1956/57 wegen der Bildung einer »konterrevolutionären staatsfeindlichen Gruppe« für viele Jahre ins Gefängnis nach Bautzen.

Am 30. August 1954 lehnte die französische Nationalversammlung die Ratifizierung des EVG-Vertrages ab. Damit war die »Europäische Verteidigungsgemeinschaft« tot, bis sie von der EU-Kommissionspräsidentin Ursula von der Leyen im Jahr 2019 wiederbelebt wurde. Die USA reagierten schnell und drängten die BRD in die NATO, ihr Beitritt erfolgte am 9. Mai 1955. Ein zweiter Versuch einer deutsch-französischen Militärachse, der im Frühjahr 1956 zu einer geheim ausverhandelten Rüstungsvereinbarung zwischen Paris und Bonn führte und gemeinsam mit Italien ein trilaterales Kernwaffenproduktionsabkommen beinhaltete, wurde ebenfalls von de Gaulle torpediert, der die französische Atomstreitmacht nicht mit anderen teilen wollte.[175]

Nach dem Wegfall der militärischen Komponente beschränkten sich die »Römischen Verträge« auf die Gründung von zwei Gemeinschaften, der »Europäischen Wirtschaftsgemeinschaft« (EWG) und der »Europäischen Atomgemeinschaft« (EAG, später: EURATOM). Beide wurden am 25. März 1957 in Rom unterzeichnet. Die Mutation von der Montanunion zur EWG stand unter der propagandistischen Formel von »Frieden, Freiheit und Wohlstand«. In Artikel 2 des EWG-Vertrages schworen sich die – immer noch – sechs Unterzeichnerstaaten auf eine »harmonische Entwicklung des Wirtschaftslebens innerhalb der Gemeinschaft«[176] ein. An eine praktische Umsetzung dieses hehren Zieles war freilich nie gedacht, standen doch beim gesamten EWG-Konstrukt wirtschaftliche Liberalisierungen und das Zurückdrängen politischen Einflusses im Vordergrund. Freier Handel und ungehindertes Investment lautete das Credo der »Europäischen Wirtschaftsgemeinschaft«. Dem Stärkeren Platz gemacht, hieß die Devise.

174 Wolfgang Harich, Keine Schwierigkeiten mit der Wahrheit. Berlin 1993, S. 111f.
175 Michael Gehler, Europa. Von der Utopie zur Realität. Innsbruck-Wien 2014, S. 200
176 Verträge zur Gründung der Europäischen Gemeinschaften. Brüssel-Luxemburg 1987, S. 125

Der Abbau von zwischenstaatlichen Zöllen sowie die Durchsetzung einer Zollunion verhinderten politische Eingriffe in regionalem oder nationalem Interesse, mehr noch, sie verboten sie als »Diskriminierung« des jeweils potentesten Marktteilnehmers. Die »Beseitigung der Hindernisse für den freien Personen-, Dienstleistung- und Kapitalverkehr«[177] drängte die Schwachen zusätzlich an den Rand und im Fall des Arbeitsmarktes aus dem Land. Nun war auch EWG-weit Gesetz, was im Dezember 1955 im Rahmen eines Anwerbeabkommens zwischen Deutschland und Italien bilateral vereinbart worden war: Mit der massenhaften Arbeitsmigration aus strukturschwachen süditalienischen Regionen in deutsche Kernräume konnte die Regierung in Rom ihr Arbeitslosenproblem exportieren und deutsche Unternehmen konnten billige zuwandernde Arbeitskräfte nutzen. Der Begriff des »Gastarbeiters« war geboren.

Die »Römischen Verträge« wurden von einer Handvoll Spezialisten ausformuliert. Einer von ihnen, der Karrierediplomat Hans von der Groeben, charakterisierte sie als »ein eigenständiges Gebilde besonderer Art, in dem ein neues Steuerungssystem mit eigenständigen Hoheitsrechten, das die nationalen Steuerungssysteme überlagert und ergänzt, [entstanden ist].«[178]

Der Aufbau der »Europäischen Wirtschaftsgemeinschaft« (EWG) glich jenem der Montanunion. Kommission, Rat und Versammlung mangelte es an demokratischer Legitimität. Die Organe der EWG folgten der bereits in der Montanunion vorgegebenen Struktur. Eine offizielle EU-Broschüre erklärt in dankenswerter Offenheit für Otto- und Kunigunde-NormalverbraucherIn die jeder parlamentarischen Demokratie Hohn sprechende Funktionsweise: »Der Rat arbeitet die Normen aus, die Kommission bringt Vorschläge ein und das Parlament hat beratende Funktion.«[179] Mit anderen Worten: die nationalen Regierungschefs (Rat) klüngeln auf supranationaler Ebene etwas aus, unter anderem die Zusammensetzung der Kommission. Das Parlament, das damals noch nicht einmal direkt gewählt war, begleitet die Klüngelei beratend.[180] Eine moderate Kritik an der Struktur klingt verhaltener und nennt die fehlende Rechtmäßigkeit der Gemeinschaftsorgane

177 Ebd., Artikel 3, S. 125

178 Hans von der Groeben, zit. in: Gehler 2014, S. 203

179 http://www.eu-info.de/europa/eu-eg-ewg/EWG/ (3.1.2020)

180 Erst 1979 fand die erste Europawahl statt.

etwas beschönigend »Demokratiedefizit«. Im Großen und Ganzen stimmt sie allerdings dem Befund zu, wenn sie einerseits einen »demokratischen Kern und eine Identitätsbildung (…) vermissen lässt« und andererseits moniert, »dass die europäischen Organe keine direkte politische Unterstützung seitens der Bürger bezogen.«[181] In einer EG-internen Untersuchung, dem sogenannten Vedel-Bericht aus dem Jahr 1972, kommen Juristen zum wenig überraschenden Befund, dass die Europäische Gemeinschaft nicht den Prinzipien eines parlamentarischen Systems folgt und die Entsendung von dafür nicht gewählten Deputierten aus nationalen Parlamenten nach Straßburg zum Bild des Demokratiedefizits – das so nicht genannt wird – beiträgt.[182] Die Pro-EWG-Stimmen würden diesen Befund anfänglichen Schwierigkeiten zuordnen, zumal ja damals noch kein supranationaler Unionsanspruch bestand. Als erster Präsident der EWG-Kommission wurde übrigens Walter Hallstein im Amt vereidigt.

Die Europäische Wirtschaftsgemeinschaft weitete schrittweise die Vereinheitlichung des Marktes via Abbau von Handelsschranken und den ungehinderten Verkehr von Kapital, Waren, Dienstleistungen und Arbeitskraft auf alle Branchen aus; zuvor hatte das nur für Kohle und Stahl gegolten. Der historische französisch-deutsche Kompromiss bestand diesmal darin, den landwirtschaftlichen Sektor im Sinne von Paris im Rahmen eines gemeinsamen, voll gefüllten Subventionstopfes zu schützen und für den Rest der Wirtschaft einheitliche Marktregeln durchzusetzen, wie es vor allem Bonn forderte.

Mit dem Aufbau einer Zollunion, die dann am 1. Juli 1968 in Kraft trat, gelang ein entscheidender Schritt. Gleichzeitig mit der Beseitigung von Zollschranken im Inneren, d. h. zwischen den Mitgliedsstaaten, kam es zu einheitlichen EG-Zolltarifen gegenüber Drittstaaten. Auch jedes zukünftig neue Gemeinschaftsmitglied musste sich ab sofort daran halten, was darin mündete, dass dessen möglicherweise besseren Wirtschaftsbeziehungen zu Nicht-EG/EU-Mitgliedsländern aufzukündigen waren.

Die nächste Phase, eine Wirtschafts- und Währungsunion, wurde für 1980 in Planung genommen. Mit dem Vertrag von Maastricht 1992 nannte sich die

181 Jürgen Mittag, Kleine Geschichte der Europäischen Union. Von der Europaidee bis zur Gegenwart. Münster 2010, S. 164

182 Aus dem Vedel-Bericht, zit. in: Mittag 2010, S. 165

EWG formal in »Europäische Gemeinschaft« um und wurde zu einer der drei Säulen der Europäischen Union; es sollte nochmals 17 Jahre dauern, bis mit dem Inkrafttreten des Vertrags von Lissabon am 1. Dezember 2009 die »Europäische Wirtschaftsgemeinschaft« ihr ohnedies nur mehr auf dem Papier bestehendes Leben aushauchte.

Die zeitgleich mit der EWG am 25. März 1957 begründete »Europäische Atomgemeinschaft« war Ausdruck einer besonderen Art von westeuropäischer Wirtschaftsintegration im Bereich der Atomindustrie. Vom Mastermind der Einigungsbestrebung, Jean Monnet, war sie als Zuckerl für Frankreich gedacht. Dort, in Paris, kam Mitte der 1950er-Jahre nach dem Kohle-Stahl-Pakt keine rechte Begeisterung für weitere europäische Vereinigungsschritte auf. Die national orientierten Gaullisten befanden sich im Aufwind, die Zentralregierungen der »Vierten Republik« schwächelten gehörig. Zudem war man seit Herbst 1954 damit beschäftigt, die antikoloniale Unabhängigkeitsbewegung in Algerien mit äußerster Gewalt niederzuschlagen. Die Mittel dafür zehrten an den Kräften. Als dann noch – in unverblümt kolonialer Solidarität – mit Großbritannien ein Krieg gegen das nasseristische Ägypten vom Zaun gebrochen wurde, der im politischen Fiasko endete, trat ein Erschöpfungszustand ein.

Der ägyptische Präsident Gamal Abdel Nasser ließ am 30. Juli 1956 den Suez-Kanal verstaatlichen. In London, das dies als Anschlag auf seine »natürliche« Einflusssphäre verstand, war man darüber entsetzt und bereitete einen Kriegsgang vor. Zuerst sollte, so die abgesprochene Kriegstaktik, Israel die ägyptische Halbinsel Sinai und den Gazastreifen angreifen, daran anschließend wollten britische und französische Kampfeinheiten den Suez-Kanal besetzen. So kam es auch. Um an der Heimatfront halbwegs Legitimität für die Militäraktion erheischen zu können, riefen die französischen Medien Nasser zum »Hitler vom Nil«[183] aus. Doch das Unternehmen scheiterte … an den Großmächten Sowjetunion und USA. Moskau stellte sich – mehr verbal als militärisch – hinter Ägypten, und die USA verhielten sich für Paris und London überraschend neutral und griffen nicht auf der Seite Israels und der Kolonialmächte ein.

183 Gerhard Altmann, Abschied vom Empire: die innere Dekolonisation Großbritanniens 1945–1995. Göttingen 2005, S. 141, zit. in: https://de.wikipedia.org/wiki/Sueskrise#cite_note-1 (3. 1. 2020)

Die politische Niederlage im Krieg um den Suez-Kanal führte den Regierenden in Frankreich ihre internationale Schwäche vor Augen. Da kam das von Jean Monnet geschickt mit der EWG verbundene Projekt der Atomgemeinschaft gerade recht, um sich der Illusion hingeben zu können, die national geschlagenen Wunden im übernationalen Rahmen heilen zu können. Deutschland wiederum war mehr an der Wirtschaftsgemeinschaft gelegen, fand sich aber schnell mit dem ökonomisch-atomaren Junktim ab. Monnet machte den beiden Staaten die drei Vorteile der Atomgemeinschaft schmackhaft: Atomkraft sei eine günstige Möglichkeit, eigene Energie zu erzeugen und damit von teuren Ölimporten unabhängig zu werden; zudem könne man ein gemeinsames Atomwaffenpotenzial aufbauen und drittens in Deutschland die zivile Nutzung der Atomkraft vorantreiben.[184] Was die Atomkraft als Energieträger betrifft, so hat die Menschheit mittlerweile die Möglichkeit gehabt, ihre Gefährlichkeit während der Stromerzeugung und bei der Endlagerung kennenzulernen. Die richtigen Schlüsse daraus sind allerdings z. B. in Frankreich bis heute nicht gezogen worden. Und zur gemeinsamen französisch-deutschen Atomwaffenmacht kam es nicht, weil Charles de Gaulle, wie weiter oben bereits erwähnt, nach der Übernahme des Präsidentenamtes im Januar 1959 dafür politisch nicht zu Verfügung stand.

Das wichtigste und – finanziell – weithin teuerste Feld der Europäischen Wirtschaftsgemeinschaft war (und ist in gewisser Weise bis heute) die »Gemeinsame Agrarpolitik« (GAP). Sie trat 1962 in Kraft und übertrug insbesondere die Preispolitik für landwirtschaftliche Produkte auf die gemeinsame Ebene der EWG-Teilnehmerstaaten. Preis- und Abnahmegarantien für überschüssige Erzeugnisse bildeten das Rückgrat der GAP. Die gleichzeitig stattfindende Abschottung gegen – billigere – Weltmarktprodukte kam einem veritablen Protektionismus gleich. Landwirtschaftliche Importe verhinderte man durch hohe Zölle, die den Preisunterschied zwischen EWG-Markt und Weltmarkt ausgleichen sollten, jedoch meist ohnedies unterblieben. Der Bauernstand – und damit die Ernährungssouveränität – konnte so gesichert werden. Auf der Kehrseite sammelten sich allerdings überschüssig produzierte Agrargüter an. Butterberge und Milchseen wurden zu sprichwörtlichen Problemen.

184 Vgl. Johannes Pollak/Peter Slominski, Das politische System der EU. Wien 2012, S. 26

In dieser Situation präsentierte der damalige EWG-Agrarkommissar Sicco Mansholt im Dezember 1968 einen Plan zur Einstellung von Agrarsubventionen. Öffentlich erklärte er nur große Bauernstellen für »natürlich« – sprich: im internationalen Konkurrenzkampf überlebensfähig – und schlug konkret vor, innerhalb von zwölf Jahren die in der Landwirtschaft beschäftigen Personen um die Hälfte zu reduzieren. Sein Plan beinhaltete einen extremen Bevölkerungswandel von EWG-weit damals 13 % auf 6 % von der Landwirtschaft lebende Menschen. Millionen von Bauern sollten ihre Höfe stilllegen und durch Umschulungsmaßnahmen sowie staatliche Zuschüsse von Grund und Boden vertrieben werden. 20 Millionen Hektar Land wären davon betroffen gewesen, fünf Millionen davon wollte Mansholt aufforsten (lassen).[185] Ein rentabler Bauernhof müsse zwischen 80 und 100 Hektar Land aufweisen, so der Agrarkommissar; tatsächlich lag die durchschnittliche Größe Anfang der 1960er-Jahre bei elf Hektar. Zuschüsse seitens der Europäischen Wirtschaftsgemeinschaft sollte es nur mehr für die großen, konkurrenzfähigen Betriebe geben.

Die Biographie von Sicco Mansholt erklärt seine Politik; fragwürdig ist, warum und wie eine solche Person EWG-Agrarkommissar werden konnte. Der 1908 in den Niederlanden geborene Mansholt entstammt einer Großbauerndynastie in Groningen, besuchte die »Tropische Landwirtschaftsschule« und zog 1934 auf die kolonial verwaltete indonesische Insel Java, um dort als Beamter auf einer Teeplantage zu arbeiten. Später brachte er als niederländischer Agrarminister die Landwirtschaft auf Exportkurs. Als Lohn dafür wurde er zum ersten EWG-Kommissar für Agrarfragen.

Mansholts Plan, der Hälfte der von der Landwirtschaft lebenden Bevölkerung ihre Lebensgrundlage zu entziehen, scheiterte vor allem am Einspruch Frankreichs, das nicht zuletzt aufgrund des Versuchs der EWG-Kommission, die Gemeinsame Agrarpolitik dem Einstimmigkeitsprinzip zu entziehen, am 1. Juli 1965 seine Mitarbeit in den europäischen Gremien für ein halbes Jahr sistierte. Als Trost für das Scheitern seines Plans stieg Mansholt dann 1972 – kurzfristig – zum Präsidenten der Europäischen Kommission auf.

Das Agrarbudget der EWG blieb exorbitant hoch. Die Butterberge wuchsen

185 https://de.wikipedia.org/wiki/Mansholt-Plan (3. 1. 2020)

und die Milchseen traten über die Ufer. Noch Jahre später, im Budgetjahr 1980, entfielen 75 % des Gesamthaushalts auf das Landwirtschaftsressort der Wirtschaftsgemeinschaft.[186] In der Periode 2014 bis 2020 waren es dann (für die EU) nur mehr knapp 38 %.

Zwischenzeitlich hatte man sich im Jahr 1992 auf ein Programm zur Stilllegung von Landwirtschaftsbetrieben geeinigt, das Prämien für die Nichtnutzung von Grund und Boden sowie Vorruhestandsregeln für Bauern ab dem 55. Lebensjahr umfasste. Das sogenannte »Delor-2-Paket« schüttelte dann Millionen von Bauern aus ihrem angestammten Lebensraum. Dieses Rausschütteln einer als konkurrenzunfähig betrachteten landwirtschaftlichen Bevölkerung gehört seither zu den Grundmustern EG- bzw. EU-europäischer Politik. Wie in anderen Sektoren auch forcieren die Kommissionen in Brüssel einen Konzentrationsprozess bei Produktions- und Eigentumsverhältnissen im Dienste der jeweils stärksten Kapitalgruppen. Im Agrarbereich untergräbt dies auch die lokale und regionale Ernährungssouveränität. Doch eine solche wird nicht zur vordringlichen Aufgabe gezählt. Entsprechend schüttelten neue EU-Mitgliedschaften in der Folge kleinere Bauernstellen aus ihrem Lebensraum. So auch in Österreich, das 1995 der Europäischen Union beitrat. Existierten im Jahr davor z. B. noch mehr als 80.000 Bauern, die ihr Überleben mit der Produktion von Milch und Milchprodukten sichern konnten, sank diese Zahl rasant auf 26.500 im Jahr 2018.[187] In diesem Vierteljahrhundert nach dem EU-Beitritt verloren nicht nur mehr als zwei Drittel aller Milchbauern ihre Lebensgrundlage, sondern änderte sich auch die Berufsstruktur der österreichischen Bevölkerung grundlegend. Existierten 1990, vor dem EU-Beitritt Österreichs, noch insgesamt 282.000 land- und forstwirtschaftliche Betriebe, so ging deren Anzahl bis 2016 auf 162.000 zurück.[188]

Noch dramatischer fand dieses Rausschütteln der von der Primärökonomie lebenden Menschen nach der Osterweiterung der Europäischen Union in Polen statt. Hier hatte es während der kommunistischen Epoche keine Kollektivierung wie z. B. in der Tschechoslowakei gegeben. Der landwirtschaftliche Bevölkerungsanteil lag im Jahr 1989 – vor der EU-Teilnahme – bei knapp 30 %.

186 Mittag 2010, S. 180

187 *Wiener Zeitung* vom 28/29. Dezember 2019 (6. 1. 2020)

188 Bundesministerium für Nachhaltigkeit und Tourismus, zit. im *Kurier* vom 26. Jänner 2020

Diese Bauern wurden von den Brüsseler Behörden als überflüssig betrachtet. Den Auftrag für deren Vertreibung erhielten sie von entsprechenden wirtschaftlichen Interessensvertretungen. So schrieb die Wirtschaftszeitschrift *Business Central Europe* in ihrer Februarausgabe 1999 Klartext: »Kommerzielle Farmer können nur erfolgreich bestehen, wenn die Bauern ausgelöscht werden.«[189] Die Vernichtung der kleinen polnischen Bauern ist damit zur Zielvorgabe der Agrarmultis geworden. Ein Agrarexperte aus Brüssel fragt in derselben Zeitschrift nach: »Wir sprechen über die Auslöschung einer wichtigen sozialen Schicht in einem wichtigen europäischen Land«,[190] womit er dokumentiert, dass er sich der Schwere dieser Entscheidung durchaus bewusst ist. Im Jahr darauf berichtete *Business Central Europe* von einer Berechnung einer Brüsseler Behörde, die das Rausschütteln von zwei Millionen Bauern für das bevorstehende Jahrzehnt angab.[191] Der EU-Sprech nennt den Vorgang im Übrigen »Shacking out«.

Es fanden heftige Proteste gegen die geplante Vertreibung der als ökonomisch überschüssig und für Kapitalbildung in der Landwirtschaft ungeeignet betrachteten Bauern statt. Schon Anfang der 1990er-Jahre formierte sich eine Bauerngewerkschaft namens »Samoobrona« (»Selbstverteidigung«), die auch als politische Partei antrat und im Jahr 2001 Polen-weit 10 % der Stimmen erhielt. Sie bekam die volle Härte der EU-Propagandamaschine zu spüren. Ihre Führer, Andrej Lepper und Roman Wierzbicki, wurden wegen der Organisation von Straßenblockaden im Sommer 1999 zu mehrmonatigen Haftstrafen verurteilt. Gegen Hungermärsche der Bauern im Sommer 2000 wurden Spezialeinheiten der Polizei in Marsch gesetzt, es gab viele Verletzte. Und die liberalen Medien im Westen denunzierten Andrej Lepper als ausländerfeindlich und antisemitisch. Diese Zuordnungen hatten sie aus seinen Aufrufen herausgelesen, als er seine Landsleuten zurief: »Nicht die Juden sind gefährlich für Polen, sondern die Deutschen!« oder: »Was Bismarck und Hitler sich mit Gewalt nicht holen konnten, das streift sich jetzt Schröder mit Samthandschuhen ein.«[192] Im September 2002 verhinderten Abgeordnete von Samoobrona eine

189 *Business Central Europe* im Februar 1999. Wien, S. 42

190 Ebd.

191 Business Central Europa im August 2000. Wien, S. 48

192 Siehe dazu mehr: Hannes Hofbauer, EU-Osterweiterung. Historische Basis – ökonomische Triebkräfte – soziale Folgen. Wien 2007, S. 123

Rede des damaligen Agrarkommissars Franz Fischler im polnischen Sejm, dem Parlament. Ihre lauten Trillerpfeifen vertrieben den Abgesandten aus Brüssel. Andrej Lepper war zeit seines politischen Lebens EU-kritisch, gegen den Einsatz polnischer Soldaten in Afghanistan und gegen die Aufstellung US-amerikanischer Raketen in Polen. Er starb unter nicht ganz geklärten Umständen am 5. August 2011 in der Zentrale von Samoobrona, die Polizei stellte Tod durch Erhängen fest.[193] Die polnische Landwirtschaft, von und in der aktuell nur mehr weniger als 15 % der Bevölkerung leben, ist nach wie vor auf dem Weg der Umstrukturierung. Die konservativ-nationale Regierung hat im April 2016 ein Gesetz erlassen, das den Erwerb landwirtschaftlicher Flächen für ausländische Unternehmen erschwert.[194] Nichtsdestotrotz sind kapitalstarke Unternehmen vor Ort, wie z. B. der schwedische Energieriese Vattenfall, der auf einer Fläche von 430 Hektar sogenannte Kurzumtriebsplantagen betreibt, Pflanzungen von Pappeln oder Weiden, die man alle drei Jahre ernten kann, um sie in Hackschnitzelkraftwerken zu verbrennen.[195] Und große Teile der rausgeschüttelten landwirtschaftlichen Bevölkerung brachen zur Arbeitsmigration in den Westen auf.

De Gaulles »Europa der Vaterländer« scheitert

Zurück in die Zeit der »Europäischen Wirtschaftsgemeinschaft« (EWG). Mit der Präsidentschaft Charles de Gaulles, der Ende 1958 ins Amt gewählt wurde und dieses im Rahmen der nun »Fünften Republik« Anfang 1959 antrat, durchlebte die junge Europäische Wirtschaftsgemeinschaft schwere Zeiten. De Gaulle war gegenüber suprastaatlichen Agenden, wie sie sein Landsmann Jean Monnet Monat für Monat beschleunigte, äußerst skeptisch. De Gaulles Europa-Bild und das seiner Parteifreunde – nebenbei auch jenes der französischen Kommunisten – beruhte auf der Überzeugung, dass der Nationalstaat den Kern jeder Vereinigung darstellen müsse und dass dieser keineswegs in europaweiten

193 https://de.wikipedia.org/wiki/Andrzej_Lepper (6. 1. 2020)

194 https://at.schindhelm.com/content/rechtsanwalt/oesterreich/news_jusful/news/polen_befugnisse_der_staatlichen_agentur_beim_erwerb_von_agrarfl%C3%A4chen_durch_handelsgesellschaften/mobile_ger.html (6. 1. 2020)

195 https://www.heise.de/tp/features/Ackerland-im-Ausverkauf-4325859.html?seite=all (6. 1. 2020)

Unionsbestrebungen aufgehen dürfe. Ein supranationales Gebilde nannte de Gaulle einmal »ein Märchen aus Tausendundeiner Nacht«.[196]

De Gaulles Chefdelegierter für europäische Fragen, Christian Fouchet, goss die Ideen seines Präsidenten in eine politische Formel. Westeuropa, so der Tenor dieser sogenannten »Fouchet-Pläne«, solle sich in Richtung einer zwischenstaatlich verfassten »Europäischen Politischen Union« bewegen, die suprastaatlichen Elemente aus den Verträgen streichen bzw. keine neuen hinzufügen und stattdessen die Zusammenarbeit zwischen den Mitgliedern auf politischem, kulturellem und militärischem Gebiet vorantreiben. Im Mai 1960 toppte de Gaulle dann seine internationale – anstelle der EWG-weit beliebten supranationalen – Agenda anlässlich einer Fernsehansprache mit dem Schlagwort eines »Europas der Vaterländer«. Dieses wurde in Brüssel über die Jahre zum politischen Reizwort schlechthin.

Mit seinem »Europa der Vaterländer« wandte sich de Gaulle klar gegen jede Vertiefung einer wirtschaftlichen Zusammenarbeit. Zudem blockierte der französische Staatspräsident eine Annäherung Großbritanniens an die EWG und stand auch mit der NATO auf Kriegsfuß, wenn der Begriff in diesem Zusammenhang erlaubt ist. Letzteres hing auch mit der durch US-Präsident John F. Kennedy intensivierten transatlantischen Kooperation zusammen, die sich in der NATO-Doktrin der »Flexible Response« gegenüber der Sowjetunion niederschlug. Washington strebte im Ernstfall eine Kontrolle über sämtliche Atomwaffen aller NATO-Staaten an, was Paris als Angriff auf die eigene staatliche Souveränität empfand. Für de Gaulle war dies unannehmbar. 1966 trat Frankreich aus dem sogenannten integrierten Militärkommando des Bündnisses aus. In der devoten Politik Londons gegenüber den NATO-Avancen der USA sah das Land eine Gefahr für seine Europaideen und betrachtete Großbritannien als »trojanisches Pferd« der Amerikaner.[197]

Erst mit dem Rücktritt de Gaulles im April 1969 konnte das widerspenstige Frankreich im Sinne Brüssels gezähmt und auf EWG-Kurs gebracht werden.

196 Zit. in: Walter Lipgens (Hg.), 45 Jahre Ringen um die Europäische Verfassung. Dokumente 1939–1984. Bonn 1986, S. 378

197 Mittag 2010, S. 132

RGW und EFTA

Als langfristige Europaprojekte bleiben beide bedeutungslos, als Alternativen zur westeuropäischen suprastaatlich angelegten Großraumwirtschaft verdienen sie jedoch eine Erwähnung: der »Rat für gegenseitige Wirtschaftshilfe« (RGW) und die »Europäische Freihandelszone« (EFTA).

Als Gegenstück zum Marshall-Plan und direkte Antwort auf dessen Zwilling, die Embargopolitik gegen den politischen Osten unter dem »Coordinating Committee«, unterzeichneten sechs Staaten Osteuropas am 25. Januar 1949 das Kommuniqué zur Gründung des RGW. Der sowjetische Außenminister Wjatscheslaw Molotow gilt als Erfinder dieses wirtschaftlichen Zusammenschlusses und die Sowjetunion war es auch, die bis zum Ende des RGW im Juni 1991 die Zügel in der Hand hielt. Polen, die Tschechoslowakei, Ungarn, Bulgarien und Rumänien waren von Anfang an dabei. Später traten Albanien, dessen Mitgliedschaft bald wieder ruhte, die DDR (am 29. September 1950) und eine Reihe von nicht-europäischen Ländern wie die Mongolei, Kuba und Vietnam der sozialistischen Wirtschaftsgemeinschaft bei. Schon die Auswahl der außereuropäischen Mitglieder zeigt, dass der RGW eine stark politische Schlagseite hatte. Tatsächlich war an eine wirtschaftliche Integration mit Tiefgang, wie sie die westeuropäische EWG vorlebte, nicht gedacht.

Der RGW reflektierte die in den einzelnen Mitgliedsstaaten herrschende Planwirtschaft. Der Außenhandel wurde über bilaterale und – wenige – multilaterale Verträge koordiniert und insbesondere Wert auf produktionstechnische Synergien gelegt. Im Rahmen einer sozialistischen Arbeitsteilung kam es zu Spezialisierungen in den einzelnen Ländern, die im Inter-RGW-Handel ihren Austausch fanden. Dem zwischenstaatlichen Zahlungsverkehr lag der Transfer-Rubel zugrunde, der wiederum Moskau, wo auch der Sitz der entsprechenden Bank lag, die wichtigste Rolle spielen ließ.

Der RGW war völlig anders geartet als die Integration im Rahmen der Europäischen Wirtschaftsgemeinschaft. Seine Ausrichtung war defensiv statt offensiv, das heißt er koordinierte im Rahmen von Fünf- bzw. Siebenjahresplänen nationale Planwirtschaften und versuchte, deren Effizienz mittels arbeitsteiliger Schritte und Handelserleichterung zu steigern. Dazu unterstützten die starken

Volkswirtschaften (z. B. in der Tschechoslowakei) die peripheren (z. B. in Bulgarien), was zu einem Aufbau von Industrien in strukturschwachen Regionen führte. Die kommunistische Devise, wonach die Fabrik zu den Arbeitern und nicht (wie in der kapitalistischen Logik) die Arbeiter zur Fabrik zu kommen hätte(n), wirkte nicht nur mobilitätshemmend und ließ gar keinen »Arbeitsmarkt« entstehen, sondern führte auch zu vielen sogenannten Single-Factory-Orten. Diese schwerfälligen Industrieunternehmen waren später, als sie der Rationalität des Weltmarktes ausgesetzt wurden, nicht überlebensfähig.

Der Rat für gegenseitige Wirtschaftshilfe ist heute aus dem politischen und medialen Gedächtnis weitgehend gelöscht. Unter dem Stichwort »Europa« wird man ihn nirgends finden. Und in den vielen Publikationen über europäische Einigungsversuche fehlt er schlichtweg. Sein klammheimliches, im Zuge des Zusammenbruchs der Sowjetunion vollzogenes Verschwinden mag dies erklären. Gleichwohl bildete er bis in die 1980er-Jahre für den halben Kontinent die wirtschaftliche Grundlage und war damit die sozialistische Gegenthese zur von Kapital getriebenen Westintegration.

Eine andere, zwar nicht gänzlich gescheiterte, aber mittlerweile äußerst geschrumpfte europäische Wirtschaftsvereinigung steht hinter dem Kürzel EFTA. Die »Europäische Freihandelsassoziation« wurde am 4. Januar 1960 ins Leben gerufen. Das schwedische Stockholm bot dafür den Rahmen, die treibende Kraft dahinter kam aus Großbritannien. Neben Großbritannien und Schweden gehörten Dänemark, Norwegen, Österreich, die Schweiz und Portugal zu den Gründungsmitgliedern. Finnland, Island und Liechtenstein folgten.

Anders als der EWR setzte die EFTA von Anfang an auf wirtschaftliche Kooperation statt auf Integration. Mit dem Widerstreit von Föderalisten (EWG) gegen Funktionalisten (EFTA) wird deshalb in der einschlägigen Literatur zuweilen eine Spaltung Westeuropas erklärt. Über die französisch-deutschen Einigungsbemühungen entwickelten sich – unter Anleitung der USA – föderal orientierte, suprastaatliche Strukturen. Großbritannien weigerte sich schon beim Kohle-Stahl-Pakt, der damit verbundenen Aufgabe nationaler Interessen zuzustimmen. Als Konsequenz daraus entstand ein zweiter wirtschaftlicher Zusammenschluss (west)europäischer Staaten, die EFTA. Ihre geographische Zerrissenheit (Nordeuropa, Alpenländer, Portugal) stellte von Anfang an ein großes

Problem dar. Als dann die USA einen angestrebten Handelsvertrag zwischen der EFTA und der EWG in den Jahren 1960/61 torpedierten,[198] war eines der in der EFTA-Präambel formulierten Ziele hinfällig geworden. Die dort angestrebte Schaffung einer umfassenden ökonomischen Zusammenarbeit aller OEEC-Länder, also aller marktwirtschaftlich organisierten Staaten Europas, entpuppte sich als chancenlos.

Schon ein Jahr nach der EFTA-Gründung, im Juli 1961, scherten Großbritannien, Dänemark und Norwegen aus, indem sie einen Antrag auf Mitgliedschaft in der EWG stellten. Das Londoner Begehren wurde zwar, wie noch gezeigt wird, vorerst von Paris verhindert, die EFTA jedoch war sogleich nach ihrem Start um mehr als die Hälfte ihrer Wirtschaftskraft geschrumpft. Im Jahr 2020 gehören ihr vier Mitglieder an: die Schweiz, Liechtenstein, Norwegen und Island.

Von Norden nach Süden: EWG-Erweiterungen

Zwischen Juli 1961 und April 1962 stellten – in dieser Reihenfolge – Irland, Großbritannien, Dänemark und Norwegen Anträge auf Vollmitgliedschaft in der Europäischen Wirtschaftsgemeinschaft. Die Sechsertruppe war drauf und dran, sich auf zehn Mitglieder zu vergrößern.

Es sollte anders kommen. Als am 8. November 1961 die Beitrittsgespräche mit dem Vereinigten Königreich begannen, war die Euphorie in Brüssel groß. Seit der Gründung der Montanunion 1951 hatte man darauf gehofft, das große Britannien über dem Ärmelkanal auf die Seite Kontinentaleuropas ziehen zu können. Doch die Verhandlungen verliefen stockend. London beharrte sogleich auf einem Sonderstatus, brachte seine Rolle als führende Kraft des Commonwealth ins Spiel und forderte sogar ein neuerliches Aufschnüren der EWG-Verträge. Skeptische Stimmen in der Sechsergemeinschaft nahmen zu. Charles de Gaulle ließ es dabei nicht bewenden. Ohne Absprache mit seinen EWG-Partnern verkündete er am 14. Januar 1963 in einer Aufsehen erregenden Pressekonferenz ein französisches Veto gegen den Beitritt Großbritanniens. Zwei Wochen später zog die Kommission der Wirtschaftsgemeinschaft nach und brach die

198 Vgl. Gehler 2014, S. 118

Gespräche mit London ab. Das »non« aus Paris brachte auch die anderen Beitrittsverhandlungen ins Stocken; erst 1970 – nach dem Rücktritt de Gaulles als französischer Staatspräsident und dem EWG-Gipfel in Den Haag – wurden sie wieder aufgenommen.

Doch Großbritannien versuchte es erneut. Und tatsächlich konnte die Norderweiterung der EWG Anfang Januar 1972 paraphiert werden. Großbritannien, Dänemark, Norwegen und Irland schlossen sich dem (west)europäischen Integrationsraum an; genauer: ihre politischen Führer wollten sich diesem anschließen. Denn tatsächlich fand nur ein halbes Jahr später, im September 1972, ein Volksreferendum zum EWR-Beitritt in Norwegen statt. Mit einer klaren Mehrheit von 53,5 % lehnten die NorwegerInnen das ausverhandelte Abkommen ab. Dasselbe passierte im Übrigen dem skandinavischen Land nochmals im Jahre 1994.

Auch in Dänemark herrschte viel Unmut über den Transfer nationaler Souveränität an für die Menschen unerreichbar scheinende Institutionen in Brüssel. Die innenpolitische Situation eskalierte an der Frage des Fischfangs. Der war (und ist) vor allem für Grönland, das keine eigene Staatlichkeit aufweist und formal zu Dänemark gehört, von vitaler Bedeutung. Die mittlerweile zur EG umgetaufte EWG nahm allerdings auf solche regionalen Interessen keine Rücksicht, ihren Verträgen nach durfte und darf sie das ja auch nicht. Sie steht als Garant für die »Nichtdiskriminierung« – wie es der Brüsseler Sprachgebrauch nennt – sämtlicher Marktteilnehmer. Im Fall der Fischerei vor Grönlands Küsten bedeutete dies, den aus vielen Häfen EG-Europas auslaufenden Fischkuttern freie Fahrt und ungehindertes Abfischen zu ermöglichen. Diese sogenannte »Freizügigkeit« nahm allerdings den wenigen, unter schwierigsten Verhältnissen lebenden GrönländerInnen ihr Lebenselixier. Dazu kam noch, dass die örtliche Bevölkerung auch die Nutzung grönländischer Uran-Funde nicht aus der Hand geben wollte. Mit 70 % Zustimmung gewährte ein Referendum am 17. Januar 1979 der eisigen Insel eine größere Autonomie im Rahmen Dänemarks. Diese nützten die GrönländerInnen für eine weitere Volksabstimmung, in der sie im Februar 1982 den Austritt aus der Europäischen Gemeinschaft beschlossen. Demokratie schlug, erstmals in der Geschichte von EWG-EG-EU, Kapital.

Großbritannien, Dänemark und Irland erweiterten am 1. Januar 1973 die EG zur Neunergemeinschaft. Damit war die Zwölferrunde, die später für die goldenen Sternchen auf blauem Grund maßgeblich war, noch nicht komplett. Der Norderweiterung folgte in den 1980er-Jahren diejenige von drei südeuropäischen Ländern: Griechenland, Portugal und Spanien. Alle drei hatten jahrelang unter faschistischen Militärdiktaturen gelitten; ihre Motive, sich den Europäischen Gemeinschaften anzuschließen, waren dementsprechend auch politischer Natur. Die EG sollte ihnen dabei helfen, die internationale Isolation zu überwinden.

Athen reichte seinen Mitgliedsantrag im Juni 1975 ein, die Verhandlungen zogen sich fast drei Jahre in die Länge. Portugal und Spanien sandten die entsprechenden Gesuche an Brüssel im März bzw. Juni 1975 ab, hier dauerte es mehr als fünf Jahre bis zum Vertragsabschluss. Diese extrem langen Beitrittsgespräche sind auf einen Faktor zurückzuführen, der bis dahin in den Erweiterungen nicht zur Debatte stand. Alle drei südeuropäischen Staaten wiesen im Vergleich zu den EG-Mitgliedern ein beträchtliches durchschnittliches Wohlstandsgefälle auf. Dementsprechend war auch die Skepsis insbesondere in Frankreich und Italien groß, sich mit den neuen Mitgliedern wegen extremer Lohnunterschiede und sozialer wie regionaler Differenzen unangenehme Konkurrenz ins westeuropäische Haus zu holen. In Deutschland wiederum fürchteten viele eine Ausgabensteigerung im EG-Budget, um die schwachen Ökonomien des Südens an die besser gestellte Gemeinschaft heranführen zu können. Der Erweiterungsdruck obsiegte schließlich über die Befürchtungen. Und so traten Griechenland 1981 und Spanien sowie Portugal 1986 der Brüsseler Gemeinschaft bei. Damit war die Zahl 12 komplett, die EinwohnerInnenzahl der EU stieg auf 320 Millionen.

6. Neoliberaler Durchstart: Kapitalherrschaft im Binnenmarkt

Mit der am 1. Juli 1987 in Kraft getretenen »Einheitlichen Europäischen Akte« (EEA) startete die Gemeinschaft in ein neues Zeitalter. Nun verstummten die bis dahin noch vorhandenen Stimmen, die einer politischen Vereinheitlichung skeptisch gegenüberstanden. Mit der »Einheitlichen Europäischen Akte« gelang der Durchbruch zum supranationalen Prinzip.

Die »Einheitliche Europäische Akte«

Wer glaubt, mittels Durchsicht des Dokuments, in dem es vor Ergänzungen und Änderungen der damals bereits bestehenden Verträge zu den »Europäischen Gemeinschaften« – Kohle-Stahl-Pakt, EWG und Atomgemeinschaft – nur so wimmelt, den Inhalt der EEA erfassen zu können, der irrt. Selbst der in Juristendeutsch verfasste Text zur Einheitlichen Europäischen Akte (EEA) auf *Wikipedia* warnt den interessierten Leser. »(…) Die EEA ist, ebenso wie später die Änderungen durch die (nachfolgenden) Reformverträge (Maastricht, Amsterdam, Nizza und Lissabon) nicht annäherungsweise lesbar, sondern bedarf der Hinzunahme einer konsolidierten Textfassung (…).«[199] Mit anderen Worten: Die Verfasser der wichtigsten Verträge, die ins Leben von hunderten Millionen von Menschen tief eingreifen, scherten sich einen Dreck darum, ob jemand verstehen würde, was sie da ausgeklüngelt haben. Oder noch schlimmer: Sie verfassten den Text bewusst unlesbar, weil damit Verständnis und Kritik erschwert wurde.

Wir wollen dennoch versuchen, den Kern der ersten großen Reform der Gemeinschaft auf dem Weg zur Europäischen Union greifbar zu machen. In der Präambel der Akte heißt es ungelenk: »In dem Bewusstsein der Verantwortung Europas, sich darum zu bemühen, immer mehr mit einer Stimme zu sprechen und geschlossen und solidarisch zu handeln, um seine gemeinsamen Interessen und seine Unabhängigkeit wirksam zu verteidigen, ganz besonders

199 https://de.wikipedia.org/wiki/Einheitliche_Europ%C3%A4ische_Akte (6.1.2020)

für die Grundsätze der Demokratie und der Wahrung der Menschenrechte (...) einzutreten, um gemäß der Verpflichtung, die sie im Rahmen der Charta der Vereinten Nationen eingegangen ist, gemeinsam ihren eigenen Beitrag zur Wahrung des Weltfriedens und der internationalen Sicherheit zu leisten, (...) haben beschlossen, diese Akte zu erstellen, und haben zu diesem Zweck als Bevollmächtigte ernannt:«[200] Es folgen die Namen der zwölf Außenminister, unter ihnen Hans-Dietrich Genscher (Deutschland), Leo Tindemans (Belgien) und Giulio Andreotti (Italien).

Bekundungen wie die obige verschleiern indes mehr als sie erklären. Und doch stecken Hinweise auf die dahinterstehende Absicht im Text. »Mit einer Stimme sprechen« kündigt die Aufhebung des Vetorechts einzelner Staaten und den Übergang zum Mehrheitsprinzip an. »Gemeinsame Interessen verteidigen« steht post factum für die Herstellung eines gegenüber Drittstaaten geschützten Binnenmarktes. »Die Verpflichtung für den Weltfrieden und die internationale Sicherheit« umgarnt dann schönfärberisch das harte, im neoliberalen Geiste geschnürte Paket.

Die 1986 unterzeichnete »Einheitliche Europäische Akte« stellt den Auftakt zur Bildung einer Europäischen Union dar, die das Dokument als explizit formuliertes Ziel angibt. Durch die Aufhebung der Grenzen zwischen den zwölf Mitgliedsstaaten soll ein Binnenmarkt bis spätestens 1992 konstituiert werden, in dem ökonomische Konvergenz herrscht. Das heißt, es gelten einheitliche Regeln für Cross-Border-Investitionen, was ein großräumiges wirtschaftliches Engagement wesentlich rentabler macht. An eine soziale oder steuerpolitische Konvergenz war von Anfang an nicht gedacht. Diese hätte – was die soziale Harmonisierung betrifft – die Nutzbarmachung unterschiedlicher Sozialsysteme oder Lohnhöhen für die ökonomisch konvergent agierenden Konzerne extrem verteuert bzw. sogar verunmöglicht; und mit einer Annäherung von Steuersystemen aneinander hätten ebendiese grenzüberschreitenden Investoren keine Vorteile aus sehr unterschiedlichen Steuersystemen ziehen können. Die Idee des Binnenmarktes blieb also bewusst auf die ökonomische Konvergenz beschränkt.

200 Einheitliche Europäische Akte vom 28. Februar 1986, in: Verträge zur Gründung der Europäischen Gemeinschaften. Luxemburg 1987, S. 528

Die Machteinschränkung der einzelnen Nationalstaaten wurde in der EEA durch die Aufweichung des bis dahin geltenden Einstimmigkeitsprinzips vorangetrieben. Ab sofort gab es Mehrheitsentscheidungen im Ministerrat was die Einführung eines Binnenmarkt betraf, für andere Entscheidungen verblieb vorerst das Einstimmigkeitsprinzip. Eine Stärkung des Europäischen Parlaments tauchte als Forderung auf dem Papier zwar auf, musste jedoch noch 20 Jahre bis zum Vertrag von Lissabon warten; und auch dann blieb es ohne die entscheidende legislative Funktion.

Mastermind hinter dem Vorantreiben suprastaatlicher EG-Strukturen hin zur Unionisierung war der französische Sozialist Jacques Delors. Als ehemaliger Wirtschaftsminister stieg er 1985 – für zehn Jahre – zum Kommissionspräsidenten auf und machte sich sogleich an die Vertiefung der westeuropäischen Integration. Schon nach einer Woche im Amt präsentierte er in seiner Antrittsrede ein Weißbuch zur »Vollendung des Binnenmarktes«.[201] In ihm sind die dann für die EEA entscheidenden 282 Richtlinien penibel aufgelistet, die es legistisch dafür zu bewerkstelligen galt. Sie reichen von der gegenseitigen Anerkennung unterschiedlicher Produktnormen und Lebensmittelstandards, was in aller Regel die niedrigeren zur Anwendung bringt und zur qualitativen Verschlechterung führt, bis zur Pflicht, öffentliche Aufträge EG-weit ausschreiben zu müssen; eine typische Voraussetzung für die Durchsetzung einer Großraumwirtschaft – nun auch im staatlichen und kommunalen Bereich. Explizit angesprochen wird auch die Notwendigkeit einer Beseitigung von Staatsmonopolen wie Post, Bahn und Einrichtungen der Daseinsvorsorge. Mittlerweile hat der EU-Bürger die Erfahrung machen müssen, dass viele private Postdienste oder Bahnlinien nicht zur Verbesserung der Qualität, sondern nur zum Konkurrenzkampf zwischen den Marktteilnehmern führten, der auf Kosten der Belegschaften und der Dienstleistungsqualität ausgetragen wird.

Warum sich ausgerechnet ein Sozialist wie Jacques Delors für Privatisierungen und Deregulierungen im Großen einsetzte, ja seine ganze politische Kraft in die Waagschale warf, erschließt sich einem Beobachter nicht. Mit seinem 1988 erarbeiteten »Dreistufen-Plan« blieb er jedenfalls auch nach der Verabschiedung

201 https://de.wikipedia.org/wiki/Jacques_Delors#Das_Wei%C3%9Fbuch_zum_Binnenmarkt_von_1985 (6.1.2020)

der »Einheitlichen Europäischen Akte« auf demselben Kurs. Er sah in einem ersten Schritt bis 1990 eine Liberalisierung des Kapitalverkehrs vor, dann die Schaffung einer Europäischen Zentralbank und zum dritten eine Wirtschafts- und Währungsunion bis spätestens 1999.[202] Als Zeitplan für die Vollendung des im Delor'schen Weißbuch vorgegebenen Binnenmarkts war im Übrigen das Jahr 1992 vorgesehen. Und dieser Zeitplan hielt im Großen und Ganzen.

»Der Binnenmarkt umfaßt einen Raum ohne Binnengrenzen, in dem der freie Verkehr von Waren, Personen, Dienstleistungen und Kapital gemäß den Bestimmungen dieses Vertrages gewährleistet ist.«[203] Dieser Kernsatz der »Einheitlichen Europäischen Akte« ist die wohl kürzeste Umschreibung des Freiheitsbegriffes, wie er im kapitalistischen Sinne verstanden wird. Die garantierte Grenzenlosigkeit von Kapital, Waren, Dienstleistung und Arbeitskraft setzt deren Verkauf bzw. Verwertung auf dem Markt ins Zentrum menschlicher Gemeinschaft. Auf der räumlichen Ebene – der Europäischen Gemeinschaft/Union – werden die Kräfteverhältnisse der Marktteilnehmer abgebildet; je stärker diese sind, desto eher drängen sie auf einen größeren Markt, um Verkauf bzw. Verwertung der vier kapitalistischen Freiheiten profitabel realisieren zu können. Alle anderen gesellschaftlichen Begehren, Zustände und Regungen sind diesem Prinzip unterworfen. Die daraus entstehenden Verwerfungen, wie beispielsweise der steigende Konkurrenzdruck auf Klein- und Mittelbetriebe, regionale Ungleichheiten oder soziale Differenzen, werden in der herrschaftlichen Wahrnehmung von ihrer Ursächlichkeit entkoppelt und als davon unabhängige Phänomene diskutiert.

Das kann man z. B. in der aktuellen Debatte über den Klimawandel geradezu musterhaft beobachten, wenn allerlei Konzepte zu CO_2-Steuern, E-Mobilität oder Ersetzung fossiler durch erneuerbare Energieträger diskutiert werden. Dazu wird dann noch postuliert, dass Umweltschutz nur grenzübergreifend erfolgreich sein kann. Und doch ist das Gegenteil davon wahr. Gerade der ungehinderte Verkehr von Waren und Arbeitskraft ist es ja gerade, der den Klimawandel beschleunigt, die CO_2-Werte erhöht, den Energieverbrauch steigert. Der Schutz des kleinräumig Produzierenden und Verkaufenden vor dem Großraum- oder

202 Vgl. Michael Gehler, Europa. Von der Utopie zur Realität. Innsbruck 2014. S. 214

203 Artikel 13 (Art. 8a) der Einheitlichen Europäischen Akte, in: Verträge zur Gründung der Europäischen Gemeinschaften. Luxemburg 1987, S. 544

Weltmarkthersteller käme einer umweltpolitischen Maßnahme gleich. Doch gegen wirtschaftliche oder soziale Schutzmaßnahmen, die positive ökologische Effekte hätten, hat die »Einheitliche Europäische Akte« vorgebeugt.

Als erste der vier kapitalistischen Freiheiten war bereits Ende der 1960er-Jahre der ungehinderte Warenverkehr durchgesetzt worden. Zollunion nach innen und gemeinsame Zolltarife nach außen bildeten die Grundlage. Die Aufhebung von Mengenbeschränkungen oder die Beseitigung zeitlich begrenzter Einfuhrbeschränkungen zum Schutz nationaler oder regionaler Märkte gehörten dazu. Mühsamer gestaltete sich für die Administratoren in Brüssel der Umgang mit national unterschiedlichen Gesundheitsstandards und Verbraucherschutzregeln, die immer wieder dem Ziel grenzenloser Geschäfte entgegenstanden. Jahrelang wurde um eine – wie es im EG/EU-Deutsch heißt – Harmonisierung gestritten. Der Europäische Gerichtshof mit seinem Urteil zum Fall »Cassis de Dijon«, zu dem wir weiter unten noch kommen werden, entpuppte sich als entscheidendes Instrument zur Aufhebung von nationalstaatlichen Regeln und Gesetzen. Handelsbeschränkungen waren bald nur mehr dann zulässig, wenn ein »überragendes öffentliches Interesse« in Bezug auf »Schutz des Lebens und der Gesundheit« sowie »des nationalen Kulturgutes« zwingend erforderlich war.[204] Im Streitfall hat der Europäische Gerichtshof das letzte Wort.

Parallel zur »Einheitlichen Europäischen Akte« arbeitete die Kommission im Jahr 1986 ein konkretes »Programm zur Liberalisierung des Kapitalverkehrs in der Gemeinschaft«[205] aus; seit 1993 ist der Kapital- und Zahlungsverkehr in der Europäischen Union jeder nationalstaatlichen Steuerungsmöglichkeit entzogen. Beworben wurde dieses Vorhaben mit dem Hinweis, dass es ab nun jedem EG/EU-Bürger erlaubt sei, überall in der Gemeinschaft ein Bankkonto zu eröffnen; so als ob das die Sorgen der Menschen lindern würde. Tatsächlich heißt »freier Kapitalverkehr« nichts anderes, als dass Investitionen und Gewinnrückführungen in großem Stil, ungehindert von volkswirtschaftlichen, regionalen oder sozialen Erfordernissen, stattfinden können. Wer also über überschüssiges Kapital

204 Klaus-Dieter Borchardt, Die europäische Einigung. Die Entstehung und Entwicklung der Europäischen Union. In: Europäische Dokumentation (Amt für amtliche Veröffentlichungen der Europäischen Gemeinschaften). Luxemburg 1995, S. 36/37

205 Ebd., S. 43

verfügt und im Schnellgang durch Kauf und Verkauf von Aktien, Immobilien oder Unternehmen auf Profit aus ist, kann durch keine volkswirtschaftliche Rationalität daran gehindert werden; ganz egal, welche regionalen oder sozialen Probleme er durch seine Geschäftstätigkeit hinterlässt. Unabhängig davon fordert dieser »freie Kapitalverkehr« geradezu heraus, seine Gewinne dort zu versteuern, wo die – eine steuerpolitische Konvergenz existiert ja nicht – Sätze niedrig sind und seine Verluste dort zu melden, wo die Abschreibung am meisten bringt. Diesen Idealzustand können freilich nur großräumig tätige, kapitalstarke Unternehmen nutzen. Für den vom Eigentümer geführten Kleinbetrieb ist der »freie Kapitalverkehr« nicht gemacht.

ArbeitnehmerInnenfreizügigkeit und Dienstleistungsfreiheit sind die heikelsten Punkte im Reigen der vier kapitalistischen Freiheiten. Schon im Begriff des Arbeit»nehmers« versteckt sich der Klassenkampf (von oben). Denn tatsächlich gibt derjenige, der kein Kapital hat, seine Arbeitskraft dem Unternehmer. Doch an diese Sprachregelung haben sich mittlerweile auch die deutschen und die österreichischen Gewerkschaften gewöhnt.

Grundsätzlich gilt seit der auf der »Einheitlichen Europäischen Akte« beruhenden Vollendung des Binnenmarktes im Jahr 1992, dass sich jeder EU-Bürger frei in den Ländern der Gemeinschaft bewegen kann. Das beinhaltet auch den grenzüberschreitenden Verkauf seiner Arbeitskraft. Die einzelnen Mitgliedsstaaten dürfen EU-Ausländer nicht diskriminieren und auch die Niederlassung von Selbstständigen darf nicht behindert werden. Lediglich bei der Ausübung hoheitlicher Berufe kann sich der einzelne Staat vorbehalten, ausschließlich Bürger der eigenen Nationalität damit zu betrauen. Was eine »hoheitliche Aufgabe« ist, wird in den begleitenden Texten zu den gesetzlichen Regelungen mit »Berufen der öffentlichen Gewalt«[206] umschrieben. Gemeint sind damit wohl Polizei, Justiz und Militär. Bildungseinrichtungen wie Schulen und Universitäten sind nicht als »hoheitlich« definiert.

Die Entsendung von ArbeiterInnen von einem Land der EU in ein anderes ist eines der heiß umstrittenen Themen unter dem Kapitel »ArbeitnehmerInnenfreizügigkeit«. Bei Lohndifferenzen von 10:1 dürfte es eine solche »Freizügigkeit«

206 Ebd., S. 40

gar nicht geben. Darin sind sich auch die Gewerkschaften einig. Bis zur ersten Entsenderichtlinie im Jahr 1996 herrschten anarchisch-liberale Zustände. Das nach dem EU-Kommissar Frits Bolkestein benannte Prinzip sah vor, dass für entsandte Lohnabhängige die Arbeitsgesetze und Lohnhöhen des Herkunftslandes galten. Wenn also z. B. eine portugiesische Firma, die freilich einem deutschen Eigner gehören konnte, 300 portugiesische Arbeiter auf eine Baustelle nach Hessen schickte, dann unterlagen diese 300 Arbeiter dem portugiesischen Arbeits- und Lohnregime. Erst mit der Entsenderichtlinie 1996 wurde für entsandte ArbeiterInnen das Recht des Herkunftslandes durch jenes des Ziellandes ersetzt, allerdings beschränkte sich diese »Angleichung« auf die Auszahlung des im Zielland geltenden Mindestlohns. Es sollte nochmals 24 Jahre (!) dauern, bis im Juli 2020 eine Reform der Entsenderichtlinie nun auch Zuschläge, Prämien und Urlaubsansprüche der aus Billiglohnländern Entsandten an die deutschen oder österreichischen Normen anpasste. Ausgespart bleiben die Sozialversicherungen, die weiterhin nach der im Herkunftsland des Arbeiters geltenden Höhe anfallen. Deutsche Unternehmen, die mit aus Polen oder Bulgarien entsandten Lohnabhängigen arbeiten, ersparen sich also nach wie vor viel Geld … und setzen damit jene Konkurrenten unter Druck, die es mit heimischen Arbeitern probieren. Nicht betroffen von der nach wie vor lückenhaften Entsenderichtlinie ist das Speditionswesen.

Zurück zur »Einheitlichen Europäischen Akte« (EEA) aus dem Jahr 1987. Auffällig bei ihrer Lektüre ist die fehlende bzw. sehr nachrangige Behandlung sozialpolitischer Fragen. Die typische Herangehensweise an dieses Thema wird im »Unterabschnitt III – Sozialpolitik«, Artikel 21, deutlich. Dort steht zu lesen: »Die Mitgliedsstaaten bemühen sich, die Verbesserung insbesondere der Arbeitsumwelt zu fördern, um die Sicherheit und die Gesundheit der Arbeitnehmer zu schützen, und setzen sich die Harmonisierung der in diesem Bereich bestehenden Bedingungen bei gleichzeitigem Fortschritt zum Ziel.«[207] Die unterschiedliche Sprachregelung entlarvt die Interessen der Verfasser. Während es im Abschnitt »Binnenmarkt« heißt, dass der »freie Verkehr von Waren, Personen,

207 Artikel 21 (Artl. 118a) der Einheitlichen Europäischen Akte, in: Verträge zur Gründung der Europäischen Gemeinschaften. Luxemburg 1987, S. 550

Dienstleistungen und Kapital (...) gewährleistet ist«, »bemühen sich die Mitgliedstaaten, Verbesserungen der Arbeitswelt zu fördern.« Also »Gewährleistung« bei Kapitalinteressen und »Bemühen« bei jenen der ArbeiterInnen. Der erfolgten Konvergenz im Geschäftsleben steht eine »Zielsetzung bei der Harmonisierung« auf Arbeitnehmerseite gegenüber. Wer die Verträge der EEA durch die Brille eines klassenbewussten Lohnabhängigen sieht, stellt schnell fest, wer in diesem Kampf die Gewinner und wer die Verlierer sind.

Anfang Dezember 1989 wurde dann im Europäischen Rat eine »Gemeinschaftscharta der sozialen Grundrechte der Arbeitnehmer« vorgelegt. Darin ist viel von Arbeitsschutz, Mitbestimmung und Gleichstellung die Rede. Ihre feierliche Annahme kontrastiert allerdings mit ihrer rechtlichen Unverbindlichkeit. Als sogenannte »Sozialcharta« führt sie seitdem ein Schattendasein. Schon gleich nach ihrer Geburt versetzte ihr zudem Großbritannien den Todesstoß. Sein »Opting Out« betraf exakt diese ohnedies zahnlose Sozialcharta. Nur elf der zwölf Mitgliedsstaaten stimmten ihr zu, London wollte davon nichts wissen.[208]

Die Wirtschafts- und Währungsunion

Von der Errichtung einer (west)europäischen Wirtschafts- und Währungsunion war schon jahrzehntelang die Rede. Jean Monnet sprach eine solche bereits 1958 an,[209] Walter Hallstein nannte sie 1962 in einem Bericht und der luxemburgische Premier Pierre Werner wollte 1970 damit Furore machen.[210]

Doch bis zum Zusammenbruch des Bretton-Woods-Systems, das mit der Aufgabe der nominalen Goldbindung des Dollars im August 1971 seinen Anfang nahm, gab es keine realistische Grundlage für ein eigenes europäisches Währungsprojekt. Damals entkoppelten die USA den Dollar vom Goldwert und hoben damit die Konvertibilität der bis dahin geltenden Weltleitwährung

208 Vgl. Jürgen Mittag, Kleine Geschichte der Europäischen Union. Von der Europaidee bis zur Gegenwart. Münster 2010, S. 212

209 François Duchêne, Jean Monnet – The First Statesman of Interdependence. New York/London 1994, S. 312; zit. in: Andreas Bracher, Europa im amerikanischen Weltsystem. Bruchstücke zu einer ungeschriebenen Geschichte des 20. Jahrhunderts. Basel 2001, S. 92

210 Vgl. Stefan Hinsch/Wilhelm Langthaler, Europa zerbricht am Euro. Unter deutscher Vorherrschaft in die Krise. Wien 2016, S. 77

mit Gold auf. Noch im selben Jahr 1971 werteten Dollar und Lire ab, während die Deutsche Mark (DM), der holländische Gulden und der Schweizer Franken aufwerteten. Französischer Franc und britisches Pfund wahrten die Parität zum Gold.[211] Mit einem Schlag waren die europäischen Währungen heftigen Turbulenzen ausgesetzt. Sie reagierten entsprechend ihrer staatlichen Währungspolitiken, die sich an den Stärken und Schwächen der jeweiligen Wirtschaft orientierten; sie taten dies in sehr unterschiedlicher Art und Weise: Abwertung hier, Aufwertung dort. Für den Verfechter einer weiteren Vertiefung der Integration war dies eine denkbar schlechte Botschaft.

Also setzte man sich im Ministerrat der »Europäischen Wirtschaftsgemeinschaft« (EWG) zusammen und beschloss am 21. März 1972 die Gründung eines »Europäischen Wechselkursverbundes«. Aus unmittelbarer Reaktion auf das Ende des US-Dollars als Ankerwährung der »freien«, kapitalistischen Welt entstanden konkrete Überlegungen einer europäischen Währungsunion. Dies war tatsächlich in wirtschaftspolitischer Hinsicht ein Moment der westeuropäischen Emanzipation gegenüber den USA.

Der Wechselkursverbund vom März 1972 legte für alle EWG-Mitglieder fest, Schwankungen zwischen nationalen Währungen nur mehr in einer Bandbreite von plus/minus 2,25 % pro Jahr zuzulassen. Gegenüber dem Dollar behielten die einzelnen National- oder Zentralbanken – vorläufig – noch eine gewisse Handlungsfreiheit, vorausgesetzt diese stand nicht im Widerspruch zu den neuen Regeln des Wechselkursverbundes.[212] Die neue Ankerwährung war nun die Deutsche Mark.

Im Dezember 1978 wurde dann vom Rat in Brüssel ein sogenanntes »Europäisches Währungssystem« ins Leben gerufen. Seine Basis war das Kunstgebilde des »ECU«,[213] der aus den Währungen der teilnehmenden Staaten zusammengesetzt wurde und als Vorläufer des »Euro« gilt. Das erste Leben des »Europäischen Währungssystems« währte nur kurz und endete bereits mit der zweiten Ölkrise

211 Siehe Gehler 2014, S. 126

212 https://de.wikipedia.org/wiki/Europ%C3%A4ische_Wirtschafts-_und_W%C3%A4hrungsunion#Vorl%C3%A4ufer_der_EWWU (10.1.2020)

213 »ECU« ist die Abkürzung für »European Currency Unit«. Der »ECU«-Währungskorb war zu 30 % von der D-Mark, 19 % vom französischen Franc, 13 % vom britischen Pfund, 10 % von der Lira und entsprechend weniger von den anderen Währungen gefüllt.

1979. Großbritannien trat aus der geplanten Gemeinschaftswährung nach wenigen Monaten wieder aus, versuchte es 1989 nochmals, bis der Spekulant George Soros das Pfund 1992 aus dem Verband hinauswarf. Dazu später mehr.

Während der 1980er-Jahre stritten sich unterschiedliche währungspolitische Schulen, die freilich jeweils ganz bestimmte Interessen vertraten, um die zukünftige Ausrichtung einer gemeinsamen Wirtschaftspolitik. Grob gesagt entstand eine Bruchlinie zwischen Frankreich und Deutschland. Während sich insbesondere der seit 1981 amtierende französische Präsident François Mitterrand für eine Währungsunion einsetzte, warnte der deutsche Zentralbankchef Karl Otto Pöhl davor. Er befürchtete den Verlust nationaler Gestaltungsmöglichkeiten, die Aufweichung der starken D-Mark und damit verbunden einen Verlust der Preisstabilität. Kommissionspräsident Jacques Delors überwand die Gegensätze, indem er Paris mit der Einrichtung der suprastaatlichen Institution einer Wirtschafts- und Währungsunion bei Laune hielt und Bonn den – späteren – Verlust der D-Mark mit dem Versprechen auf eine preisstabile Gemeinschaftswährung versüßte. Hilfreich dabei war die Angst der französischen Regierung vor einem gestärkten Gesamtdeutschland nach der Aufnahme der DDR-Gebiete in die BRD, die zeitgleich vonstatten ging; die verstärkte Westbindung des vergrößerten Deutschlands ließ Frankreich die zukünftige EU-Hartwährungspolitik inklusive Maastrichter Konvergenzkriterien leichter verdauen.

Im Juni 1989 billigte der Europäische Rat den Delors-Plan, der einen Dreistufenplan zur Wirtschafts- und Währungsunion (WWU) beinhaltete. Er gipfelte am 1. Januar 1999 in der Festlegung der endgültigen Wechselkurse zur zukünftigen Gemeinschaftswährung und in der Einführung des »Euro« – vorerst als Buchgeld.

Die Deutsche Einheit als europäische Triebkraft

Unmittelbar nach dem Zweiten Weltkrieg war es die Achse Schuman-Adenauer gewesen, die personell für die entscheidenden französisch-deutschen Einigungsschritte hin zur Sechsergemeinschaft der Kohle-Stahl-Union stand. Voraussetzung dafür war die transatlantische Orientierung der drei westlichen Besatzungszonen Deutschlands. Konrad Adenauer war der Mann, der dies garantierte und

Versuche, ein vereinigtes neutrales Deutschland herzustellen, ins Leere laufen ließ.

Die Stalin-Note vom 10. März 1952 hatte eine Wiedervereinigung in den Raum gestellt. Befürworter einer solchen Neutralisierung Gesamtdeutschlands waren auch im Westen zu finden; und dies nicht nur in der oppositionellen Sozialdemokratie, sondern auch in der CDU. Der Bundesminister für gesamtdeutsche Fragen, Jakob Kaiser, stand für diesen Kurs. Er galt als Kopf der Linken bei den Christdemokraten. Am 24. März 1952, nur zwei Wochen nach der Stalin-Note, trat Kaiser als Eröffnungsredner des »Forschungsbeirats für Fragen der Wiedervereinigung Deutschlands« auf. Er war von einer solchen überzeugt und richtete Planungsstäbe dafür in seinem Ministerium ein.

Die Vorbereitungen für eine mögliche gesamtdeutsche Lösung liefen im Frühjahr 1952 auf Hochtouren, wie der Historiker Karl Heinz Roth nachgewiesen hat.[214] Sie gingen von der Annahme aus, dass die Stalin-Note von den Westalliierten positiv beantwortet würde und gesamtdeutsche Wahlen stattfinden würden. Dafür wollte man in Bonn gerüstet sein, plante eine »mitteldeutsche Übergangsregierung«, erstellte Personallisten mit vertrauenswürdigen Personen, um die rasche Wiederherstellung marktwirtschaftlicher Verhältnisse im Osten bewerkstelligen zu können.[215] Konkret war daran gedacht, 90 % der öffentlich Bediensteten in der DDR auszutauschen, die bereits in vollem Gang befindliche Bodenreform zu stoppen und Treuhänder für eine Privatisierung einzusetzen.[216]

Die Geschichte zeigt, dass daraus – zum damaligen Zeitpunkt 1952 – nichts wurde. Die Antwort der drei Westmächte kam bereits im Mai 1952 in Gestalt des »Generalvertrages«, in dem sie Westdeutschland eine – beschränkte – Souveränität gewährten. Adenauer trat im Januar 1954 vor den gesamtdeutschen Forschungsbeirat und verschob die »Einheit des Vaterlandes« auf den Sankt Nimmerleinstag.[217]

214 Karl Heinz Roth, Anschließen, angleichen, abwickeln. Die westdeutschen Planungen zur Übernahme der DDR 1952–1990. Hamburg 2000

215 Ebd., S. 22

216 Bundesamt für gesamtdeutsche Fragen, Protokoll über die Besprechung der Staatssekretäre am 21. April 1952 über die Maßnahmen nach der Wiedervereinigung Deutschlands im Gebiet der Sowjetzone. BArchK, B 137 I/12; zit. in: Roth 2000, S. 43

217 Ansprache des Herrn Bundeskanzlers vor dem Forschungsbeirat am 25. Januar 1954. Streng vertraulich, BArchK, B 102/13.415; zit. in: Roth 2000, S. 50

Damit war auch der Weg für die »Europäische Wirtschaftsgemeinschaft« geebnet und Deutschland im atlantischen Kreis fest verankert. Knapp 40 Jahre später sollte die Frage der deutschen Einheit Europa nochmals vor eine Zerreissprobe stellen. Als sich im Herbst 1989 die Straßen Leipzigs und anderer DDR-Städte mit unzufriedenen Menschen füllten, stand neben der sozialen Frage bald auch die nationale im Zentrum.[218] In einem »Zehn-Punkte-Programm« griff Bundeskanzler Helmut Kohl am 28. November 1989 den verloren gegangenen Faden von Jakob Kaisers »Forschungsbeirat für Fragen der Wiedervereinigung Deutschlands« aus den 1950er-Jahren wieder auf. Darin delegitimierte er erst einmal die DDR, um eine gesamtdeutsche Konföderation errichten zu können.

Die Nachfahren der damaligen Besatzungsmächte reagierten sehr unterschiedlich. Frankreich und Großbritannien, mit denen die BRD mittlerweile »Europäische Gemeinschaften« bildete, stand angesichts der Perspektive eines vergrößerten Deutschlands die Panik ins Gesicht geschrieben. Einer der engsten Vertrauten von François Mitterrand, Jacques Attali, äußerte sich zu Kohls Vorschlägen einer institutionellen Reform der EG und insbesondere des Europäischen Parlaments alarmiert: »Die deutschen Probleme werden die europäische Konstruktion hinwegfegen«,[219] meinte er. Und Mitterrand drohte dem deutschen Außenminister Hans-Dietrich Genscher am 30. November 1989 unverhohlen: »Wenn die deutsche Einheit vor der europäischen verwirklicht wird, werden Sie die Tripel-Allianz (Frankreich, Großbritannien, Sowjetunion) gegen sich haben, genau wie 1913 und 1939. (…) Und sie werden eingekreist sein, und das wird in einem Krieg enden, in dem sich erneut alle Europäer gegen die Deutschen verbünden. Wollen Sie das?«[220]

In Großbritannien wiederum verweigerte die Tory-Regierung unter Margaret Thatcher eine offene Diskussion über die Folgen eines vergrößerten Deutschlands für Europa. Stattdessen stichelte die Premierministerin in Richtung Bonn, indem sie das Wesen Deutschlands als eine »destabilisierende Kraft im europäischen Gefüge« nationalpsychologisch zu erklären versuchte. Seit der Reichsgründung

218 Vgl. Hierzu: Hannes Hofbauer, DDR-Nachruf: Der Staat stirbt ab; in: Hannes Hofbauer, Der Wilde Osten. Reportagen vom Rande Europas. Wien 1991, S. 107ff.

219 Zit. in: Gehler 2014, S. 139

220 Ebd.

1871, so Thatcher, habe Deutschland »stets auf unberechenbare Weise zwischen Aggression und Selbstzweifeln geschwankt.«[221]

Über die sowjetische Position täuschte sich Frankreich. Michael Gorbatschow war – nicht zuletzt wegen des zerrütteten Zustandes der zerfallenden UdSSR und seiner daraus resultierenden innenpolitischen Schwäche – schnell bereit, sein Ja zur deutschen Einheit zu geben. Im Januar 1990 war das Kohl'sche »Zehn-Punkte-Programm« und damit der Konföderationsgedanke Makulatur, nun ging es um den Anschluss der ostdeutschen Gebiete an die BRD. Moskau ließ sich mit finanziellen Hilfen und – letztlich nicht eingehaltenen – Sicherheitsgarantien betreffend die Nicht-Erweiterung der NATO abspeisen.

Entscheidend für die Gleichzeitigkeit von deutscher und europäischer Erweiterung war die Zustimmung Washingtons. Der »Zwei-Plus-Vier«-Vertrag vom 12. September 1990, der zwischen der BRD und der DDR einerseits und den vier Alliierten des Zweiten Weltkrieges andererseits unterfertigt wurde, ebnete den Weg für das vergrößerte Deutschland oder, in den Vertragsworten, für den Beitritt der DDR zum Geltungsbereich des Grundgesetzes.

Wieder einmal waren es die USA, ohne die es keine weitere europäische Integration gegeben hätte. Ob und was Washington dafür bekommen hat, ist bis heute strittig. Deutschland wurde zwar im »Zwei-Plus-Vier«-Vertrag die Wiedererlangung der »vollen Souveränität über seine inneren und äußeren Angelegenheiten«[222] zuerkannt, die ehemaligen militärischen Besatzer sind – mit Ausnahme der Sowjetunion – allerdings bis Redaktionsschluss dieses Buches nicht vom deutschen Boden verschwunden.[223] Auch gibt es Hinweise über geheim gehaltene Verträge zwischen der BRD und den westlichen Alliierten, die die deutsche Souveränität beschneiden. So erschien im Sommer 2012 der Beitrag »Staatsgeheimnis Kanzleramt. Fälschung und Wahrheit« in der rechten Zeitschrift *Deutsche Geschichte*, in dem ein ehemaliger Generalmajor des deutschen Militärischen Abschirmdienstes (MAD) einräumt, dass seit dem 21. Mai 1949 ein geheimer Staatsvertrag zwischen den USA bzw. den drei Westalliierten und

221 Andreas Rödder, Deutschland einig Vaterland. Die Geschichte der Wiedervereinigung. München 2009, S. 45f., zit. in: https://de.wikipedia.org/wiki/Deutsche_Wiedervereinigung#cite_note-52 (11. 1. 2020)

222 Vgl. Bundesgesetzblatt II 1990, S. 1318/1320/1324

223 Frankreich löste seine in Deutschland stationierten Verbände 2014 auf, ist aber über die deutsch-französische Brigade weiterhin militärisch präsent.

deutschen Stellen existiert, der Souveränitätseinschränkungen bis zum Jahr 2099 beinhaltet.[224] Nach kurzer Recherche erschließt sich einem der Offizier als Chef des MAD im Range des Generalmajors Gerd-Helmut Komossa. Im Anschluss an seine Pensionierung veröffentlichte der dem rechtskonservativen Lager angehörige Komossa das Buch *Die deutsche Karte. Das verdeckte Spiel der geheimen Dienste*, in dem er vom oben erwähnten geheimen Staatsvertrag aus dem Jahr 1949 berichtet. Die drei darin enthaltenen Punkte sind auf eine Dauer von 150 Jahren – bis 2099 – ausgelegt. Es ist die Rede von einem »Medienvorbehalt der alliierten Mächte über deutsche Zeitungs- und Rundfunkmedien«, der Verpfändung der Goldreserven sowie der Anordnung aus Washington, London und Paris, dass jeder Bundeskanzler Deutschlands auf Anordnung der Alliierten vor Ableistung des Amtseides die sogenannte »Kanzlerakte« zu unterzeichnen habe.[225]

Nun könnte … oder sollte man sogar geneigt sein, Schriftstücken von ehemaligen Geheimdienstchefs keine besondere Glaubwürdigkeit entgegenzubringen; zumal eine Reihe von Faktencheck-Initiativen den geheimen Staatsvertrag vom 21. Mai 1949 als Fälschung rechtsradikaler Kreise darstellt und ein Faksimile aufbietet, in dem ein unbekannter Minister auf den angeblichen Verlust einer Kopie des Vertrages hinweist.[226] Alles sieht nach einer rechten Erfindung einer »Kanzlerakte« aus, von der nichts Näheres bekannt ist. Das wird auch auf der Homepage des ebenfalls dem rechten Lager zuzurechnendem Journalisten Claus Nordbruch bestätigt, der die Existenz einer solchen Kanzlerakte ins Reich der Fabel verbannt.[227]

Alles Fake? Sollte man meinen. Bis einem während der schon beiseite gelegten Recherche eher zufällig ein Artikel von Egon Bahr aus dem Jahr 2009 in die Hände fällt. Der langjährige SPD-Bundesminister und Intimus von Kanzler Willy Brandt berichtet in der Ausgabe der *Zeit* vom 14. Mai 2009 von einer seltsamen Begegnung mit seinem Parteifreund Brandt unmittelbar nach dessen

224 Zit. in: *Rotfuchs* Nr. 206 vom März 2015, siehe: http://www.rotfuchs.net/rotfuchs-lesen/zur-legende-von-der-souveraenitaet-der-brd.html (11. 1. 2020)

225 Gerd-Helmut Komossa, Die deutsche Karte. Das verdeckte Spiel der geheimen Dienste. Graz 2007, S. 21

226 https://aktenkunde.hypotheses.org/163; https://www.mimikama.at/facebook/geheimer-staatsvertrag-faktencheck/ (29. 5. 2020)

227 http://korrektheiten.com/2011/03/06/die-kanzlerakte-agitation-unter-falscher-flagge-claus-nordbruch/#more-7145 (29. 5. 2020)

Wahl zum Regierungschef im Jahr 1969: »Ein hoher Beamter hatte ihm (Brandt, d. A.) drei Briefe zur Unterschrift vorgelegt. Jeweils an die Botschafter der drei Mächte – der Vereinigten Staaten, Frankreichs und Großbritanniens – in ihrer Eigenschaft als Hohe Kommissare gerichtet. Damit sollte er zustimmend bestätigen, was die Militärgouverneure in ihrem Genehmigungsschreiben zum Grundgesetz vom 12. Mai 1949 an verbindlichen Vorbehalten gemacht hatten. Als Inhaber der unkündbaren Siegerrechte für Deutschland als Ganzes und Berlin hatten sie diejenigen Artikel des Grundgesetzes suspendiert, also außer Kraft gesetzt, die sie als Einschränkung ihrer Verfügungshoheit verstanden. (…) Brandt war empört, dass man von ihm verlangte, einen solchen ›Unterwerfungsbrief‹ zu unterschreiben. Schließlich sei er zum Bundeskanzler gewählt und seinem Amtseid verpflichtet. Die Botschafter könnten ihn wohl kaum absetzen! Da musste er sich belehren lassen, dass Konrad Adenauer diese Briefe unterschrieben hatte und danach Ludwig Erhard und danach Kurt Georg Kiesinger. (…) Er schloss: ›Also habe ich auch unterschrieben‹ – und hat nie wieder davon gesprochen.«[228]

Bahr erinnert sich also an eine von Brandt als Unterwerfungsgeste empfundene Unterschriftsleistung, die die Souveränität der BRD auf höchster Ebene beschnitt. Basis dafür war ihm zufolge das Genehmigungsschreiben der Militärgouverneure vom 12. Mai 1949, von einer Kanzlerakte (21. Mai) ist in seinem Bericht nicht die Rede. Dass weitgehende Einschränkungen der deutschen Souveränität auch noch nach dem »Zwei-plus-Vier«-Vertrag vom September 1990 bestanden, ließ zum Beispiel die Reaktion der deutschen Kanzlerin Angela Merkel auf das Abhören ihrer Handys durch den US-Geheimdienst NSA in den 2000er-Jahren vermuten. Sie schwieg.

Der Leiter des Instituts für Geschichte und Jean-Monnet-Chair an der Universität Hildesheim, Michael Gehler, vermutet geheime Absprachen im Vorfeld des »Zwei-plus-Vier«-Vertrages: »Es liegt nahe, dass die Alliierten der deutschen Einheit nur zugestimmt hatten«, so Gehler, »weil sich Deutschland verpflichtete, bestimmte Rechte seiner Souveränität weiterhin nicht wahrzunehmen. So erklärt sich auch, dass anglo-amerikanische Geheimdienste bis zuletzt auf deutschem

228 https://www.zeit.de/2009/21/D-Souveraenitaet (29.5.2020)

Boden legal und ungehindert weiterspionieren konnten.«[229] Und der Historiker Hermann-Josef Rupieper sagt ganz offen, dass der Status von Deutschland der eines besetzten Verbündeten ohne volle Souveränität ist.[230]

Die trotz viel internationaler Aufregung und auch Empörung relativ ruhig über die Bühne gegangene Vergrößerung Deutschlands im Jahr 1990 trug letztlich auch zur Stärkung der Europäischen Gemeinschaft auf ihrem Weg zur Europäischen Union bei.

Die Kriterien von Maastricht

Es war Montag, der 9. Dezember 1991, als die Staats- und Regierungschefs der Zwölfergemeinschaft auf einer Insel mitten im holländischen Fluss Maas zusammentrafen. Ein enormes Aufgebot an Sicherheitskräften und der Wasserlauf rund um den Tagungsort schotteten das Verwaltungszentrum ab, in dem die Herren der EWG konferierten. Die Symbolik der Szene machte deutlich, dass hier wohl etwas ausbaldowert werden sollte, was für viele Menschen und Regionen unangenehme Folgen haben könnte. Nach 30 Stunden Sitzungsmarathon waren die Verhandler auch physisch am Ende.[231] Am Abend des 10. Dezember verkündeten sie den Durchbruch. Die neue (west)europäische Gemeinschaft würde über wirtschaftsliberale Maßnahmen zusammengeschweißt werden und »Union« heißen.

Die Weltgeschichte wollte es, dass in derselben Nacht des 9. Dezember 1991, in der die Staatenlenker Westeuropas die Entscheidung für eine »Europäische Union« trafen, im weißrussischen Örtchen Wiskuli die Führer Russlands, Weißrusslands und der Ukraine – Boris Jelzin, Stanislau Schuschkewitsch und Leonid Krawtschuk – auf einem maschingeschriebenen Zettel die offizielle Auflösung der Sowjetunion paraphierten.[232] Die Unionisierung des europäischen Westens erfolgte auf den Tag genau zeitgleich mit der De-Unionisierung des Ostens. Integration hier, Desintegration dort.

229 Gehler 2014, S. 302

230 Siehe: Hermann-Josef Rupieper, Der besetzte Verbündete. Die amerikanische Deutschlandpolitik 1945–1955. Opladen 1991

231 Vgl. Mittag 2010, S. 230

232 Nikolai Ryschkow, Mein Chef Gorbatschow. Die wahre Geschichte des Untergangs. Berlin 2013, S. 202

Der »Vertrag über die Europäische Union«, vulgo Maastricht-Vertrag, wurde dann am 7. Februar 1992 unterzeichnet und trat – nach einem äußerst schwierigen und hindernisreichen Ratifizierungsverfahren – am 1. November 1993 in Kraft. Die damals entstandene Struktur der »Europäischen Union« ist für Außenstehende – und das sind alle, die nicht im Dunstkreis Brüssels ihre Brötchen verdienen – nur schwer zu durchschauen. Die sogenannte Dreisäulen-Konstruktion aus »Europäischer Gemeinschaft« (EG)[233], »Gemeinsamer Außen- und Sicherheitspolitik« (GASP) und der »Zusammenarbeit Justiz und Innenpolitik« (ZJIP) ergibt als Dach die EU. Ihre Organe heißen nun »Rat der Europäischen Union«, »Europäische Kommission«, »Europäisches Parlament« und »Europäischer Gerichtshof«. Der Rat setzt sich aus den nationalen Regierungschefs bzw. -mitgliedern zusammen, die Kommission wird vom Rat vorgeschlagen und vom Parlament im sogenannten »Mitentscheidungsverfahren« abgenickt, das Parlament wird unionsweit gewählt und bleibt machtlos und der Gerichtshof avanciert zum bestimmenden Faktor.

Dass die einzelnen Politikbereiche nicht direkt der EU angegliedert sind, sondern dieser über EG, GASP und ZJIP nur indirekt unterstehen, kompliziert das Verständnis von Abläufen, was die Existenzberechtigung einer überbordenden Bürokratie zusätzlich bestärkt. So werden Agrarfragen oder Wettbewerbspolitik in der EG verhandelt, Demokratie und internationale Zusammenarbeit in der GASP, Einwanderung und Zollwesen in der ZJIP. Die Zuständigkeiten sind schier undurchschaubar. Oder, wie der EG/EU-Spezialist Jürgen Mittag abgebrüht vermerkt: »Das Nebeneinander von Europäischer Union und Europäischer Gemeinschaft eröffnete der Wissenschaft zwar ein neues Forschungsfeld, stiftete unter den Bürgern aber auch erhebliche Verwirrung.«[234]

Die Maastricht-Kriterien bildeten den neuen Kern der »Europäischen Union«. Sie machten aus einem gemeinsamen Wirtschaftsraum ohne Zollgrenzen eine einheitliche Wirtschafts- und Währungsunion mit Zentralbank und Wechselkursfixierung. Der heftigste und bis heute einschneidende suprastaatliche Eingriff besteht in den vier Konvergenzkriterien, die als Voraussetzung

233 In der EG werden die Agenden der bisherigen EWG, der Montanunion (EGKS) und der EURATOM subsummiert.

234 Mittag 2010, S. 233

für eine gemeinsame Währung implementiert wurden. Staatsverschuldung, Inflationsziel, Wechselkursstabilität und Zinspolitik liegen seit Maastricht nicht mehr in nationalstaatlichen Händen; sprich: gewählten Parlamenten und von diesen wiederum gewählten Regierungen wurde der Einfluss darauf entzogen.

Diese vier Maastricht-Kriterien haben es in sich. Das Budgetdefizit darf 3 % des Bruttoinlandsproduktes (BIP) nicht übersteigen und der staatliche Schuldenstand muss weniger als 60 % des BIP betragen; die Inflationsrate darf nicht mehr als 1,5 Prozentpunkte über derjenigen der drei preisstabilsten Mitgliedsländer liegen; auch die Zinsen für langfristige Staatsanleihen müssen sich am Durchschnitt jener drei Länder orientieren, die die niedrigsten Zinssätze aufweisen und dürfen nicht mehr als 2 Prozentpunkte über diesen liegen. Und dann gibt es noch ein kompliziert berechnetes De-Facto-Abwertungsverbot für jede einzelne nationale Währung während der letzten zwei Jahre vor der Einführung des gemeinsamen Zahlungsmittels. Alles in allem sind die Maastricht-Kriterien Ausdruck einer suprastaatlich verordneten Austeritätspolitik, die konjunkturpolitischen Eingriffen sowie Währungsabwertungen einen Riegel vorschiebt.

Wirtschaftswachstum und Preisstabilität – mit diesem Tandem fährt das Maastricht-System. Besonderer Wert wird auf »eine in hohem Maße wettbewerbsfähige Marktwirtschaft«[235] gelegt. Lippenbekenntnisse zu Frieden, Vollbeschäftigung und sozialem Fortschritt garnieren das Vertragswerk.

In Maastricht haben ein Dutzend Staatsführer, ohne dafür gewählt worden zu sein, der künftigen Europäischen Union eine wirtschaftsliberale Ordnung verpasst, die letztlich am radikalen Liberalismus des frühen 19. Jahrhunderts anknüpft und sich an die Neoliberalen der Österreichischen Schule rund um Ludwig von Mises und Friedrich von Hayek anlehnt.

Die Österreichische Schule der Nationalökonomie, die um die Wende vom 19. zum 20. Jahrhundert entstanden ist, stellte das Individuum ins Zentrum ihrer Überlegungen. Jeder einzelne sei es, so ihre radikale Auslegung, der mit seinem Verhalten Angebot und Nachfrage und damit Preise bestimme.[236] Auf dieser

235 Siehe: Maastricht-Vertrag in der konsolidierten Fassung des Vertrags über die Europäische Union aus dem Amtsblatt der Europäischen Union vom 9. Mai 2008 (Artikel 3, ex-Artikel 2 EUV)

236 Vgl. dazu: Stephan Balling, Sozialphilosophie und Geldpolitik bei Friedrich August von Hayek, Walter Eucken, Joseph Alois Schumpeter, Milton Friedman und John Maynard Keynes. In: Schriftenreihe der Aktionsgemeinschaft Soziale Marktwirtschaft Nr. 15, Stuttgart 2013, S. 28

Basis sei der Markt eine sich selbst ständig regulierende Einrichtung. Volkswirtschaftliche Bedingtheiten, staatliche Entscheidungen, Kriege und Kriegsfolgen spielen in dieser Theorie keine Rolle … oder sollten zumindest keine spielen. Der Staat ist aus dem Wirtschaftsleben soweit wie möglich fernzuhalten, den Selbstheilungskräften des Marktes nach etwaigen Verzerrungen sei blind zu vertrauen. Am besten gelingt dies, so Hayek in seinem 1948 erschienenen Aufsatz über die Funktion einer Staatenunion,[237] innerhalb einer solchen Wirtschaftsföderation. Denn diese würde allein durch die Tatsache, dass Kapital, Waren und Arbeitskraft sich ungehindert bewegen könnten, den Handlungsspielraum von Nationalstaaten einschränken. Der für den Liberalen notwendige Abbau des Sozialstaates lässt sich in einer Staatengemeinschaft besser bewerkstelligen, weil darin auf soziale, an die einzelnen Nationalstaaten gebundene und dort verwaltete Rechte weniger Rücksicht genommen werden müsse. Für den Soziologen Wolfgang Streeck liest sich die Vision Hayeks aus den späten 1940er-Jahren deshalb »wie ein Konstruktionsplan für die Europäische Union von heute.«[238] Tatsächlich beruht Maastricht auf Hayeks Denke. Zumindest so lange, bis anlässlich der Weltwirtschaftskrise 2007/2008 und noch mehr der Corona-Krise 2020 die Pragmatik staatlicher Rettungsprogramme die liberale Ideologie kurzzeitig ablöste, wie wir weiter unten sehen werden.

Der Ratifizierungsprozess der Unionisierung Westeuropas geriet allerdings sogleich ins Stocken. Überall in der Zwölferallianz gärte es. Die Mehrheiten standen gegen das Maastricht-Projekt und mussten mühevoll mit medialem Dauerfeuer in die Defensive gedrängt werden, um letztlich verängstigt oder desinteressiert das Geschehen hinzunehmen. Doch nicht jede dieser Propagandaschlachten ging ohne Verluste über die Bühne. In Frankreich endete ein von Mitterrand als Bestärkung seiner Politik gedachtes Referendum am 20. September 1992 nur mit knapper Zustimmung; bei einer Beteiligung von 70 % votierten 51 % für die Unionsteilnahme und 49 % dagegen. Dänemark sah am 2. Juni 1992 überhaupt eine ablehnende Mehrheit von 50,7 % bei einer Wahlbeteiligung von 83 %, was letztlich dazu führte, das kleine skandinavische Land

237 Friedrich Hayek, The economic conditions of interstate federalism, In: Friedrich Hayek, Individualism and Economic Order. Chicago 1948

238 Wolfgang Streeck, Gekaufte Zeit. Die vertagte Krise des demokratischen Kapitalismus. Frankfurt/Main 2013, S. 146

mit ein paar Sonderregelungen – darunter die Nichtteilnahme an der Gemeinschaftswährung – abzuspeisen. Es bedurfte eines extra einberufenen Gipfels im britischen Birmingham, Sonderregelungen für die Bereiche Militär sowie die Wirtschafts- und Währungsunion sowie viel medialen Drucks, um in einer zweiten Abstimmung im Mai 1993 ein mehrheitliches Ja zu erreichen. Mit dem zuvor vertraglich erreichten »Opting Out« in Währungsfragen war allerdings ein Kernstück der Maastricht-Verträge durchlöchert bzw. für Dänemark nicht mehr relevant.

Auch in Großbritannien war die Lage für die Maastricht-Befürworter brisant. Mehrere Abstimmungen im Unterhaus scheiterten, bevor Premierminister John Major sein Verbleiben im Amt über die Vertrauensfrage in die Waagschale warf und eine extrem knappe Zustimmung zur EU von 319 (gegen 316) Stimmen erreichte. In Deutschland wiederum wehrten sich die Spitzen der Parteien gegen die Forderung nach einem Referendum, die gleichwohl von Bundestagsabgeordneten der SPD, der CSU und der FDP erhoben wurde. FDP-Mandatar Josef Grünbeck sprach sich sogar dafür aus, in allen zwölf Mitgliedsstaaten eine Volksbefragung durchführen zu lassen.[239] Auch eine Klage beim Karlsruher Bundesverfassungsgericht scheiterte. Die politisch illustre Runde von Klägern, von Karl Albrecht Schachtschneider (CDU) bis Hans-Christian Ströbele (Grüne), argumentierte, dass der Vertrag über die Europäische Union tief in die Verfassungsstruktur der BRD eingreifen und die Souveränitätsrechte aushöhlen würde. Die Karlsruher Richter fanden einen findigen Ausweg, um diesen – an sich logischen Einwand – zu zerstreuen. Sie definierten in ihrem Urteil die künftige Europäische Union nicht als Bundesstaat oder Staatenbund, was als Eingriff in das deutsche Grundgesetz mit entsprechenden Folgen interpretiert hätte werden müssen, sondern als Staatenverbund. Mit dieser Wortneuschöpfung zogen sie sich aus der Affäre und notierten wortreich, dass »die Bundesrepublik Deutschland (…) sich mit der Ratifikation des Unions-Vertrages nicht einem unüberschaubaren, in seinem Selbstlauf nicht mehr steuerbaren ›Automatismus‹ unterwerfe«, sondern dass der Vertrag »den Weg zu einer stufenweisen weiteren

239 https://www.neues-deutschland.de/artikel/375135.parlamentarier-fuer-volksabstimmung-ueber-maastricht.html (20.5.2020)

Integration der europäischen Rechtsgemeinschaft (eröffne), der (...) von einer weiteren, parlamentarisch zu beeinflussenden Zustimmung« abhängt.[240]

Zeitgleich mit der weit verbreiteten politischen Unzufriedenheit über Maastricht meldeten sich auch viele Ökonomen zu Wort, die vor einem Debakel für Europa warnten, sollten die Kriterien erfüllt werden. Schon im Juni 1992 veröffentlichten 60 namhafte WirtschaftswissenschaftlerInnen das Manifest »Die währungspolitischen Beschlüsse von Maastricht: Eine Gefahr für Europa«. Unter ihnen waren der Präsident des Kieler Weltwirtschaftsinstituts Herbert Giersch, der frühere SPD-Wirtschafts- und Finanzminister Karl Schiller und die Ordinaria aus Göttingen Renate Ohr.[241] Der Kern ihrer Kritik: Die politische Deklaration einer Währungsunion bräuchte als ökonomische Vorbedingung die Angleichung der wirtschaftlichen Strukturen in den entsprechenden Ländern. Eine Gemeinschaftswährung in einem ungleich entwickelten Raum würde immer wieder zu wirtschaftlichen Krisen und sozialen Spannungen führen, weil »schwächere Länder« nicht wettbewerbsfähig seien und mit ständigen Transferzahlungen am Leben erhalten werden müssten. Die Sorgen der 60 Ökonomen betrafen die zu geringe Wettbewerbsfähigkeit der EU-europäischen Peripherie und die dadurch entstehenden Kosten für Transferzahlungen. Grundsätzlich stellten sie die westeuropäische Integration nicht in Frage, wie auch der Schlusssatz in ihrem Manifest verdeutlicht: »Die überhastete Einführung einer Europäischen Währungsunion wird Westeuropa starken ökonomischen Spannungen aussetzen, die in absehbarer Zeit zu einer politischen Zerreißprobe führen können und damit das Integrationsziel gefährden.«[242] Vor dem Start der Währungsunion 1998 versuchten ECU- bzw. Euro-kritische Ökonomen nochmals, die deutsche Politik aufzurütteln. Diesmal mit einem Aufgebot von 160 Professoren, was Berlin ebenfalls nicht beeindruckte.

Die warnenden Stimmen sollten Recht behalten, wie spätestens die Wirtschaftskrise 2008 und im Gefolge der ökonomische Zusammenbruch Griechenlands zutage brachte.

240 zit. nach: Ulrich Everling, Das Maastricht-Urteil des Bundesverfassungsgerichts und seine Bedeutung für die Entwicklung der Europäischen Union; in: *integration* 3, Berlin 1994, S. 165–175

241 Manifest »Die währungspolitischen Beschlüsse von Maastricht. Eine Gefahr für Europa«; in: *Frankfurter Allgemeine Zeitung* (»Die EG-Währungsunion führt zur Zerreißprobe«) am 11. Juni 1992

242 Ebd.

Großbritanniens Vorbehalte gegen die Supranationalisierung hatten bereits seit der Gründung der Montanunion Tradition. So kam es auch, dass London sich für seine letztliche Zustimmung zu Maastricht ein »Opting-Out«-Recht in Währungs- und Sozialfragen vorbehielt. Damit war Großbritannien von Anfang der Europäischen Union an nur ein »Zwei-Drittel«-Mitglied. Zudem hatte das Land während des Ratifizierungsverfahrens mit der härtesten Währungskrise seiner jüngeren Geschichte zu kämpfen. Sein 1989 erfolgter – zweiter – Beitritt zum Europäischen Währungssystem, mit dem das Pfund in einer vorgegebenen Schwankungsbreite an die D-Mark gekoppelt wurde, fand über Nacht ein teures Ende. Wenige Tage vor dem französischen Referendum über die Teilnahme am Maastricht-System gab der deutsche Bundesbankchef Helmut Schlesinger am 15. September 1992 dem *Wall Street Journal* und dem *Handelsblatt* ein Interview, in dem er davor warnte, dass »ein oder zwei Währungen aus dem EWS (Europäischen Währungssystem, d. A.) unter Druck kommen«[243] könnten.

Mehr Information hatte der ungarisch-stämmige Spekulant George Soros nicht gebraucht. Der Startschuss zum Kampf gegen das britische Pfund war erfolgt. Soros setzte Riesensummen zur Schwächung der überbewerteten Währung ein. Anfangs hielt die britische Notenbank mit Stützungskäufen noch dagegen. Am 16. September um 19 Uhr, nur wenige Stunden nach dem Spekulanten-Angriff auf das Pfund, gab der britische Schatzkanzler auf und verkündete den Ausstieg Großbritanniens aus dem Europäischen Währungssystem. »The man who broke the Bank of England«, so der Beiname von Soros, hatte Milliardengewinne vom staatlichen Schatzamt auf seine privaten Konten verlegt. Die Ironie der Geschichte will es, dass Soros heute als »wahrer Europäer« und Mäzen auftritt, sein finanzielles Potenzial dazu allerdings aus einer Spekulation stammt, die London vom europäischen Kontinent weiter wegrücken ließ.

Einen Monat vor dem Beschluss der EWG-Granden zur Unionisierung der Zwölfergemeinschaft und der zeitgleichen Auflösung der Sowjetunion schaltete die NATO von Defensive auf Offensive. Auf ihrem Gipfel vom 8. November 1991 in Rom wurde ein neues strategisches Konzept verabschiedet. Darin trat

243 *Handelsblatt* vom 15. September 1992, zit. in: https://de.wikipedia.org/wiki/Schwarzer_Mittwoch (20. 5. 2020)

der Bündnisfall nicht mehr ausschließlich zur Verteidigung gegen Angriffe von außen ein, wie es noch bei der Gründung der Allianz im Jahr 1949 festgelegt worden war, nun dachte man im militärischen Hauptquartier auch an Expansion. In Punkt 13 des neuen Konzeptes kommt dieser Strategiewechsel zum Ausdruck. Dort heißt es: »Die Sicherheit des Bündnisses muss jedoch auch den globalen Kontext berücksichtigen. Sicherheitsinteressen des Bündnisses können von anderen Risiken berührt werden, einschließlich der Verbreitung von Massenvernichtungswaffen, der Unterbrechung der Zufuhr lebenswichtiger Ressourcen sowie von Terror und Sabotageakten.«[244]

Damit gab sich die NATO just im Moment des Zusammenbruchs der Sowjetunion ein Mandat zum weltweiten Eingriff. Die Gründe dafür waren neu. Massenvernichtungswaffen können, wie die Legitimation zum US-geführten Krieg gegen den Irak im Jahr 2003 gezeigt hat, bei Bedarf rasch erfunden und diese Erfindung via Medien weit verbreitet werden. Und die Sicherung weltweiter Rohstoffe zum Zwecke ihrer ungehinderten Ausbeutung durch westliche Konzerne ist ein klassisches imperialistisches Gehabe und eine Drohung an alle Länder der Welt, die Interessen der NATO-Allianz bei jeder heimischen Entscheidung nicht außer Acht zu lassen.

In den zwei letzten Monaten des Jahres 1991 wurde die Weltkarte neu gezeichnet. Dem implodierenden kommunistischen Osten setzten NATO und EWG eine Stärkung ihrer Strukturen entgegen. Damit waren sie für die kommenden Erweiterungen in Richtung Osten gut gerüstet. Das Bild des europäischen Kontinents hatte sich vor dem Jahreswechsel 1991/1992 nachhaltig geändert.

Gemeinschaftswährung und Zentralbank

Seit 1. Januar 2002 gilt der »Euro« als Zahlungsmittel in – vorerst – zwölf Ländern. Die ersten »Euro«-Münzen klingelten in den Geldbörsen schon ab Mitte Dezember 2001, als die Banken mit der Ausgabe von kleinen »Starterpaketen« für besonders Neugierige begannen.

244 NATO-Strategiepapier vom 8. November 1991, zit. in: http://www.ag-friedensforschung.de/themen/NATO/1991-strategie.html (16.7.2015)

Vor diesem von der Mehrheit der Deutschen mit großer Skepsis betrachteten Schritt war Mitte der 1990er-Jahre eine relativ unauffällige Erweiterung der Europäischen Union um neutrale bzw. blockfreie Länder des europäischen Nordens und Österreich über die Bühne gegangen. In nur eineinhalb Jahren – zwischen Januar 1993 und Juni 1994 – war die Mitgliedschaft auspaktiert und konnten drei neue Länder ins Brüsseler Regelwerk einverleibt werden.

Wien hatte bereits am 17. Juli 1989 einen ersten Antrag auf Teilnahme gestellt, diesen allerdings mit »Neutralitätsvorbehalt« versehen, weil man Moskau nicht vergraulen wollte. Immerhin existierte zu diesem Zeitpunkt die Sowjetunion noch. Eine Vollmitgliedschaft in der Europäischen Gemeinschaft war mit dem österreichischen Staatsvertrag aus dem Jahr 1955 nicht vereinbar. Dieser Vertrag, der zum Abzug aller fremden Truppen, also auch der sowjetischen, geführt hatte, verbat jede Vereinigung mit Deutschland und war die Grundlage der »immerwährenden Neutralität«, die am 26. Oktober 1955 in Verfassungsrang erhoben wurde. Diese galt es 1989 auch gegenüber der EG zu bewahren, weshalb der Neutralitätsvorbehalt eingebracht wurde. Brüssel lehnte eine solche »halbe« Mitgliedschaft ab. Im Antwortschreiben der EG-Kommission an Österreich, das kurz nach der offiziellen Auflösung der Sowjetunion am 1. August 1991 verfasst wurde, formuliert Brüssel diplomatisch, dass durch »Ereignisse im Osten seit Ende 1989 (…) die Bedeutung des Konzepts der Neutralität im europäischen Kontext«[245] wohl neu bewertet werden müsse. In anderen Worten: Neutralität war gestern, als noch eine Sowjetunion existierte, heute ist sie obsolet. Dieser indirekten Aufforderung entsprechend ließ die österreichische Außenpolitik den Neutralitätsvorbehalt fallen. Wien schwenkte auf eine neue Lesart des Staatsvertrages ein – und wurde von Brüssel akzeptiert. Am 12. Juni 1994 votierten 66,6 % der ÖsterreicherInnen in einer Volksabstimmung für die EU-Mitgliedschaft, nachdem ihnen der Himmel in Europa und jeder Familie 1000 Schilling[246] versprochen worden waren, die sie pro Jahr mehr auf dem

245 Stellungnahme der EG-Kommission zu den österreichischen Beitrittsansuchen bezüglich Transit und Neutralität, 31.7./1.8.1991; zit. in: https://www.uibk.ac.at/zeitgeschichte/zis/library/oesterreich-und-die-europaische-integration-dokumente-teil-3.html#dok7 (21.5.2020)

246 1000 Schilling entsprachen damals circa 140 DM.

Konto haben würde. Mit diesem sogenannten »Ederer-Tausender«,[247] benannt nach einer damaligen sozialdemokratischen Staatssekretärin, griff die große politische Allianz aus christlich-konservativer ÖVP und sozialdemokratischer SPÖ tief in die Kiste primitiver Propaganda. Das zeigte Wirkung. Freilich sammelten sich in der Folge die Tausender in hoher Stückzahl nicht auf den verstreuten Konten der kleinen Leute, sondern in hoher Stückzahl und in D-Mark bei vornehmlich deutschen Unternehmen, die die Vergrößerung des Marktes nutzen konnten.

Gemeinsam mit Schweden und Finnland trat Österreich dann am 1. Januar 1995 der Brüsseler Union bei. Norwegen, das ebenfalls einen Mitgliedsantrag gestellt und diesen ausverhandelt hatte, kam die eigene Bevölkerung in die Quere. Wie bereits 1972 lehnten die NorwegerInnen die supranationalen Einigungsbemühungen ihrer Regierung mehrheitlich ab. Am 28./29. November 1994 stimmten 52,6 Prozent trotz starker andersartiger medialer »Betreuung« gegen den Beitritt. Die Angst vor einer Überfischung der Küstengewässer und vorzunehmenden liberalen Reformen im Zuge ökonomischer Konzentrationsprozesse sowie schließlich auch die Gewissheit, die seit den 1970er-Jahren bekannten Ölvorkommen selbst ausbeuten zu wollen, waren dafür ausschlaggebend.

Die Einführung der Gemeinschaftswährung »Euro« war indirekt mit der deutschen Wiedervereinigung verbunden. Frankreich in Person seines Staatspräsidenten Mitterrand ließ sich die Zustimmung zur Vergrößerung der BRD um fünf neue Bundesländer im Jahr 1989 mit der Zusicherung für eine Vertiefung der Wirtschafts- und Währungsunion abkaufen. Mitterrand-Berater Hubert Védrine gab dem deutschen Magazin *Spiegel* zu diesem Junktim später zu Protokoll: »Mitterrand wollte keine Wiedervereinigung ohne einen Fortschritt bei der Europäischen Integration, und das einzige Terrain, das vorbereitet war, war die Währung.«[248]

247 Um eine positive EU-Stimmung herbeizuführen, versprach SPÖ-Staatssekretärin Brigitte Ederer, jede Familie würde nach erfolgtem Beitritt 1000 Schilling einsparen. Tatsächlich stiegen die Preise und der EU-Beitritt wurde für die durchschnittliche Familie zu einer teuren Angelegenheit. Für Ederer lohnte sich der EU-Beitritt Österreichs, im Jahr 2000 wechselte sie von der Politik in den Vorstand der Siemens AG.

248 *Der Spiegel* vom 25. September 2010, siehe: https://www.spiegel.de/politik/ausland/historischer-deal-mitterrand-forderte-euro-als-gegenleistung-fuer-die-einheit-a-719608.html (18.12020)

Der französisch-deutsche Deal zur »Euro«-Einführung war jenem der 40 Jahre zuvor gegründeten Montanunion nicht unähnlich. In beiden Fällen war es die deutsche (Wirtschafts)Kraft, die Frankreich mit Sorgen erfüllte und der Paris mit Maßnahmen zur Einbindung Deutschlands in westeuropäische Strukturen begegnete. Klar ist dennoch, dass Vorbereitungen auf eine Gemeinschaftswährung bereits seit der Einrichtung des »Europäischen Währungssystems« im Jahr 1979 im Gange waren, als von einem Zusammenbruch der DDR noch keine Rede war. Die damals vereinbarten Einschränkungen bei Wechselkursschwankungen und die Verrechnungseinheit »ECU« zielten mittelfristig auf eine gemeinsame Währung ab, die am 2. Mai 1988 von der Staatschefs der »Europäischen Gemeinschaft« beschlossen worden war. Dass sie kurz darauf in rasender Schnelligkeit und ohne große politische Debatten umgesetzt wurde, war dann den Umbrüchen im Osten des Kontinents zuzuschreiben. Der deutsche Bundeskanzler Helmut Kohl vermied bewusst eine breite Diskussion über das Thema, weil er damit die mehrheitlich ablehnende Haltung seiner Landsleute umgehen konnte. Jahre später gab er in einem Interview mit dem *Münchner Merkur* zu: »Bei der Euro-Einführung war ich ein Diktator.«[249]

Totale Kapitalverkehrsliberalisierung, Aufbau der Europäischen Zentralbank (EZB) und Euro-Einführung. So kann man die Abfolge eines Dreistufen-Plans beschreiben, der im Zuge der »Wirtschafts- und Währungsunion« in Maastricht ausgearbeitet worden war. Mit der Europäischen Zentralbank (EZB) gelang die finanz- und währungspolitische Entmachtung aller daran beteiligten Regierungen. So klammheimlich dies an der Öffentlichkeit vorbei durchgesetzt wurde, so einschneidend erwies sich diese Maßnahme der sogenannten zweiten Stufe der »Wirtschafts- und Währungsunion«. Ab 1. Januar 1994 war es nationalen Notenbanken nicht mehr erlaubt, Kredite an öffentliche Körperschaften zu vergeben. Kommuniziert wurde das in Brüssel mit der Notwendigkeit, die EZB als »politisch unabhängige Institution« zu schaffen. Tatsächlich machte man damit Währungs- und Finanzfragen von der Politik unabhängig und unterwarf sie dem ökonomischen Primat, mithin den stärksten Kapitalkräften, die sich in und mit

249 *Münchner Merkur* vom 11. April 2013, siehe: https://www.merkur.de/politik/helmut-kohl-bei-euro-einfuehrung-diktator-zr-2846068.html (21. 5. 2020)

der Europäischen Zentralbank Gehör verschaffen könnten. Damit ging eine gesellschaftliche Verschiebung weg von der politischen hin zur ökonomischen Sphäre einher. Parlamente verloren sukzessive ihren Einfluss an eine kapitalistische Verwertungslogik. Diese kommt sogar in der vermeintlich unbedeutenden, aber langen Amtszeit des EZB-Präsidenten zum Ausdruck, der jeweils für acht Jahre bestimmt wird. Kein nationaler oder supranationaler politischer Führungsposten wird für eine so lange Periode ausgeschrieben, ganz zu schweigen von der Tatsache, dass EZB-Präsidenten nicht gewählt, sondern zwischen Berlin und Paris ausgemauschelt werden. Offiziell bestimmt der EU-Rat das Direktorium der EZB. Eine Abberufung ist während der achtjährigen Amtszeit nicht möglich. Einer deutsch-französischen Mauschelei verdankt im Übrigen auch Frankfurt/Main sein Hochhaus-Wahrzeichen, in dem die Europäische Zentralbank residiert.

Die EZB folgt der Philosophie der Deutschen Bundesbank und übertreibt diese noch. Sie besteht in der vollkommen einseitigen Ausrichtung auf Geldwert- bzw. Preisstabilität. Anders als die US-amerikanische »Federal Reserve« gehören Wachstum und Beschäftigung nicht zu ihren Aufgaben, das heißt, die EZB kümmert sich von ihren Statuten her nicht um Investment, Produktivität oder Arbeitsmarkt.

Seit 1. November 2019 leitet die vormalige IWF-Chefin Christine Lagarde die Europäische Zentralbank. Als gelernte Juristin verbindet sie Erfahrungen aus einer der weltgrößten Anwaltskanzleien (Baker McKenzie) mit der Rüstungsindustrie, wo sie seit 1995 gemeinsam mit dem mehrfachen US-Präsidentenberater Zbigniew Breziński die Arbeitsgruppe »Rüstungsindustrie USA–Polen« leitete, die mit Warschau den Weg in die NATO vorbereitete.[250] Mitte 2020 entsenden alle 19 Euro-Länder ihre Vertreter in die Europäische Zentralbank.

Die Krux am Euro, über dessen Stabilität die EZB wacht, besteht gerade in dieser unverrückbaren Stabilität. Eine gemeinsame Währung in einem ökonomisch ungleich entwickelten Raum führt zwangsläufig dazu, dass sich die starken Volkswirtschaften vor einer Inflation und die schwachen vor einer Deflation ängstigen.[251] Weil schwächere, weniger konkurrenzfähigere Staaten

250 https://de.wikipedia.org/wiki/Christine_Lagarde (18. 1. 2020)

251 Vgl. Hinsch/Langthaler 2016, S. 107

Währungsabwertungen innerhalb des einheitlichen Euro-Raumes nicht mehr durchführen können, um Exporte zu stimulieren, kann ihre Konkurrenzfähigkeit auf diesem Wege auch nicht erhöht werden; im Gegenteil: die Produkte der starken Zentralräume – Deutschlands zuoberst – erobern Schritt für Schritt die Märkte an den Rändern der Euro-Zone. Zusammen mit den Sparforderungen aus Brüssel an die öffentlichen Haushalte entsteht zwangsläufig das Phänomen der sogenannten »inneren Abwertung«. Das heißt, anstelle der Senkung des Wechselkurses einer nationalen Währung, die ja nun nicht mehr vorhanden ist, findet eine Senkung von Löhnen und Einkommen statt. Ökonomisch schwache Länder innerhalb der Euro-Zone können Anpassungen an die strukturelle Krise nicht mehr währungspolitisch ausgleichen, sondern werden sozialpolitisch davon erfasst. Dem wegen Importschwemmen aus den Überschuss-Ländern auftretendem Rückgang von Investitionen und Kaufkraftverlusten folgen Betriebsschließungen, Verarmung … und Revolte. Die französische »Gelbwesten«-Bewegung wurzelt sozioökonomisch betrachtet in dieser Form von »innerer« Abwertung. Eine weitere Reaktion darauf kann in den Ländern Südeuropas beobachtet werden: die Massenemigration.

Umgekehrt zu den krisenhaften Peripherien im Süden Europas ergeht es dem ökonomischen Zentralraum, allen voran Deutschland. Mit der Einheitswährung erhielt die deutsche Exportindustrie garantierte Absatzmärkte und einen Schutz gegen Aufwertung, die deutsche Exporte verteuert hätten. »Im Schutz des Euro war die deutsche Industrie in der Lage, die Früchte ihrer Kostensenkungsprogramme ohne Störung durch den Wechselkurs zu genießen«,[252] schreibt der Ökonom Stefan Hinsch und bringt damit folgerichtig die von Peter Hartz ausgearbeitete Lohnsenkungspolitik der sozialdemokratischen Koalitionsregierung Gerhard Schröder im Jahr 2002 mit den Möglichkeiten der Exportausweitung durch den Euro in Verbindung.

Welch extremen Vorteile die deutsche Volkswirtschaft aus der Gemeinschaftswährung ziehen hat können, zeigt eine Studie des »Centrums für Europäische Politik« aus dem Jahr 2019.[253] Alessandro Gasparotti und Matthias Kullas

252 Ebd., S. 70

253 Alessandro Gasparotti/Matthias Kullas, 20 Jahre Euro: Verlierer und Gewinner. Eine empirische Untersuchung. CEP (Centrum für Europäische Politik)-Studie. Freiburg 2019

berechnen darin Wohlstandsgewinne und Wohlstandsverluste seit der Einführung des Euro. Dazu untersuchen sie die Entwicklung des Bruttoinlandsproduktes (BIP) der einzelnen Euro-Staaten und ermitteln mit einer synthetisch-mathematischen Methode jenes BIP, wie es ohne Euro-Teilnahme gegeben gewesen wäre. Als Kontrollzeitraum werden die Jahre zwischen 1980 und 1996 zugrunde gelegt, als noch kein Euro existierte, um den Vergleich mit dem Zeitraum 1999 bis 2018 anstellen zu können. Analysiert wurde die Entwicklung in den Ländern Deutschland, Niederlande, Spanien, Griechenland, Belgien, Portugal, Frankreich und Italien. Die Ergebnisse sind erschütternd.

Zwischen 1999 und 2017 verzeichnet Deutschland dieser Studie zufolge einen Wohlstandsgewinn von 23.116 Euro pro EinwohnerIn, die Niederlande konnten im Euro-Zeitalter ein Plus von 21.003 Euro pro Nase verbuchen; während die ersten 20 Euro-Jahre jedem Italiener – ob Mann, Frau oder Kind – ein Minus von 73.605 Euro und jedem Franzosen ein minus von 55.996 Euro bescherten. »Die Euro-Einführung hat folglich in Italien über einen Zeitraum von 1999 bis 2017 zu einem Wohlstandsverlust von rund 74.000 Euro pro Einwohner und von 4,3 Billionen Euro für die Volkswirtschaft insgesamt geführt«,[254] resümieren die Autoren der Studie nüchtern.

Ihre Schlussfolgerung nimmt allerdings nicht den Euro in seiner systemischen Verstärkung von regionaler Ungleichheit ins Visier. Das mag auch nicht verwundern, gilt doch der Auftraggeber der Studie, das »Centrum für Europäische Politik«, als neoliberaler Think-Tank. Entsprechend lautet auch die Empfehlung der Autoren. Frankreich und Italien müssten ihre Wettbewerbsfähigkeit gegenüber Deutschland erhöhen, dazu seien Strukturreformen auf dem Arbeitsmarkt, im Pensionssystem und im Sozialbereich nötig. Mit anderen Worten: Lohnkürzungen, Zurückdrängen des gewerkschaftlichen Einflusses, Erhöhung des Pensionsalters und Kürzungen bei der Daseinsvorsorge. Die diesbezüglich vom französischen Präsidenten Emmanuel Macron betriebenen Reformprojekte wie die Erhöhung des Pensionsalters oder die Erleichterung von Kündigungen loben sie ausdrücklich.[255] Beim damit angefachten Klassenkampf von oben

254 Ebd., S. 5
255 *Die Presse* vom 26. Februar 2019

müsse sich dem liberalen Think-Tank zufolge Macron gegen die Gewerkschaften durchsetzen.

Einer der meist gelesenen Euro-Kritiker war sicherlich der frühere Berliner Finanzsenator Thilo Sarrazin. Seine sozialrassistischen und antimuslimischen Ausritte machten ihn für Linke jedweder Couleur – trotz seiner SPD-Mitgliedschaft – zur Persona non grata. Mit einem immer wieder vorgebrachten Argument gegen die Art der Einführung einer Gemeinschaftswährung hat er jedenfalls recht, wenn er betont, dass es vor einer gemeinsamen Währung eines einheitlichen (supra)staatlichen Raumes bedarf: »Als Klebstoff mit Adhäsionskraft für eine staatliche Einheit ist eine Währung grundsätzlich ungeeignet. Sie war historisch gesehen noch nie Ursache, sondern immer die Folge von Staatenbildung.«[256]

Radikal gegen die Zwangsjacke Euro äußerte sich der US-amerikanische Wirtschaftsnobelpreisträger Joseph Stiglitz, nachdem er die Folgen der Euro-Einführung 15 Jahre lang beobachtet hatte: »Der Euro wurde mit den besten Intentionen geschaffen. Er sollte Europa einen, aber er hat Europa gespalten. Der beste Weg, um da rauszukommen, wäre eine stärkere Zusammenarbeit. Wenn das aber nicht möglich ist, sollte man eine Auflösung der Euro-Zone erwägen.«[257] Euro-Austrittsforderungen gibt es auch vonseiten der Partei »Die Linke«. So sprach sich die designierte Fraktionsvorsitzende Sahra Wagenknecht angesichts der Griechenland-Krise für ein Ende des Euro-Systems aus: »Es zeigt sich einfach, dass der Euro nicht funktioniert, sondern immer größere wirtschaftliche Ungleichgewichte erzeugt, und am dramatischsten zeigt sich das eben in Griechenland.«[258]

Sowohl in Schweden wie auch in Dänemark wurde der Euro per Volksentscheid abgelehnt. Am 28. September 2000 votierten 53,2 % der Däninnen und Dänen gegen die Einführung einer Einheitswährung. Drei Jahre später folgte ihnen am 14. September 2003 eine Mehrheit von 56,2 % in Schweden. Damit sprengte das schwedische Volk auch den Vertrag von Maastricht, in dem sich seine Regierung zur Einführung der Gemeinschaftswährung verpflichtet hatte.

256 Thilo Sarrazin, Zukunft Europa: Geburtsfehler Maastricht; in: *Frankfurter Allgemeine Zeitung* vom 17. Juli 2012
257 Joseph Stiglitz im *Handelsblatt* vom 21. April 2016
258 Zit. in: https://www.die-linke.de/start/nachrichten/detail/raus-aus-dem-euro/ (21. 5. 2020)

7. Die Militarisierung der Europäischen Union

Die Vorgeschichte

Die US-Expansion in Ostasien nach dem Zweiten Weltkrieg machte den Weg frei zur Aufrüstung Westeuropas. Im Juni 1950 schlug sich Washington auf die Seite des von ihm selbst kurz zuvor inthronisierten Präsidenten Rhee Syng-man gegen die nordkoreanischen Kommunisten. Der Korea-Krieg war der Auftakt zur Gründung der »Europäischen Verteidigungsgemeinschaft« (EVG).

Anfang der 1950er-Jahre waren starke Truppenverbände der USA in Korea gebunden, weshalb US-Militärkreise Entlastung in Europa forderten und eine Wiederbewaffnung Westdeutschlands vorschlugen. Zuvor war im März 1948 zwischen Frankreich, Großbritannien und den Benelux-Staaten der sogenannte »Brüsseler Pakt« geschlossen worden. Darin sah Paris eine militärische Allianz sowie eine Sicherheitsgarantie gegen das eben besiegte Deutschland. Mit dem Korea-Krieg änderte sich allerdings die geopolitische Großwetterlage. Washington drängte seine westlichen Partner dazu, ihre militärische Kapazität in Europa zu verstärken und dafür auch deutsche Hilfe – die Hilfe des ehemaligen Kriegsgegners – zuzulassen. US-Außenminister Dean Acheson legte persönlich im September 1950 einen Plan vor, der die Aufstellung von 60 US-kompatiblen Divisionen im Westen des Kontinents vorsah, zehn davon sollten die Westdeutschen bestücken.[259] Damit war auch die Beschlussfassung im Deutschen Bundestag vom 24./25. November 1949 obsolet, in dem die Mehrheit der Abgeordneten sich gegen eine Wiederaufrüstung des Landes ausgesprochen hatte.[260] Wieder einmal, nun auch im militärischen Kontext, ging die Dynamik der europäischen Einigung von Washington aus.

Bundeskanzler Konrad Adenauer lancierte daraufhin ein Interview in einer US-Zeitung, in dem er eine deutsche Wehrbeteiligung an einer europäischen Armee befürwortete. Seiner eigenen Partei, der davon noch nicht restlos überzeugten CDU, stellte er die – rhetorische – Frage, ob sie mehr Angst vor der

259 Vgl. John Gillingham, Die französische Ruhrpolitik und die Ursprünge des Schuman-Plans, in: *Vierteljahreshefte für Zeitgeschichte*, Nr. 35, München 1987, S. 20

260 https://de.wikipedia.org/wiki/Wiederbewaffnung (24.1.2020)

Sowjetunion oder vor einem deutschen Kontingent in einer europäischen Armee hätte. Er machte sich damit zum innenpolitischen Vorkämpfer für die Wiederbewaffnung seines Landes.[261] Der »Brüsseler Pakt« wurde um Deutschland und Italien erweitert und seine Aufgabe vom Schutz vor einer möglichen deutschen Aggression in Richtung Abwehr der Sowjetunion umgepolt. 1954 bekam der Pakt einen neuen Namen: »Westeuropäische Union« (Westunion).[262]

Peu à peu näherte sich Paris den neuen geopolitischen Gegebenheiten an, ohne ihnen – wie wir sehen werden – vollinhaltlich zuzustimmen. Die von Washington durchgesetzte Wiederbewaffnung Deutschlands war ein Schock für das politische Establishment Frankreichs gewesen. Einer der »Väter Europas«, Jean Monnet, versuchte es mit einer Kontraindikation, indem er das zukünftige deutsche Militär ausschließlich in eine europäische Armee integrieren wollte. Im französischen Ministerpräsident René Pleven fand er einen willigen Partner. Sein Pleven-Plan bereitete die Errichtung einer »Europäischen Verteidigungsgemeinschaft« (EVG) vor. Damit wollte Frankreich zum einen das wiedererstarkende Deutschland eingebunden wissen und zum anderen die alleinige Vorherrschaft der USA in Westeuropa bremsen bzw. konterkarieren. »Eine Armee des geeinten Europas, gebildet aus Männern der verschiedenen europäischen Nationen, soll (…) eine vollständige Verschmelzung der Mannschaften und Ausrüstung herbeiführen, die unter einer einheitlichen politischen und militärischen Autorität zusammengefasst werden.«[263] So stellten sich Pleven und Monnet die schlagkräftige Zukunft einer weitgehend französisch geführten Euro-Armee vor. Das Ende dieser Idee kam aus den eigenen Reihen, besser gesagt, aus der politischen Opposition. Gaullisten und Kommunisten hielten nichts vom Pleven-Plan. Luis Terrenoire, gaullistischer Generalsekretär, warnte vor deutscher Dominanz: »Wenn die europäischen Integrationspläne, vor allem die Europäische Verteidigungsgemeinschaft, verwirklicht werden sollten, wird künftig über die deutsche Vorherrschaft kein Zweifel mehr möglich sein.«[264]

261 Nikolaus Bayer, Wurzeln der Europäischen Union. Visionäre Realpolitik bei der Gründung der Montanunion. St. Ingbert 2002, S. 59

262 Die »Westeuropäische Union fristete ein jahrzehntelanges Mauerblümchendasein und wurde formal am 31. März 2010 aufgelöst.

263 Pleven-Plan der EVG, zit. in: Gerhardt Brunn, Die Europäische Einigung von 1945 bis heute. Stuttgart 2009, S. 91

264 Zit. in: Auslandskommentare zum 6. September 1953, in: *Der Spiegel* Nr. 38/1953

Der am 27. Mai 1952 unterzeichnete Vertrag zur »Europäischen Verteidigungsgemeinschaft«, die aus französischen, deutschen, italienischen und Soldaten der Benelux-Staaten bestehen sollte, scheiterte bereits zwei Jahre später am mehrheitlichen Nein der französischen Nationalversammlung. Diese sprach sich am 30. August 1954 mit 319 zu 264 Stimmen dagegen aus. Also blieb die bereits zuvor, im April 1949, gegründete NATO, der die Bundesrepublik Deutschland erst 1955 beitrat, für mehrere Jahrzehnte der alleinige militärische Arm Westeuropas.

Die Sowjetunion zog mit der Gründung des »Vertrags über Freundschaft, Zusammenarbeit und gegenseitigen Beistand«, vulgo Warschauer Pakt, erst am 14. Mai 1955 nach, eine Woche, nachdem die BRD NATO-Vollmitglied geworden war.

Erste EU-Kampftruppen aus »Amsterdam«

Das französische »Non« zur »Europäischen Verteidigungsgemeinschaft« verzögerte die Militarisierung der Europäischen Union beträchtlich. Es sollte 43 Jahre dauern, bis der Plan, die Gemeinschaft nicht nur ökonomisch, sondern auch militärisch zu vereinheitlichen, wieder auf die Tagesordnung kam. Es war ein EU-Ratstreffen am 18. Juni 1997 in Amsterdam, das einen neuen Anlauf in Richtung Kriegsbündnis nahm. Im kurz darauf beschlossenen Vertrag von Amsterdam griff die mittlerweile auf 15 Mitglieder angewachsene Gemeinschaft Ansätze der »Westeuropäischen Union« auf, die jahrzehntelang ein Schattendasein geführt hatte.

Im Juni 1992 war im Hotelkomplex Petersberg nahe Bonn ein weitgehend unbeachtet gebliebenes Verteidigungskonzept für einen militärischen Beistandspakt beschlossen worden, das sich auf humanitäre und friedenserhaltende Einsätze beschränkte. Der Gipfel von Amsterdam fügte fünf Jahre später eine scheinbar ergänzende Maßnahme hinzu, nämlich friedensschaffende Militäreinsätze. Damit war der Damm gebrochen, der die EU vom Kriegsgang bislang abgehalten hatte. Denn Frieden zu erhalten bedeutet in der Regel, sich zwischen zwei feindlich gesinnte Staaten oder Gruppen zu stellen, die nicht miteinander im Krieg liegen. Frieden zu schaffen hingegen kann nur heißen, dass Krieg bereits geführt wird; mit anderen Worten, nun muss die Streitkraft der Europäischen Union bewaffnet und zu kämpfen bereit sein. In Artikel J 7, Ziffer 2 des »Amsterdamer Vertrages« wird dies auch offen ausgesprochen. Dort wird das Handlungsspektrum der EU mit »humanitären Aufgaben, Rettungseinsätzen, friedenserhaltenden Aufgaben sowie Kampfeinsätzen bei der Krisenbewältigung einschließlich friedensschaffender Maßnahmen« umschrieben.[265] Der sprachliche Euphemismus für militärische Intervention wurde in der europäischen Öffentlichkeit kaum thematisiert und nur in friedenspolitischen Kreisen kritisiert.

Die Außenpolitik der EU erhielt in Amsterdam zudem eine militärische Schlagseite und an ihrer Spitze einen »Hohen Vertreter für die Gemeinsame Außen- und Sicherheitspolitik«. Eine solche Position, in der Außen- und Verteidigungsaufgaben ministeriell vermengt werden, ist in den einzelnen Mitgliedsländern unbekannt. Sie deutet auf ein außenpolitisches Freund-Feind-Denken hin, was allerdings in allen offiziellen Stellungnahmen zurückgewiesen wird. Nach der ebenfalls in Amsterdam erfolgten Ausweitung von Polizeibefugnissen wurde 1997 auch das Schengener Abkommen in die EU-Verträge aufgenommen. Es gewährt Bewegungsfreiheit innerhalb des sogenannten Schengen-Raumes und schotet Drittländer und deren Staatsangehörigen von der Brüsseler Union ab, indem es ihnen den Zugang erschwert bzw. verunmöglicht.

Zum Beschluss, regelrechte Interventionstruppen aufzubauen und aufzurüsten, kam es dann im Juni 1999, als der EU-Rat in Köln dies folgendermaßen argumentierte: »Wir, die Mitglieder der Europäischen Rates, wollen entschlossen dafür eintreten, dass die Europäische Union ihre Rolle auf der internationalen Bühne uneingeschränkt wahrnimmt. (...) Im Hinblick darauf muss die Union die Fähigkeit zu autonomem Handeln, gestützt auf glaubwürdige militärische Fähigkeiten, sowie die Mittel und die Bereitschaft besitzen, dessen Einsatz zu beschließen, um – unbeschadet von Maßnahmen der NATO – auf internationale Krisensituationen zu reagieren.«[266] Als Planziel gaben die Ratsherren eine Truppe von 60.000 Soldaten vor, die innerhalb von 60 Tagen einsatzbereit sein muss,

265 Vertrag von Amsterdam vom 2. Oktober 1997, Art. J/7, Zif. 2; vgl. Claudia Haydt/Jürgen Wagner, Die Militarisierung der EU. Der (un)haltsame Weg Europas zur militärischen Großmacht. Berlin 2018, S.86ff.

266 Erklärung des Europäischen Rats zur Stärkung der Gemeinsamen Außen- und Sicherheitspolitik. Köln, 3./4. Juni 1999; zit. in Haydt/Wagner 2018, S. 87

mithin ein rotationsfähiges Corps von insgesamt 180.000 Waffenträgern; dazu 400 Kampfflugzeuge, 100 Kriegsschiffe und entsprechendes Zusatzgeräte für Land-, Luft- und Wasseroperationen. Ihr offizielles Einsatzgebiet: 4000 Kilometer rund um Brüssel.

Der Kriegseifer des EU-Rats entlud sich nicht zufällig im Juni 1999. Kurz zuvor hatten am 24. März 19 NATO-Staaten (Rest)Jugoslawien überfallen und 78 Tage mit Bomben belegt. Man hatte Blut geleckt; und man wollte, dass zukünftig solche – übrigens völkerrechtswidrigen – Kriege auch ohne USA und NATO-Strukturen im Radius von 4000 Kilometern rund um die EU-Hauptstadt geführt werden können.

Nun ging alles Schlag auf Schlag. Im Jahr 2000 wurde ein Militärausschuss eingerichtet, 2003 die »Europäische Sicherheitsstrategie« verabschiedet und 2004 Kampftruppen – sogenannte Battlegroups – aufgestellt.[267]

Die Einpeitscher

Während in den Jahren 2000 bis 2007, also zwischen den Gipfeln von Nizza und Lissabon, über Strukturänderungen der EU heftig gestritten wurde – wir kommen im nächsten Kapitel darauf zurück –, schritt die Euro-Armee zügig, aber von der Öffentlichkeit weitgehend unbemerkt, voran. Noch klang der Ruf nach Kriegsfähigkeit etwas verhalten, wiewohl sich mehr und mehr Stimmen fanden, die ihn hinausposaunten. So vermerkte beispielsweise der frühere französische Präsident Giscard d'Estaing in seiner Rolle als Vorsitzender des EU-Verfassungskonvents Ende Februar 2002 zur angeblichen Notwendigkeit einer schlagkräftigen Truppe: »Sollten wir in 25 oder 50 Jahren Erfolg haben, (...) wird sich die europäische Rolle in der Welt verändert haben. Sie wird nicht nur als die wirtschaftliche Macht respektiert und gehört werden, sondern auch als politische Macht, die auf gleicher Augenhöhe mit den wichtigsten Großmächten unseres Planeten verhandelt (...) und über die Mittel verfügen wird, um ihren Werten Nachdruck zu verleihen, ihre Sicherheit zu gewährleisten

267 Vgl. hierzu: Sarina Wassermann, Die Militarisierung der Europäischen Union, in: *Friedensforum. Zeitschrift der Friedensbewegung*. Bonn Nr. 1/2020, S. 28f.

und eine aktive Rolle bei internationalen Friedenseinsätzen spielen.«[268] Großmachtdenken und die Vision einer militärischen Schlagkraft bilden seit dem Gipfel von Amsterdam 1997 die Grundlage vieler programmatischer Reden von EU-Granden. Auch wofür Soldaten in die Schlacht ziehen sollen, wird nicht verhehlt, wenngleich in der Rede des Franzosen mit einem unverfänglichen Füllwort – Werte – umschrieben.

Die EU, so Giscard d'Estaing, muss über die Mittel verfügen, um ihren Werten Nachdruck zu verleihen. Diese Werte sind mit ein wenig historischer Kenntnis schnell ausgemacht, immerhin lag der erste Out-of-Area-Einsatz der NATO – gegen Jugoslawien – nicht einmal drei Jahre zurück. Damals, im Frühjahr 1999, kämpfte die Wertegemeinschaft für die Durchsetzung der freien Marktwirtschaft – sprich: ungehinderte Investitionen – und ihre Vorstellung von Demokratie. Im serbischen Politsystem ortete man autokratische Strukturen, was grundsätzlich für Brüssel kein Problem darstellt, wenn es Monarchien am Golf, in Marokko oder Langzeitmachthaber in Zentralasien betrifft und diese sich wirtschaftlich und politisch kooperativ zeigen. Wo dies nicht der Fall ist, will die EU, so Giscard d'Estaing unmissverständlich, in Zukunft »eine aktive Rolle bei internationalen Friedenseinsätzen spielen«. Wir erinnern uns: Frieden darf und soll, der neuen Amsterdamer Militärdoktrin entsprechend, auch geschaffen werden. Der nächste unbotmäßige Machthaber, gleich ob gewählt oder nicht, sollte gewarnt sein, wie Brüssels Soldaten »ihren Werten Nachdruck verleihen«.

Auch die zu Unrecht als sanfte Mutti der deutschen Nation verschriene Angela Merkel kann, wenn das Publikum entsprechend vorsortiert und keine Wähler in der unmittelbaren Umgebung weilen, zur Kriegseinpeitscherin werden. So bereits lange vor der Unterzeichnung des Vertrags von Lissabon, als sie am 7. Februar 2004 auf der Münchner Sicherheitskonferenz die vormalige US-amerikanische Außenministerin Madeleine Albright zustimmend zitierte: »Die zentrale außenpolitische Zielsetzung lautet, Politik und Handeln anderer Nationen so zu beeinflussen, dass damit den Interessen und Werten der eigenen

268 Valéry Giscard d'Estaing, Speech at the Constitutional Convention on the Future of Europe. Brüssel, 28. Februar 2002; zit. in: Haydt/Wagner 2018, S. 42

Nation gedient ist. Die zur Verfügung stehenden Mittel reichen von freundlichen Worten bis zu Marschflugkörpern.«[269]

Javier Solana wiederum, EU-Außenbeauftragter zwischen 1999 und 2009, vermeldete in dieser seiner Funktion Anfang 2006, wie er sich die Entwicklung der Europäischen Union vom – früheren – Friedensprojekt zur nunmehrigen Großmacht vorstellt: »Wo liegen unsere Anfänge?«, fragt er, um gleich selbst darauf zu antworten: »In einem Friedensprojekt unter Feinden. (…) Und was ist unsere künftige Aufgabe? Europa zu einer globalen Macht zu machen.«[270] Dem Freund-Feind-Denken, das die Europa-Idee seit dem Spätmittelalter nicht nur begleitet, sondern auch konstituiert, frönte Solana schon in seiner Amtszeit als NATO-Generalsekretär, die bis 1999 seiner Funktion als EU-Außenbeauftragter vorausging. Die Abfolge im Arbeitsleben des spanischen Politikers spricht Bände. Er war es, der als alleinig dafür Befugter am 23. März 1999 den Befehl zum Luftangriff auf Jugoslawien gab, der tags darauf startete. Nur wenige Monate später trat er in den Dienst der Europäischen Union, um dort seinen bellizistischen Kurs zu implementieren.

Der langjährige britische Premier Tony Blair wiederum nahm den Zweiflern über die Bestimmung Europas die Zweifel, als er nach dem Ausscheiden aus dem Amt meinte: »Die Existenzberechtigung Europas basiert heute auf Macht, nicht auf Frieden.«[271] Polit-biografisch wurzelt Blair, wie Solana, in der linken Reichshälfte. Anders als Solana allerdings, der in seiner Jugend als Rebell galt, ist von Blair nichts Oppositionelles bekannt.

Von ESVP bis PESCO: Militärsprech für Aufrüstung

Unter dem Kürzel ESVP, das für »Europäische Sicherheits- und Verteidigungspolitik« steht, materialisierte sich seit den frühen 2000er-Jahren die militärische Schlagkraft. Mit dem im Februar 2001 unterzeichneten Vertrag von Nizza war der juristische Rahmen dafür geschaffen. Seit damals überzieht die Europäische

269 Rede von Angela Merkel auf der Münchner Sicherheitskonferenz am 7. Februar 2004, https://www.zeit.de/reden/weltpolitik/200407_merkel_muenchen/seite-2

270 Rede von Javier Solana in Salzburg am 17. Januar 2006; zit. in: Haydt/Wagner 2018, S. 43

271 Interview mit Tony Blair in *The Telegraph* vom 9. Juni 2011; zit. in: Ebd., S. 43

Union drei Kontinente mit Militär- und Polizeimissionen, die von Ausbildungslagern bis zu Kampfeinsätzen reichen. Als Beispiele seien erwähnt: die Militäroperation CONCORDIA 2003 in Makedonien, eine ebensolche 2003 und 2016 in der Demokratischen Republik Kongo (ARTEMIS), EUFOR-ALTHEA in Bosnien seit 2004, eine euphemistisch »Überbrückungsoperation« genannte Intervention im Tschad 2007–2009, die Marineoperation EU NAVFOR-Atalanta in Somalia seit 2008 sowie viele militärische Ausbildungseinsätze in Bosnien, Kongo, Sudan, Afghanistan und anderswo.[272]

Die beiden FriedensforscherInnen der Tübinger »Informationsstelle Militarisierung«, Claudia Haydt und Jürgen Wagner, bringen die neue außenpolitische Linie der EU auf die leicht verständliche Formal »Weltmacht = Expansion + Militarisierung«.[273] Die Erweiterung der Brüsseler Union, die seit der Gründung des Kohle-Stahl-Pakts in Schüben erfolgt, wird zunehmend militärisch abgesichert. Dafür bedarf es auch einer kräftigen Erhöhung der einzelnen nationalen Rüstungsbudgets, die im Jahr 2013 durch die EU-Kommission gefordert und zugleich ermöglicht wurde. Artikel 42, Absatz 3 des Lissabonner EU-Vertrages nimmt den Militärbereich vom sonst mit Argusaugen überwachten Sparkurs aus; mehr noch, er verpflichtet die Mitglieder der Gemeinschaft, »ihre militärischen Fähigkeiten schrittweise zu verbessern«.[274]

Kontrovers diskutiert wird im Zusammenhang mit der Militarisierungsstrategie der Europäischen Union die Frage, inwieweit eine solche Europa unabhängig von der US-geführten NATO machen soll; ebenso umstritten ist der Radius des Einsatzgebietes: 4000 Kilometer rund um Brüssel oder fast rund um die Welt. Letzteres legt mit ihrer »Grand Area« die Denkfabrik »Group on Grand Strategy« nahe.[275] Diese von einem gewissen James Rogers geleitete Aufrüstungsinitiative publiziert ihre Ergebnisse unter anderem im EU-eigenen »Institut für Strategische Studien«. Ihr Weltbild geht von einer Bedrohung der westlichen Vorherrschaft, die unhinterfragt als zivilisatorische Notwendigkeit betrachtet wird, durch Autokratien und illiberale Demokratien auf drei Kontinenten (Europa, Asien

272 Vgl. Jürgen Mittag, Kleine Geschichte der Europäischen Union. Von der Europaidee bis zur Gegenwart. Münster 2010, S. 304f.

273 Haydt/Wagner 2018, S. 8

274 https://dejure.org/gesetze/EU/42.html (10.3.2020)

275 Vgl. dazu: http://davidnoack.net/v2/2012/07/im-grosraum-der-eu/ (10.3.2020)

und Afrika) aus. Die EU, so heißt es dort, stünde am Scheideweg und müsse sich gegen »räuberische Autokratien« schützen. »Wir sind der Meinung«, so James Rogers und Mitautoren, »dass zunehmend nur eine effektive Globalstrategie und schiere Macht in der Lage sein werden, die europäischen Werte zu schützen. (…) Die Europäer stehen vor zwei möglichen zukünftigen Entwicklungen: einer Zukunft der Macht oder einer Zukunft des Ruins. Es existiert keine Alternative: Wir können entweder die Herrscher bleiben oder beherrscht werden.«[276] Bis tief nach Russland hinein und fast über den gesamten afrikanischen Kontinent hinweg reicht ihre Landkarte der »Grand Strategy«. Überall dort gelte es, so die Vorstellung der Kriegstreiber, die »europäischen Werte« zu schützen. Europa – also: die EU – sei aufgefordert, seinen Teil dazu beizutragen, während die USA ihre Kapazitäten auf den pazifischen Raum konzentrieren.

Tatsächlich kommt diese »Grand Strategy« in einem US-amerikanischen Gewand daher. Schon der Terminus ist einem Konzept US-amerikanischer Großraumpolitik der unmittelbaren Nachkriegszeit entlehnt, als George Kennan im Sommer 1947 zur Eindämmung der Sowjetunion aufrief und damit Washingtons aggressive Außenpolitik begründete. Kennan, der zwischen 1933 und 1937 an der US-Botschaft in Moskau gearbeitet hatte, war damals Chef des außenministeriellen Planungsstabes und hatte schon im Februar 1946 ein »langes Telegramm« an höchste US-Stellen versandt, in dem er das Ende der Bündnispolitik mit Moskau aus den Zeiten der Anti-Hitler-Allianz beschwor. Auch James Rogers verfasste seine »Grand Strategy« knapp 70 Jahre später wieder als »langes Telegramm«.

Insofern ist die in Brüssel diskutierte »Grand Area« kein primär europäisches Großraumkonzept und findet auch keineswegs ungeteilte Zustimmung. Daher betonen seine Befürworter auch gebetsmühlenartig, dass der Erfolg des Plans von einer intensiven Zusammenarbeit zwischen den USA und der EU abhängt. Wobei darauf hingewiesen wird, dass Europa in der Kriegsführung noch viel zu lernen habe. Der Schutz der Werte bedürfe viel Schmutzarbeit. Es geht dabei um die Bereitschaft, so einer der wichtigsten Stichwortgeber für den siegreichen Kampf um globale Vorherrschaft, Robert Cooper, mit doppelten Standards

276 James Rogers/Luis Simón, The new »long telegram«: Why we must re-found European integration«, in: Group on Grand Strategy, Long Telegram 1, summer 2011, S. 3; zit. in: Haydt/Wagner 2018, S. 30

umgehen zu können. »Unter uns«, so der langjährige EU-Kommissionsberater, »gehen wir auf der Basis von Gesetzen und offener kooperativer Sicherheit um. Aber wenn es um traditionelle Staaten außerhalb des postmodernen Kontinents Europa geht, müssen wir auf die raueren Methoden einer vergangenen Ära zurückgreifen – Gewalt, präventive Angriffe, Irreführung, was auch immer nötig ist, um mit denen klar zu kommen, die immer noch im 19. Jahrhundert leben, in dem jeder Staat für sich selbst stand.«[277] Der britische Adelige Robert Cooper steht für eine erschreckend orientalisierende Menschenverachtung und für einen Rassismus, der bis in die höchsten Kreise der Europäischen Union reicht. Zum Zeitpunkt, als er die obig zitierten Zeilen schrieb, war er Vizevorsitzender für außen- und militärpolitische Angelegenheiten im Rat der Europäischen Union unter Javier Solana.[278] Mit seiner Selbstdefinition als »liberaler Imperialist« trifft er punktgenau den EU-europäischen Zeitgeist zu Anfang des 21. Jahrhunderts.

Das britische Brexit-Referendum vom Juni 2016 beschleunigte dann indirekt weitere Schritte zur Militarisierung in der Europäischen Union. London hatte die Jahre zuvor eher auf der Bremse gestanden, wenn es Brüssel darum ging, Militärbudgets zu erhöhen. Das hing zum einen mit seiner eigenen Position als Atommacht zusammen, die kein zusätzliches Geld in EU-Haushalte stecken wollte, und zum anderen mit seiner speziellen Beziehung zu den USA. Bereits zu Beginn des Zweiten Weltkriegs war Großbritannien über das Lend-Lease-Abkommen militärisch mit den USA verflochten bzw. von ihnen abhängig. Nachdem die Mehrheit der BritInnen für einen Ausstieg aus der EU votiert hatte, trafen Berlin und Paris nun Vorbereitungen für eine engere – und teurere – militärische Kooperation unter Brüsseler Ägide.

Aus der gestärkten »Gemeinsamen Sicherheits- und Verteidigungspolitik« (GSVP) ging im November 2017 die sogenannte »Ständige Strukturierte Zusammenarbeit« hervor, nach dem englischen Namen als PESCO abgekürzt. Von den damals 27 EU-Mitgliedern traten alle außer Großbritannien, Dänemark und Malta dieser Militärinitiative bei. Auch neutrale Länder wie Österreich oder Schweden fanden nichts daran, sich am Aufbau eines gemeinsamen

277 Robert Cooper, The New Liberal Imperialism, in: *The Observer* vom 7. April 2002, übersetzt in: Haydt/Wagner 2018, S. 39

278 https://en.wikipedia.org/wiki/Robert_Cooper_(strategist) (31.1.2020)

stehenden Heeres sowie an Rüstungsprojekten zu beteiligen. Wiens damaliger Außenminister Sebastian Kurz von der konservativ-liberalen ÖVP, die sich in Koalition mit den Sozialdemokraten befand, begleitete diesen Schritt mit der Leerformel, dass Österreichs Beteiligung an der Euroarmee »im Einklang mit der Neutralität« stünde.[279]

Die Rechtsgrundlage für PESCO bildet der Vertrag von Lissabon aus dem Jahr 2007 und hier insbesondere die Artikel 42 und 46. Das Einstimmigkeitsprinzip, das für außen- und sicherheitspolitische Fragen bis dahin gültig war, ist nun nicht mehr erforderlich. Es wurde durch eine qualifizierte Mehrheit im EU-Rat abgelöst. Mit anderen Worten: kleinen Staaten wie beispielsweise Österreich kann und wird eine Militarisierung aufgezwungen werden. Eine solche ist der Sinn der Sache. So müssen – laut Vertrag – die »Verteidigungsfähigkeit stetig weiterentwickelt (werden)«, bewaffnete Kräfte in festgelegten Zeiträumen aufgestellt und insbesondere »europäische Ausrüstungsprogramme« mitgetragen werden. Eine eigene »Europäische Verteidigungsagentur« prüft regelmäßig die Fortschritte in Richtung Kriegsfähigkeit.

Wie überall sonst auch geht es ums Geld. Und dieses ergießt sich als wahrer Regen über die EU-europäischen Rüstungskonzerne. Der Anfang Mai 2018 beschlossene militärische Finanzrahmen für die Jahre 2021 bis 2027 beträgt 48,6 Mrd. Euro.[280] Diese Mittel werden teils aus dem EU-Haushalt und teils aus den nationalen Budgets zur Verfügung gestellt.[281] Sie landen in einem »Europäischen Verteidigungsfonds«. Damit dies klappt, werden alle PESCO-Teilnehmerstaaten zur Erhöhung ihrer Militärausgaben verpflichtet, die mindestens zu 20 % in Rüstungsausgaben zu stecken sind. Brüssel hat sich also entgegen seiner austeritätspolitischen Ausrichtung in sämtlichen sozialen Bereichen dazu durchgerungen, Rüstungsausgaben durch staatliche Investitionen kräftig anzukurbeln, also Militärkeynesianismus zu betreiben.

Eine Reihe von Großprojekten ist bereits auf Schiene. So z. B. die Entwicklung und der Bau eines deutsch-französischen Kampfflugzeuges, eines

279 *Die Presse* vom 14. November 2017

280 Die gesamten Rüstungsausgaben aller EU-Staaten zusammen betrugen 2018 (vor dem Ausscheiden Großbritanniens) 214 Mrd. Euro, davon 50 Mrd. von Großbritannien.

281 Wassermann 2020, S. 27

Euro-Kampfpanzers oder einer waffenfähigen EU-Drohne.[282] Ihr vorgesehener Einsatz wird auch ideologisch damit argumentiert, offene Märkte schützen und Handelshemmnissen begegnen zu müssen. So warnt beispielsweise die »Sicherheitspolitische Jahresvorschau« des österreichischen Verteidigungsministeriums vor »alternativen Wirtschafts- und Gesellschaftsmodellen (z. B. Verstärkung regionaler Wirtschaftssysteme bei gleichzeitiger ›Abschottung‹ gegenüber globalen Akteuren) und vermehrter Abwägung zwischen ökonomischen, sozialen und ökologischen Zielsetzungen«; und weiter fürchtet man sich in Militärkreisen vor Kräften, die eine »Rekonstruktion nationaler Ökonomien rund um industrielle Produktionsstätten« ins Auge fassen, um damit Verarmungstendenzen zu begegnen und auch vor »hohen Zöllen und Marktzugangsbarrieren« nicht zurückschrecken. Das darf nicht geschehen, weswegen eine militärische Lösung angedacht wird: »Es ist aber nicht auszuschließen, dass einerseits auf der Ebene der Auseinandersetzung zwischen Staaten eine bewaffnete Reaktion auf die Einschränkung wirtschaftlicher Entwicklungsmöglichkeiten erfolgen könnte, z. B. wenn Zugänge zu essenziellen Ressourcen oder Infrastrukturen behindert werden. Andererseits bleiben der Wettbewerb um die vielfach geringer werdenden Güter (Boden, Wasser, Energie) (…) die dominanten Konfliktfaktoren sowohl auf lokaler als auch auf globaler Ebene. Immer mehr Gruppen werden daher auch zum Mittel des bewaffneten Aufstandes greifen bzw. in Flucht oder ungeregelter Massenmigration Chancen suchen.«[283]

Was im beamteten Militärdeutsch geschwollen klingt (und wohl auch so klingen soll), bedeutet nicht mehr oder weniger, als dass sich die EU-Staaten im Rahmen von PESCO darauf vorbereiten, profithemmende Staaten, Initiativen oder Ereignisse – seien sie national, sozial oder ökologisch argumentiert – militärisch zu bekämpfen.

»Ein historischer Moment für die europäische Verteidigung«[284], jubelte EU-Außenbeauftragte Federica Mogherini, die Nachfolgerin von Javier Solana im Amt, als am 13. November 2017 PESCO im Rahmen einer Zeremonie abgefeiert

282 Özlem Demirel, Mit von der Leyen zu neuen Militarisierungsufern, in: *Friedensforum*. Zeitschrift der Friedensbewegung. Bonn Nr. 1/2020, S. 28

283 Bundesministerium Landesverteidigung (Hg.), Sicher. Und morgen? Sicherheitspolitische Jahresvorschau 2019. Wien 2019, S. 22

284 zit. in: *ZDF*, *heute.de* vom 13. Dezember 2017

wurde. Und ihr Chef, Kommissionspräsident Jean-Claude Juncker, entdeckte im Angesicht bevorstehender Rüstungsaufträge und Militäreinsätze seine literarische Ader, als er meinte: »Sie ist erwacht, die schlafende Schönheit des Lissabon-Vertrags.«[285] Damit spielte er auf die zehnjährige Verspätung an, mit der PESCO wegen der Verschleppungstaktik Londons startete.

Eine Märchenparabel wählte auch die damals frisch angelobte deutsche Verteidigungsministerin Annegret Kramp-Karrenbauer anlässlich ihrer Rede zur Verabschiedung ihre Vorgängerin Ursula von der Leyen: »Du hast die PESCO aus dem Dornröschenschlaf erweckt. Du hast ganz konkrete Projekte nicht nur konzeptionell vorgedacht, sondern auch umgesetzt. Dafür steht die gegenseitige Unterstellung bei Panzerverbänden und der Luftverteidigung mit den Niederlanden. Dafür steht die Rüstungskooperation allen voran mit Frankreich, um Kampfflugzeuge und Kampfpanzer der Zukunft zu entwickeln. Dafür steht der Einstieg in die Europäische Verteidigungsunion.«[286] Militarismus neu und feminin, von Frau zu Frau mit Dankesworten weitergetragen.

Ganz so reibungslos wie vor der Bundeswehr-Kulisse läuft es dann doch nicht ab zwischen den großen militärischen Partnern des Westens. »Die Gemeinsame Sicherheits- und Verteidigungspolitik umfasst die schrittweise Festlegung einer gemeinsamen Verteidigungspolitik der Union. Diese führt zu einer gemeinsamen Verteidigung, sobald der Europäische Rat dies einstimmig beschlossen hat«, liest man in Artikel 42, Absatz 3 des Vertrags von Lissabon.[287] Das dreimalige Beschwören der »gemeinsamen Verteidigung« lässt aufhorchen, es offenbart Missklänge. Tatsächlich sind die Bruchlinien deutlich sichtbar. Diejenige zwischen Paris und Berlin wird tiefer. Da geht es zum einen um die Beziehung der Europäischen Union zu den USA respektive zur NATO. Während Frankreich immer wieder – auch historisch fundierte – Bedenken gegen eine allzu starke Bindung an den transatlantischen Partner äußert, ist Deutschland bemüht, auseinanderstrebende Tendenzen zu kitten. So hörte man Ende 2019 aus dem Pariser Élysée immer wieder die Formel von einer »echten europäischen Armee«,

285 zit. in: *Zeit Online* vom 11. Dezember 2017

286 Abschiedsrede von Verteidigungsministerin Annegret Kramp-Karrenbauer für ihre Vorgängerin Ursula von der Leyen am 15. August 2019

287 https://dejure.org/gesetze/EU/42.html (10.3.2020)

in der eine Distanznahme zu Washington durchklingt. Der französische Präsident Emmanuel Macron wurde dann im November 2019 mit seinem Sager von der »hirntoten NATO« noch deutlicher. Berlin sieht das völlig anders. Schon ein Jahr zuvor hatte Kanzlerin Merkel zur Rolle einer europäischen Streitkraft gemeint: »Das ist keine Armee gegen die NATO, ich bitte sie, das kann eine gute Ergänzung sein, niemand möchte klassische Verbindungen infrage stellen.«[288]

Doch die französisch-deutsche Kluft geht tiefer. Paris sieht in PESCO in erster Linie die gemeinsame Streitmacht – unter seiner Führung –, die rasch zu Militäreinsätzen überall in der Welt ausrücken kann und verdächtigt Berlin, diese »operative Dimension« zugunsten eines rüstungstechnischen Aufbaus zu vernachlässigen. In dieser Diskrepanz, die für Außenstehende vielleicht spitzfindig anmuten mag, widerspiegeln sich auch historisch unterschiedliche Standpunkte. Interventionsfähigkeit war das Um und Auf des französischen Kolonialismus, dessen nicht unbeträchtliche Nachwirkungen in Afrika zu beobachten sind und von Paris in eine gemeinsame Strategie eingebunden werden sollen. Für Deutschland wiederum ist der heimische militärisch-industrielle Komplex das Kernstück seiner Schlagkraft. Geopolitik hier, Wirtschaftspolitik dort. Brüssel will nun beides zusammenführen, im Interesse des EU-europäischen Großraums und seiner Rüstungsindustrie: eine gefährliche Ansage.

Von der Wirklichkeit unbeeinflusst, entschied das Friedensnobelpreis-Komitee die Vergabe seiner Auszeichnung an die Europäische Union. Am 10. Dezember 2012 reisten die Staats- und Regierungschefs der Gemeinschaft dann für einmal nicht nach Brüssel oder auf einen der ständig rotierenden Gipfel in einen der EU-Staaten, sondern nach Oslo; in die Hauptstadt jenes Landes, dessen Bevölkerung genau 40 Jahre zuvor mit satter Mehrheit das bereits ausverhandelte Beitrittsabkommen zur EWG abgelehnt hatte. Die Fotogalerie über das Ereignis zeigt Angela Merkel und den französischen Präsidenten François Hollande in Triumphpose vor den übrigen Ratsmitgliedern. In der Ansprache zur Verleihung der Auszeichnung wurde der »erfolgreiche Kampf für Frieden, Versöhnung, Demokratie und Menschenrechte« hervorgehoben, wegen dem

288 Angela Merkel am 13. November 2018 vor dem Europäischen Parlament, zit. in: https://www.bundeskanzlerin.de/bkin-de/aktuelles/rede-von-bundeskanzlerin-merkel-vor-dem-europaeischen-parlament-am-13-november-2018-in-strassburg-1549538

die EU eine würdige Preisträgerin sei. Schon damals, im Jahr 2012, war freilich absehbar, dass Brüssel den Auf- und Ausbau einer EU-europäischen Militärmacht vorantrieb.

Exkurs

Die Instrumente der Union

Mit einem für Außenstehende undurchsichtigen Geflecht an Institutionen hat sich die Europäische Union einen Apparat aufgebaut, der einfachen demokratischen, bürgerlich-parlamentarischen Prinzipien Hohn spricht. Oder, wie es der Verfassungsrechtler Hans Herbert von Arnim zum Ausdruck brachte: »Demokratie ist in der Europäischen Union in krasser Weise defizitär. (...) Würde ein Beitrittskandidat derartige Defizite aufweisen, hätte er nicht die geringste Chance, in die EU aufgenommen zu werden.«[289]

Je nach Lesart herrschen vier oder fünf Einrichtungen über die 447 Millionen EinwohnerInnen der Union. Im Viereck zwischen Rat, Kommission, Parlament und Gerichtshof fallen die Entscheidungen, zusätzlich dazu dient der »Europäische Rat« als übergeordnete Instanz im Hintergrund. Laut einer Erhebung des »Centrums für europäische Politik« sind diese vier bis fünf Organe für ca. 80 Prozent aller in den einzelnen EU-Staaten geltenden Gesetze zuständig. Für Deutschland schätzte der ehemalige Bundespräsident Roman Herzog die Anzahl der von Brüssel ausgegebenen Gesetze bereits im Jahr 2007 auf 84 %.[290] In Österreich waren es laut die Europarechtsexpertin Alina Lengauer im Jahr 2014 80 %.[291] Denn es gilt der Vorrang von EU-Recht gegenüber nationalen Gesetzen.

Der Rat

Das Hauptorgan der Gemeinschaft bildet der Rat, auch Ministerrat genannt. Er besteht aus den Regierungschefs bzw. Fachministern der Mitgliedsländer. Der Vorsitz rotiert halbjährlich und setzt nicht nur die jeweiligen nationalen

289 Hans Herbert von Arnim, Die Deutschland-Akte. Was Politiker und Wirtschaftsbosse unserem Land antun. München 2008

290 https://www.welt.de/dossiers/eu-macht/article720463/Europa-entmachtet-uns-und-unsere-Vertreter.html (4. 3. 2020)

291 https://www.derstandard.at/story/1389859163652/eu-lexikon-gesetzgebung (4. 3. 2020)

Ausrichter der Ratspräsidentschaft unter enormen Druck, sondern auch Tausende Eurokratinnen und Eurokraten in Bewegung. Ohne die EU-weite halbjährliche Rotation der Vorsitzführung müssten die europäischen Fluglinien ihre Flotten re-dimensionieren.

Im Juristensprech wird der Rat auch »Staatenkammer« genannt. Gegründet im Jahr 1952, ist er für die Verabschiedung von Gesetzen bzw. Verordnungen zuständig und mithin Teil der Brüsseler Legislative. Ihm steht das EU-Parlament seit dem Vertrag von Maastricht 1992 im sogenannten Mitentscheidungsverfahren zur Seite, während die EU-Kommission das alleinige Initiativrecht im Gesetzgebungsverfahren besitzt.

Der Rat tritt in zehn Formationen auf, in denen man auch supranationale Ministerien sehen kann: dem Rat für allgemeine Angelegenheiten, für Außenpolitik, Soziales & Gesundheit, Bildung & Kultur & Sport, Inneres & Justiz, Landwirtschaft & Fischerei, Umwelt, Verkehr & Energie, Wettbewerbsfähigkeit sowie für Wirtschaft & Finanzen. Dazu treffen sich mindestens alle drei Monate die – bei Redaktionsschluss dieses Buches – 27 Fachminister bzw. Ministerpräsidenten und/oder Staatschefs. Abgestimmt wird im System der »Doppelten Mehrheit«, nach dem 55 % der Mitgliedsstaaten, die 65 % der EU-Bevölkerung vertreten, eine Entscheidung herbeiführen können. Das heißt, dass mindestens 15 (von 27) Mitgliedsstaaten, in denen zusammen 65 % der 513 Millionen BewohnerInnen leben, für eine Beschlussfassung notwendig sind.

Das unbestritten größte Manko des Rats ist seine Demokratieferne. Während alle EU-Mitglieder wie alle Staaten, die parlamentarisch verfasst sind, eine Trennung von Legislative und Exekutive kennen und viele davon diese auch mehr oder minder gut leben, sucht man eine solche bei den Institutionen der EU vergeblich.

Üblicherweise wählt das Volk seine VertreterInnen in ein Parlament, das National- oder Bundestag, Assemblée nationale, Sejm, Duma oder Werchowna Rada heißen kann. Diese Kammer aus gewählten Mandataren versteht sich als Legislative, das heißt, von ihr geht – zumindest formal – die Staatsgewalt aus. Diese nationalen Parlamente sind es auch, die nach ihrem Zusammentreten eine ihnen verantwortliche Exekutive wählen. Mit entsprechender parlamentarischer Mehrheit werden ein Regierungschef und sein Team bestellt, wofür der lateinische Begriff für Diener – Minister – in Verwendung ist. Diesen steht zur Umsetzung ein Verwaltungsapparat aus Beamten zur Verfügung, die Bürokratie.

Dass in einer Arbeit wie der vorliegenden solche Binsenweisheiten über das Fundament einer seit vielen Generationen – freilich mit Unterbrechungen in der faschistischen bzw. nationalsozialistischen Epoche – üblichen staatlichen Struktur geschrieben werden müssen, hängt einfach damit zusammen, dass die Europäische Union eine solche Gewaltenteilung in Legislative und Exekutive nicht kennt. Sie setzt sich darüber in zweifacher Hinsicht hinweg. Einmal grundsätzlich dort, wo die nationalen Exekutiven, also die Regierungschefs und Minister, sich auf EU-Ebene zur supranationalen Legislative erheben. Der Rat ist Ausdruck dieser Selbstmandatierung. Er hat gesetzgebende Funktion, obwohl alle seine Mitglieder zu Hause in den nationalen Parlamenten ausschließlich dafür gewählt wurden, diesen Parlamenten zu dienen. Und dann richtet sich der Rat auch noch seine eigenen EU-»Ministerien« ein, die in den oben beschriebenen zehn Fachbereichen die Ergebnisse der Legislative exekutieren. Der Rat ist der Idealtypus eines politischen Chamäleons. Als Exekutive von nationalen Parlamenten gewählt, geriert er sich in Brüssel als Legislative und exekutiert wiederum – unter dem wachsamen Auge der weitgehend von ihm bestimmten EU-Kommission – die Gesetzestexte.

Eine Kontrolle der Ratstätigkeit durch demokratisch dafür legitimierte Organe gibt es nicht, sieht man vom EU-Parlament ab, das allerdings von sich aus gar keine Gesetzesanträge gegen den Rat einbringen und für wichtige Fragen wie z. B. die Außenpolitik nicht einmal mitentscheiden kann.

Eine solche Konstruktion ist wie geschaffen für eine Interessenspolitik, die sich außerhalb demokratischer Prozesse formiert. Großen Unternehmen oder ganzen Wirtschaftsbranchen kommt die fehlende Gewaltenteilung zugute. Weil die Mitglieder des Rats nicht ihren nationalen Parlamenten gegenüber rechenschaftspflichtig sind, müssen sie diesen auch nicht erklären, warum sie Verordnungen zustimmen, die von Lobby- und Pressure-Gruppen an sie herangetragen werden. Auf diese Art werden über die Bande von Brüssel Gesetze in den einzelnen Mitgliedsstaaten wirksam, ohne dass dort darüber entschieden worden wäre.

Wie die Gesetzwerdung genau funktioniert, hat sich ein investigativer Journalist, der sich über eine eigene Liste ins EU-Parlament wählen ließ, genau angesehen. 38-jährig war Hans-Peter Martin 1999 zum parteifreien Spitzenkandidaten der österreichischen Sozialdemokratie (SPÖ) für die EU-Parlamentswahl nominiert worden. Als er den Filz in Brüssel nicht mehr aushielt und umgekehrt auch die SPÖ ihn auf das Abstellgleis schieben wollte, kandidierte er 2004 solo unter der Namensliste »Martin«. Sensationelle 14 Prozent sicherten ihm den weiteren Verbleib in Brüssel. Dort schlüpfte der ehemalige *Spiegel*-Redakteur – nun ohne parteipolitische Rücksichten nehmen zu müssen – in die Aufdecker-Rolle. Sein Befund, der in Buchform unter dem Titel »Die Europafalle«[292] erschien, stellt den Institutionen der Europäischen Union ein verheerendes Zeugnis aus. »Politik wird im neuen Jahrtausend«, so Martin, »gemacht wie vor 150 Jahren, als der Zigarettenrauch der Reichsfürsten und Gründerzeitkapitalisten noch die Hinterzimmer der Macht schwängerte. Die politischen Protagonisten der Gegenwart verhalten sich kaum anders. Im Kern ist es eine isolierte, selbstgefällige und vor allem verkrustete Elite, die zum gewichtigsten Problem des Systems geworden ist.«[293] Den Räten attestiert der langjährige EU-Abgeordnete Geheimnistuerei und Bürgerferne.

In den Jahren 1999 bis 2009, als der Journalist als Abgeordneter seine Beobachtungen machte, beherrschen zwei Arbeitsgruppen das Brüsseler Terrain. »Antici« und »Mertens« tagen im Verborgenen. Protokolle werden dabei keine geführt, wie Hans-Peter Martin auf eine mündliche Anfrage an den Rat vom 7. Oktober 2008 offiziell bestätigt wurde.[294] »Antici« und »Mertens«, benannt nach früheren Vorsitzenden von EU-Vorbereitungsgruppen, sind Gremien des »Ausschusses der ständigen Vertreter der Mitgliedsstaaten«. Sie bereiten mit einem Stab von fast 300 Männern und Frauen alle wichtigen Tagungen vor und loten Unstimmigkeiten und Dissens im Vorfeld aus. Bei vertraulichen Treffen mit den einzelnen Botschaftern der EU-Staaten räumen sie Hindernisse, wenn irgend möglich, aus dem Weg. Dann werden im »Ausschuss der ständigen Vertreter« Rechtsakte gesetzt. »Bis zu diesem Zeitpunkt hat noch kein Minister eines Mitgliedsstaats, geschweige denn ein gewählter Volksvertreter, über den Text mitbestimmt. Alles wird in Beamtenkreisen ausgekungelt, die keinem Wähler

292 Hans-Peter Martin, Die Europafalle. Das Ende von Demokratie und Wohlstand. München 2009
293 Ebd., S. 13f.
294 Ebd., S. 14

gegenüber verantwortlich sind.«[295] Der durchschnittliche Medienkonsument gleich in welchem EU-Staat hat von den Arbeitsgruppen »Antici« und »Mertens« freilich noch nie etwas gehört oder gelesen, sie kommen in der Berichterstattung gar nicht vor.

Der Vertrag von Lissabon aus 2007 (in Kraft getreten 2009) hat zwar die Ratssitzungen, die bis dahin im Geheimen abgehalten wurden, »transparent« gemacht; die diese vorbereitenden Beamtengruppen tagen indes weiter abseits der öffentlichen Wahrnehmung. Damit ist auch garantiert, dass Positionen, die ein Minister im Rat vertritt, nur selten zu Hause, also in dem Parlament, dem er rechenschaftspflichtig wäre, bekannt werden. Seine Ansprechpartner sind vielmehr bezahlte Agenten großer Konzerne, die sich in Brüssel zu Zigtausenden tummeln und sich sowohl mit Beamten als auch mit politischen Mandataren ins Einvernehmen setzen. Ende 2019 waren es 11.900 offiziell registrierte Lobbyorganisationen. Der Verband der chemischen Industrie (Cefic) steht mit einem Jahresbudget von 12 Mio. Euro und einem Gesamtbudget von 40 Mio. Euro und 78 gemeldeten Lobbyisten an der Spitze, gefolgt vom Institut für Telekommunikation. Laut der Demokratieinitiative LobbyControl und der NGO Corporate Europe Observatory sind auch die Portokassen von Google (6 Mio. Euro), Microsoft (5 Mio. Euro), Shell (4,5 Mio. Euro), Siemens (3,5 Mio. Euro) und Facebook (3,5 Mio. Euro) für die Beeinflussung der Brüsseler Gesetzgeber prall gefüllt.[296] LobbyControl stellte zuletzt im April 2019 wieder einmal fest, dass es Industrielobbyisten leicht haben, Entscheidungen des Rates zu beeinflussen.[297] Neben den Industrie-, IT- und Finanzlobbyisten haben es Interessensvertreter von regionalen oder sozialen Organisationen wie Bundesländern oder Gewerkschaften schwer. Ihnen fehlen oft schlicht die Mittel, um den Geschäftsinteressen großer Unternehmungen etwas entgegensetzen zu können.

295 Ebd., S. 14

296 *Frankfurter Allgemeine Zeitung* vom 13. August 2019; siehe: https://www.faz.net/aktuell/wirtschaft/schneller-schlau/lobbyismus-wer-ist-die-groesste-lobby-macht-in-bruessel-16328984.html (10.3.2020)

297 Alicia Prager, LobbyControl, Fortschritte in Brüssel, kaum Transparenz in Berlin. In: www.euractiv.de vom 29. April 2019 (29.2.2020)

Die Kommission

Der personelle Moloch der Europäischen Union versammelt sich um die 27 Kommissare. 32.000 Bedienstete werken im Jahr 2020 für das seit 1967 in heutiger Form bestehende suprastaatliche Organ. Wie der Rat überwindet auch die Kommission Gewaltentrennung zwischen Legislative und Exekutive mühelos. Ihre exekutive Funktion ergibt sich aus der Tatsache, dass sie mit Hilfe des enormen Beamtenapparats die Ausführung der EU-europäischen Rechtsakte – also der Verordnungen, Beschlüsse und Richtlinien – überwacht, die Budgethoheit ausübt, die Einhaltung der Verträge kontrolliert und nationale Verstöße gegen das EU-Recht sanktioniert bzw. an den Europäischen Gerichtshof meldet.

Als legislative Körperschaft verfügt die Kommission über das alleinige Initiativrecht im Gesetzgebungsverfahren der Europäischen Union. Der Rat ist dann für die Beschlussfassung zuständig und das EU-Parlament darf in einer Reihe von inhaltlichen Fragen mitentscheiden. Die in der EU-Kommission versammelten Damen und Herren formen laut der britischen Europaexpertin Helen Wallace ein »arkanes Kartell«,[298] also einen Geheimbund, der sich öffentlicher Kontrolle, sei sie national oder supranational, weitgehend entzieht. Die beiden Politikwissenschaftler Johannes Pollak und Peter Slominski stimmen dem Befund von Wallace zu und nennen die EU-Kommission einen »nicht gewählten agenda setter, der seine Macht, wie der Europäische Gerichtshof auch, beständig ausweitet.«[299]

Das exklusive Vorschlagsrecht der Kommission für jedwede Verordnung geht so weit, dass sie auch dann noch, wenn ihre Gesetzesinitiative bereits eingebracht ist und darüber im Parlament beraten wird, den Antrag jederzeit zurückziehen kann. Dies passiert insbesondere in jenen Fällen, in denen das Parlament Änderungsvorschläge einbringt, die das Vorhaben der Kommission ändern oder die dahinter stehenden Interessen nicht berücksichtigen. In solchen Momenten schlüpft die Kommission von der Rolle der Exekutive in die Legislative und entzieht dem Parlament den Handlungsspielraum.

298 Helen Wallace, Government without Statehood: The Unstable Equilibrium. In: Helen Wallace/William Wallace, Policy-Making in the European Union. Oxford 1996, S. 33

299 Johannes Pollak/Peter Slominski, Das politische System der EU. Wien 2012, S. 182

Die EU-Kommission, die wie das Parlament eine fünfjährige Amtsperiode kennt, besteht aus 27 Personen, jede von einem EU-Mitgliedsland entsandt. Die hehre Vorstellung, dass die 27 Kommissare in irgendeiner Weise gewählt würden, zerbricht vollständig an der Wirklichkeit. Dank zunehmender Lecks in der Berichterstattung wird das Gemauschel zwischen den EU-Regierungschefs öffentlich immer bekannter, das regelmäßig in einem deutsch-französischen Postenschacher kulminiert. Zwar finden in der Europäischen Union alle fünf Jahre Parlamentswahlen statt, diese haben jedoch nichts mit der Zusammensetzung der Kommission zu tun, die ja formal die Ergebnisse des EU-weiten Urnengangs widerspiegeln sollte. Zuletzt wurde dieses Lehrstück an Demokratieferne im Jahr 2019 nach erfolgter EU-Parlamentswahl aufgeführt. Die Fraktionsführer der beiden stimmenstärksten Gruppen, Manfred Weber von der Europäischen Volkspartei (174 Mandate) und Frans Timmermans von den Sozialdemokraten (141 Mandate), wurden nach kurzen Beratungen zwischen Berlin und Paris für den Posten des Kommissionschefs ausgeschieden. Mit der deutschen Verteidigungsministerin Ursula von der Leyen zauberten die Hintermänner und -frauen der Macht (Macron und Merkel) eine Figur als Kommissionspräsidentin aus dem Hut, die zuvor nicht einmal zum EU-Parlament kandidiert hatte. Im personellen Tauschgeschäft mit der Direktorin des Internationalen Währungsfonds Christine Lagarde kam von der Leyen in Brüssel zum Zug. Die eine wurde Chefin der Europäischen Zentralbank, der anderen fiel die Leitung der EU-Kommission zu. Von der Leyen brauchte in der Folge Monate, um ihr 27-köpfiges Team zusammenzustellen.

Den Ablauf dieses ganzen Prozederes fasste die Homepage der deutschen Bundesregierung folgendermaßen zusammen: »Nach der Europawahl schlägt der Europäische Rat einen Kandidaten oder eine Kandidatin für das Amt des Kommissionspräsidenten vor, der vom Europäischen Parlament mit absoluter Mehrheit bestätigt werden muss.«[300] Trotz vielfach anderer Berichterstattung: die EU-Kommissionspräsidentin ist nach diversen machtpolitischen Ränkespielen eben nicht gewählt, sondern bestätigt worden. Zwar heißt es im Vertrag von

300 https://www.bundesregierung.de/breg-de/themen/europa/wie-funktioniert-europa/die-europaeische-kommission, zit. in: Anneliese Fikentscher/Andreas Neumann, Ja! Ja! Ja! Ursula! – Was geschah am 16. Juni 2019 in Straßburg?, in: *Das Krokodil* Nr. 30 vom September 2019, S. 69

Lissabon aus 2007, dass das EU-Parlament die Kommission »wählt«, doch das Zeitwort täuscht. Auch Andreas Wehr, lange Jahre wissenschaftlicher Mitarbeiter des EU-Parlaments, findet die Wortwahl »wählen« irreführend. Laut dem Berliner Juristen hat sich das Verfahren zur Wahl der EU-Kommission auch nach Lissabon nicht geändert: »Es blieb dabei, dass der Europäische Rat den Kandidaten für das Amt des Kommissionspräsidenten auswählt und anschließend dem EP (EU-Parlament, d. A.) vorschlägt. Und da immer nur ein Kandidat präsentiert wird, kann von einer echten Wahl nicht gesprochen werden. Das Parlament hat daher auch nach der Vertragsänderung lediglich das Recht, den Auserwählten zu bestätigen oder abzulehnen. Und sollte es ihn wirklich einmal zurückweisen, so ist es nach den EU-Vertrag wiederum der Europäische Rat, der einen neuen Kandidaten präsentiert.«[301]

Wikipedia meint zur Rolle der EU-Kommission bereits am Anfang des Eintrages trocken: »Im politischen System der EU nimmt sie (die Kommission, d. A.) vor allem Aufgaben der Exekutive wahr und entspricht damit ungefähr der Regierung in einem staatlichen System.«[302] Ungefähr halt.

Noch pointierter äußerte sich der EU-Parlamentarier Martin Sonneborn, Redakteur der deutschen Satirezeitschrift *Titanic*, zum EU-Personal aus Kommission und Rat. Nach der EU-Parlamentswahl 2019 trat er als wiedergewählter Mandatar der Partei »Die Partei« im Straßburger Plenum vor das Mikrophon. Seine kurze sarkastische Rede, in der er die Verdienste des zukünftigen neuen EU-Spitzenpersonals in Erinnerung ruft und damit die strukturelle Misere auf persönliche Verkommenheit herunterbricht, ist es wert, wiedergegeben zu werden: »Liebe Frau von der Leyen, herzlich willkommen. Es freut mich sehr, dass ich ab sofort nicht mehr der unseriöseste Vertreter der europäischen Demokratie bin. Das Personal-Tableau, das der Rat vorgelegt hat, hat es in sich: Josep Borrell, ein spanischer Typ, der als Präsident des Europäischen Hochschulinstituts zurücktreten musste, weil er vergessen hatte, eine jährliche Gratifikation von 300.000 Euro zu erwähnen, soll als Außenbeauftragter die europäischen Werte

301 Andreas Wehr, Kein echtes Parlament – zur Stellung des Europäischen Parlaments im Institutionengefüge der EU. 28. April 2019; siehe: https://www.andreas-wehr.eu/kein-echtes-parlament.html (3. 3. 2020). Siehe auch: Andreas Wehr, Die EU als demokratiefreie Herrschaftsarchitektur; in: Ullrich Mies/ Jens Wernicke (Hg.), Fassadendemokratie und Tiefer Staat. Auf dem Weg in ein autoritäres Zeitalter. Wien 2017, S. 155–166

302 https://de.wikipedia.org/wiki/Europ%C3%A4ische_Kommission#cite_note-2 (2. 3. 2020)

in der Welt vertreten? Christine Lagarde, eine Juristin, die wegen Veruntreuung von 400 Millionen Euro öffentlicher Gelder schuldig gesprochen wurde und noch nie eine nationale Notenbank geführt hat, soll die EZB leiten? Charles Michel, ein Belgier, der nicht einmal in Belgien eine funktionierende Regierung bilden konnte, soll Ratspräsident werden und für den Ausgleich in einem immer komplexeren Geflecht nationaler Interessen sorgen? Und dazu Sie, Frau von der Leyen: eine europapolitisch völlig kenntnisfreie deutsche Ministerin, die lediglich durch einen irren Hang zu überteuerten Beratern, Missmanagement und Euphemismen aufgefallen ist – Trendwende Finanzen für die größte deutsche Aufrüstungswelle seit Kriegsende. (…) Wir sollten Europa nicht den Leyen/Laien überlassen.«[303]

Der Europäische Rat

Eine Sonderform in der EU-Hierarchie bildet der »Europäische Rat«. Er sollte nicht mit dem weiter oben beschriebenen (Minister)Rat der Europäischen Union verwechselt werden, obwohl seine Zusammensetzung ähnlich ist und er sich mit ihm großteils überlappt. Der »Europäische Rat« besteht aus den 27 Staats- und Regierungschefs der Mitgliedsländer sowie seinem auf zweieinhalb Jahre gewählten Präsidenten, dem Kommissionspräsidenten und dem EU-Außenminister, der auf den langatmigen Titel »Hoher Vertreter der EU für Außen- und Sicherheitspolitik« hört. Als Präsidenten des »Europäischen Rats« eignen sich, wie bei vielen anderen hochrangigen EU-Posten, politisch abgetakelte Figuren. Ihre Parteien haben oft schwere Wahlniederlagen hinter sich, Brüssel will jedoch auf ihre Expertise nicht verzichten, weshalb sie sich entschließen, das nationale Debakel in einen persönlichen Karrieresprung umzuwidmen. So kam zuletzt der liberalkonservative Donald Tusk für zwei Amtsperioden zwischen 2014 und 2019 auf den Sessel des Präsidenten des »Europäischen Rats« nach Brüssel. Bereits im Vorfeld der polnischen Parlamentswahlen von 2015, für die ein hoher Sieg der rechtskonservativen Partei »Recht und Gerechtigkeit« (PiS) prognostiziert worden war, verließ Tusk das sinkende Schiff seiner Partei Bürgerplattform (PO)

303 https://www.youtube.com/watch?v=cc-elFcs96Y (24.7.2019)

und den Posten als polnischer Ministerpräsident. Während seine Bürgerplattform einen Verlust von minus 15 % einfuhr und die WählerInnen sich der PiS zuwandten, stieg Tusk im EU-europäischen Ranking auf den Platz des Ratspräsidenten.

Ähnlich entwickelte sich auch die europäische Karriere seines Nachfolgers im Amt, Charles Michel. Der liberale Belgier führte zwischen 2014 und 2019 die Regierungsgeschäfte im wallonisch-flämischen Königreich. Als sich abzeichnete, dass er einen Misstrauensantrag der Opposition politisch nicht überleben würde, reichte er 2018 seinen Rücktritt ein, verblieb noch ein paar Monate als kommissarischer Ministerpräsident, um im Juli 2019 höhere Weihen in Brüssel anzunehmen. Sein Mouvement Réformateur (MR) verlor im selben Jahr ein Viertel der Wählerstimmen.

Der »Europäische Rat« tagt vier Mal im Jahr. Seine Treffen finden unter dem medialen Schlagwort »EU-Gipfel« statt und bestimmen wesentlich die zukünftige Ausrichtung der Union. Die Sitzungen sind nicht öffentlich, ihre Auftritte werden regelmäßig mit dem sogenannten »Familienfoto« unterlegt. Seine Gründung geht auf eine Initiative des französischen Präsidenten Valéry Giscard d'Estaing und des deutschen Bundeskanzlers Helmut Schmidt im Jahr 1974 zurück. Die beiden wollten neben den offiziellen Organen der Gemeinschaft ein informelles Forum etablieren, in dem Beratungen stattfinden und Beschlüsse gefasst werden konnten, ohne damit offizielle Stellen zu belästigen. Tatsächlich entstand der »Europäische Rat« ohne jede rechtliche Verankerung. »Die neue Institution war nicht durch eine vertragsrechtliche, von den Parlamenten und Mitgliedstaaten ratifizierte Vereinbarung, sondern durch die bloße Willensbekundung der Staats- und Regierungschefs geschaffen worden«, schreibt der Historiker Jürgen Mittag. »Damit hatten sich die Gipfelkonferenzen in Form des Europäischen Rats gewissermaßen selbst institutionalisiert.«[304]

Das bedeutet nichts anderes, als dass das in der Hierarchie am höchsten stehende Gremium der Europäischen Union sich jeder Kontrolle, auch jener des Europäischen Gerichtshofs, entzieht. Es kann schalten und walten, wie es will. Daran hat sich auch mit der Umsetzung des Vertrags von Lissabon nichts

304 Jürgen Mittag, Kleine Geschichte der Europäischen Union. Von der Europaidee bis zur Gegenwart. Münster 2010, S. 154

geändert, obwohl der Europäische Rat seit 1. Dezember 2009, also 35 Jahre nach seiner Gründung, zumindest eine Geschäftsordnung verpasst bekommen hat.

Das EU-Parlament

Was der »Vater Europas«, Jean Monnet, bis zu seinen letzten Atemzügen nicht wollte, war ein mit demokratischen Vollmachten ausgestattetes Parlament. Dieser »Exponent von oben« sprach sich zeitlebens gegen ein in Volkswahlen gewähltes Organ aus.[305] Sein Wunsch war Generationen von EuropapolitikerInnen Befehl. Auch heute noch, im Jahr 2020, fehlt dem EU-Parlament jene Legitimität, die Parlamente im nationalen Rahmen auszeichnet. Die Europäische Union baut nicht wie jede repräsentative Demokratie auf einer gewählten Volksvertretung auf, die eine Regierung wählt und Gesetze einbringt und verabschiedet. Sie nickt anderswo Beschlossenes ab. Insofern ist die Bezeichnung »Parlament« nicht korrekt. Von ihm geht keine Gewalt aus.

Bis ins Jahr 1979 fanden überhaupt keine Wahlen statt, mit denen Abgeordnete in das EG-Parlament entsandt worden wären. Die einzelnen Mitgliedsländer schickten Mandatare in eine Kammer, die de facto und de jure nicht eigenständig agieren konnte. Eine erste Direktwahl war für 1978 vorgesehen, verschob sich aber wegen ständiger Kontroversen um ein Jahr. Zwischen 7. und 10. Juni 1979 wurden dann die BürgerInnen der EG-Staaten zu den Urnen gebeten. Anstelle von bis dahin 198 Delegierten zogen daraufhin 410 Abgeordnete ins Parlament nach Straßburg. Ein einheitliches Wahlsystem kam nie zustande, jeder Staat erließ dafür eigene Grundlagen.

Seit dem Vertrag von Lissabon, so heißt es, wären die Rechte des EU-Parlaments bestärkt worden. Tatsächlich bleibt es allerdings gegenüber Rat und Kommission ohnmächtig. Das Parlament besitzt nicht einmal ein Initiativrecht, das heißt, es kann keine Gesetze einbringen, dies ist exklusiv der Kommission vorbehalten. Der Stolz der EU-affinen Eliten liegt in dem Wörtchen »Mitentscheidungsverfahren«. Erstmals in Maastricht 1992 gebraucht, ist es seit Inkrafttreten des Lissabon-Vertrages 2009 auf viele Bereiche anwendbar. Dieses Mitentscheidungsverfahren

305 Siehe dazu: Michael Gehler, Europa. Von der Utopie zur Realität. Innsbruck 2014, S. 316

besteht aus einem dreistufigen, langwierigen Prozess. Dabei geht es in den ersten beiden Stufen um die Herstellung eines Kompromisses zwischen Rat, Kommission und Parlament. Erst in der dritten Stufe besitzt das EU-Parlament die Möglichkeit, seine Position gegenüber dem Rat oder der Kommission durchzusetzen. Theoretisch zumindest, denn in der Praxis erweist sich eine dafür nötige absolute Mehrheit bei sieben Fraktionen und fast drei Dutzend Fraktionslosen als unmöglich. Und selbst diese theoretische Machtbefugnis wird dem EU-Parlament in wichtigen Fragen nicht zugesprochen. So verbleiben Wettbewerbspolitik sowie die Außen- und Sicherheitsagenden dem Rat bzw. der Kommission vorbehalten; das EU-Parlament muss in diesen Fragen nur »konsultiert« werden.

Auch die wichtigste Entscheidungsbefugnis eines jeden wirklich parlamentarisch verfassten Staates, die Budgethoheit, streift das EU-Parlament nur. Im Mitentscheidungsverfahren darf es den Haushalt, der von der Kommission eingebracht wird, absegnen. Ein Ablehnen ist, wie die Verabschiedung des Finanzplans 2014–2020 gezeigt hat, nicht vorgesehen.[306]

Das dreistufige Verfahren zur Entscheidungsfindung kommt wegen seiner Langwierigkeit kaum zum Tragen. Stattdessen werden die meisten Verordnungen und Richtlinien im sogenannten Trilog abgearbeitet. Dort versuchen Rat, Kommission und Parlament ein einvernehmliches Ergebnis zu erzielen. Andreas Wehr weiß aus Erfahrung, dass dabei das Parlament auf dem kürzeren Ast sitzt. Denn während ganze Stäbe von Beratern für Rat und Kommission tätig sind, nehmen auf parlamentarischer Seite nur einzelne Abgeordnete mit ihren Mitarbeitern teil. Was Erfahrung und Sachkenntnis anbelangt, sind die Parlamentarier dem Rat und der Kommission weit unterlegen. »Das ist dann auch die Chance der Lobbyisten«, so Wehr, »die sich, nachdem sie bereits bei der Konzipierung des Gesetzesvorhabens ausgiebig die Beamten von Rat und Kommission ›beraten‹ hatten, nun auch als Experten den weitgehend auf sich gestellten Abgeordneten andienen.«[307]

Es verwundert nicht, dass die Bürgerinnen und Bürger der EU-Mitgliedstaaten solch einer Performance den Rücken zuwenden. Am sichtbarsten kommt

306 https://www.andreas-wehr.eu/kein-echtes-parlament.html (3. 3. 2020)
307 Ebd.

dies bei der alle fünf Jahre stattfindenden Wahl zum EU-Parlament zu Ausdruck. Bei der bislang letzten Möglichkeit, dieser Einrichtung seine Wertschätzung zu zeigen, nutzte Ende Mai 2019 nur die Hälfte der damals 427 Millionen Wahlberechtigten diese Chance, in Deutschland waren es 61,4 %, in Österreich 59,8 %. Besonders desinteressiert zeigten sich Wahlberechtigte aus Osteuropa. Nur 22,7 % der SlowakInnen, 28,7 % der TschechInnen und 32,6 % der BulgarInnen maßen der Europawahl eine Wichtigkeit zu, was an ihren jahrzehntelangen Erfahrungen mit nutzlosen Wahlgängen während der kommunistischen Epoche zu tun haben könnte.

Der Europäische Gerichtshof (EuGH)

Der gnadenloseste Hüter des ungehinderten ökonomischen Wettbewerbs versteckt sich unter juristischen Talaren. Die einmal politisch beschlossenen vier kapitalistischen Freiheiten (Kapital, Waren, Dienstleistungen, Arbeitskraft) haben sich im Gewand des Europäischen Gerichtshofs (EuGH) verrechtlicht. Und das ist keine gute Nachricht für Lohnabhängige, Gewerbetreibende, Bauern und für alle, die nicht großräumig agierende Kapitalgesellschaften ihr eigen nennen.

Der Europäische Gerichtshof wacht über die Grundlagen der Union, die auf der Gleichzeitigkeit von ökonomischer Konvergenz und sozialer und steuerpolitischer Divergenz beruhen. Das bedeutet in der Regel, dass Unternehmensinteressen, die den Großraum EU bespielen können, gegenüber möglichen sozial, regional oder national argumentierten Einsprüchen Vorrang haben. Kapitalfreiheit steht über sozialen, regionalen oder nationalen Schutzmaßnahmen. Mit dem Zauberwort der »Diskriminierung« werden Beschränkungen für großräumig agierende Kapitalgruppen beseitigt. Von einzelnen EU-Mitgliedsstaaten, Gewerkschaften, Städten oder anderen kommunalen Einrichtungen verfügter oder erkämpfter Schutz gegen die Profiteure der vier Freiheiten wird als »diskriminierend« ausgerechnet gegenüber jenen Kapitalgruppen angesehen. In der Logik des EuGH wird das Eigenschaftswort »diskriminierend« als Synonym für »geschäftsmindernd« verwendet.

Gegründet 1952 als kleines Gericht zur Beilegung von Streitigkeiten innerhalb der »Gemeinschaft für Kohle und Stahl«, mauserte sich der EuGH über die

Jahrzehnte zum mächtigen Organ der EU, das für »die Wahrung des Rechts bei der Auslegung und Anwendung der Verträge«[308] zuständig ist. Seinen 27 Richtern, die von den Mitgliedstaaten nominiert und vom EU-Rat ernannt werden, stehen dafür zwei Mittel zur Verfügung: das Vertragsverletzungsverfahren und das Vorabentscheidungsverfahren.

Im Vertragsverletzungsverfahren prüft der EuGH auf Basis einer Anzeige der Kommission, ob ein Mitgliedstaat gegen EU-Recht verstößt. Im Vorabentscheidungsverfahren können oder müssen in bestimmten Fällen nationale Gerichte die Meinung des EuGH einholen. In allen Fällen gilt: Der EuGH hat immer recht, seine Urteile übertrumpfen jede nationale Rechtsprechung. Sie tun dies auch rückwirkend. Auf dem Vorrang des EU-Rechts vor jenem der Mitgliedstaaten beruht die ganze Konstruktion der Brüsseler Union. Das Urteil im sogenannten »Van Gend & Loos«-Prozess aus dem Jahr 1963 begründete diese selbstständige Rechtsordnung der Europäischen Gemeinschaft, die sich von der Jurisdiktion der Mitgliedstaaten losgelöst hat. Das Arbeitsvolumen des EuGH beträgt durchschnittlich 700 Verfahren pro Jahr.

Im Jahr 1964 zeigte der EuGH erstmals seine (neo)liberalen Zähne gegen einen Staat, damals gegen Italien. Zwei Jahre zuvor hatte Rom entschieden, sämtliche Elektrizitätsunternehmen zu verstaatlichen und dem Energiekonzern E. N. E. L. anzugliedern. Ein Aktionär von E. N. E. L., der Rechtsanwalt Flaminio Costa, fühlte sich bei dem Vorgang um seine Dividende betrogen und weigerte sich in der Folge, seine Stromrechnungen zu bezahlen. Damit provozierte er einen Rechtsstreit mit E. N. E. L., den er bis zum Europäischen Gerichtshof trug. Er klagte, dass die Verstaatlichung des Stromversorgers gegen einzelne Artikel des EWG-Vertrages verstoßen würde und somit europarechtswidrig sei. Der Europäische Gerichtshof fühlte sich dafür zuständig, nahm den Fall an und entschied am 15. Juli 1964, dass die italienische Verstaatlichung den EWG-Vertrag missachten würde und Rom durch seine Mitgliedschaft in der Europäischen Wirtschaftsgemeinschaft diesbezügliche Agenden bereits an die übergeordnete Rechtsordnung abgegeben hätte. Die Souveränitätsrechte Italiens

308 Vertrag über die Europäische Union, Art. 19 Abs. 1 Satz 2 EUV, siehe: https://www.ris.bka.gv.at/NormDokument.wxe?Abfrage=Bundesnormen&Gesetzesnummer=10008048&FassungVom=2015-11-17&Artikel=19&Paragraf=&Anlage=&Uebergangsrecht= (6. 3. 2020)

wurden damit beschränkt, es könne nicht gegen den EWG-Vertrag selbstständig entscheiden, die Verstaatlichung sei aufzuheben. Der Vorrang von »europäischem« Recht vor nationalem war mit der »Costa/Enel-Entscheidung«[309] aktenkundig, ein Exempel statuiert.

Ein weiteres entscheidendes Urteil, das den Weg für die übernationale Großraumwirtschaft und damit für die kapitalstärksten Unternehmen frei machte, stammt aus dem Jahr 1979. Es ging unter dem Stichwort »Cassis de Dijon« in die Fachliteratur ein. Die Kölner Unternehmensgruppe Rewe wollte den französischen Johannisbeerlikör »Cassis de Dijon« importieren und in ihren Filialen verkaufen. Weil dieser aber nicht den in Deutschland vorgeschriebenen Mindestalkoholgehalt von 25 % aufwies, der für eine Kennzeichnung als Likör vorgeschrieben war, wurde seine Einfuhr verboten. Dagegen zog nun Rewe vor den EuGH in Luxemburg. Dieser gab der Klage des Rewe-Konzerns gegen die Bundesrepublik recht und begründete seinen Urteilsspruch mit Artikel 30 des EG-Vertrages. Dort steht geschrieben, dass der freie Warenverkehr nationalen Gesetzen übergeordnet ist, wenn diese ihn behindern. Mit dem »Cassis de Dijon«-Urteil stellte der Europäische Gerichtshof zudem klar, dass grundsätzlich jedes Produkt, das in einem Land der Gemeinschaft legal hergestellt wird, in allen anderen angeboten werden kann.[310] Nationale Vorschriften waren mit einem Schlag nichtig, das »Prinzip der gegenseitigen Anerkennung« öffnete den Großraum in marktwirtschaftlicher Hinsicht. Die Deutschen mussten sich in Zukunft damit abfinden, dass »Liköre« oft nicht mehr Alkoholgehalt als Biere aufweisen.

Seit dem »Cassis de Dijon«-Verfahren griff der EuGH in unzähligen Fällen auf Seiten des »freien Wettbewerbs« und des ungehinderten Warenverkehrs in nationale Judikatur ein. In vielen Fällen entzog er damit EU-Mitgliedstaaten die politische Möglichkeit, kleinräumig produzierende Gewerbetreibende, Unternehmer oder Bauern vor überregionaler Konkurrenz zu schützen. Er ebnete den Weg für großindustriell Produziertes, vervielfachte die Warenverkehrsströme und trug zum Niedergang von regional verankerten Wertschöpfungsketten bei.

Von ArbeiterInnen und Angestellten erkämpfte soziale Rechte fielen unter

309 https://de.wikipedia.org/wiki/Costa/Enel-Entscheidung (3. 1. 2020)

310 Vgl. dazu: Klaus-Dieter Borchardt, Die Europäische Einigung. Die Entstehung und Entwicklung der Europäischen Union (Amt für amtliche Veröffentlichungen der Europäischen Gemeinschaften). Luxemburg 1995, S. 36

dem Richtschwert des EuGH dem Wortungetüm der sogenannten ArbeitnehmerInnenfreizügigkeit und der Dienstleistungsfreiheit zum Opfer. Immer wieder stellt sich der EuGH gegen Gewerkschaften, die national ausverhandelte Kollektivverträge gegen den Import billiger Arbeitskräfte verteidigen. Lohn- und Sozialdumping sind die Folge.

Einige wenige Beispiele, die den sozial und regional zerstörerischen Charakter von EuGH-Urteilen sichtbar machen, sollen hier Erwähnung finden.

Im März 2018 kam der EuGH Großgrundbesitzern zu Hilfe, die sich mit Umgehungsverträgen Tausende Hektar Agrarland in Ungarn trotz Landkaufverbot unter den Nagel gerissen hatten.[311] Die Geschichte weist eine lange Vorlaufzeit auf. Unmittelbar nach der Wende 1989 hatte die Euphorie der Grenzenlosigkeit in Ungarn dazu geführt, dass kapitalstarke Investoren bzw. Großgrundbesitzer vornehmlich aus Österreich in großen Mengen billiges Ackerland kauften. Das führte Budapest im Jahr 1994 unter der Regierung Péter Boross zur Einsicht, dass mit dem Ausverkauf von Grund und Boden an ausländische Investoren Schluss sein müsse. Man erließ ein Landkaufverbot für Ausländer. Findige österreichische Großgrundbesitzer – etwa 200 an der Zahl – schlossen daraufhin langfristige Pachtverträge mit Strohmännern ab und blieben im Land. 20 Jahre später erklärte der ungarische Ministerpräsident Viktor Orbán diese Pachtverträge für nichtig, was einen betroffenen Österreicher zum EuGH ziehen ließ. Die Richter stellten fest, dass durch die gesetzliche Aufkündigung der Umgehungspachtverträge aus 1994 eine »mittelbare diskriminierende Beschränkung des freien Kapitalverkehrs« gegeben sei.[312] Das Argument der ungarischen Regierung, die Aufhebung der Pachtverträge sollte nachträglich die Verstöße gegen das damals geltende Landkaufverbot sanktionieren, blieb ungehört.

Besonders abgesehen hat es der EuGH auf nationale Gesetze im Agrarbereich, die beispielsweise traditionelle Steuererleichterungen für Bauern vorsehen. So kippten die Luxemburger Richter im Frühjahr 2014 ein ungarisches Gesetz, das es Familien erlaubt jährlich 50 Liter Palinka, einen aus Marillen und Zwetschken

311 Insgesamt bewirtschaften 200 österreichische Großagrarier eine Fläche von 200.000 Hektar Agrarland in Ungarn, das entspricht knapp 5 % der gesamten landwirtschaftlich nutzbaren Fläche. Siehe dazu: https://www.konsument.at/cs/Satellite?c=MagazinArtikel&cid=318899284963&pagename=Konsument%2FMagazinArtikel%2FPrintMagazinArtikel (10. 3. 2020)

312 EuGH-Urteil von Anfang März 2018; zit. in: *Die Presse* vom 6. März 2018

(Aprikosen und Pflaumen) gemachten Schnaps, zu brennen. Und im November 2017 erhielt Wien einen Brief aus Brüssel, in dem ein Vertragsverletzungsverfahren angedroht wurde, sollte Österreich nicht die Regelung, nach der auf Bauernhöfen – je nach Region unterschiedlich – jährlich 15 oder 30 Liter Schnaps steuerfrei hergestellt werden kann, kippen.[313] Diese österreichische Tradition ist 180 Jahre alt, dennoch will sie der EuGH als »diskriminierend« gegenüber EU-weit tätigen Alkoholkonzernen brandmarken und verbieten. Bis zu Redaktionsschluss dieses Buches ist darüber keine Entscheidung gefallen.

Die EuGH-Eingriffe in Steuerfragen sind insofern brisant, als es keine einheitliche Steuergesetzgebung in der Europäischen Union gibt. Jeder Staat kann Einkommens-, Vermögens- oder Unternehmenssteuern nach eigenem Gutdünken erlassen, was – ähnlich wie bei der nicht vorhandenen Harmonisierung im Sozialbereich – zu einem Wettlauf nach unten führt, zum Steuerdumping. Zur Freude der großen Konzerne. Typischerweise sind es einzig Massensteuern wie jene auf Tabak oder vor allem die Mehrwertsteuer, bei der Brüssel klare Vorgaben macht. Der Konsum des sprichwörtlich kleinen Mannes soll, anders als Betriebe oder Reiche, überall circa in der gleichen Höhe besteuert werden. Deshalb darf der Normalsatz für die Mehrwertsteuer in der EU nicht unter 15 % liegen.[314]

»EuGH höhlt Tarifautonomie aus«, titelte die gewerkschaftsnahe Hans-Böckler-Stiftung im Sommer 2015. Und weiter: »Der Europäische Gerichtshof hat die Rechte von Gewerkschaften in den vergangenen Jahren erheblich geschwächt, angefangen bei Tarifverträgen bis zum Streikrecht.«[315] Der dort beschriebene »Fall Rüffert« ist nur einer von vielen. Dabei geht es um einen Bauauftrag, den das Land Niedersachsen im Jahr 2008 unter der Auflage vergeben hat, dass sich die Baufirma an die örtlich geltenden Tarifbestimmungen zu halten habe. Nachdem die Firma Teile der Arbeit an ein polnisches Subunternehmen vergeben hatte, wurde ruchbar, dass dieses seine nach Niedersachsen entsandten Arbeiter weit unter dem Tariflohn bezahlte. Hannover verhängte eine Geldstrafe über den Auftragnehmer, dieser klagte und der EuGH gab ihm Recht. Das Land

313 *Tiroler Tageszeitung* vom 8. November 2017

314 https://eur-lex.europa.eu/legal-content/DE/TXT/?uri=LEGISSUM%3Al31057 (6.3.2020)

315 Böckler Impuls, Ausgabe 7/205

Niedersachsen, so die Luxemburger Richter, hätte die Dienstleistungsfreiheit und die Entsenderichtlinie der EU nicht beachtet.

In einem anderen Fall namens »Viking« griff der EuGH gegen das Streikrecht durch. Die finnische Reederei »Viking« ließ 2007 ihre Schiffe auf den Standort Estland umflaggen. Damit konnte sie mit wesentlich billigeren Arbeitskosten die hohen finnischen Löhne umgehen. Einen Streik der finnischen Gewerkschaft befand der EuGH für unrechtmäßig.

In einem österreichischen Arbeitskampf griff der EuGH im Jahr 2019 dem Andritz-Konzern unter die Arme und ersparte ihm hohe Zahlungen. Die Manager des Maschinen- und Anlagebauers hatten 200 bosnische, serbische und kroatische Arbeiter angestellt, ohne die in Österreich vorgeschriebenen Beschäftigungsbewilligungen und Lohnunterlagen auszustellen. Die Bezirkshauptmannschaft Murtal verhängte daraufhin die vorgesehenen Strafen, die sich nach dem Kumulationsprinzip auf 1000 bzw. 4000 Euro beliefen, pro Gesetzesbruch und also pro gesetzwidrig billig angestelltem Arbeiter.[316] Die Andritz-Manager klagten. Der EuGH gab ihnen Recht. Er sah eine unzulässige Beschränkung der Dienstleistungsfreiheit und bemängelte im Übrigen die Höhe der Strafe, die knapp eine Million Euro betrug. Es dürfe, so die EU-Richter, nicht jede fehlende Beschäftigungsbewilligung – also 200 Stück – bestraft werden, sondern das Ganze müsse als ein einziger Fall behandelt werden. Der Unterschied belief sich auf 800.000 Euro. Das österreichische Lohn- und Sozialdumpinggesetz war damit Makulatur.

Die EU-Entsenderichtlinie aus dem Jahr 1996 hatte die nach dem ultraliberalen niederländischen EU-Kommissar benannte Bolkestein-Richtlinie abgelöst. Damit wurde das während der Wendezeit der frühen 1990er-Jahre gültige Herkunftslandprinzip durch das Prinzip des Bestimmungslandes ersetzt. Bis 1996 war es also gesetzlich erlaubt und entsprechend gängig, z. B. nach Deutschland entsandte portugiesische oder osteuropäische Werktätige mit Löhnen zu bezahlen, die im Herkunftsland üblich waren. Die Differenz lag bei 1:3 bis 1:20. Mit der Entsenderichtlinie 96/71/EG galt nun das Bestimmungslandprinzip, was sich allerdings im Großen und Ganzen nur insofern auswirkte, dass nun der jeweils

316 *Der Standard* vom 20. Oktober 2019

im Bestimmungsland gültige Mindestlohn zu zahlen war. Alle anderen Arbeitsrechte wie Zulagen, Sonderzahlungen, Prämien und Sozialversicherung waren nicht inkludiert. Am 31. Juli 2020 kam die neue Entsenderichtlinie 2018/957/EU zum Tragen, die das Prinzip des »Equal pay« etwas verstärkt und die in Hochlohnländer entsandten Arbeiter neben dem Mindestlohn auch an Prämien und Urlaubsanspruch teilnehmen lässt. Die Sozialversicherung bleibt interessanterweise davon ausgenommen. Der über eine bulgarische oder rumänische Firma nach Deutschland verschickte Bauarbeiter unterliegt damit weiterhin dem viel schlechteren Sozialsystem des Herkunftslandes. Oder mit anderem Blickwinkel gesehen: die Firma, die mit entsandten Arbeitern aus Osteuropa in Deutschland arbeitet, erspart sich hohe Sozialversicherungsausgaben.[317] Der Europäische Gerichtshof wird weiterhin »Diskriminierungen« nach der Entsenderichtlinie ahnden, also soziales Dumping mittels EU-Recht absichern und damit nationale Gesetze zum Schutz von Lohnabhängigen aushebeln.

Gewerkschaften laufen zunehmend Sturm gegen diese Praxis der EuGH-Rechtsprechung. Der DGB macht sich diesbezüglich um die Brüsseler Union generell Sorgen: »Unfairer Wettbewerb mit niedrigen Löhnen und Lohnnebenkosten«, so schreibt er im Dezember 2019 in Zusammenhang mit einem Urteilsspruch für einen ungarischen Subunternehmer, der in der Bahn mit billigem Personal gute Geschäfte macht, »ist neben unfairem Steuerwettbewerb die größte Bedrohung für den Zusammenhalt in der Europäischen Union. Der EuGH scheint diese zentrifugalen Kräfte zu befeuern.«[318]

Fundamentale Kritik am EuGH kommt auch aus der juristischen Ecke, beispielsweise vom ehemaligen Vizepräsidenten des bundesdeutschen Verfassungsgerichtshofs Ferdinand Kirchhof. Er wirft dem Gerichtshof vor, »einseitige Entscheidungen ohne Rücksicht auf gewachsene nationale Rechtsinstitute« zu fällen. Damit untergräbt er »die Subsidiarität, Verhältnismäßigkeit und die Vorschriften zur Rücksichtnahme in den europäischen Verträgen.«[319] Auch der frühere deutsche Bundespräsident Roman Herzog lässt kein gutes Haar am

317 Eine gute Zusammenfassung der Problematik bietet die Rechtsanwaltskanzlei BPV Hügel, siehe: https://www.bpv-huegel.com/newspost/die-neue-eu-entsenderichtlinie-was-sich-aendert-und-was-es-dabei-zu-beachten-gilt/ (6. 3. 2020)

318 https://www.dgb.de/themen/++co++5e420eb0-14eb-11ea-aa1e-52540088cada (10. 3. 2020)

319 zit. in: https://de.wikipedia.org/wiki/Europ%C3%A4ischer_Gerichtshof (5. 3. 2020)

EuGH, wenn er meint, dass es »gewaltig im Gebälk der europäischen Rechtsprechung kracht. Die Ursache ist der Europäische Gerichtshof, der mit immer erstaunlicheren Begründungen den Mitgliedstaaten ureigene Kompetenzen entzieht und massiv in ihre Rechtsordnungen eingreift. Inzwischen«, so Herzog weiter, »hat er so einen Großteil des Vertrauens verspielt, das ihm einst entgegengebracht wurde.«[320]

320 Roman Herzog/Lüder Gerken, Stoppt den Europäischen Gerichtshof. In: *Frankfurter Allgemeine Zeitung* vom 8. September 2008.

8. Gescheiterte (Supra)Staatsbildung

Die zweite Dezemberwoche des Jahres 2000 zeigte wieder einmal, wie weit Volk und EU-Bürokratie voneinander entfernt sind. Die französische Mittelmeermetropole Nizza befand sich im Ausnahmezustand. Eingebunkert im Kongresszentrum Acropolis berieten die Spitzen der Europäischen Union über ihre Zukunft. Draußen riegelten 4500 Polizisten den Stadtbezirk ab und Froschmänner kontrollierten schwimmend die Kanäle und Wasserreservoirs unterhalb des Tagungsortes. Zur See patrouillierte die Marine, Kampfjets flogen ihre Kreise entlang der Küste.

Zwei Monate zuvor hatten sich baskische AktivistInnen anlässlich des vorangehenden EU-Gipfels Straßenschlachten mit der französischen Polizei in Biarritz geliefert. Nun empörten sich in Nizza über Hunderttausend gegen die Herrschaftsansprüche Brüssels. Die Demonstranten stammten aus den unterschiedlichsten gesellschaftlichen Gruppen: die italienische Lega Nord mobilisierte ebenso wie deutsche Autonome, korsische Separatisten, die französische Rechte des Jean-Marie Le Pen und Gewerkschaften. Man demonstrierte nicht zusammen, aber stand gemeinsam gegen den suprastaatlichen Hegemonieanspruch der EU. Die Polizei setzte massiv Tränengas ein, es gab Dutzende Verletzte auf beiden Seiten.[321]

So wie oben beschrieben, konnte man Berichte darüber in jeder Tageszeitung lesen, in die Geschichte ging der EU-Gipfel von Nizza jedoch mit völlig anderen Attributen ein. Die heftigen Konfrontationen auf den Straßen Südfrankreichs sind aus dem historischen Gedächtnis gestrichen. Dieses Gedächtnis hält vielmehr die Streitereien innerhalb des zur Festung ausgebauten Konferenzzentrums vorrätig. Vier Tage lang – und eine ganze Nacht – diskutierten die Vertreter der 15 EU-Staaten teilweise gehässig um eine Neuordnung der EU-Strukturen. Die Politikwissenschaftler Johannes Pollak und Peter Slominski beschreiben das Gerangel als den »Bazar von Nizza, auf dem nationale Eitelkeiten dominierten.«[322]

321 Vgl. https://www.faz.net/aktuell/politik/nizza-strassenschlacht-mit-der-polizei-111619.html oder https://www.derstandard.at/story/410771/nizza-im-ausnahmezustand (1.2.20120)

322 Johannes Pollak/Peter Slominski, Das politische System der EU. Wien 2012, S. 42

Aber auch wichtige Teilnehmer des Gipfels stellten Organisation und Zusammenkunft kein gutes Zeugnis aus. Die halbjährig rotierende Präsidentschaft der Union, also Frankreich, sei »mehr Teil des Problems als der Lösung« gewesen, resümierte der damalige luxemburgische Ministerpräsident Jean-Claude Juncker. Und Kommissionspräsident Romano Prodi wetterte in einem Brief an seine 20.000 Bediensteten, dass die Veranstaltung unter einem indiskutablen Gegeneinander leide, in dem »jeder nur für sich selbst« agiere.[323]

Worum ging es nun in Nizza und warum war die Stimmung auf dem Tiefpunkt angelangt? Mittelfristig wurde an zwei Schrauben gedreht. Zum einen arbeitete man in Vorbereitung auf die Osterweiterung der EU an einer weiteren Einschränkung der Einstimmigkeit im EU-Rat. Seit 1997 befand sich Brüssel ja in sogenannten Verhandlungen mit vorerst sechs, seit 1999 mit insgesamt zwölf Kandidatenländern. Ihnen allen wurde in langwierigen Prozessen der Rechtsbestand der Union übergestülpt. Vor der offiziellen Aufnahme, die dann 2004 bzw. 2007 erfolgte, wollten die mächtigen EU-Mitglieder sicherstellen, dass bei einer erweiterten Gemeinschaft nicht ein einzelnes – unwichtiges – Mitgliedsland Beschlüsse blockieren kann. Deshalb wurde beschlossen, Mehrheitsentscheide in vielen Feldern zuzulassen. Zum anderen ging es um eine neue Stimmverteilung, was ebenfalls mit der bevorstehenden Erweiterung zusammenhing. Die Frage lautete, welches Land wie viele Vertreter in den EU-Rat entsenden sollte. Darüber ließ sich freilich trefflich streiten. Heraus kam, dass Deutschland im Verhältnis zur Einwohnerzahl von 82,5 Millionen weniger Stimmen (nämlich 29) zugesprochen wurde als z. B. dem 62,5 Millionen Einwohner starken Frankreich (ebenfalls 29) oder dem 29,4 Millionen Einwohner zählenden Spanien (27). Nach 2004 (bzw. 2007), als die in Nizza beschlossene Stimmverteilung schlagend wurde, war es dann vor allem Polen (mit 27 Stimmen bei 38,6 Millionen Menschen), das unter den Neuankömmlingen davon profitierte, während Rumänien mit seinen 21,7 Millionen Einwohnern nur 14 Stimmen zugesprochen wurden.

Die Ratifizierung der in Nizza ausverhandelten Änderungen brachte wiederum schwere Zerwürfnisse mit sich. In vielen nationalen Parlamenten gab es heftige Proteste der Oppositionsparteien, die sich gegen entsprechende

323 Zit. in: Michael Gehler, Europa. Von der Utopie zur Realität. Innsbruck-Wien 2014, S. 151

Verfassungsänderungen wehrten. Solche waren überall notwendig, weil Nizza tief in die Souveränität der einzelnen Mitgliedsstaaten eingriff. Überall fanden sich jedoch, getrieben von medialem, EU-apologetischem Trommelfeuer, Mehrheiten, die der neuen Struktur zustimmten. Einzig Irland sah für Verfassungsänderungen zwingend eine Volksabstimmung vor. Diese endete am 7. Juni 2001 mit einem Fiasko für Brüssel. 53,8 % Prozent lehnten das Vertragswerk ab. Erst eine geradezu hyperventilierende Medienkampagne, in die die Führer der beiden großen Parteien Fianna Fáil und Fine Gael eingebunden waren, und Unterstützung von außen – wie z. B. ein Fernsehinterview mit einem flehentlichen Václav Havel –, die täglich in den Nachrichten zu finden war, drehte das Ergebnis. Bei der Wiederholung der Volksabstimmung stimmten die IrInnen zu.

Ausfluss von Nizza: ein Konvent

Nachdem der Gipfel von Nizza die Fliehkräfte innerhalb der Europäischen Union nicht unter Kontrolle bringen konnte, sinnierte man in Brüssel darüber nach, wie weiter zu verfahren sei. Als Ziel schwebte den EU-Granden ein einheitlicher europäischer Bundesstaat mit einer europäischen Verfassung vor. Im Hickhack der offenen Debatte zwischen 15 Staats- und Regierungschefs war dies in Nizza nicht realisierbar gewesen. Auch die heftigen Straßenproteste saßen den Verantwortlichen noch in den Knochen. Es lag also nahe, die Entwicklung Europas in die Hände ausgewählter Persönlichkeiten zu legen, die sich nicht zu Hause, in nationalen Parlamenten, vor Abgeordneten oder gar vor WählerInnen, rechtfertigen mussten.

Ein Verfassungskonvent schien die Lösung. »Versammlung der Mönche (kath.)« bzw. »Zusammenkunft der Geistlichen zur Beratung (evang.)« steht zum Begriff Konvent im Duden aus dem Jahr 2000 zu lesen; und auch, dass die Nationalversammlung während der Französischen Revolution so genannt worden war. Dass es ausgerechnet ein Franzose wurde, den die Brüsseler Bürokratie zum Präsidenten der Verfassungskonvents bestimmte, hat allerdings nichts mit seiner revolutionären Gesinnung zu tun. Valéry Giscard d'Estaing fiel die Aufgabe zu, die in Nizza gescheiterte Arbeit an einer europäischen Verfassung weiterzutreiben. Die Personalauswahl ist typisch für höchste Ämter in EU-Europa. Der 1926 im von Frankreich besetzten Rheinland geborene Giscard d'Estaing brachte es in den 1970er-Jahren zum höchsten Staatsamt, bis er im Mai 1981 die Wahlen gegen François Mitterrand verlor. Seit damals folgte Niederlage auf Niederlage. Zu den Europawahlen 1989 rasselte seine bürgerlich-konservative Wahlgemeinschaft auf einen Tiefstand von 29 %, später unterlag er in der Bürgermeisterwahl in Clermont-Ferrand.[324] Abgetakelte Politiker, die Volkswahlen nicht mehr für sich entscheiden können, finden immer wieder Verwendung in der EU-europäischen Politikhierarchie. Es lag also nahe, den damals 76-Jährigen als Konventspräsidenten einzusetzen. Mit 105 ebenfalls fein selektierten Mitgliedern erarbeitete dieses Gremium zwischen Ende Februar 2002 und Juli 2003 einen Vertrag über eine europäische Verfassung. Die Frage, ob es ein Staatenbund oder ein Bundesstaat werden sollte, wurde geflissentlich ausgeklammert.

Die Arbeitsweise des Konvents wurde von wohlwollenden Beobachtern als intransparent beschrieben. Tatsächlich diskutierte ein geschlossener Klüngel unter der Knute Giscard d'Estaings, dem sämtliche Vollmachten alleine – sogar die der terminlichen Einberufung von Sitzungen – zustanden. Oder, wie es eine objektiv-unverfängliche, dem EU-Europagedanken euphorisch zugeneigte Stimme zu Protokoll brachte: »Der Konvent ist angekündigt worden als die große Demokratie-Show«, meinte der luxemburgische Premier Juncker, um seine Enttäuschung hinzuzufügen, »aber ich habe noch keine dunklere Dunkelkammer gesehen als den Konvent.«[325]

Am 18. Juli 2003 übergab Giscard d'Estaing den Entwurf zur europäischen Verfassung an die damalige italienische Ratspräsidentschaft. Als demokratiepolitischer Kern der neuen EU-Struktur war die sogenannte doppelte Mehrheit bei Abstimmungen im Rat vorgesehen. Dies bedeutete, dass zukünftig bei Beschlüssen eine einfache Mehrheit von Staaten genügt, wenn diese 60 % der Unionsbevölkerung repräsentierten. Später, im Vertrag von Lissabon 2007 kam es dann zu einer etwas anderen Gewichtung, bei der 55 % der Mitgliedsstaaten einem Beschluss zustimmen müssen, wenn sie 65 % der EU-Bevölkerung vertreten. Diese Bestimmung trat 2014 in Kraft.

324 https://de.wikipedia.org/wiki/Val%C3%A9ry_Giscard_d%E2%80%99Estaing#Pr%C3%A4sidentschaft (2.2.2020)
325 zit. in: *Der Spiegel* vom 16. Juni 2003

So heftig wie sie in den Gängen der Brüsseler Zentrale akklamiert wurde, so ablehnend äußerten sich Menschen überall in EU-Europa zu einer supranationalen Verfassung, die der Souveränität einzelner Staaten den Garaus machen sollte. Der Verfassungskonvent 2002/2003 war eine Totgeburt.

Schon am Gipfel von Rom im Oktober 2003 setzte sich das Hauen und Stechen, wie es in Nizza zur Perfektion getrieben worden war, fort. Regierungsvertreter, die sich im Verfassungskonvent noch begeistert gezeigt und ihre Unterschrift unter den Vertrag gesetzt hatten, kehrten nun nationale Interessen hervor. Es ging in erster Linie um Posten und Pöstchen, die mit einer vorgeschlagenen Verkleinerung der Kommission verloren gegangen wären. Die Liste der Änderungswünsche zur »Verfassung« verlängerte sich von Woche zu Woche. Da half es auch nichts, dass die irische Ratspräsidentschaft im Juni 2004 in völliger Verkennung der Kräfteverhältnisse stolz verkündete, einen Beschluss über die Annahme der europäischen Verfassung herbeiführen zu wollen. Außerhalb des Brüsseler Elfenbeinturms gab es dafür keine Zustimmung.

Die Abfuhr kam in Form von Referenden. Solche waren, auch hier ohne Kenntnis der Volksmeinungen, in Frankreich und den Niederlanden angesetzt worden. Meinungsumfragen im Jahr 2004 hatten die französische und die niederländische Regierung dazu verführt, ein demokratisches Prozedere in Gang zu setzen. Sowohl im Pariser Élysée als auch im Paleis Noordeinde in Den Haag glaubte man sich auf der sicheren Seite. Das Volk würde die eigene EU-Begeisterung absegnen. Es kam anders.

Mit 54,8 % Prozent votierten Frankreichs BürgerInnen am 22. Mai 2005 gegen eine europäische Verfassung. Damit sprachen sie auch ihr Misstrauen gegen zwei Landsleute aus, den Vorsitzenden des Konvents Giscard d'Estaing und Präsident Jacques Chirac. Nach einer kurzen Schockstarre in Brüssel hatte es den Anschein, dass die Verfassungsbefürworter zu ihrer eigenen Tagesordnung übergehen und einfach weitermachen wollten. Bis am 1. Juni 2005 der noch heftigere Schlag folgte: die NiederländerInnen lehnten den Verfassungsvorschlag mit 61,6 % ab. Die Niederlage der Integrationsbefürworter war total. Brüssel verordnete eine zweijährige Nachdenkpause.

Volkes Meinung wird ignoriert: Lissabon

Wie man eine Verfassung eines Einheitsstaates macht, ohne derlei Begriffe zu verwenden, das wurde im sogenannten »Grundlagenvertrag« von Lissabon durchexerziert. Mitte Dezember 2007 versammelten sich die Führer der damals 27 Mitgliedsstaaten vor dem gotischen Tor des Klosters San Jerónimos in Lissabon zu dem, was sicherlich keine Familie ist, um dennoch ein entsprechendes Foto zu machen. Auf 145 Seiten Vertragstext sowie 130 Protokollen und Erklärungen wurde nun jene Struktur der Europäischen Union zusammengebastelt, die 2005 in Frankreich und den Niederlanden per Referendum abgelehnt worden war. Peinlich genau achteten die Texter darauf, dass Wörter wie Verfassung oder andere staatstypische Bezeichnungen und Symbole nicht darin enthalten waren. So überschrieb man die Einigung als Vertrag und erfand wohlklingende Amtstitel wie den »Hohen Vertreter für Außen- und Sicherheitspolitik«, um nicht Außenminister sagen zu müssen.

Strukturelle Änderungen betrafen vor allem die Ausweitung der Mehrheitsentscheidungen im EU-Rat – nun auch für militärische Einsätze – und das sogenannte »Mitentscheidungsverfahren« des Parlaments, das der einzigen gewählten Einrichtung eine Macht vorgaukeln soll, die sie nicht hat. Denn »mitentscheiden« heißt im Klartext absegnen von Vorgaben, die der EU-Rat tätigt. Ein gesetzliches Antragsrecht, wie es jede bürgerlich-parlamentarische Demokratie zwingend auszeichnet, ist der EU-Kommission vorbehalten; das EU-Parlament kann bloß »zu einer Initiative auffordern«.[326] Außen- und Sicherheitspolitik bleiben überhaupt von parlamentarischer Einmischung verschont.

Dazu kommt, dass durch den Trick der »doppelten Mehrheit« bei EU-Ratsentscheidungen, die 55 % der Mitgliedsstaaten und 65 % der EU-Bevölkerung benötigt, die großen Länder wesentlich an Einfluss gewonnen haben. Es braucht also mindestens 15 Mitglieder, um ein Gesetz zu verabschieden, wenn diese zusammen 65 % der EU-Bürger repräsentieren. Dieses in Lissabon eingeführte Gesetzgebungsverfahren bedeutet, »dass die demokratisch gewählten

326 https://www.europarl.europa.eu/germany/de/europa_und_sie/das_ep/gesetzgebungverfahren/ordentliches_gesetzgebungsverfahren.html (20.4.2020)

Repräsentanten eines Staates nicht länger in der Lage sind, Beschlüsse auf Gemeinschaftsebene zu verhindern. Oder anders formuliert: Die Bürger und Bürgerinnen eines Landes müssen sich Beschlüssen und Vorschriften unterwerfen, denen sie bzw. ihre Repräsentanten nicht zugestimmt haben – ein Vorgang, der in den herkömmlichen internationalen Beziehungen und im Völkerrecht undenkbar ist.«[327]

Die Einführung eines »Präsidenten des Europäischen Rats« passt hier gut ins undemokratische Bild, wird diese Funktion doch aus dem Rat heraus bestimmt, der sich dafür selbst mandatiert. Als erster »EU-Ministerpräsident« kam übrigens der belgische Adelige Herman van Rompuy zum Zug, weil sich Merkel und Sarkozy über die Einsetzung Jean-Claude Junckers bzw. Tony Blairs nicht einigen konnten. Den farblosen van Rompuy befanden Berlin und Paris nicht als Bedrohung der eigenen Interessen. Das drückte auch der britische EU-Abgeordnete Nigel Farage in einer ans Unerträgliche grenzenden Schärfe aus, als er dem Belgier anlässlich einer Parlamentssitzung in die Augen sah und meinte, er hätte das Charisma eines nassen Fetzens.

Ansonsten sind die Verantwortlichen weitgehend daran gescheitert, den Dschungel an EU-, EG-, Euratom-, GASP- und PJZS-Organen zu lichten; immerhin gelang es in Lissabon, die Europäische Union formal zu einer eigenen Rechtspersönlichkeit zu machen, zuvor war sie das bloße Dach in einem Drei-Säulen-Modell. In Artikel 3 des Lissabonner EU-Vertrags findet sich die geballte Werteliste der Union: Förderung des Friedens, Schaffung eines Binnenmarktes mit freiem Wettbewerb, Wirtschaftswachstum, Preisstabilität, soziale Marktwirtschaft, Umweltschutz etc.[328]

Eine militärische Beistandsklausel[329] nach außen sowie eine Solidaritätsklausel[330] nach innen militarisierten die Gemeinschaft.

Ziel des Lissabonner Verfahrens war es, die im EU-Konvent erarbeitete Verfassung unter anderem Namen zu implementieren; und zu verhindern, dass

327 Pollak/Slominski 2012, S. 11

328 Artikel 3 des EU-Vertrages, siehe: https://eur-lex.europa.eu/resource.html?uri=cellar:2bf140bf-a3f8-4ab2-b506-fd71826e6da6.0020.02/DOC_1&format=PDF (21.4.2020)

329 Artikel 42/7 EU-Vertrag, siehe: Ebd.

330 Artikel 222 des Vertrags über die Arbeitsweise der Europäischen Union, siehe: https://dejure.org/gesetze/AEUV/222.html (21.4.2020)

es darüber in Frankreich, den Niederlanden oder anderswo erneut Volksabstimmungen geben würde. Darüber ließ auch der Konventspräsident Giscard d'Estaing keinen Zweifel aufkommen, als er die Änderungen »kosmetisch« und »leicht verdaulich« nannte und sie deshalb akzeptierte, »um weitere Referenden zu verhindern«.[331] Auch der deutsche Bundespräsident Roman Herzog nahm sich kein Blatt vor den Mund, als er gemeinsam mit dem ordo-liberalen Ökonomen Lüder Gerken den Reformvertrag in *Die Welt* vom 13. Januar 2007 angriff und vor seinen Auswirkungen warnte: »Es stellt sich sogar die Frage«, so der oberste Repräsentant der größten EU-Volkswirtschaft, »ob man die Bundesrepublik Deutschland überhaupt noch uneingeschränkt als eine parlamentarische Demokratie bezeichnen kann.«[332] Kritik an Lissabon gab es zuhauf; woher immer sie auch kam, sie wurde beiseite geschoben.

Auch der Eintrag im größten Online-Lexikon, Wikipedia, beschreibt den Vertrag von Lissabon als eine Mogelpackung: »Inhaltlich übernahm der Vertrag von Lissabon die wesentlichen Elemente des EU-Verfassungsvertrages, der 2005 in einem Referendum in Frankreich und in den Niederlanden abgelehnt worden war. Im Gegensatz zum Verfassungsvertrag ersetzte er EU- und EG-Vertrag aber nicht, sondern änderte sie nur ab.«[333]

Entsprechend mühsam gestaltete sich der Ratifizierungsprozess. Nachdem so gut wie alle, die mit der Sachlage vertraut waren, wussten, dass mit Lissabon eine nur kosmetisch veränderte Neuauflage der abgelehnten Verfassung auf den Tisch gekommen war, brauchte es nun ein demokratisches Mäntelchen. Vor den EU-Parlamentswahlen im Juni 2009 wollte man dieses übergezogen haben. In den eben erst neu zur Union hinzugestoßenen osteuropäischen Staaten ging es schnell. Dort saßen unerfahrene konservativ-liberale oder wirtschaftsliberale Eliten an den Schalthebeln, die sich – wie wir bald sehen werden – den Brüsseler Rechtsbestand ohne Widerrede aufdrängen haben lassen. Noch Ende 2007 machte es Ungarn vor, wie sich Brüssel das von allen anderen gewünscht hätte. Im Parlament an der Donau stimmten 325 Abgeordnete für die nationale

331 Giscard d'Estaing, Reform treaty: Cosmetic Changes to avoid Referendums. https://www.eumonitor.eu/9353000/1/j9vvik7m1c3gyxp/vhmir5kr75zo?ctx=vggd1fum7n7f (21. 4. 2020)

332 Roman Herzog/Lüder Gerken, Europa entmachtet uns und unsere Vertreter. In: *Die Welt* vom 13. Januar 2007

333 https://de.wikipedia.org/wiki/Vertrag_von_Lissabon#cite_note-96 (7. 2. 2020)

Selbstbeschädigung und fünf dagegen. Rumänien toppte das ungarische Resultat im Februar 2008 mit 387 Ja-Stimmen (bei einer Gegenstimme). Schwieriger war die Bewerkstelligung des Vorganges in jenen Staaten, in denen zwei Jahre zuvor die Verfassung mehrheitlich abgelehnt worden war. Dort musste zum Teil heftig getrickst werden. So brauchte es in Frankreich zuerst eine Abstimmung über eine Verfassungsänderung, die eine parlamentarische Befassung – anstelle eines Referendums – überhaupt erst ermöglichte. Dann wurde noch ein Antrag des Parti Socialiste relativ knapp abgelehnt, der trotzdem ein Referendum einforderte. Und erst nach diesem Prozedere durfte die Mehrheit der Abgeordneten, die sich auch zuvor schon für die Verfassung (und gegen die Volksmeinung) ausgesprochen hatten, ihre Zustimmung zu Lissabon geben.

Den Haag wiederum machte kurzen parlamentarischen Prozess, niemand sollte an die 61% erinnert werden, die im Juni 2005 die EU-Verfassung zu Fall gebracht hatten. In Österreich kam es zu ungewöhnlich heftigen Straßenprotesten, an denen sich rechte wie linke Gruppen beteiligten. Die Forderung nach einer Volksabstimmung wurde auch von der größten Boulevardzeitung, der *Kronen Zeitung*, kampagnisiert. Die Einwände waren vielfältig: in der Festschreibung von Euratom sah man den österreichischen Ausstieg aus der Kernenergie gefährdet und die Mehrheitsentscheidungen in der Außen- und Militärpolitik bedeuteten de facto das Ende der österreichischen Neutralität. Es half nichts, die politischen Eliten der Koalitionsregierung aus Sozialdemokraten und Liberalkonservativen zwangen ihre Abgeordneten zur Vernunft nach Brüsseler Art. Als Ausgleich versprachen die SPÖ-Chefs um Alfred Gusenbauer und Werner Faymann daran anschließend noch feierlich, bei der nächsten EU-Vertragsreform das Volk abstimmen lassen zu wollen. Freilich war davon nie mehr etwas zu hören.

Tschechien hatte in seinem Staatspräsidenten Václav Klaus einen bekennenden EU-Skeptiker. Dieser verzögerte das Ratifizierungsverfahren so lange, bis ihn Senatoren mit einem Amtsenthebungsverfahren drohten. Klagen tschechischer Abgeordneter gegen die Grundrechtscharta der EU erwirkten eine Zusatzklausel. Prag fürchtete, nicht ganz ohne Anlass, dass die EU-Grundrechte zum Wiederaufbrechen der Debatte um die Beneš-Dekrete und deren Außerkraftsetzung führen könnten. Vor der Machtübernahme der Kommunisten im Jahr 1948 war damit von bürgerlich-nationaler Seite die Enteignung Hunderttausender Deutscher als Nazi-Kollaborateure ins tschechoslowakischen Recht aufgenommen worden. Tschechien war das letzte EU-Mitglied, das am 13. November 2009 den Lissabon-Vertrag ratifizierte.

In der Bundesrepublik verlagerte sich der Unmut über den Souveränitätsverlust von der politischen in die juristische Sphäre. Von Prominenten und unterschiedlichen Gruppen wurden mehrere Klagen eingebracht. Das Bundesverfassungsgericht reagierte anfangs vorsichtig, meinte in verqueren Satzkonstruktionen, dass das deutsche Begleitgesetz »insofern gegen Art. 38 Abs. 1 GG in Verbindung mit Art. 23 Abs. 1 GG verstoße, als Beteiligungsrechte des Deutschen Bundestages und des Bundesrates nicht im erforderlichen Umfang ausgestaltet worden seien.«[334] Letztlich besann sich die Richterschaft auf ihre Funktion im vorherrschenden politischen Gefüge und schmetterte alle Klagsschriften ab.

Einzig in Irland, das zwingend bei Verfassungsänderungen ein Referendum vorsieht, wurde das Volk zum Vertrag von Lissabon befragt. Und tatsächlich kam es am 12. Juni 2008 zum Show-down. 53,4 % votierten dagegen. Brüssel erhöhte daraufhin die Schlagzahl, setzte das Ratifizierungsverfahren mit anderen Staaten fort, als ob es das irische Nein nicht gegeben hätte und erhöhte den Druck auf Dublin, den Wahlgang zu wiederholen. Ein halbes Jahr später, nach ein paar minimalen Abänderungen, gab die irische Bevölkerung entnervt auf und votierte mit Ja zu Lissabon. EU-Europa war der Suprastaatlichkeit wieder ein gehöriges Stück nähergekommen.

334 Pressemitteilung Nr. 72/2009 vom 30. Juni 2009, zit. in: https://de.wikipedia.org/wiki/Vertrag_von_Lissabon#cite_note-Pressemitteilung_Nr._72/2009_vom_30._Juni_2009-48 (7. 2. 2020)

9. Die Osterweiterung[335]

War Maastricht 1992 in Vorbereitung auf enorme Erweiterungsschritte passiert, so schloss man in Lissabon 2007 die Institutionenreform als Reaktion auf den Beitritt von zwölf neuen Mitgliedsstaaten ab. Zehn von ihnen (außer Malta und Zypern) waren nach dem Zweiten Weltkrieg in die kommunistische Einflusssphäre geraten. Bevor die große Runde der EU-Osterweitung 2004 über die Bühne ging, zerfielen die drei multinational verfassten kommunistischen Gebilde Sowjetunion, ČSSR und Jugoslawien entlang ethnischer Bruchlinien. Das kam den EU-Managern in Brüssel entgegen, wäre es doch weitaus schwieriger gewesen, allzu große, selbstbewusste Staaten aufzunehmen. Entsprechend wurde eine periphere Integration in kleinen Häppchen angeboten – für drei baltische Republiken, getrennt für Tschechien und die Slowakei sowie für Slowenien. Polen bildete diesbezüglich eine Ausnahme.

Die Zerschlagung basierte zum einen auf inneren Zerwürfnissen, die zum Ende der Sowjetunion, Jugoslawiens und der Tschechoslowakei beigetragen hatten; nationale und regionale Fliehkräfte beschleunigten sich insbesondere Anfang der 1990er-Jahre. Aber auch westliche Institutionen wie die NATO, die EG/EU oder einzelne Staaten wie Deutschland oder Österreich dynamisierten die Staatskrisen im Osten. Als Antriebsmittel dafür kursierte der gefährliche Slogan von der »nationalen Selbstbestimmung«. Damit stellten sich Berlin, Brüssel und – etwas später – Washington auf die Seite baltischer Nationalisten (gegen Moskau), slowenischer und kroatischer Sezessionisten (gegen Belgrad) und feuerten gleichzeitig tschechische wie slowakische Unabhängigkeitsbefürworter an.

Kommission und Rat wussten, dass sich kleine, eben erst neu entstandene Nationalstaaten leichter ins EU-Boot holen lassen würden als größere Länder. Schon der kaum vorhandene Binnenmarkt zusammen mit der vorherrschenden Aversion nationaler Eliten gegen intra-regionale Integration machte aus Tallinn, Ljubljana und all den anderen leichte Beutestücke für Brüssel, und zwar in

335 Siehe dazu: Hannes Hofbauer, EU-Osterweiterung. Historische Basis – ökonomische Triebkräfte – soziale Folgen. Wien 2007

seiner Doppelfunktion als Sitz der NATO wie EU. Von den acht osteuropäischen Ländern, die am 1. Mai 2004 an die Europäische Union angedockt wurden, besaßen sechs keine langfristige nationalstaatliche Erfahrung. Estland, Lettland und Litauen wurden aus der Sowjetunion herausgeschält, Tschechien und die Slowakei trennten sich, um jeder für sich dem Aufnahmeprozedere unterworfen zu werden, und Slowenien wurde aus Jugoslawien herausgeschüttelt, um der Union beizutreten. Nur Ungarn und Polen wiesen eine historisch gewachsene Staatlichkeit auf, bevor sie der EU-Gemeinschaft beitraten. Später, 2007, kamen noch die beiden orthodoxen Nachzügler Rumänien und Bulgarien hinzu. Und mit Zypern verleibte sich die EU 2004 überhaupt ein Land ein, dessen Territorialität seit 1974 ungeklärt ist.

Nicht unerwähnt soll in diesem Zusammenhang auch bleiben, dass kein einziges der neuen Mitglieder aus dem Osten der EU beitreten durfte, bevor es sich nicht in die Militärallianz der NATO einschrieb. Wie schon öfter im Zuge unserer Beschäftigung mit der europäischen Einigungsbemühung fällt auf, dass auch bei dieser größten Erweiterungswelle Washington zumindest indirekt – diesmal über den Militärpakt NATO – seine Hände im Spiel hatte.

Investitionssuchendes Kapital fand während der EU-Osterweiterung paradiesisch leergeräumte Märkte und Operationsfelder vor. In ökonomischer Hinsicht herrschten Zustände wie nach einem Krieg, wenn der Wiederaufbau gigantische Geschäfte verspricht. Die einzelnen Volkswirtschaften lagen am Boden. In allen osteuropäischen Staaten nahm eine Hyperinflation Geld und damit Konsumversprechen vom Markt, die in kommunistischer Zeit nicht eingelöst werden konnten. So gewärtigte Polen zwischen 1989 und 1990 eine 600%ige Inflation, Bulgarien und Rumänien kämpften das Jahr darauf mit 320% bzw. 200% Inflation, in Slowenien verlor die Währung nach der Unabhängigkeitserklärung 200% ihres Wertes und selbst Tschechien, dessen Wirtschaft vergleichsweise gut dastand, musste eine 60%ige Inflation in die Bücher schreiben.[336] Dreistellige Inflationsraten enteigneten alle, die nichts als ein Sparbuch und ihre Arbeitskraft zur Verfügung hatten; und das waren in kommunistischen Gesellschaften tatsächlich alle, bis auf eine Minderheit von

336 Wiener Institut für Internationale Wirtschaftsvergleiche (Hg.), Countries in Transition 1995, Wien 1995

Schiebern und Devisenhändlern, die sich zuvor illegal bereichern konnten, sowie einzelne KP- und Betriebsführer, die ihre Position nutzten, um alte politische Privilegien zu kapitalisieren.

Im Inneren der aufnahmebereiten Länder konzentrierte sich Kapital während der Transformationszeit auf wenige Menschen mit entsprechender, manchmal auch krimineller Energie. Viel bedeutender war das über Hyperinflation und Deindustrialisierung nun leergeräumte marktwirtschaftliche Feld allerdings für ausländische Investoren. Diese hatten freie Fahrt. Lohndifferenzen von bis zu 1:30 machten Investments extrem profitabel, risikolos und billig. Mitte der 1990er-Jahre konnten bundesdeutsche Unternehmen mit einer Differenz zum durchschnittlichen deutschen Bruttolohn in der Höhe von 1:10 (in der Slowakei) bis 1:34 (in Bulgarien) rechnen. Und eine ungarische Industriearbeitsstunde kostete 1994 zehnmal weniger als eine westdeutsche.[337] Zehn Jahre später, zur Zeit der großen EU-Osterweiterung 2004, lagen die Lohndifferenzen zwischen den neuen Mitgliedsländern und Deutschland zwischen 1:8 und 1:20.

Mit einer Vereinheitlichung des Marktes, wie sie Brüssel im EU-Osterweiterungsprojekt forcierte, wirkten sich solch extreme Unterschiede auch auf die westlichen Kernländer aus. Die sozialpolitische und arbeitsrechtliche Deregulierung blieb nicht auf die RGW-Nachfolgestaaten und Jugoslawien beschränkt. Oder anders gesagt: die neoliberalen Labors im Osten strahlten auch auf die scheinbar sozialpartnerschaftlich gefestigten Strukturen in Ländern wie Deutschland aus. Dort, in Berlin, antwortete man auf das östliche Lohndumping seinerseits mit einschneidenden Reformen auf dem Arbeitsmarkt. Das Stichwort dazu hieß »Wettbewerbsfähigkeit«. Wollte man verhindern, dass deutsche Industrieunternehmen in Scharen in Richtung billiger Arbeitskraft nach Osten abwanderten und umgekehrt Millionen dieser billigen Arbeitskräfte vom Zuzug in den Westen abhalten, musste etwas geschehen. Der kapitalistischen Verwertungslogik entsprechend fiel der sozialdemokratisch-grünen Koalitionsregierung kurz vor Torschluss im Jahr 2003 nichts anderes ein, als deutsche Löhne zu senken. Am 14. März 2003, also ein knappes Jahr vor der großen Aufnahmewelle neuer

337 Institut der Deutschen Wirtschaft (Hg.), Informationsdienst des IW (iwd). O. O. 1996, S. 22; zit. in: Hans-Jürgen Wagner/Heiko Fritz (Hg.), Im Osten was Neues. Aspekte der EU-Osterweiterung. Bonn 1998, S. 32

EU-Mitglieder, unterzeichnete Bundeskanzler Gerhard Schröder die »Agenda 2010«. Damit wollte man den seit 1989/1991 völlig deregulierten Arbeitsbedingungen im Osten bundesdeutsche »Konkurrenzfähigkeit« entgegensetzen.

Die »Agenda 2010«, die u. a. den Bezug von Arbeitslosengeld auf zwölf Monate beschränkt und anschließende Sozialhilfe an bestimmte Voraussetzungen koppelt, stammt in ihren Kernbereichen aus der Werkstatt der Bertelsmann-Stiftung. Unter dem Titel »Wirtschaftspolitischer Forderungskatalog für die ersten hundert Tage der Regierung«[338] wurde er zum Leitfaden der Regierung Schröder II und vom SPD-Sonderparteitag Anfang Juni 2003 mit 90% Zustimmung verabschiedet Die »Agenda 2010« folgte der bereits im Jahr 2000 von der Europäischen Union beschlossenen »Lissabon-Strategie«, die die EU zum »wettbewerbsfähigsten und dynamischsten Wirtschaftsraum« ausrief. Ihre Eckpunkte lauteten: Senkung der Löhne, Einschränkung der Arbeitslosen- und Sozialhilfe, Abwälzung der sogenannten Lohnnebenkosten auf die ArbeiterInnen und Angestellten. Mit der »Agenda 2010« stieg die stärkste Volkswirtschaft der EU ins Rennen ums sozialpolitische Dumping ein, eine Botschaft, die alle anderen EU-Mitglieder rasch verstanden hatten.

Das vorgebliche Ziel der »Agenda 2010«, die Verhinderung von Industrieabwanderungen und Massenarbeitskräftezuwanderung, konnte freilich nicht erreicht werden. Stattdessen entstanden verlängerte Werkbänke mit billigen Produzenten von Westkonzernen im Osten, boomten prekäre Beschäftigungsverhältnisse, nahm die Leiharbeit zu und bildete sich insgesamt im Zentrum der EU ein starker Niedriglohnsektor heraus. Dies kann auch im geänderten Verhältnis von Lohnquote und Kapitalquote nachgelesen werden. Zwischen 1995 und 2012 sank der Anteil der Löhne am Bruttoinlandsprodukt um 10%, während Unternehmensgewinne und Kapitalerträge um eben diesen Prozentsatz zunahmen.[339] Die angestrebte Wettbewerbsfähigkeit, provoziert durch die EU-Osterweiterung mit ihren sozialen Deregulierungen, wirkte sich in der Börse jedes einzelnen deutschen Arbeiters und Angestellten aus, und zwar höchst

338 Veröffentlicht in der Zeitschrift *Capital.* Siehe: https://jacobjung.wordpress.com/2011/12/21/die-kaufliche-republik/ (21.4.2020)

339 www.sozialpolitik-aktuell.de/tl_files/sozialpolitik-aktuell/_Politikfelder/Einkommen-Armut/Datensammlung/PDF-Dateien/tabIII2.pdf (19.5.2014)

negativ. Die gewerkschaftsnahe Hans-Böckler-Stiftung hat errechnet, dass die deutschen Reallöhne zwischen den Jahren 2000 und 2008 um 11 % sanken.[340] Die Vergrößerung der Brüsseler Union hat direkt zu einer Verkleinerung des Durchschnittseinkommens in Deutschland beigetragen.

Zurück zur Situation in den peripheren neuen Aufnahmekandidaten. Zwischen 1989/1991 und 2004 fand in allen Volkswirtschaften Osteuropas ein vollkommener Struktur- und Eigentümerwechsel statt, weg von kollektiv-einheimischem hin zu privat-ausländischem Besitz. Dazu kam eine völlige Umorientierung im Außenhandel von Ost nach West sowie das Ende von vertikal operierenden staatlichen Großbetrieben hin zu verlängerten Werkbänken für private Westkonzerne, die für den Weltmarkt produzieren. Noch vor der Aufnahme in die Europäische Union gerieten ganze Wirtschaftssektoren Osteuropas – wie die Banken, die Metall-, Chemieindustrie und andere Branchen – in die Hände ausländischer Eigentümer.

Während dem Expansionshunger westlicher Unternehmen Tür und Tor geöffnet war, achtete Brüssel darauf, dass umgekehrt osteuropäische Produkte von Westmärkten ferngehalten wurden. Gerade in jenen Jahren nach dem Zusammenbruch des Rats für gegenseitige Wirtschaftshilfe (RGW) und der Sowjetunion, als die Wirtschaft im Osten ohnedies am Boden lag, versperrte die EG/EU ihre Märkte. Exakt in jenem historischen Augenblick, in dem sich die Transformation zu einer der kapitalistischen Rationalität gehorchenden Marktwirtschaft im Ex-RGW durchsetzte, verschloss sich der größte Hoffnungsmarkt für osteuropäische Produzenten. Zwischen 1991 und 1996 unterzeichnete Brüssel sogenannte Europa-Abkommen – auch Assoziierungsabkommen genannt – mit allen zehn späteren Beitrittskandidaten.[341] Diese enthielten markante Handelsschranken ausgerechnet für jene Branchen, in denen Osteuropas Kombinate konkurrenzfähig gewesen wären. Kohle, Stahl, Möbel, Glas, Textil und vor allem Lebensmittel- und Agrarprodukte wurden vom EU-Markt ferngehalten, zu groß war die Angst hiesiger Konzerne vor Konkurrenz aus den osteuropäischen

340 Eurostat und Berechnungen des DIW Berlin, zit. in: Karl Brenke, Reallöhne in Deutschland über mehrere Jahre rückläufig (Wochenbericht des DIW Nr. 32/2009). Siehe: https://www.diw.de/documents/publikationen/73/diw_02.c.289465.de/09-33-1.pdf (29.12.2017)

341 Hofbauer 2007, S. 68

Billiglohnländern.[342] So z. B. vor der Textilindustrie in der Slowakei. In dieser ausgereiften, technisch nicht besonders anspruchsvollen Branche sicherte sich die EU im Europa-Abkommen mit Bratislava aus dem Jahr 1993 eine siebenjährige Übergangsfrist, bis slowakische Textilien zollfrei in den Westen importiert werden durften.[343] Passiver Veredelungsverkehr, also die Bearbeitung von aus dem Westen kommenden Vorprodukten durch Billigarbeiter in der Slowakei und deren Rückexport in die Zentrumsländer, war hingegen durch den sogenannten OPT-Vertrag (Optimized Production Technlogy) von den Schutzmaßnahmen der EG ausgenommen.

Die Schamlosigkeit, die die Europäische Union mit zweierlei Maß messen ließ, war himmelschreiend. Während für die maroden Volkswirtschaften im Osten das Hohelied vom freien, ungehinderten Markt gesungen wurde, schützte man in protektionistischer Manier die heimatlichen Unternehmen überall dort, wo sie potenziell unter Konkurrenzdruck geraten hätten können.

Besonders augenfällig war dies in der Landwirtschaft. Die westlichen Agrarkonzerne und Bauern genossen vollen Schutz vor östlichen Importen. Im Schwurbelstil EU-deutscher Beamtensprache las sich das folgendermaßen: »Zur Berücksichtigung der Kostenunterschiede bei den landwirtschaftlichen Erzeugnissen (…) steht das Abkommen folgendem nicht entgegen: *) für die im Anhang angeführten Waren der Erhebung einer landwirtschaftlichen Komponente der Zollbelastung, *) der Anwendung inländischer Maßnahmen zum Ausgleich der Preisunterschiede, die sich aus der Agrarpolitik ergeben.«[344] Verständlich ausgedrückt: osteuropäischen Agrargütern wird mit Zöllen und anderen nichttarifären Handelshindernissen der EU-Markt versperrt.

Brüssel konnte ein erhebliches Erpressungspotenzial gegenüber den schwachen osteuropäischen Beitrittskandidaten aufbauen, um diesen dann den Weg in die periphere Integration zu weisen. Jedes Jahr Verzögerung bedeutete ein Jahr mehr hohe Zollmauern für jene Sektoren, die kostengünstig für den Export produzieren konnten.

342 Stefan Hinsch/Wilhelm Langthaler, Europa zerbricht am Euro. Unter deutscher Vorherrschaft in die Krise. Wien 2016, S. 60

343 siehe Bundesgesetzblatt 1994, Teil II, S. 3205 (Deutschland), in http://www.jura.uni-sb.de/BGBl/ (3. 2. 2007)

344 Ebd., S. 3406 (Deutschland)

Vor diesem Hintergrund fanden dann ab 1998 bzw. 2000 konkrete Gespräche mit zehn Ostländern mit dafür trainierten Brüsseler Spezialisten statt, die den Rechtsbestand – im EU-Sprech »acquis communautaire« genannt – auf die zukünftigen Neumitglieder überstülpten. Verhandlungen waren dies keine, obwohl der Terminus dafür gebraucht wurde. Denn es gab nichts zu verhandeln, sondern nur umzusetzen. Fallweise im Westen verbreitete Sorgen, dass über die Neuaufnahme der Ostländer tatsächlich mit diesen fair verhandelt würde, was zu gesetzlichen Änderungen auch bei den Alt-EU-Ländern führen würde, konnten zerschlagen werden. So beruhigte die Parlamentsdirektion der französischen Assemblée nationale ihre Abgeordneten im Jahr 1998 auf eine entsprechende Anfrage mit dem Hinweis: »Es handelt sich (bei den Erweiterungsgesprächen, d. A.) nicht um traditionelle Verhandlungen, in denen ein Kompromiss zwischen unterschiedlichen Interessen herbeigeführt wird, sondern um Beitrittsverhandlungen, in denen eine der Parteien (gemeint sind die Aufnahmekandidaten, d. A.) mit Hilfe und unter Überwachung der anderen Partei (gemeint ist die EU, d. A.) ein vorgegebenes Ziel erreicht.«[345] Genau so sah das auch der Präsident des Europäischen Parlaments, Klaus Hänsch, als er über den sogenannten Verhandlungsprozess in Bezug auf konkrete Punkte des »acquis communautaire« schrieb: »Nicht über das Prinzip der Freizügigkeit für Arbeiternehmerinnen und Arbeitnehmer wird verhandelt, sondern über die Fristen, in denen das Prinzip wirksam wird. Nicht über das Prinzip der Gleichbehandlung von Inländern und Ausländern beim Erwerb von Grundstücken wird verhandelt, sondern über die Modalitäten und Fristen der Durchführung dieses Prinzips.«[346]

Wie keine Vergrößerungswelle der europäischen Gemeinschaft zuvor war die EU-Osterweiterung von einem kolonialen Impetus getrieben. Zu Tausenden drangen Manager aus Westeuropa in den Osten, um den früheren kommunistischen Ländern mit ihren nunmehrigen antikommunistischen Eliten – als wären sie kleine Kinder, denen man das Kapital-Spiel beibringen müsste – den Weg in die kapitalistische Zukunft zu weisen. »Umstrukturierung von Staatsbetrieben«,

345 Assemblée nationale 1998, zit. in: Dorothee Bohle, EU-Integration und Osterweiterung: die Konturen einer neuen europäischen Unordnung. In: Hans-Jürgen Bieling/Jochen Steinhilber (Hg.), Die Konfiguration Europas. Dimensionen einer kritischen Integrationstheorie. Münster 2000, S. 310

346 Klaus Hänsch, Der Weg zur Osterweiterung der EU. In: Peter Kreyenberg (Hg.), Europa braucht den Osten. Stuttgart 1998, S. 28

»Förderung der Privatwirtschaft«, »Installierung bürgerlicher Rechtsnormen«, »Gestaltung von Managementsystemen« oder »Aufbau von demokratischen Institutionen« hießen hunderte von Seminaren, auf denen Prüflinge aus dem Osten ihre Brauchbarkeit für den Westen unter Beweis stellen mussten. Ab 1998 entsandte die EU-Kommission über 1200 Westexperten[347] in die Beitrittsländer, um dort nach bürgerlichem Recht und kapitalistischer Ordnung zu sehen. Die Expertise dazu hatte man sich von der deutschen Treuhand im Gebiet der ehemaligen DDR geholt. Nun wurden überall nach gleichem Muster Privatisierungsagenturen aufgebaut, um noch bestehendes gemeinschaftliches bzw. Staatseigentum abzuwickeln und dafür westliche Investoren zu finden. Eigene Budget-Töpfe des sogenannten »Phare«-Programms halfen, auch die ganz großen Fische wie Volkswagen oder Fiat bei ihren Übernahmen von Škoda in Tschechien oder Polski Fiat in Polen zu unterstützen.[348] Noch krasser war die Übernahme durch ausländisches Kapital im Bankensektor, dem Herzstück jeder kapitalistischen Ökonomie. Aus einer Studie der stark im Osten engagierten Bank Austria aus dem Jahr 2002 geht hervor, dass die Mehrheit aller polnischen, tschechischen, slowakischen, ungarischen und bulgarischen Finanztransaktionen über Banken in Auslandsbesitz getätigt wurden. Auf Basis der Bilanzsumme gerechnet belief sich der Anteil der ausländischen Geldinstitute am Bankenmarkt schon vor dem EU-Beitritt in Tschechien, der Slowakei und Bulgarien auf 70 % bis 80 %, in Polen auf knapp 70 % und in Ungarn auf 66 %.[349] Den politischen Aufnahmegesprächen gingen also ökonomische Übernahmen voraus.

Fein sortiert in zwei Gruppen, den sogenannten »Luxemburgern« mit Ungarn, Tschechien, Polen, Estland, Slowenien und Griechisch-Zypern, und der »Helsinki-Gruppe« mit der Slowakei, Litauen, Lettland, Bulgarien, Rumänien und Malta, begann dann das, was in Brüsseler Kreisen Regattarennen genannt wurde. Die Willigeren fanden sich in der ersten Gruppe wieder, während die Störrischen unter »Helsinki« firmierten. In der Slowakei und Rumänien hatten in den späten 1990er-Jahren Mehrheiten für ein Parlament (und dieses wiederum für

347 *Kurier* vom 15. Mai 1998
348 Bohle 2000, S. 310
349 Bank Austria-Creditanstalt (Hg.), Bankenvergleich Mittel- und Osteuropa 2001. Wien 2002, S. 10

Regierungen) gestimmt, die nicht willens waren, ihre Souveränität ohne Wenn und Aber an Brüsseler Institutionen auszuhändigen. Vladimír Mečiar (Slowakei) und Ion Iliescu (Rumänien) mussten sich auch nicht mit einem extrem hohen Schuldenstand für ihre beiden Länder herumschlagen, weil die Tschechoslowakei in kommunistischen Zeiten wirtschaftlich gut aufgestellt war und in Rumänien mit dem Vorgänger von Iliescu, Nicolae Ceauşescu, ein Präsident gewirkt hatte, der alle Schulden bei IWF und Weltbank zurückbezahlte, bevor er erschossen wurde. Weder Bratislava noch Bukarest konnten also auf die einfache Art – über den Schuldenstand – erpresst werden. Dazu äußerte sich Mečiar mehrfach gegen eine Mitgliedschaft in der NATO und Iliescu wie Mečiar stellten Sozialpolitik immer wieder vor das Credo der Investitionsfreiheit. Das alles war für Brüssel inakzeptabel, verstieß es doch gegen das zweite sogenannte Kopenhagener Kriterium aus dem Jahr 1993, nach dem nur jenes Land EU-Mitglied werden kann, in dem eine »funktionsfähige Marktwirtschaft« herrscht.[350] Brüssel wartete ab und verschob die beiden Länder in die zweite Gruppe.

Erst Regierungswechsel in den Jahren 1996 in Rumänien und 1998 in der Slowakei machten den Weg frei in Richtung EU. Die ultraliberale Wende in beiden Ländern war nicht zuletzt auf politischen und medialen Druck aus dem Westen zustande gekommen. So wurden Ministerpräsident Mečiar jahrelang Beiwörter wie autokratisch, populistisch oder nationalistisch angehängt und vor seiner möglichen Wiederwahl eindringlich gewarnt. Im deutschen *Spiegel* konnte man dazu während des slowakischen Aufnahmeprozederes folgende Hass-geschwängerte Sätze lesen: »Gut einen Monat vor den Parlamentswahlen (des Jahres 2002, d. A.) können die demokratischen Parteien aufatmen: Ihr Erzfeind, der despotische Ex-Premier Vladimír Meciar, ist politisch schwer angeschlagen. (…) Der gewendete Kommunist und Amateurboxer hatte die Slowakei mit kurzen Unterbrechungen von 1990 bis 1998 autoritär regiert. Nachdem eine breite Koalition demokratischer Parteien ihn in den Wahlen vor vier Jahren besiegt und aus dem Amt gedrängt hatte, entwickelte sich das Land vom Paria zu einem ernsthaften EU-Kandidaten. Unterdessen konnte Meciar aber wieder an Boden gewinnen.

350 Der EU-Gipfel in Kopenhagen beschloss drei Kriterien, die für eine zukünftige Aufnahme osteuropäischer Staaten erfüllt sein müssen: 1.) institutionelle Stabilität und rechtsstaatliche Ordnung; 2.) funktionsfähige Marktwirtschaft; 3.) Übernahme des acquis communautaire.

Seine nationalistischen Parolen kamen an bei den Arbeitslosen in den maroden Industriegebieten. Deshalb hatten Nato und EU bereits gewarnt, mit Meciar an der Spitze sei der Weg nach Westen für die Slowakei versperrt.«[351]

Ion Iliescu wiederum war auch nach seiner Abwahl 1996 nicht beizukommen, er kehrte vier Jahre später als Präsident in die politische Arena zurück, legte sich aber nun nicht mehr mit den Mächtigen in Brüssel an. Im Gegenteil: in einem Bericht des Schweizer Europaratsermittlers Dick Marty zu geheimen Foltergefängnissen der CIA in Europa fällt sein Name an prominenter Stelle. Iliescu habe von der »Black Site« auf dem rumänischen Militärstützpunkt Mihail Kogălniceanu gewusst und dies auch später zugegeben. So viel Zusammenarbeit für transatlantische Werte ebneten dann Rumänien – auch unter dem vormals verdammten Iliescu – den Weg in NATO und EU.

Der Aufnahmeprozess nahm nach dem politischen Ausscheiden Mečiars und der Wandlung Iliescus auch für die Slowakei und Rumänien an Fahrt auf. Beide Länder reihten sich in das Regatta-Rennen ein. Während dieser »Regatta« wurden 31 Kapitel abgearbeitet, sie bestanden in Schriftform aus 20.000 Rechtsakten auf 80.000 DIN-A-4-Seiten, die – so die Sprachregelung – in einem Screening-Verfahren den einzelnen Ländern beigebracht wurden. Oder anders gesagt: in nationale Gesetze gegossen werden mussten. Auf den Punkt gebracht ging es um die Implementierung der vier kapitalistischen Freiheiten: den freien Verkehr von Kapital, Waren, Dienstleistungen und Arbeitskraft. »Verhandlungsspielraum« bestand nur im zeitlichen Aufschub einzelner Gesetze, wie z. B. der ArbeitnehmerInnenfreizügigkeit, die für viele Länder erst nach sieben Jahren in Kraft trat.

Die ökonomische Konvergenz zwischen Alt- und Neu-EU wurde flugs hergestellt, so unterschiedlich die historischen und kulturellen Bedingungen auch waren. Sozial- und steuerpolitisch blieb die Europäische Union nach der Osterweiterung allerdings divergent, das heißt, Löhne, Arbeitsrechte, Körperschafts- und Einkommenssteuern klaffen auch heute weit auseinander. Mehr kann sich ein Investor eigentlich nicht wünschen.

351 *Spiegel* vom 12. August 2002, siehe: https://www.spiegel.de/spiegel/print/d-23786301.html (8. 2. 2020)

Katzenjammer im Osten

Schon nach wenigen Jahren EU-Mitgliedschaft verflog die Europa-Euphorie selbst bei den osteuropäischen politischen Eliten; das Volk war ohnedies auch während der 1990er-Jahre skeptisch gegenüber den Versprechungen der neuen, post-kommunistischen Machthaber geblieben. Dies geht aus einer weitgehend unbekannten Studie aus dem Jahr 1998 hervor, in der die Paul-Lazersfeld-Gesellschaft mitten in der Transformationszeit nach der Einstellung zum eben überwundenen Kommunismus gefragt hatte. 58 % der UngarInnen äußersten sich knapp zehn Jahre nach der Wende positiv zur kommunistischen Vergangenheit, in der Slowakei waren es 46 %, in Bulgarien 43 %; auch 38 % der RumänInnen standen dem Kommunismus im Jahr 1998 positiv gegenüber, genauso wie 31 % der TschechInnen und 30 % der PolInnen.[352] Es bedurfte also gehöriger Überzeugungsarbeit, um der kapitalistischen Welt und ihrem Heilsbringer EU ein positives Image zu verpassen.

Spätestens zehn Jahre nach der Aufnahme in den Brüsseler Kreis überwog die Enttäuschung. Die oben beschriebene vollständige ökonomische Neuausrichtung hatte man noch stoisch ertragen, die Übernahme der volkswirtschaftlichen Herzstücke durch ausländisches Kapital als Mittel zum Fortschritt erklären lassen. Sozial-liberale und konservativ-liberale Regierungen begleiteten den Ausverkauf, indem sie ihn als alternativlos darstellten. Wie schwach und ohnmächtig sie gegenüber Auslandskapital und EU-Bürokratie waren, veranschaulicht der rasende Wechsel beispielsweise der polnischen Kabinette. Da versuchten sich innerhalb der ersten 15 Jahre nach der Wende bis 2004 gezählte elf Regierungen. Im Schnitt wechselte die Ministerriege alle 15 Monate. Das reichte gerade, um die Arbeitstische herzurichten und gleich wieder abzuräumen. Eine dermaßen schwache Verwaltung war leicht von außen steuerbar, oder besser: sie war nur von außen steuerbar.

Die Wende in Richtung nationales Selbstvertrauen kam, und das ist heute oft vergessen, von links. Am 17. Juni 2006 gewann die Partei Smer (Richtung)

352 Auf einer Skala von -100 bis +100 wurden Personen zu ihrer Einstellung zum kommunistischen politischen System befragt. Zit. in: Paul Lazersfeld-Gesellschaft für Sozialforschung, Politischer Wandel und Wohlstandsentwicklung in Mittel- und Osteuropa. Meinungsklima 1991–1998. Wien 1998, S. 22

unter Robert Fico mit betont antiliberalen Slogans die Wahlen in der Slowakei. Fico hatte seiner Partei, den ins wirtschaftsliberale Lager gewechselten Ex-Kommunisten, den Rücken gekehrt und war mit einer eigenen Liste erfolgreich. Sogleich streckte seine Koalitionsregierung außenpolitisch ihre Fühler nach Libyen, Kuba und Venezuela aus, was ihn – für ein paar Jahre – zum Paria der westlichen Wertegemeinschaft machte.[353] Erstmals äußerte sich auf höchster Ebene Unmut in einem osteuropäischen EU-Mitgliedsstaat. Und das lauthals. Fico kämpfte an vielen Fronten für eine Rückkehr des Staates, in der Kranken- und Sozialversicherung, bei der Gesundheitsversorgung und den Arbeiterrechten; zudem verließen slowakische Soldaten auf seinen Befehl hin die afghanische NATO-Front.

Nach und nach festigten sich auch anderswo im Osten EU-skeptische Positionen. 2010, sechs Jahre nach der Aufnahme Ungarns in die Gemeinschaft, übernahm Viktor Orbán mit seiner Partei Fidesz (»Ungarischer Bürgerbund«) – bereits zum zweiten Mal nach einem kurzen Gastspiel 1998 – das Amt des Ministerpräsidenten. Und im November 2015 eroberte die polnische PiS (»Recht und Gerechtigkeit«) den Sejm in Warschau. Sowohl Fidesz wie PiS sind rechte Antworten mit einem sozial-paternalistischen Politikverständnis auf gesellschaftliche Verheerungen, die eineinhalb bis zwei Jahrzehnte lang – unter dem Diktat der Maastricht-Kriterien – ihre Länder heimgesucht hatten. Der Gegenwind dazu äußerte sich nun national.

Versuche aus Brüssel, insbesondere in Form des Europäischen Gerichtshofes, dem neuen Selbstbewusstsein in Budapest und Warschau mit Diskriminierungsvorwürfen entgegenzutreten, wurden über die Jahre immer zahnloser. Dazu kam 2015 eine völlige Entfremdung in der Migrationsfrage, die die neuen Mitglieder im Osten gegenüber Brüssel einte.

Osteuropa, insbesondere Polen, kann auf eine lange und schmerzvolle Emigrationsgeschichte zurückblicken, die im Westen als solche gar nicht wahrgenommen wird. Millionen von Polen verließen in den vergangenen 100 Jahren ihre Heimat, um Bäume in Kanada zu fällen, Fleisch in Chicago oder heute in Deutschland zu schneiden, Kohle im Ruhrpott zu graben usw. Der

353 Näheres dazu in: Hannes Hofbauer/David X. Noack, Slowakei. Der mühsame Weg nach Westen. Wien 2012, S. 180–208

volkswirtschaftliche Schaden, gerade die jungen und aktiven Menschen nach der Schulausbildung zu verlieren, ist enorm. Seit der Öffnung des westeuropäischen Arbeitsmarktes für OsteuropäerInnen im Zuge der EU-Mitgliedschaft verließen erneut Millionen ihre Heimat; einer Studie des IWF zufolge waren es zwischen 1990 und 2012 20 Millionen, die ihrer Heimat den Rücken kehrten.[354] Bauwirtschaft und Agrarindustrie, aber auch das Gesundheitswesen zwischen Großbritannien und Deutschland bräche zusammen, würde es nicht ständig von billigen Migranten gespeist. Zuletzt trat dieser Zustand während der sogenannten Corona-Krise, die tatsächlich eine Krise der staatlichen Verordnungen war und ist, offen zutage. Mit eigenen Sonderzügen und Sonderflügen wurden im April und Mai 2020 tausende Spargelstecher und Erdbeerpflücker trotz geschlossener Grenzen aus Polen und Rumänien ins Land geholt, um die Ernte in Deutschland und Österreich nicht auf den Feldern verderben zu lassen.

Eine Studie des Dachverbandes der österreichischen Sozialversicherungen, die auf die deutschen Verhältnisse in etwa übertragbar ist, zeigt die Abhängigkeit ganzer Sektoren von osteuropäischen BilligarbeiterInnen. Demnach kommen 80 % der Schlachtarbeiter in den fleischverarbeitenden Betrieben aus dem Osten, in der Land- und Forstwirtschaft sind es 53 % und im Baugewerbe 30 %.[355] Bei den 24-Stunden-Pflegekräften, die laut Definition als Selbstständige fungieren, machte die Corona-Krise das Dilemma überdeutlich. Vor der Virus-Krise kamen von den insgesamt 64.000 als »selbstständige Personenbetreuer« angemeldete Gewerbetreibende 46 % aus Rumänien und 24 % aus der Slowakei, allesamt Frauen.[356] Nach intensiven Verhandlungen mit Budapest, das sich wegen der viralen Ansteckungsgefahr wochenlang dagegen gewehrt hatte, gelang es der Diplomatie in Wien Mitte Mai 2020, plombierte Sonderzüge zwischen Rumänien und Österreich zu organisieren, um den Schichtwechsel von Pflegerinnen durchzuführen.

Besonders krass ist die Situation auch im Gesundheitswesen. In Osteuropa fehlen jene zigtausenden Ärzte und Krankenschwestern, die das Spitalswesen in

354 Nadeem Ilahi/Anna Ilyina/Daria Zakharova, Emigration slows Eastern Europe's Catch Up with the West, siehe: https://blogs.imf.org/2016/07/20/emigration-slows-eastern-europes-catch-upwith-the-west/ (18. 8. 2016)

355 Zit. in: *Kurier* vom 26. April 2020

356 *Wiener Zeitung* vom 13. März 2020

Westeuropa am Laufen halten. So kommen in Großbritannien 38 % des medizinischen Personals (50.000 MedizinerInnen und 95.000 PflegerInnen) aus dem Ausland, der größte Teil aus Osteuropa. In Deutschland sind es im Jahr 2016 35.000 Ärztinnen und Ärzte, die in Rumänien, Serbien oder Bulgarien ihre Ausbildung absolviert haben.[357] Die Kosten dafür belasten die Bildungsbudgets im Osten, während die Krankenhäuser und Kliniken im Westen von den billigen Vorleistungen profitieren.

Diese Beispiele belegen: Migration hat für Osteuropa einen anderen Beigeschmack als im westlichen Zentralraum. Das wurde auch 2015 während des großen Flüchtlingsstromes klar. Anfang September 2015 wies der ungarische Ministerpräsident Viktor Orbán zurecht darauf hin, dass die Lösung der Flüchtlingskrise kein ungarisches, sondern ein deutsches Problem sei, weil Asylsuchende aus Syrien und Afghanistan nicht nach Ungarn, sondern nach Deutschland wollten. Diese Einstellung übernahmen in der Folge auch die polnische und die slowakische Regierung, als Brüssel und Berlin die Flüchtlinge EU-weit aufteilen wollten. Die osteuropäische Sicht auf dieses Ansinnen deckte sich im Übrigen mit jener der Asylsuchenden. Die geflohenen Muslime wollten nicht nach Ungarn, Polen oder in die Slowakei. Das heißt allerdings nicht, dass die Visegrád-Staaten ihrerseits keine Migranten ins Land holten. Im Gegenteil. Anfang Mai 2018 folgte Bratislava einer Empfehlung des IWF, den durch die massive Auswanderung entstandenen Facharbeitermangel mittels Imports billiger ukrainischer Arbeitskräfte zu kompensieren. Ein schnell verabschiedetes Gesetz machte es möglich, dass seither in den großen PKW-Produktionsstätten von Volkswagen, KIA und der Peugeot-Citroën-Gruppe PSA, zu der auch Opel gehört, tausende Ukrainer arbeiten. Auch Polen verfügt über ein eigenes Migrationsregime zur Einfuhr billiger Arbeitskräfte vor allem aus der Ukraine. Anfang 2020 werkten dort über zwei Millionen UkrainerInnen, die ohne langfristige Arbeitserlaubnis mit einem einfachen sogenannten »Erklärungssystem« sechs Monate im Land bleiben dürfen.[358]

Das Versprechen der Europäischen Union, die Gesellschaften Osteuropas würden bald im Wohlstand leben, entpuppte sich spätestens nach 15 Jahren

357 http://stats.oecd.org/Index.aspx?QueryId=68336 (1. 5. 2018)

358 Vgl. https://www.bpb.de/internationales/europa/polen/304676/analyse-polen-vom-auswanderungsland-zum-einwanderungsland (24. 4. 2020)

EU-Mitgliedschaft als Schimäre. Stattdessen bot sich ein Bild sozialer und regionaler Zerrissenheit. Reichtum für wenige und Emigration für die Jungen kennzeichnen den Istzustand.

Dazu kommt der ständig erhobene Zeigefinger von Seiten der Europäischen Union. Osteuropäische Politiker werden wie Schulbuben gemaßregelt, wenn sie den zwischen Berlin, Paris und Brüssel akkordierten Vorgaben nicht Folge leisten. Das kann von der Außen- über die Sozial- und Kulturpolitik bis zur Justiz alle Bereiche betreffen. »Brüssel droht Warschau«, »Brüssel droht Budapest«, »Brüssel droht Bratislava« oder »Brüssel droht Bukarest« sind zu Stehsätzen in den meinungsbildenden deutschsprachigen Medien geworden. »Ursula von der Leyen droht Ungarn mit Strafverfahren«,[359] hieß es beispielsweise Mitte April 2020 in Hinblick auf die umfassenden Vollmachten, die das Budapester Parlament Ministerpräsident Orbán zur Bekämpfung der Corona-Krise gegeben hatte. Dass Österreich, Deutschland und viele andere Staaten auf ähnliche Weise ihre Verfassung überstrapaziert oder ausgehebelt hatten, war kein Thema. Das Messen mit doppeltem Maßstab prägt den Umgang Brüssels mit Osteuropa.

»EU droht Polen mit Entzug der Stimmrechte«,[360] konnte man 2017 im medialen Flaggschiff *Die Zeit* lesen. Im Visier stand dieses Mal die Justizreform der PiS-Regierung, die Brüssel nicht genehm ist. »EU droht Rumänien mit Rechtsstaatsverfahren« titelte wiederum die *Frankfurter Allgemeine Zeitung* im Mai 2019. Brüssel kampagnisierte damals gegen ein rumänisches Justizgesetz. »EU macht Druck auf die Slowakei«,[361] war im März 2018 auf der Homepage der *Deutschen Welle* zu lesen, weil Brüssel die Aufklärung in einem Journalistenmord zu langsam ging. »EU droht Bulgarien wegen Korruption«[362] … und strich auch gleich vereinbarte Fördergelder, um Sofia zum Kampf gegen Schwarzgeld anzutreiben.

Nun wird niemand eine parteipolitisch gefärbte Justizreform, Korruption, schleppende Untersuchungen von Journalistenmorden oder Verfassungsbrüche gut finden. Kritik an solchen Missständen kann nicht laut genug geäußert werden. Auffällig an den angeführten Drohungen ist allerdings, dass sie massiert

359 https://www.zeit.de/politik/ausland/2020-04/viktor-orban-ungarn-notstandsgesetz-ursula-von-der-leyen-strafverfahren (4.5.2020)

360 https://www.zeit.de/politik/ausland/2017-07/justizreform-eu-polen-stimmrechtsentzug-droht (4.5.2020)

361 https://www.dw.com/de/eu-macht-druck-auf-die-slowakei/a-42949334 (4.5.2020)

362 https://www.derstandard.at/story/1216325137888/eu-droht-bulgarien-wegen-korruption (4.5.2020)

gegen Regierungen in Osteuropa vorgetragen werden; als ob Korruption, Justizmängel und Verfassungsbrüche ausschließlich dort passieren würden. Als Nicolas Sarkozy seinen Wahlkampf 2007 mit illegaler Finanzierungshilfe der L'Oréal-Erbin Liliane Bettencourt gewonnen hatte und daran anschließend versuchte, zwecks Vertuschung einen Staatsanwalt zu bestechen, war nirgends in Brüssel eine Drohung gegen Paris ausgesprochen worden. Auch die undurchsichtigen Beraterverträge der damaligen deutschen Verteidigungsministerin von der Leyen haben keine entsprechende Reaktion ausgelöst. Und die Steuerpolitik Luxemburgs unter Premier Jean-Claude Juncker, die den weltgrößten Konzernen Milliarden erspart und entsprechend die EU belastet hat, führten nicht zu dessen Anklage, sondern ebneten ihm im Gegenteil den Weg zum Posten des EU-Kommissionspräsidenten.

Gemessen wird also in Brüssel mit zweierlei Maß. Gedroht wird den kleinen Staaten, vornehmlich aus Osteuropa. Ihre Verfehlungen rufen die Kommission und den EuGH auf den Plan, während Paris und Berlin von Androhungen verschont bleiben. Diese westliche Überheblichkeit kommt im Osten immer schlechter an.

10. Von der Weltwirtschaftskrise zum Brexit

Im Spätsommer 2007 brach sich ein ökonomischer Tsunami jenseits des Atlantiks Bahn, der auch die Europäische Union nachhaltig veränderte. Irgendwann zwischen dem 9. August, als die Zinsen für Zwischenbankgeschäfte in den USA sprunghaft anstiegen, und dem 15. September, an dem die Großbank Lehman Brothers krachte, war jene Krise ausgebrochen, die als »Weltwirtschaftskrise 2007/2008« in die Geschichtsbücher einging und das folgende Jahrzehnt auch politisch prägte. Riesige Programme zur Verstaatlichung maroder Banken gingen an die finanzielle Substanz vieler Länder in der Europäischen Union. Für den Süden der Gemeinschaft, insbesondere für Griechenland, fiel der Europäischen Zentralbank nichts Besseres ein, als wertlose Staatsanleihen zu kaufen sowie kaputte Banken zu sanieren und dafür die Völker bluten zu lassen; und der Aufbau von Mechanismen zur angeblichen Vermeidung zukünftiger Staatsbankrotte entdemokratisierte die Europäische Union und unterwarf einen Großteil ihres finanziellen Gebarens der Kapitallogik.

Das Platzen der Immobilienblase in den USA wird landläufig als Auslöser der Weltwirtschaftskrise, die dabei oft auf eine Weltfinanzkrise kleingeredet wird, bezeichnet. Tatsächlich war es der Höhepunkt einer im Kapitalismus zyklisch wiederkehrenden Verwertungs- und Überproduktionskrise. Einer solchen wird typischerweise auf zwei Arten begegnet: durch Rationalisierung oder Markterweiterung. Wenn aber die technischen Möglichkeiten zur Verbilligung der Produktion nicht profitabel genug erscheinen und die Märkte im Globalen Norden verstopft sowie im Globalen Süden nicht ausreichend gesichert sind, flieht Anlage suchendes Kapital geradezu automatisch in die Spekulation. Dort allein lockt noch entsprechend hohe Rendite.

Genau dieses Szenario ging der Weltwirtschaftskrise 2007/2008 voraus. Die schiere Menge an akkumulationshungrigem Kapital entwickelte aus dieser immanenten »Notwendigkeit« zu spekulieren neue Geschäftsfelder. Man muss sich vor Augen halten, dass knapp vor dem Platzen der Immobilienblase 2007/2008 Finanzinstitute und Superreiche mit der unvorstellbaren Summe von 1400 Billionen US-Dollar – das sind 1.400.000 Mrd. US-Dollar – spekulierten. Das ist das 25-Fache jener Summe, um die jährlich Waren produziert und gehandelt werden und das 35-Fache dessen, was alle ArbeiterInnen und Angestellten auf der Welt zusammen verdienen.[363]

Mit solchen Mengen an Kapital, das auf Rendite drängt, waren auch die Gepflogenheiten in der Spekulationsbranche überfordert. Dem Akkumulationsnotstand geschuldet, entwickelten sich neue Finanzprodukte, um der spekulativen Nachfrage gerecht zu werden. Das dafür in die Literatur eingegangene Zauberwort heißt Derivat. Derivate sind Finanzprodukte, die sich von tatsächlich vorhandenen Waren, die gehandelt werden können, »ableiten« – wie die Übersetzung des Begriffes aus dem Lateinischen nahelegt. Es geht dabei oft um Wetten auf künftige Preise und Mengen von bestimmten Waren oder Warengruppen, Fälligkeiten, Zinssätze, um Versicherungen von Risiken für Handelsgeschäfte, klassische Termingeschäfte und anderes mehr.[364] Auch die Bündelung von Kreditverträgen, die zu neuen »Wertpapieren« zusammengeschnürt werden, gehört dazu. Dabei werden Schulden aus nicht bedienten Krediten billig, weil uneinbringbar, aufgekauft, zu Paketen gebündelt und kommen als neues Finanzprodukt auf den Markt, mit dem wieder spekuliert werden kann. Im Fall der massenhaft verpfändeten Hypothekarkredite in den USA implodierte dieses Modell. Die Banken, die solche hochtoxischen Papiere in der Bilanz aufwiesen, blieben von einem Tag auf den anderen darauf sitzen. Der Wert eines solchen Derivats, mit dem spekuliert und das – wie es in der Fachsprache heißt – dazu noch »gehebelt« wurde (also ohne zusätzlichen Kapitaleinsatz um ein Vielfaches gesteigert wurde), entsprach in keiner Weise mehr jenen Schulden, die die einstigen Kreditnehmer dafür eingegangen waren. Millionen von Hausbesitzern konnten ihre Hypothekarkredite nicht mehr bedienen und verarmten. Die ursprünglichen Besicherungen, meist Eigenheime, reichten den Banken nicht mehr aus, sie blieben darauf sitzen.

Ähnliche Immobilienblasen wie in den USA platzten im Jahr darauf auch in europäischen Ländern. Insbesondere Ungarn und die Ukraine waren davon

363 Vgl. dazu: Die Welt auf Pump. Der verschuldete Planet. ARD-Dokumentation vom 6. Juli 2012. Siehe: https://www.youtube.com/watch?v=xhalnPkxgi4 (14. 6. 2020)

364 Hierzu mehr: Hannes Hofbauer, Die Diktatur des Kapitals. Souveränitätsverlust im postdemokratischen Zeitalter. Wien 2014, S. 60–66

betroffen. Millionenfach hatten westeuropäische Banken, allen voran die österreichische Raiffeisen, dem sprichwörtlich kleinen Mann (mit Frau und Kind) angeblich billige Kredite eingeredet, die oft zum Bau eines kleinen Häuschens verwendet wurden. Das Ganze meist in Schweizer Franken oder Euro, weil in diesen Währungen die Kreditzinsen günstiger waren als in ungarischen Forint oder ukrainischen Karbowanzen. Dass allerdings schwache nationale Währungen über die Jahre gegenüber dem starken Franken abwerten würden, verschwieg man den Kreditnehmern geflissentlich. Aus billigen Zinsen wurden teure Kreditschulden. Der Traum vom Eigenheim endete für viele osteuropäische Familien in der Schuldknechtschaft.

Während die kleinen Kreditnehmer mit ihren Schulden im Regen stehen gelassen wurden, kümmerten sich die politisch Mächtigen zwischen Washington und Berlin um Banken und Versicherungen. Sie galten als systemrelevant, was nichts anderes als das Eingeständnis ist, dass sie für ein von Kapital getriebenes Gesellschaftssystem unverzichtbar sind. Auch hier wieder machten die USA vor, wie solch eine Kapital-Rettung auszusehen hat. Sie war ziemlich primitiv: Man pumpte einfach Milliardenbeträge in eine Handvoll Institute wie z. B. in den größten US-Versicherer American International Group (AIG), einen engen Geschäftspartner des Kapitalriesen Goldman Sachs, und scheute auch nicht davor zurück, ihn damit – für eine gewisse Zeit – zu verstaatlichen. Mit insgesamt 180 Mrd. US-Dollar griff der Staat allein der AIG unter die Arme, was das deutsche *Handelsblatt* resümieren ließ: »Es war die teuerste Rettungsaktion in der Finanzkrise.«[365]

Berlin nahm sich an Washington ein Beispiel. Mit dem sogenannten »Finanzmarktstabilisierungsfond«, abgekürzt: SoFFin, schuf sich die Regierung am 17. Oktober 2008 einen Haushalt neben dem Haushalt, der ausschließlich notleidenden Banken zugänglich war. Mit einem Volumen von 480 Mrd. Euro lag er um 200 Mrd. Euro über den sonstigen jährlichen Budgetausgaben.[366] Für die Absegnung des monströsen Extra-Budgets benötigte der Bundestag nur wenige Stunden. Eingebettet in lange vorbereitete parlamentarische Beschlussfassungen

365 *Handelsblatt* vom 3. März 2011

366 Mehr dazu siehe: Hofbauer 2014, S. 69

zu Themen wie Terrorbekämpfung, einer Verordnung zum Sozialgesetzbuch, der Verwendung von Fluggastdaten zur Strafverfolgung und weiteren Gesetzen wurden die 480 Mrd. Euro für Banken und Versicherungen in einer Rasanz beschlossen, die einer demokratischen Willensbildung Hohn spricht.[367] Einsprüche von Grünen und Linken wurden protokolliert und zu den Akten gelegt. Noch am selben Tag paraphierte Bundespräsident Horst Köhler die Errichtung des Banken-Sonderfonds.

Die Europäische Union nahm mit ähnlichen Einrichtungen wie der »Europäischen Finanzstabilisierungsfazilität« (2010) und dem dieser nachfolgenden »Europäischen Stabilitätsmechanismus« (2012) das deutsche Vorbild als Blaupause.

Das für die »systemrelevanten« Privatbanken Geniale an dem Schachzug mit dem 480 Mrd. schweren Sonderbudget liegt in der Struktur der deutschen staatlichen (bzw. der EU-europäisch suprastaatlichen) Verfasstheit. Der Umgang mit der Weltwirtschaftskrise hat ihren durch und durch undemokratischen Charakter offengelegt. Und das ist keine Übertreibung. Denn im Dreieck zwischen Staat, Zentralbank und privaten Geschäftsbanken läuft alles Geld und aller Profit bei Letzteren zusammen. Um zu begreifen, was da im größten Krisenfall seit dem Ende des Zweiten Weltkrieges passiert ist, muss man wissen, dass sich die BRD und alle anderen EU-Staaten unter dem Dogma des freien Kapitalverkehrs verpflichtet haben, keinen staatlichen Zugriff auf Zentralbanken zu erlauben. Wenn nun also Staaten – wie Deutschland im großen Stil – beschließen, Steuergeld in marode Geschäftsbanken zu pumpen, um diese vor dem Konkurs zu retten, müssen sie sich das Geld von ebendiesen privaten Banken leihen, die es wiederum billig von der Zentralbank zugewiesen bekommen. Der direkte staatliche Griff in die Zentralbank ist aus ideologischen Gründen verboten. Die Geschäftsbanken bekommen also einen niedrig verzinsten Kredit von der Zentralbank und geben diesen teurer an jenen Staat weiter, der sie gerade vor der Zahlungsunfähigkeit gerettet hat, damit dieser jenes Minus im Haushalt ausgleichen kann, das durch die teure Bankenrettung entstanden ist. Für Normalsterbliche ist dieser Vorgang unverständlich, genau darauf beruht

367 Siehe: http://dip21.bundestag.de/dip21/btd/16/106/1610651.pdf (20.4.2020)

allerdings das ganze Geschäftsmodell unserer Gesellschaft. Oder, wie es der linke Ökonom Elmar Altvater zusammenfasst: »Souveräne Staaten, die die privaten Banken vor der Pleite bewahrt haben, müssen teure Kredite bei eben diesen privaten Geschäftsbanken zur Finanzierung der systemnotwendigen Schulden aufnehmen, weil es ihnen untersagt ist, Haushaltslöcher mit Zentralbankgeld zu stopfen.«[368]

Wenn es doch einmal ein souveräner Staat versuchen sollte, sich Geld von der Zentral- oder Nationalbank für sein Schuldenmanagement zu holen, wie es in Budapest Ende Dezember 2011 der Fall war, dann schreit Brüssel auf, bezichtigt die ungarische Regierung des Bruchs von EU-Recht und droht mit einem Vertragsverletzungsverfahren.

Fiskalpakt und »Europäischer Stabilitätsmechanismus«

Im Jahr 2012 konnte man sehen, welche Lehren EU-Kommission und EU-Rat aus der Weltwirtschaftskrise 2007/2008 gezogen haben. Mit Kontrolle und Kapital rückte man den staatlichen Souveränitäten der Mitgliedsländer zu Leibe. Durch den Fiskalpakt sicherte sich Brüssel ein Durchgriffsrecht auf die nationalen Budgets und beendete de jure die staatliche Hoheit in Haushaltsfragen; und der »Europäische Stabilitätsmechanismus« (ESM) transformierte Beiträge nationaler, parlamentarisch verfasster EU-Staaten in eine Kapitalgesellschaft. So offenbart sich das Verhältnis von Staat und Bankenkapital im Kapitalismus.

Am 25. März 2012 ratifizierten die Staats- und Regierungschefs jenen Fiskalpakt, der die 25 Parlamente der alleinigen Verfügung über ihr wichtigstes Instrument, den Jahreshaushalt, beraubte. Großbritannien und Tschechien verweigerten die Zustimmung.

Der Fiskalpakt ist die monetaristische Übertreibung der Maastricht-Kriterien, indem er die einzelnen Länder zu einem ausgeglichenen Staatshaushalt verpflichtet und dazu zwingt, dieses Ziel verfassungsmäßig zu verankern.[369] Wie 1992 in Maastricht festgelegt, darf der Schuldenstand 60 % des BIP nicht übersteigen

368 Altvater 2010, S. 59

369 Vertragstext zum Europäischen Fiskalpakt (SKS-Vertrag), Artikel 3; siehe: https://www.consilium.europa.eu/media/20382/stootscg26-de-12.pdf (20.4.2020)

und die Neuverschuldung muss auf 0,5 % der Wirtschaftsleistung begrenzt bleiben. Die EU-Kommission wird laut Artikel 5 des Fiskalpaktes beauftragt, die nationalen Sparpolitiken zu überwachen.[370] Wer die Vorgaben nicht einhält, wird mit einem Defizitverfahren und hohen Strafandrohungen eingedeckt. Der Fiskalpakt schreibt den EU-Mitgliedsstaaten zudem vor, die geplante Aufnahme neuer Schulden vorab nach Brüssel zu melden. Ein Jahr nach dem Inkrafttreten dieses Paktes kam es dann noch schlimmer bzw. noch konsequenter. Mit der Einführung des sogenannten »Two Pack« Ende Mai 2013 bedurfte es nicht einmal mehr des Verdachtes, dass ein EU-Staat die harschen Kriterien nicht erfüllt, seither werden sämtliche Mitgliedsländer gezwungen, zum 15. Oktober jeden Jahres ihren Budgetentwurf vorab nach Brüssel zu senden, auf dass dieser dort auf seine Maastricht-konforme Substanz und Brauchbarkeit geprüft wird. Seit 2014 ist diese Vorabkontrolle nationaler Haushalte durch die Wachposten EU-europäischer Sparpolitik bindend.

Wenn es Brüssel nicht passt, wie das Parlament eines Mitgliedsstaates seine Politik gestalten bzw. finanzieren will, dann wird einfach die Rote Karte gezogen und das jeweilige Parlament zurück an den budgetären Start gezwungen. So erging es beispielsweise der italienischen Koalition aus Fünf-Sterne-Bewegung und Lega mit ihrem Haushalt 2018. Darin enthaltene Ausgaben für Grundeinkommen, Erhöhung von Mindestpensionen oder Anhebung der Sozialhilfeleistungen waren der EU-Kommission nicht genehm. Sie drohte mit einer Milliardenstrafe und Rom fügte sich.

Die Selbstentmachtung gewählter Parlamente durch den Fiskalpakt ging nicht überall friktionsfrei über die Bühne. In teilweise heftig geführten Debatten kam es zu unüblichen Allianzen von rechten und linken Oppositionsstimmen, die sich gegen die Beschränkung nationaler Souveränität zur Wehr setzten. Parlamente in Polen, Griechenland, Italien, Dänemark, Österreich und Deutschland äußerten ernste Bedenken. So stimmten beispielsweise im österreichischen Nationalrat am Wiener Ring die rechte FPÖ und die linksliberalen Grünen gemeinsam gegen den Pakt. Und im deutschen Bundestag, der sich letztlich mit

370 Vertragstext zum Europäischen Fiskalpakt (SKS-Vertrag), Artikel 5; siehe: https://www.consilium.europa.eu/media/20382/stootscg26-de-12.pdf (20. 4. 2020)

491 gegen 111 Stimmen (bei 6 Enthaltungen)[371] den Vorgaben aus Brüssel beugte, stammten interessanterweise die Nein-Stimmen aus allen Fraktionen. Während die Linke geschlossen gegen den Fiskalpakt votierte, fanden sich bei der SPD 23, bei den Grünen 9, der FDP 3 und der CDU/CSU immerhin 3 Abgeordnete, die den Pakt ablehnten.[372] Dieses doch für eine solch entscheidende Zukunftsfrage seltsame Abstimmungsverhalten, mit dem die übergroße Mehrheit der CDU/CSU einen Souveränitätsverlust Deutschlands durchwinkte, kann im Nachhinein als Geburtsstunde der »Allianz für Deutschland« (AfD) interpretiert werden. Ein guter Teil der bürgerlichen Mitte verstand schlicht und einfach nicht, warum Berlin die Hoheit über seinen Haushalt an Brüssel abgab. Oder, wie die eher der linken politischen Reichshälfte zuzuordnenden Juristen Andreas Bovenschulte und Andreas Fisahn schrieben: »Im Ergebnis verlieren die nationalen Parlamente so unmittelbar das letzte Wort in Sachen Haushaltspolitik.«[373]

Ist der Fiskalpakt das EU-weite Gelöbnis zum Verzicht auf Verschuldung und antizyklische Maßnahmen durch die einzelnen Mitgliedsstaaten, so kann man im »Europäischen Stabilitätsmechanismus« (ESM) die Kehrseite dieser Medaille sehen. Strikter Ausgabenkontrolle für nationale Budgets steht ein extrem hoch dotierter suprastaatlicher Finanztopf gegenüber. Der ESM ist ein ausuferndes, riesiges Sonderbudget jenseits demokratischer Kontrolle zur Kapital-Rettung, oft auch als Rettung von maroden Banken oder nicht gezeichneten Staatsanleihen bezeichnet. Der ESM trat im September 2012 an die Stelle einer kurz zuvor gegründeten Einrichtung, deren Namen man sich nicht zu merken braucht. Seine Aufgabe besteht darin, in Zahlungsschwierigkeiten geratene Euro-Staaten mit Haftungsgarantien (in Form von Krediten oder Bürgschaften) beizustehen; und dies verbunden mit harten wirtschafts- und sozialpolitischen Auflagen wie der Verordnung von Lohnkürzungen für Staatsangestellte, der Reduzierung der Sozial- und Arbeitslosenversicherung bis hin zur Abschaffung von Kollektivverträgen generell, wie dies in Griechenland passiert ist.[374] Kredite für soziale

371 https://de.wikipedia.org/wiki/Europ%C3%A4ischer_Fiskalpakt (21. 2. 2020)

372 http://bundestag.de/bundestag/plenum/abstimmung/liste/2012/20120629_17_9046.pdf (17. 6. 2013)

373 Andreas Bovenschulte/Andreas Fisahn, Fiskalpakt entmachtet Bundestag. Bremen/Bielefeld im März 2012. Siehe: http://www.jura.uni-bielefeld.de/lehrstuehle/fisahn/BovenschulteFisahn-FiskalpaktentmachtetBundestag1.pdf (11. 3. 2020)

374 *Werkstatt-Blatt* Nr. 2/2014, S. 7

Einschnitte also, oder, wie es im Vertragstext des ESM formuliert ist: Notkredite für »makroökonomische Anpassungsprogramme«.[375]

Das entsprechende Personal für diese »Anpassungsprogramme« rekrutierte man vornehmlich aus dem Bankensektor, wo man ja kurz zuvor mit Zusammenbrüchen entsprechende Erfahrungen gemacht hatte: Nun ging es den Austeritätsmanagern allerdings nicht darum, Institute vor der Pleite zu retten, sondern staatliche Finanzkrisen dazu zu nützen, um ein Regime sozialer Kürzungen umzusetzen. An die Spitze des ESM setzte Brüssel folgerichtig einen Mann, der mit derlei »Anpassungsprogrammen« schon vertraut war. Klaus Regling, mehr als zehn Jahre lang in führenden Positionen des Internationalen Währungsfonds (IWF) tätig und acht Jahre Generaldirektor für wirtschaftliche und finanzielle Angelegenheiten der EU-Kommission, schien den Verantwortlichen der richtige Mann am richtigen Platz. Sein ganzes Banker-Berufsleben hatte er fern von Otto Normalverbraucher gelebt und gearbeitet und das war gut so, weil er dessen Sorgen nicht kannte. Für Aufgaben wie diese braucht es jemanden mit einer »natürlichen« Distanz zum Volk. Zudem hatte Regling bereits in den 1980er-Jahren IWF-Sparpakete für Indonesien, Marokko und die Philippinen geschnürt.[376] Jetzt waren Zypern,[377] Griechenland,[378] Spanien und Portugal dran.

Das Sensationelle am ESM ist seine finanzielle Ausstattung, das im Kapital-Sinn Umwälzende seine Funktionsweise. Das Stammkapital von 700 Mrd. Euro überstieg das EU-Budget 2012 um das Fünffache. Diesem standen ausgabenseitig 147 Mrd. Euro zur Verfügung.[379] Und anders als die Verwaltung der »normalen« EU-Gelder funktioniert der ESM als Kapitalgesellschaft. Nicht eine Abstimmung der EU-Mitgliedsstaaten, die ohnedies längst auf dem Prinzip der oben beschriebenen doppelten Mehrheit beruht, entscheidet über die Ausgaben, sondern die Einlagenhöhe bestimmt die Stimmenstärke. Ein Blick auf die Kapitalausstattung des »Europäischen Stabilitätsmechanismus« (ESM) zeigt, wer

375 Vgl. ESM-Vertrag, Artikel 12 und 13, Abs. 3, siehe: https://www.ris.bka.gv.at/GeltendeFassung.wxe?Abfrage=Bundesnormen&Gesetzesnummer=20008007 (20.3.2020)

376 https://de.wikipedia.org/wiki/Klaus_Regling (21.2.2020)

377 Vgl. dazu: Hannes Hofbauer, Die Diktatur des Kapitals. Souveränitätsverlust im postdemokratischen Zeitalter. Wien 2014, S. 98–118

378 Vgl. dazu: Nikos Chilas/Winfried Wolf, Die griechische Tragödie. Rebellion, Kapitulation, Ausverkauf. Wien 2018

379 https://ec.europa.eu/budget/library/biblio/publications/2012/budget_folder/budget_2012_de.pdf (21.2.2020)

das Sagen hat. Deutschland verfügt mit einer Einlage von 190 Mrd. Euro über eine Sperrminorität von 27 %, Österreich über ein Zehntel davon.[380]

Die Exterritorialität des ESM-Monsters setzt sich in vielen anderen Belangen fort, so z. B. in der Tatsache, dass seine Mitarbeiter laut Artikel 35 immun vor staatlichen Gerichtsbarkeiten sind und es eine allgemeine Schweigepflicht über die Tätigkeit gibt. Zudem unterliegen alle Gehälter keinen nationalen Steuergesetzen; und die Gehälter können sich sehen lassen. So verdient ESM-Chef Klaus Regling eineinhalb Mal so viel wie die deutsche Kanzlerin Angela Merkel: satte 324.000 Euro pro Jahr.[381] Besonders ungewöhnlich und bedenklich ist auch, dass für die einzelnen Mitgliedsstaaten keine Ausstiegsmöglichkeit vorgesehen ist, sie sind der Organisation auf Gedeih und Verderb ausgeliefert. Der ESM ist so etwas wie die finanz- und wirtschaftspolitische Dunkelkammer der Europäischen Union, in die gewählte Mandatare keinen Zutritt haben.

Der Opposition in Deutschland war insbesondere die Haftungshöhe des ESM ein Dorn im Auge. Offiziell liegt die Haftung der ESM-Teilnehmer beim Doppelten der Kapitaleinlage, mithin bei gesamt 1500 Mrd. Euro. Ein von der Partei Die Linke in Auftrag gegebenes Gutachten beim »Wissenschaftlichen Dienst des Bundestages« kam jedoch Anfang September 2012 zu der Auffassung, dass eine »potentiell unbestimmte Haftung« für Schulden anderer Euro-Länder denkbar ist.[382] Mehrere Ökonomen wie Stefan Homburg[383] kamen zu einer ähnlichen Einschätzung, was eine Reihe von Klagen nach sich zog. Sämtliche Verfassungsbeschwerden, die u. a. CSU-Abgeordneter Peter Gauweiler, eine Gruppe von Ökonomen rund um Wilhelm Hankel, Juristen wie Karl Albrecht Schachtschneider oder Mitglieder der Bundestagsfraktion Die Linke einreichten, wurden am 12. September 2012 im Eilverfahren abgeschmettert. Die Begründung des Bundesverfassungsgerichts liest sich wie ein juristischer Offenbarungseid vor wirtschaftlichen Notwendigkeiten bzw. das, was die Kapital-affine Bürokratie in Brüssel als solche bezeichnet. Deutschland müsse, so das oberste Gericht,

380 https://de.wikipedia.org/wiki/Europ%C3%A4ischer_Stabilit%C3%A4tsmechanismus (21. 2. 2020)

381 https://www.focus.de/finanzen/news/staatsverschuldung/tid-26462/gegenwind-fuer-den-neuen-europaeischen-rettungsschirm-die-fuenf-groessten-aufreger-rund-um-den-esm-steuerbefreiung-immunitaet-gehaelter-privilegien-der-esm-mitarbeiter_aid_779400.html

382 Zit. in: *Spiegel Online* vom 10. September 2012

383 Siehe: *Frankfurter Allgemeine Zeitung* vom 28. Juni 2012

beim Akt der Ratifizierung des ESM verbindlich erklären, dass dessen in Brüssel verordnete Geheimhaltung nicht die Information des Bundestages behindern würde. Zudem müsse auch klargestellt werden, dass die Zahlungsverpflichtung auf den deutschen Kapitalanteil von 190 Mrd. Euro beschränkt bliebe. Juristischer Sand in die Augen deutscher BundesbürgerInnen. Tatsächlich liegt die Gesamthaftung für die Bundesrepublik schon wegen der Beteiligung an einer Reihe von Extraprogrammen über dem eingezahlten Kapitalanteil.

Im Zuge der Corona-Krise griff der deutsche Bundesverfassungsgerichtshof dann Anfang Mai 2020 auf seine vage formulierten Einschränkungen aus dem Jahr 2012 zurück, die damals den ESM betrafen, und stellte sich – überraschenderweise – gegen ein Programm der Europäischen Zentralbank (EZB) aus dem Jahr 2015. Man könnte auch sagen: ein politischer Wetterumschwung trug nun den Sand nach Brüssel. Gegenstand des juristischen Streits ist ein Anleihen-Kaufprogramm, mit dem die EZB seit 2015 marode bis toxische Papiere um 2,1 Billionen Euro aufgekauft hatte.[384] Dazu standen in jenen Tagen am Höhepunkt der Corona-Krise weitere teure Aufkaufprogramme von Staatsanleihen zur Diskussion. Rom, Madrid und Paris forderten finanzielle Unterstützung für ein zehn bis 15 Jahre zuvor heruntergefahrenes und privatisiertes Gesundheitssystem, das nun mit den Folgen der Seuche nicht zu Rande kam. In dieser extrem angespannten Situation stellte der Bundesverfassungsgerichtshof die deutsche Beteiligung an den Ankäufen von am Markt unverkäuflichen Staatsanleihen in Frage. Damit wandte es sich auch direkt gegen den Europäischen Gerichtshof, der das EZB-Anleihe-Kaufprogramm durchgewunken hatte.

Tatsächlich rettete ESM-Geld schon vor Corona-Zeiten keine Volkswirtschaften und schon gar keine Menschen vor der Armut, sondern unterwarf sie einem Austeritätsregime und verbreitete damit soziale Kälte. Gerettet wurden hingegen »systemrelevante« Banken und Versicherungen. Das meiste Geld floss für griechische, zypriotische, spanische, portugiesische und irische Staatsanleihen. In den Medien fungierte diese – im Fall Griechenlands – bis 2018 anhaltende Aktion unter dem euphemistischen Begriff »Rettungsschirm«. Insgesamt

384 *Die Presse* vom 7. Mai 2020

wurden knapp 600 Mrd. Euro zugesagt, 450 Mrd. tatsächlich überwiesen, davon 350 Mrd. Euro über den ESM bzw. seinen Vorgänger EFSF, der Rest kam vom IWF. Die drei griechischen Geldpakete summierten sich auf 275 Mrd. Euro, nach Irland gelangten 62 Mrd., nach Portugal 50 Mrd. und nach Spanien 41 Mrd. Euro.[385] Wer davon profitierte oder in den jeweiligen Ländern entschuldet wurde, kann unschwer am sozialen Indikator der Arbeitslosigkeit abgelesen werden. Während Banken und Versicherungen, die mit Derivaten spekuliert und ihre Kreditkunden in die Schuldenfalle gelockt hatten, nur in Ausnahmefällen in den Konkurs geschickt wurden, überließ man insbesondere die Jugend der betreffenden Länder ihrem Schicksal. Gerade jene, die mit den Spekulationen der 2000er-Jahre überhaupt nichts zu tun hatten, nicht einmal als kleine Konsumkreditnehmer, schlicht, weil sie damals noch nicht großjährig waren, wurden zu den ersten und größten Opfern der »Anpassungsprogramme«. ESM-Kredit gab es nur unter der Bedingung, den sozialen Gürtel enger zu schnallen, also strichen Griechenland, Irland, Portugal und Spanien soziale Leistungen aus dem Budget. Die Folge war eine Explosion der Jugendarbeitslosigkeit. Laut »Eurostat« lag die offizielle Arbeitslosigkeit der 15- bis 24-Jährigen im Jahr 2013 in Griechenland bei 58,3 %, in Spanien bei 55,5 %, in Zypern bei 39 % und in Portugal bei 38 %. Im Vergleich dazu Deutschland: 7,9 %.[386] In Menschenleben gerechnet, waren es im Jahr 2013 5,5 Millionen junge Männer und Frauen in EU-Europa, die keine Erwerbsarbeit fanden, der Großteil davon träumte von der Auswanderung.

Sechs Jahre später, im Dezember 2019, nach mehreren Migrationswellen, vermeldet »Eurostat« weiterhin beschämend hohe Arbeitslosenzahlen bei Jugendlichen. In Griechenland sind es nun 35,6 %, in Spanien 30,3 %, in Portugal 19,3 %, in Zypern 17,1 %.[387] Das Jahrzehnt des ESM-»Rettungsschirms« ist für die Jugend EU-Europas ein verlorenes Jahrzehnt.

385 Diverse Statistiken. Siehe auch: https://www.tagesschau.de/wirtschaft/rettungspakete108.html (22. 2. 2020)

386 https://de.statista.com/infografik/2618/jugendarbeitslosigkeit-in-suedeuropa/ (22. 2. 2020)

387 https://de.statista.com/statistik/daten/studie/74795/umfrage/jugendarbeitslosigkeit-in-europa/ (22. 2. 2020)

Brüssel weiter auf Expansionskurs: Ostpartnerschaft[388]

Alles war für ein großes Fest vorbereitet. An einem grauen Donnerstag im November landeten die Granden der EU im Baltikum. Die litauische Hauptstadt Vilnius ertrank bereits seit Wochen im EU-Blau, gespickt mit goldenen Sternen. Der 28./29. November 2013 sollte der Höhepunkt der ersten litauischen Ratspräsidentschaft sein. Geplant war die Unterzeichnung von drei bis vier Assoziierungsabkommen der Brüsseler Union mit ex-sowjetischen Republiken. Sechs solcher Republiken – Belarus, die Ukraine, Moldawien, Armenien, Aserbaidschan und Georgien – standen auf dem Arbeitsplan der »Östlichen Partnerschaft«. Diese war im Rahmen der »Europäischen Nachbarschaftspolitik« – die EU liebt möglichst verwirrend klingende Institutionen – im Mai 2008 mit starkem polnischem Antrieb gegründet worden. Sie sollte den Einfluss der Europäischen Union nach Osten erweitern, oder, wie es in den offiziellen Papieren heißt: den sechs früheren Sowjetrepubliken den Weg »nach Europa« ebnen. Gedacht war – vorerst und für lange Zeit – nicht an eine Mitgliedschaft, sondern an Freihandelsabkommen, Aufbau einer EU-kompatiblen Justiz und militärische Kooperation.

Die Assoziierungsabkommen mit Georgien, Moldawien und der Ukraine waren im Vorfeld des Gipfels von Vilnius unterschriftsreif verhandelt worden, Armenien hatte sich – für viele in Brüssel überraschend – entschlossen, das russische Angebot auf billige Energie und als Absatzmarkt für landwirtschaftliche Produkte dem EU-Abkommen vorzuziehen. Belarus und Aserbaidschan wiederum sandten pro forma seit 2009 Delegationen zu den runden Tischen, waren aber auch von EU-Seite weder für politisch, rechtlich noch wirtschaftlich reif befunden worden, die geplante Assoziierung einzugehen. Da mussten zuvor, so hörte man es hinter vorgehaltener Hand, Führungswechsel in Minsk und Baku stattfinden, bevor ein konkretes Angebot gelegt werden konnte.

Im Fokus des ganzen ostpartnerschaftlichen Erweiterungsprozesses stand von Anfang an die Ukraine. Sie war nicht nur der bevölkerungsreichste und gemeinsam mit Belarus der – zumindest im Osten des Landes – industriell am meisten entwickelte Staat, sondern auch jener, dessen Westorientierung

388 Näheres hierzu siehe: Hannes Hofbauer, Feindbild Russland. Geschichte einer Dämonisierung. Wien 2016, S. 169ff.

Russland am unangenehmsten war. Anfangs konnte man trotz antirussischer Schlagseite der EU-»Ostpartnerschaft« noch besonnene Stimmen hören. So kritisiert der damalige deutsche Außenminister Frank-Walter Steinmeier Mitte der 2000er-Jahre seinen polnischen Amtskollegen Radosław Sikorski wegen des Fehlens einer Perspektive für Russland. Später legte die deutsche Außenpolitik ihre Bedenken gegen den Vorstoß in Richtung der sechs Ex-Sowjetrepubliken ohne Russland ab und gab 2008 den Weg zur »Ostpartnerschaft« frei. Die offen Kreml-feindliche EU-Fraktion, geführt von Polen und Schweden, konnte sich durchsetzen. Ein Budget von 600 Mio. Euro stand für die technische, logistische und ideologische Vorbereitung zur Verfügung.[389]

Das EU-Assoziationsangebot fußte auf drei Pfeilern:

*) »Institution Building«, was für Menschen, die den EU-Sprech nicht gewohnt sind, mit Errichtung einer EU-kompatiblen Administration übersetzt werden kann. Dies wäre im Notfall, und dieser »Notfall« trat in der Ukraine bald darauf ein, mit einem Elitentausch zu bewerkstelligen.

*) »Energy Security«, was auf Deutsch so viel heißt wie die Zurückdrängung der russischen Energieversorgung und deren schrittweise Ersatz durch zentralasiatische, US-amerikanische oder andere Lieferanten.

*) »Economic Integration«. Dieser Kernpunkt der ganzen Anstrengung soll die Märkte der sechs Kandidaten für Produkte aus dem Westen öffnen und auch einen entsprechenden Eigentümerwechsel herbeiführen, wie er in Ländern wie Polen oder Ungarn 20 Jahre zuvor stattgefunden hatte. Dieses EU-Ziel wird verklausuliert hinter der Formel einer Zollunion versteckt, die für alle Teilnehmer die gleichen Chancen bieten soll. Allerdings braucht man nicht Betriebs- oder Volkswirtschaft studiert haben, um zu wissen, dass georgische oder ukrainische Produkte auf dem EU-Markt in aller Regel nicht Fuß fassen können, während umgekehrt überproduzierte EU-Waren in einem schutzlos dem Weltmarkt ausgelieferten Erweiterungsgebiet Absatz finden werden.

Moskau warnte von Anfang an vor dem ökonomischen Angriff der Europäischen Union in Richtung Ex-Sowjetunion. Und es zog seinerseits mit Zuckerbrot und Peitsche durch die Kandidatenländer. Wladimir Putin ernannte

389 http://europa.eu/rapid/press-release_IP-09-1891_de.htm (22.2.2020)

einen eigenen Emissär, Sergej Glasjew, der dem EU-Angebot auf Assoziation ein russisches auf billige und sichere Energieversorgung gegenüberstellte. Sein Argument war für Kiew schlagend und ausschlaggebend. Glasjew rechnete vor, dass Belarus in jenen Quartalen des Jahres 2013 für 1000 Kubikmeter Gas 166 US-Dollar an den russischen Monopolisten Gazprom bezahlen musste, während Kiew für dieselbe Menge 420 US-Dollar in Rechnung gestellt wurden. Auf's Jahr und den Verbrauch gerechnet betrug der Unterschied satte 10 Mrd. US-Dollar.[390] Solch einen Preis stellte Glasjew in Aussicht, während Brüssel von »Energy Security« und »Economic Integration« faselte. Der ukrainische Präsident Viktor Janukowitsch ließ sich überzeugen. Sein Parlament hatte bereits im Vorfeld des Gipfels von Vilnius dem EU-Assoziationsangebot eine Absage erteilt. Und Janukowitsch reiste in die litauische Hauptstadt und sagte »Njet«. Es was das erste Nein, das die Herren aus Brüssel je aus Osteuropa vernommen hatten. Sie ignorierten es und stellten sich damit in der ukrainischen Innenpolitik auf die Seite jener, die mit der Entscheidung von Parlament und Präsident unzufrieden waren. Diese Einmischung reichte bis zur Solidarisierung mit Brandflaschen-werfenden Rechtsradikalen auf dem Kiewer Majdan und führte letzten Endes zum Regimewechsel in der Ukraine. Janukowitsch wurde außer Landes getrieben, seine Absetzung war verfassungswidrig, fand sie doch in der Werchowna Rada nicht die nötige Mehrheit.[391]

Die Ukraine zerfiel in rasender Schnelligkeit. Am 11. März 2014 erklärte sich die Krim von der Ukraine unabhängig, am 21. März erfolgte die Ratifizierung als Teil der Russischen Föderation. Sechs Wochen später, am 2. Mai 2014 flogen Kampfhubschrauber der ukrainischen Armee erste Luftangriffe gegen die mehrheitlich von russisch-stämmigen Ukrainern bewohnte Stadt Slowjansk im Osten des Landes, am selben Tag verbrannten hundert Menschen im Gewerkschaftshaus von Odessa, nachdem sie von ukrainischen Rechtsradikalen ins Gebäude getrieben wurden und dieses dann in Flammen aufging. Eine Woche später, am 9. Mai, dem Tag des sowjetischen Sieges über Hitler-Deutschland, rollten von Kiew befehligte Panzer durch die Hafenstadt Mariupol. Am 11. Mai

390 http://www.rferl.org/content/russian-gas-how-much-gazprom/25442003.html

391 Vgl hierzu: Gabriele Krone-Schmalz, Russland verstehen. Der Kampf um die Ukraine und die Arroganz des Westens. München 2015, S. 23

hielt die mittlerweile unter Kontrolle von Separatisten stehende Region Donezk ein Unabhängigkeitsreferendum ab, bei dem 90 % für die Loslösung von Kiew votierten.[392]

Schon vor dem Beitritt der Krim zur Russischen Föderation, der im Westen als Annexion gesehen wird, erließ die Europäische Union am 6. März 2014 (in Absprache und im Gleichklang mit Washington) Sanktionen gegen ukrainische und russische Bürger. Sergej Glasjew, der Sonderbeauftragte des Kreml, führte die Liste an. Am 28. April eröffneten Europäische Union und USA einen Wirtschaftskrieg gegen Russland, indem sie ganze Branchen auf Embargolisten setzten. Diese Sanktionspolitik wird seither jedes halbe Jahr verlängert und hält bis zu Redaktionsschluss dieses Buches an. Übrigens: zwischen 21. März und 27. Juni 2014 unterzeichneten die Verfassungsputschisten Arsenij Jazenjuk und Petro Poroschenko, die kurz darauf wieder von der politischen Bildfläche verschwanden, jenes 2135 Seiten starke Dokument, das am Ursprung der Ukraine-Krise stand: das Assoziierungsabkommen mit der EU.

Innerer Zerfall

Die Fliehkräfte bestimmen die Entwicklung der Europäischen Union. Sie sind zahlreich. Politisch findet eine Rückbesinnung auf den Nationalstaat statt, die in der Hysterie über die Ausbreitung des Corona-Virus im Frühjahr 2020 zu einem Zusammenbruch EU-europäischer Strukturen geführt hat. Jedes einzelne Mitglied erließ unterschiedliche polizeistaatliche Maßnahmen zur Einschränkung von Bewegungsfreiheit und Bürgerrechten sowie einzelstaatliche Notstandsverordnungen. Die Gemeinsamkeit bestand – zynisch gesprochen – in der gegenseitigen Abschottung auf Basis nationalstaatlicher Grenzen.

In ökonomischer Hinsicht verstärken sich die Desintegrationsprozesse. Die Kluft zwischen strukturschwachen Regionen und Ländern auf der einen und Zentralräumen auf der anderen Seite wird tiefer. Die sogenannten Rettungspakete für Griechenland, Portugal und Irland in den Jahren 2010 bis 2018 haben

392 https://www.spiegel.de/politik/ausland/ukraine-russland-erkennt-referendum-in-donezk-und-luhansk-an-a-968865.html (20.4.2020)

der Öffentlichkeit die regionalen Disparitäten drastisch vor Augen geführt, ohne sie auflösen zu können. Die Massenwanderung aus Ost- und Süd-Europa in Richtung Zentren sind sichtbarer Ausdruck dieser Ungleichheit. Sie entleert periphere Gebiete und beschert den Zentralräumen Arbeitsmarkt- und Wohnraumprobleme. Beim Ausscheiden Großbritanniens aus der EU, das weiter unten noch behandelt wird, fusionierten politische und ökonomische Argumente zu einer Abkehr von Brüssel.

»Heute müssen wir zugeben, dass der Traum von einem gemeinsamen europäischen Staat mit gemeinsamen Interessen, einer gemeinsamen Vision (…), dass die geeinte Europäische Union eine Illusion war.« Niemand geringerer als der Präsident des Europäischen Rates, Donald Tusk, ein bekennender EU-Euphoriker, brachte auf diese Weise bereits im Mai 2016 seine ganze Enttäuschung über das Scheitern der Brüsseler Union zum Ausdruck.[393] Damals wusste Tusk noch nichts vom Brexit und hatte noch keine Ahnung vom Umgang der einzelnen Mitgliedsstaaten mit der größten Krise seit dem Zweiten Weltkrieg, dem Umgang mit dem Corona-Virus.

Der französische Präsident Emmanuel Macron wiederum äußerte sich gegenüber dem Wirtschaftsmagazin *Economist* deprimiert über die Zukunft der Gemeinschaft und zugleich alarmiert über seine eigene: »Wenn wir weiter machen wie bisher (…) werden wir von der Bildfläche verschwinden.«[394]

Das vorgebliche Ziel der Gründerväter, ein Aufgehen der europäischen Völker in einer wie immer konstruierten Supranation als »Vereinigte Staaten von Europa« ist obsolet geworden. Stattdessen »wächst überall der Anteil der EU-Skeptiker«, wie der Sozialwissenschaftler und Mitbegründer von Attac Deutschland, Peter Wahl, schreibt, »sowohl in den Bevölkerungen, wie alle einschlägigen Umfragen belegen, als auch bei den politischen Akteuren aller Lager.«[395] So ist z. B. Frankreich in seiner Position zur Europäischen Union tief gespalten. Die Mehrheit ist EU-skeptisch und steht zur Nation. Eine Umfrage des Meinungsforschungsinstituts Elabe befragte Anfang 2019 vor den EU-Wahlen 10.000

393 Zit. in: https://www.zeitschrift-luxemburg.de/stell-dir-vor-es-ist-europa-und-keiner-geht-hin/#_ftn1 (6.4.2020)

394 zit. in: *Ruptures*. Le nouveau Bastille-République-Nations. Paris, 26. November 2019

395 Peter Wahl, Stell Dir vor, es ist Europa – und keiner geht hin! Mai 2016. In: https://www.zeitschrift-luxemburg.de/stell-dir-vor-es-ist-europa-und-keiner-geht-hin/#_ftn1 (6.4.2020)

Franzosen und Französinnen. 73 % von ihnen gaben an, mehr Rückhalt im Nationalstaat zu sehen als in der Brüsseler Union, nur 34 % sahen dies umgekehrt.[396]

Die Verantwortlichen in Brüssel versuchen, vor solchen Realitäten die Augen zu verschließen. Nur manchmal, in Stunden der Verzweiflung, entfleucht einem wie Donald Tusk ein oben zitierter Stoßseufzer. Ansonsten wird mit aller Kraft versucht, nationale Eigenständigkeiten im Keim zu ersticken, was freilich wiederum radikalere Gegenpositionen provoziert.

Der Umgang mit Italien im Frühherbst 2018 stellt in dieser Hinsicht ein Lehrbeispiel dar.[397] »Roms Budgetpläne alarmieren Brüssel und Börsen«.[398] Mit Titeln wie diesem überschrieben Ende September 2018 meinungsbildende Medien ihre Beiträge über die Veröffentlichung des Haushaltsplans der italienischen Regierung. Die Frontstellung kann deutlicher nicht zum Ausdruck gebracht werden. Auf der einen Seite steht eine gewählte Regierung, ihr gegenüber eine vom EU-Rat ohne demokratische Legitimation bestimmte EU-Kommission und die Börsen, vulgo auch »Märkte« genannt. Zu verinnerlicht haben Mainstream-Journalisten die für sie alternativlose Brüsseler Herrschaft, als dass ihnen die eigentlich entlarvende Botschaft solcher Überschriften auffiele. Ein mit parlamentarischer Mehrheit erarbeiteter Budgetplan beunruhigt die Börsen und mit ihnen die EU-Granden. Mit erstaunlichem Selbstverständnis steht die Journaille auf der Seite von autoritärem Suprastaat und Austeritätsmaßnahmen gegen den »Populismus«, der im Falle Italiens Ende 2018 als »Koalition linker und rechter Populisten« umschrieben wird.

Die tatsächlich seltsame Koalition aus Lega und Fünf-Sterne-Bewegung legte also Ende September ihre erste in Zahlen gegossene Politik, den Budgetentwurf für 2019, vor. Die daran enthaltene Neuverschuldung wurde mit 2,4 % des BIP ausgewiesen, verblieb also innerhalb der Maastricht-Vorgaben. Weil aber die Staatsverschuldung mit 130 Prozent weit jenseits der von der EU erlaubten 60-Prozent-Marke lag, empörte sich der für die fiskalische Zwangsjacke zuständige EU-Kommissar Pierre Moscovici und sackten die Börsenkurse

396 Umfrage des Instituts Elabe, zit. in: *Frankfurter Allgemeine Zeitung* vom 27. Februar 2019

397 Die folgenden Absätze zu Italien und Polen sind eine überarbeitete Fassung aus: Hannes Hofbauer, Europäische Union: Dem Kapital ergeben, der Demokratie abhold. In: Ullrich Mies (Hg.), Der Tiefe Staat schlägt zu. Wie die westliche Welt Krisen erzeugt und Kriege vorbereitet. Wien 2019, S. 69–73

398 *Wiener Zeitung* vom 29./30.9.2018

ab. Man erwartete sich in Brüssel einen Kniefall Roms vor dem Kapital, also den »Märkten«, wie ihn Jahre zuvor die linke griechische Regierung gemacht hatte, nachdem sie vom Volk per Referendum mit dem Gegenteil beauftragt worden war.

Was erregte die Kommissions- und Börsengemüter dermaßen, dass sich Rom sogleich mit Drohungen konfrontiert sah? Der italienische Budgetentwurf für 2019 sah ein Grundeinkommen für Arbeitslose über einen Zeitraum von maximal drei Jahren vor, eine Erhöhung der Mindestpensionen von 500 auf 780 Euro und eine ebensolche Anhebung der Sozialhilfe sowie die Verteilung von pachtfreiem, kostenlosem Ackerland inklusive Gewährung eines zinsfreies Darlehens auf 20 Jahre für kinderreiche Familien.

Des Weiteren sollten Kleinbetriebe weniger Einkommenssteuer zahlen und ein staatliches Programm für öffentliche Investitionen vor allem in die Infrastruktur aufgelegt werden – kurz davor war die privat betriebene Autobahnbrücke in Genua zusammengebrochen. Zusätzlich dazu wollte die Links-Rechts-Regierung liberale Gesetze ihrer Vorgänger, die von Sozialdemokraten beschlossen worden waren, rückgängig machen. Dazu gehörten die Streichung der Erhöhung des Pensionsalters, das von 65 auf 67 Jahre angehoben worden war, sowie das Aus für die 2019 geplante Erhöhung der Mehrwertsteuer von 22 auf 24,2 Prozent.

Brüssel und die Börsen waren alarmiert. Warum? Weil mit Grundeinkommen ausgestattete Arbeitslose vielleicht demnächst nicht mehr so billig am Arbeitsmarkt zur Verfügung stehen, Kleinbetriebe gegenüber monopolistisch auftretenden Großkonzernen am Leben erhalten werden und kinderreiche Familie ihre Subsistenzgrundlage verbessern. Auch könnte man in Rom auf die Idee kommen, Infrastruktur wieder zu verstaatlichen und sogar Überlegungen anstellen, wie man staatlicherseits Einnahmen von Kapitalseite requirieren könnte, wenn mit der ständigen Erhöhung von Massensteuern wie der Mehrwertsteuer einmal Schluss ist. Ob solcher Aussichten sind Finanzmärkte und Kapital ihrem Interesse folgend zu Recht alarmiert; und die Empörung Brüssels zeigte, auf welcher Seite die EU-Bürokratie stand und steht.

Am 23. Oktober 2018 lehnte dann die EU-Kommission in einem bis dahin beispiellosen Vorgang den Budgetentwurf eines Mitgliedsstaates – Italiens – ab und gab Rom drei Wochen Zeit für »Nachbesserungen«, sprich: für die

Streichung sozialer Maßnahmen. Weil die Koalition aus Lega und Fünf-Sterne-Bewegung trotz medialen Dauerfeuers standhielt und den Austeritätsbegehren aus Brüssel nicht nachgab, erhöhte die EU-Kommission den Druck und leitete Mitte November 2018 ein sogenanntes Defizitverfahren gegen Italien ein. Kniefall oder Strafzahlung lautete die Botschaft, diese Maßnahme war bis zu diesem Zeitpunkt noch an keinem EU-Mitgliedsland durchexerziert worden, hätte sich aber für Rom bei weiterer Weigerung, den neoliberalen Vorgaben zu trotzen, mit 0,5 % des BIP, geschätzten 9 Milliarden Euro, negativ zu Buche schlagen können.[399] Am 18. Dezember erfolgte dann der durch den enormen Druck erwartbare Kniefall. Italiens Wirtschafts- und Finanzminister Giovanni Tria legte dem EU-Kommissar Moscovici einen überarbeiteten Budgetentwurf vor, dessen Neuverschuldung nun nicht mehr 2,4 % des BIP, sondern nur mehr 2 % vorsah. Damit standen Rom vier Milliarden weniger Euro zur Verfügung, um ein Grundeinkommen für Arbeitslose und eine Senkung des Renteneintrittsalters zu finanzieren. Dass der Kniefall vergleichsweise weich ausfiel, dürfte die italienische Regierung dem gleichzeitig stattfindenden sozialen Aufruhr in Frankreich zu verdanken gehabt haben. Dort standen wütende Bürgerinnen und Bürger in gelben Westen auf den Straßen und insbesondere den Kreisverkehren und protestierten monatelang gegen den harten Austeritätskurs der französischen Regierung. Dieser Schock saß den Gralshütern der Austerität in Brüssel noch in den Knochen, als sie den neuen italienischen Haushaltsplan absegneten.

Gänzlich anders gelagert ist der Konflikt zwischen Brüssel und Warschau um die Frage der Souveränität einer nationalen Justiz. Doch auch hier geht es letztlich um den Totalitätsanspruch der Europäischen Union. Warschau wurden bereits zwei Klagen angehängt, um die von der rechten Regierung unter der Partei »Recht und Gerechtigkeit« (PiS) beschlossene Justizreform zu Fall zu bringen. In einem sogenannten Artikel-7-Verfahren wird eine »Gefährdung der Rechtsstaatlichkeit« geprüft; und ein Eilantrag vor dem Europäischen Gerichtshof soll das polnische Gesetz über die Herabsetzung des Pensionsalters für Höchstrichter von 70 auf 65 Jahre zu Fall bringen. Auf den ersten Blick sieht es so aus, als ob Brüssel prinzipiell ein niedriges Pensionsalter ablehnen würde, doch

399 *Der Spiegel* vom 21. November 2018

anders als im Fall Italien, wo die EU aus Kapitalüberlegungen längere Arbeitszeiten favorisiert, birgt der polnische Fall brisanten parteipolitischen Sprengstoff.

Die Ausgangslage ist eine machtpolitische. Die nationalkonservative PiS-Regierung sieht sich seit ihrem Amtsantritt im November 2015 mit einem ihr feindlich gesinnten Justizpersonal, das aus Kommune-Zeiten und von liberalen Vorgängerkabinetten stammt, konfrontiert. Diese loszuwerden, hat sie sich zur Aufgabe gemacht. Brüssel steht dagegen; nicht deshalb, weil die Kommissare personelle Änderungen ablehnen, sondern weil es ihnen nicht genehme Personen sind, die von der PiS in höchste Richterämter gehoben werden sollen.

Wenige Monate vor dem Wahlsieg der PiS am 25. Oktober 2015 hatte nämlich die in Umfragen bereits weit zurückliegende liberale Bürgerplattform (PO) ein neues Gesetz über den Verfassungsgerichtshof beschlossen, obwohl der polnische Präsident Andrzej Duda appellierte, keine schnellen Änderungen im Justizsystem vorzunehmen. Dann wurden in der letzten Parlamentssitzung vor den Wahlen am 8. Oktober 2015 noch rasch fünf neue Verfassungsrichter bestimmt, obwohl deren Posten erst nach den Wahlen im November und Dezember frei werden sollten. Der Vorgriff auf das Justizpersonal war mit Kalkül gemacht, er sollte auch nach der verlorenen Wahl das Oberste Gericht politisch entlang der von 39,9 % auf 24,1 % zusammengeschrumpften Opposition ausrichten. Brüssel ließ sich über diesen seltsamen Vorgang nicht vernehmen; es waren immerhin die richtigen Richter auf zweifelhafte Art bestellt worden. Der neue, von PiS dominierte Sejm hob die Ernennungen der fünf PO-Richter auf, in zwei Fällen wurde dem vom Verfassungsgerichtshof stattgegeben, die anderen drei Fälle blieben strittig. Nun gingen die rechten Nationalkonservativen daran, die personelle Zusammensetzung des Verfassungsgerichts mit einem Pensionstrick zu ändern und beschlossen ein Gesetz, das den Ruhestand für Höchstrichter von 70 Jahren auf 65 Jahre vorverlegt. Dieses betrifft 16 von 27 Richtern, was PiS genug Handhabe für die Ernennung von neuem, den Rechten ergebenem Personal gibt.[400] Darüber tobt Brüssel. Sein Umgang mit der Rechtsstaatlichkeit ist allerdings, wie wir im Rückblick auf die gesamte Entwicklung der Frage des Justizpersonals

400 siehe dazu: Magdalena Bainczyk, Die umstrittene Justizreform in Polen. In: *WeltTrends. Das außenpolitische Journal*, Nr. 143, Potsdam September 2018, S. 30ff.

in Polen gesehen haben, ein instrumenteller. Denn während die fragwürdige Ernennung von Richtern durch Parteifreunde des EU-Ratsvorsitzenden Donald Tusk mit schweigender Zustimmung quittiert wurde, setzten die EU-Granden alle Hebel in Bewegung, um personelles Revirement durch die PiS, das nicht ins liberale, EU-konforme Konzept passt, zu verhindern.

Mitte Oktober 2018 erließ dann der Europäische Gerichtshof in Luxemburg eine einstweilige Verfügung, mit der er tief in die polnische Souveränität eingriff. Die Herabsetzung des Pensionsalters für die obersten Richter von 70 Jahren auf 65 Jahre wurde sistiert, Polen musste der Anordnung folgen und bestätigte dies auch im Monat darauf. Damit, so der Tenor der EU-Kommission und ihren medialen Sprachrohren, sei die Unabhängigkeit der polnischen Justiz wieder hergestellt … indem sie von Brüssel abhängig gemacht wurde, möchte man hinzufügen.

Brexit

British exit, gemeint: heraus aus der Europäischen Union, wurde schon Jahre vor dem Referendum des Jahres 2016 zum Kunstwort »Brexit« zusammengezogen. Die Europa-Skeptiker auf der Insel befeuerten den Begriff, sodass er bald überall in Gebrauch war. Im Vereinigten Königreich stehen schon immer mehr Menschen – vom einfachen Bürger bis zu den politischen Verantwortlichen – Europa und insbesondere der EU skeptisch bis ablehnend gegenüber als auf dem Kontinent. Diese Haltung zieht sich von der noblen Zurückhaltung Winston Churchills in seiner Züricher Rede vom 19. September 1946, in der er zu einem vereinten Europa – aber bitte ohne Großbritannien – aufrief, über den Kohle- und Stahlpakt bis zum Ausscheiden aus der Gemeinschaftswährung 1979 und dem Opting Out in Währungs- und Sozialfragen 1993. Richtig erwärmen für die EU konnten sich auf der Insel nur wenige. Das war auch schon vor dem Beitritt Großbritanniens zur Europäischen Gemeinschaft im Jahre 1973 so. Die konservative Regierung Edward Heath vermied es damals aus Angst, das Volk könnte eine abschlägige Antwort geben, ein Referendum anzusetzen. Bei dieser sogenannten »Norderweiterung« hatten breite Mehrheiten in Irland und Dänemark für eine Mitgliedschaft gestimmt, während bei einem Referendum in Norwegen die Gegner einer Integration mit 53,5 % die Oberhand behielten. Die Tories wollten nichts riskieren, zogen eine erkleckliche Anzahl von Labour-Abgeordneten auf ihre Seite und erreichten eine Mehrheit in beiden Häusern. Zwei Jahre später, 1975, kam es dann auf Betreiben der mittlerweile regierenden Labour-Partei doch zu einer Volksabstimmung, die eindeutig für Brüssel ausging; dabei blieb es dann bis zum Brexit-Referendum 2016.

Traditionell ist es die finanzstarke »City of London« mit ihrem weltweit einmaligen Spekulationsvolumen, die sich vom Kontinent oder gar von einer deutsch geführten Währung nicht in ihre Geschäfte dreinreden lassen will. Dazu kommen noch die alten, aber aufrechten ökonomischen Verbindungen im Commonwealth, die man in London immer wieder vom Brüsseler Regelwerk gestört sah. Auch wollte die Downing Street mit niemandem über – ohnedies nicht vorhandene – EU-europäische Sozialpolitik verhandeln.

Die entscheidende Wende hin zu einem im Volk mehrheitsfähigen Brexit kam dann allerdings mit der EU-Osterweiterung im Jahre 2004; oder genauer: mit der Haltung der britischen Regierung zur ArbeitnehmerInnenfreizügigkeit, die eine der vier Säulen des gemeinsamen Marktes darstellt. Während Länder wie Deutschland oder Österreich zeitgleich mit der Aufnahme neuer EU-Mitglieder ihre Arbeitsmärkte für PolInnen, SlowakInnen oder BaltInnen für insgesamt sieben Jahre geschlossen hielten, wie es eine Sondervereinbarung im Zuge des Erweiterungsprozesses ermöglichte, öffnete Großbritannien die Schleusen des Arbeitsmarktes von einem Tag zum anderen. Die Folge war, dass Hunderttausende Polinnen und Polen sowie viele andere Osteuropäer aus den neuen Mitgliedsstaaten auf die Insel strömten, um dort ein Vielfaches ihre heimatlichen Lohnes zu verdienen. Die britischen Arbeiter sahen sich einer Konkurrenz ausgesetzt, die für den Unternehmer billiger und williger zu haben war und einen enormen Konkurrenzdruck auf dem Arbeitsmarkt auslöste. Der Wohnungsmarkt zeigte ähnliche Verwerfungen.

Schon Karl Marx analysierte den Sachverhalt pointiert, als er 170 Jahre zuvor über die Lage der irischen Arbeiter in Großbritannien schrieb: »Zweitens hat die englische Bourgeoisie das irische Elend nicht nur ausgenutzt, um durch die erzwungene Einwanderung der armen Iren die Lage der Arbeiterklasse in England zu verschlechtern, sondern sie hat überdies das Proletariat in zwei feindliche

Lager gespalten. (...) Dieser Antagonismus zwischen den Proletariern in England selbst wird von der Bourgeoisie künstlich geschürt und wachgehalten. Sie weiß, daß diese Spaltung das wahre Geheimnis der Erhaltung ihrer Macht ist«.[401] Wenn wir »irisch« durch »polnisch« ersetzen, können wir uns ein Bild vom Zustand des britischen Arbeitsmarktes nach der Massenzuwanderung osteuropäischer Menschen machen. Die heimische Arbeiterklasse wusste genau, warum sie 2016 für den Brexit stimmte.

Dass es überhaupt zum Referendum vom 23. Juni 2016 um Verbleib oder Austritt aus der EU kommen konnte, war dem zunehmenden politischen Druck geschuldet, dem der konservative Ministerpräsident David Cameron schließlich nachgab. Nachdem London in Brüssel weitere Ausnahmebestimmungen forderte und damit auf taube Ohren stieß, setzte Cameron, ohnehin kein großer EU-Freund, alles auf eine Karte. Im Fall seiner Wiederwahl im Mai 2015 versprach er dem EU-skeptischen Publikum, binnen zwei Jahren ein Referendum anzusetzen. Zuvor konnte die offen EU-feindliche UK Independence Party (UKIP) des Nigel Farage bei den Europawahlen 2014 mit 27,5 % ein sensationelles Resultat einfahren. Dieses trieb Cameron zu seinem Versprechen. Er hielt Wort.

Am 23. Juni 2016 scheiterte die Brüsseler Union am britischen Volksentscheid. Knapp 52 % stimmten für »leave«, also für das Verlassen der als Zwangsjacke empfundenen Gemeinschaft. 17,4 Mio. Menschen (gegenüber 16,1 Mio.) wollten raus aus der EU. Mit 72 % lag die Wahlbeteiligung höher als bei üblichen Wahlgängen; die Unterhauswahlen im Jahr zuvor hatten nur 66 % an die Urnen geholt.

Die Londoner Society erstarrte ob des Resultats, bei Wirtschaftsbossen war die Meinung geteilt, ebenso bei der oppositionellen Labour Party, deren Funktionärsschicht nicht mit dem konsequenten Verhalten der mittel- und nordenglischen Arbeiterschaft gerechnet hatte. Sie fiel in eine Depression, die Jahre anhalten sollte. Brüssel konnte es gar nicht glauben, dass nach den vielen EU-Referenden in Frankreich, den Niederlanden, Irland und Dänemark, die allesamt gegen Brüssel ausgegangen waren, nun auch die Briten gegen Europa votierten.

401 Karl Marx, Der Generalrat an den Föderalrat der romanischen Schweiz, 1. Januar 1870. Siehe: http://www.mlwerke.de/me/me16/me16_384.htm (6.4.2020)

Wer am 22. Juni, dem Tag vor dem Volksentscheid, bei den Londoner Buchmachern auf »leave« gewettet hatte, konnte sein Konto aufstocken. Die Quoten standen bei 3:1 für »remain«.[402] Die Wettanbieter hatten sich, wie die politische Elite, verspekuliert.

Camerons Nachfolgerin im Amt, die EU-affine Theresa May, zerrieb es zwischen ihrer Zuneigung zu Brüssel und dem Mehrheitsentscheid des Wahlvolkes. Ihre Strategie des Aufschiebens und Verschiebens von Entscheidungen, zu der sie EU-Rat und EU-Kommission ermutigt hatten, ging nicht auf. Die Zermürbungstaktik führte nicht zum gewünschten Erfolg, sie konnte nicht wie in anderen Fällen eine Wiederholung des Referendums oder ein völliges Ignorieren des Resultates erzwingen und auch keinen Kompromiss herstellen. May ging als gebrochene Frau von der politischen Bühne ab.

Nach kurzer Schockstarre erhoben sich in Brüssel, Paris, Berlin und anderswo Zeigefinger und Knüppel, die London drohten, mit dem Ergebnis des Referendums nur ja nicht ernst zu machen. Dazu malten die meinungsbildenden Medien auf dem Kontinent die schlimmsten Zukunftsszenarien an die Wand; vom Chaos an den Grenzen und lebensbedrohlichen Versorgungskrisen bei Medikamenten und Grundnahrungsmitteln war da zu lesen und zu hören. Zu all dem äußerten sich Fachleute, die berechneten, wie lange die britische Wirtschaft ohne Europäische Union überleben würde: zwölf Monate, zwei Jahre? Die Apologeten der Suprastaatlichkeit prophezeiten den Zusammenbruch der britischen Wirtschaft. Und der Internationale Währungsfonds legte noch im April 2019 nach, als Theresa May verzweifelt versuchte, den Austritt aufzuhalten, und prophezeite einen Wachstumseinbruch von 3,5 % für den Fall eines Brexit. Die Bertelsmann-Stiftung wiederum rechnete penibel einen Wohlstandsverlust von 57,3 Mrd. Euro für die Insel aus, jeder Brite würde 873 Euro im Falle eines Ausscherens aus der Union verlieren.[403] Tatsächlich war das EU-Geschäftsmodell grenzenloser Waren-, Kapital-, Dienstleistungs- und Arbeitnehmer»freiheit« zu Ende gegangen oder stand zumindest vor

402 Businessinsider.com vom 22. Juni 2016, siehe: https://www.businessinsider.com/brexit-betting-the-odds-have-moved-even-more-in-remains-favour-2016-6?r=DE&IR=T (6.4.2020)

403 *Der Standard* vom 10. April 2019. Siehe: https://www.derstandard.at/story/2000101114659/die-kosten-des-brexit-und-wie-es-weitergeht (15.5.2020)

größeren Änderungen und Neuverhandlungen. Brüssel wollte dies lange nicht zur Kenntnis nehmen.

»Härte zeigen« und »Einheitsfront bilden« lautete die Devise der nun beleidigten Rest-EU. Frankreichs Präsident François Hollande sagte es offen heraus: »Es muss eine Drohung geben, es muss ein Risiko geben und es muss einen Preis geben.«[404] Die Strafe für das unbotmäßige Volk des Vereinigten Königreichs muss hoch ausfallen und sie muss weh tun, darin waren sich die Führer von Kommission und Parlament, Jean-Claude Juncker und Martin Schulz, einig. Und die Medienlandschaft pflichtete ihnen im Großen und Ganzen bei, wenn sich auch nicht alle so radikal äußerten wie die führende politikwissenschaftliche Zeitschrift der USA, *Foreign Policy*. Dort stand nach dem Brexit-Votum zu lesen: »Es ist an der Zeit, aufzustehen gegen die ignoranten Massen. Brexit zeigt die politische Spaltung unserer Zeit. Es ist keine solche zwischen rechts und links, es geht um die Vernunft gegen stumpfsinnige Wut.«[405] Ähnlich äußerte sich auch einer der letzten Leninisten der Welt, der Philosoph Slavoj Žižek: »Die öffentliche Meinung hat nicht immer recht. Ich denke, man muss daher manchmal den Willen der Mehrheit missachten.«[406] Versuche, die britischen WählerInnen für dumm zu erklären oder sie gar zu pathologisieren, beherrschten monatelang die Gazetten. Auf den Wirtschaftsseiten der Zeitungen assistierten die Ratingagenturen mit der Herabstufung des Pfund[407] und der Drohung, ihm den Status einer Reservewährung zu entziehen.[408] Die Übernahme der Regierungsgeschäfte durch Boris Johnson beruhigte die Lage in Großbritannien, während die kontinentale Atemnot vorerst anhielt.

Die Wahlen zum Europäischen Parlament vom 23. Mai 2019, an denen wegen der Verzögerungstaktik von Theresa May auch das Vereinigte Königreich – ein

404 zit. in: https://www.24heures.ch/monde/europe-denonce-manuvres-britanniques/story/16068294 (21. 3. 2020)

405 zit. in: Daniel Hannan, What next. How to get the best from Brexit. London 2016, S. 4; zit. in: Andreas Wehr, Overturning the Referendum – wie der Brexit gekippt werden soll, 15. April 2019; siehe: https://www.andreas-wehr.eu/overturning-the-referendum-wie-der-brexit-gekippt-werden-soll.html

406 Ebd.

407 Moody's cut UK's credit outlook to »negative«. In: *BBC* vom 25. Juni 2016; zit. in: https://de.wikipedia.org/wiki/EU-Austritt_des_Vereinigten_K%C3%B6nigreichs (21. 3. 2020)

408 Standard & Poor's warns on UK reserve currency status as Brexit hardens. In: telegraph.co.uk. vom 13. Oktober 2016; zit. in: https://de.wikipedia.org/wiki/EU-Austritt_des_Vereinigten_K%C3%B6nigreichs (21. 3. 2029)

letztes Mal – teilnahm, bestätigten das Brexit-Referendum. Mehr noch: sie zeigten den verstärkten Unmut der Bevölkerung mit dem Auf- und Verschieben des Brexit in einer Weise, die sowohl die Tories wie Labour zu vernichten drohte. Mit 30,5 % siegte die kurz zuvor gegründete »Brexit Party« des Nigel Farage, gefolgt von den EU-befürwortenden Liberaldemokraten mit 19,6 %. Die »Großparteien« landeten mit 13,7 % (Labour) und 8,8 % (Konservative) auf den hinteren Plätzen. Es war Boris Johnson, der die Botschaft verstand, die Führung der Tories übernahm und Neuwahlen ausrief. Sein Wahlkampfslogan lautete: »Get Brexit done!«. Mit den 30 %, die ihm Farage auf dem Wählertablett servierte, konnte er sich sicher sein, dass mindestens ein Drittel der Britinnen und Briten auch vor einem harten, unkoordinierten Ausscheiden aus den EU-Strukturen nicht zurückschreckte. Die meisten davon lebten in den Industriezonen Mittel- und Nordenglands und stammten aus der Arbeiterklasse. Also galt es für Johnson, den Upperclass-Mann, diesen Underdogs ein Angebot zu machen. Die schwankende Haltung der Labour Party, die bis zuletzt nicht erkannt hatte, dass es ihrem Stammpublikum ernst war mit der »polnischen Frage«, sprich: mit der Gegnerschaft zur ArbeitnehmerInnenfreizügigkeit, half ihm dabei. Am 12. Dezember 2019 konnte Johnson einen historischen Sieg bei den Unterhauswahlen einfahren und mit 43,6 % Prozent Wählerzustimmung 365 Abgeordnetensitze (von 650) für die Tories gewinnen.

Labour hatte sich mit der absurden Position, mehr als drei Jahre nach dem Brexit-Referendum eine Wiederholung des Vorgangs anzustreben, ins Abseits manövriert. Die Arbeiterhochburgen gingen verloren und in den Diversity-Stadteilen Londons kamen die Liberaldemokraten zum Zug.[409]

»Was immer auch geschieht, die Regierung wird keine einzige Vereinbarung aushandeln, in der das Vereinigte Königreich nicht die Kontrolle über seine eigenen Gesetze und sein politisches Leben behält.«[410] Dieser Satz leitet die erste Regierungserklärung von Premierminister Boris Johnson ein. Er zeigt, dass London die Souveränitätsfrage ernst meinte. Das betrifft unter anderem den Europäischen Gerichtshof (EuGH) und den Einsatz staatlicher Finanzmittel

409 Vgl. hierzu: Andreas Wehr, Der elektorale Selbstmord von Labour – Und was die deutsche Linke aus ihm lernen sollte. Vom 25. Januar 2020, siehe: https://www.andreas-wehr.eu/der-elektorale-selbstmord-von-labour-469.html (6. 4. 2020)

410 Zit. in: *Frankfurter Allgemeine Zeitung* vom 28. Februar 2020

für allerlei Vorhaben. Brüssel soll weder in Rechtsfragen noch bei Staatshilfen etwas mitzureden haben.

Dass Boris Johnson weiß, wem er seinen Triumph zu verdanken hat, äußerte sich bereits zum Jahresende 2019. Am 31. Dezember kündigte die britische Regierung eine Erhöhung des Mindestlohns um 6,2 % auf umgerechnet 10,25 Euro an.[411] Zugleich wurde auch ein staatliches Investitionspaket in der Höhe von 120 Mrd. Euro für die marode Infrastruktur, insbesondere den (Wieder)Aufbau des Eisenbahnnetzes auf den Weg gebracht. Und der Fluggesellschaft »Flybe« griff der Premierminister mit Staatsgeld unter die Arme, damit Regionen im Norden an den Zentralraum London angebunden bleiben, eine Maßnahme, die laut Wettbewerbsregeln der EU nicht möglich gewesen wäre.

Der für das Jahresende 2020 fixierte Brexit eröffnet London also neue Möglichkeiten staatlicher Interventionen. Eine gesellschaftspolitisch fortschrittliche Politik geht damit freilich nicht notwendigerweise einher; aber auch nicht ihr Gegenteil, wie erste sozialpolitische und keynesianische Maßnahmen zeigen.

Ausgerechnet die konservative Partei, jahrzehntelang in arbeiterfeindlicher Politik und wirtschaftspolitischer Austerität gestählt, nahmen die unteren Klassen als soziales Sprachrohr wahr, um sich bei den Wahlen Gehör zu verschaffen. In deutschsprachigen Landen verstanden die meisten Linken nicht – und schon gar nicht die liberal gepolte Schickeria – worum es beim Brexit ging. Im Vereinigten Königreich hingegen unterstützte eine Reihe von Gewerkschaften und radikalen Linken den Austritt aus der Europäischen Union. So nahm z. B. der pakistanisch-britische Historiker, Autor und Filmemacher Tariq Ali an der Initiative »Lexit« teil, »Linke für den Brexit«. Die kampferprobte Eisenbahnergewerkschaft »National Union of Rail«, die »Maritime Transport Workers« und das Bündnis »Gewerkschafter gegen die EU« schlossen sich zu einer »Allianz für ein Nein zur EU-Mitgliedschaft Großbritanniens« zusammen.[412] Und die kommunistische Tageszeitung *Morning Star* machte am Vortag zum Brexit-Referendum klar, worum es bei der Abstimmung geht, ohne in Euphorie zu verfallen: »Eine Stimme für das Verlassen bringt nicht heute den Sozialismus. Aber sie

411 In: *Ruptures*. Le nouveau Bastille-République-Nations vom 29. Januar 2019

412 Siehe: in: Andreas Wehr, Overturning the Referendum – wie der Brexit gekippt werden soll, 15. April 2019; siehe: https://www.andreas-wehr.eu/overturning-the-referendum-wie-der-brexit-gekippt-werden-soll.html (6. 4. 2020)

wäre ein Schritt hin zur Wiederherstellung von demokratischer Kontrolle über unsere Wirtschaft, und sie würde ein Hindernis für Fortschritt beseitigen.«[413] Den Brexit feierten die Kommunisten dann tags darauf mit der Losung: »Ein Sieg für die Volkssouveränität«.[414]

Die Argumente von Teilen der Unternehmerschaft für den Brexit waren demgegenüber rein praktischer Natur. Während die radikale Linke und mit ihnen weite Teile der Lohnabhängigen in peripheren Regionen im Ausstieg aus der EU ihre Chancen auf politische und soziale Mitbestimmung steigen sahen, empfanden viele Unternehmen den Brexit als Befreiung von suprastaatlichen Regulierungen und vor allem auch handelspolitischen Fesseln. Brüssel wacht darüber, keinem seiner Mitgliedsstaaten Alleingänge in Handelsverträgen zuzugestehen. Das Verbot von nationalstaatlichen Präferenzabkommen gehört zu den Grundfesten der Gemeinschaft. Der Brexit öffnet den Raum für einen eigenständigen Außenhandel. Nicht zufällig waren es die seit dem Lend-Lease-Abkommen vom März 1941 mit Großbritannien ökonomisch engst verwobenen USA, die sich in einer Twitter-Botschaft ihres Präsidenten Donald Trump sogleich zu Wort meldeten und ein »phantastisches und großes Handelsabkommen« in Aussicht stellten. Ob sich ein solches in erster Linie für die US-Wirtschaft als phantastisch herausstellen wird, wie auf den Wirtschaftsseiten aller Zeitungen intensiv diskutiert wurde,[415] wird die Zukunft weisen.

Ringsum Feinde

Die Identität »Europa« verstand sich immer in Abgrenzung gegen eine andere Kultur, eine andere Religion, eine andere Wirtschaftsweise, eine andere Auffassung von Politik. Und die Geschichte der europäischen Idee ist voll von Feindbildern und Feinden, die – um des eigenen Geistes und der eigenen Werte, mithin der eigenen Interessen willen – bekämpft werden mussten und müssen. Diese Vorstellung prägte bereits die Phase der spätmittelalterlichen Kreuzzüge, in

413 *Morning Star* vom 22. Juni 2016

414 A Victory for popular Sovereignity – a defeat for the EU-IMF-NATO axis. Communist Party vom 24. Juni 2016, zit. in: Andreas Wehr, Overturning the Referendum – wie der Brexit gekippt werden soll, 15. April 2019

415 Siehe z. B. *Neue Zürcher Zeitung* vom 20. 8. 2019; https://www.nzz.ch/wirtschaft/handelsabkommen-mit-den-usa-keine-geschenke-fuer-grossbritannien-ld.1502732 (22. 3. 20)

denen es darum ging, muslimischen Herrschern im Namen Christi entgegenzutreten; oder auch jenes Kreuzzuges im Jahre 1204, als das römische Christentum gegen die orthodoxen Ketzer zum Waffengang rief.

Europapläne wie jenes verwegene »Grand Dessin« von Herzog von Sully, Chefberater des französischen Königs im 17. Jahrhundert, sahen die Feinde Europas neben den Osmanen vor allem in den russischen »Götzendienern«. Generationen von wehrtüchtigen »Europäern« zogen gegen den russischen Osten, einmal Anfang des 19. Jahrhunderts im Auftrag des französischen »Code civil«, ein anderes Mal zur Mitte des 20. Jahrhunderts in der Gewissheit der rassischen Überlegenheit.

So mussten Muslime und Orthodoxe/Russen über Jahrhunderte, mit nur kurzen Unterbrechungen, als Feindbilder vieler europäischer Projekte herhalten. Auch die Geschichte der Europäischen Union mit ihren Abgrenzungen und Feinderklärungen stellt da keine Ausnahme dar. Diese reichen vom Kampf gegen den oft als russisch und fallweise auch als jüdisch begriffenen Kommunismus bis zur aktuellen Situation im ersten Viertel des 21. Jahrhunderts, in dem sich Brüssel von Feinden umringt sieht. Diesmal geht es allerdings nicht um das wahre (weströmische) Christentum oder die kapitalistische Marktwirtschaft, stattdessen wird unter der Fahne der »liberalen Demokratie« gekämpft. Was darunter zu verstehen ist, hat bereits 1997 einer der einflussreichsten Stichwortgeber der westlichen Wertegemeinschaft, Fareed Zakaria, dargelegt. Als langjähriger Chefredakteur von *Newsweek* und Chefkommentator der reichweitenstarken amerikanischen TV-Stationen *ABC* und *CNN* veröffentlichte er im Organ des US-Think-Tanks »Council on Foreign Relations«, der Zeitschrift *Foreign Affairs*, den Aufsatz »Der Aufstieg der illiberalen Demokratie«.[416] Darin warnt er davor, sich nach dem Zusammenbruch der kommunistischen Regime in Osteuropa mit freien Wahlgängen zufriedenzugeben. Die einfache Tatsache, dass nun überall zwischen Moskau und Budapest Parlamente und Präsidenten vom Volk direkt gewählt würden statt durch den Filter von Arbeits- und Parteikollektiven bestimmt zu werden, dürfe nicht als Demokratie missverstanden werden, meint er. Es sei die liberale Demokratie mit ihrem »konstitutivem Liberalismus«, die

416 Fareed Zakaria, The Rise of Illiberal Democracy. In: *Foreign Affairs* Nov/Dec 1997, S. 22–43

das westliche, dies und jenseits des Atlantiks bestehende Wertesystem ausmache. Und dieses fuße auf der Herrschaft des bürgerlichen Rechts, dem unumstößlichen Schutz des Eigentums und dem ungehinderten Verkehr von Kapital und Waren. Staatliche Eingriffe in diese Grundstruktur der liberalen Demokratie werden misstrauisch beäugt und im Falle, dass sie tatsächlich Auswirkungen auf die so verstandene Freiheit haben, als illiberal bzw. illegitim gebrandmarkt.

Vor einer solchen Werteskala, die den Vorrang weltweit agierender Kapitalgruppen festschrieb, konnten Staaten wie Russland oder die Türkei in den Augen der liberalen Demokraten nicht als ebenbürtige Partner für Europa (und die USA) bestehen. Ihnen fehlte nicht nur eine aus dem römischen Recht sich ableitende Rechtskultur, ihre – zugegeben – gewählten Parlamente und Präsidenten griffen zudem häufig in angeblich natürliche ökonomische Abläufe ein. Sie taten dies in aller Regel aus zwei Gründen: um heimisches Kapital und heimische Waren vor der stärkeren ausländischen Konkurrenz zu schützen und – damit oft verbunden – ihr eigenes familiäres und politisches Umfeld zu protegieren. Dass Kapitalakkumulation historisch immer nach diesem – merkantilistischen und klientelistischen – Muster stattgefunden hat, wissen zwar die HistorikerInnen. Im Kontext konkurrierender politischer und wirtschaftlicher Interessen dient die Ablehnung dieser Maßnahmen immer wieder dazu, Feindbilder zu generieren.

Damit einher gehen allerlei negative Zuschreibungen, bei denen die politische Klasse und die Medien der Europäischen Union Hand in Hand arbeiten. Ein besonderer worttechnischer Clou ist dabei mit dem Begriff »Populist« gelungen, der von liberal-demokratischer, EU-europäischer Seite jenen zugeschrieben wird, die zwar oft mit Mehrheit das Volk hinter sich wissen, dies auch in Urnengängen bestätigt bekommen, aber sich eben nicht den Anforderungen des »konstitutionellen Liberalismus« unterwerfen. Vladimir Putin und Recep Tayyip Erdoğan sind in den 2010er-Jahren zu idealen Trägern dieser Punze geworden. Die Ironie bei der Verwendung des Begriffs Populist zwecks politischer Diffamierung besteht darin, dass seine Übersetzung aus dem Lateinischen nichts anderes als Volksversteher bedeutet. Damit ist freilich noch nicht gesagt, welche Politik aus diesem Verstehen heraus betrieben wird; die Gefahr, dass ein Populist den Interessen des Volkes nähersteht als jenen des Kapitals, besteht allerdings.

Die Hüter des »konstitutionellen Liberalismus« versuchen, diese Gefahr durch Feinderklärung abzuwehren.

Interessanterweise traf der Bannstrahl der liberalen Demokraten auch US-Präsident Donald Trump, der im November 2016 ins Weiße Haus gewählt und im Januar 2017 angelobt wurde. Seine Ideen eines wirtschaftlichen Protektionismus zum Schutz einer im Weltsystem absteigenden US-Industrie verstießen gegen das liberale Paradigma, wie es die US-Demokraten und Teile des republikanischen Establishments hochhalten. Flugs erhielt auch Trump von Seiten europäischer Medien und Politik die negative Zuschreibung eines Populisten. Dass darüber sogar die seit 1945 bestehende transatlantische Allianz zerbrechen könnte, ist seither eine mögliche Denkvariante geworden. Dies umso mehr, als sich im Zuge der sogenannten Corona-Krise 2020 nicht nur das Misstrauen zwischen Brüssel und Washington verstärkte, sondern insgesamt eine Nationalisierung bei der Bewältigung der Krise und der Krisenfolgen eingesetzte. Dies zeigte sich bereits Mitte März 2020, als Washington versuchte, Forscher und erste Forschungsergebnisse des deutschen Pharmakonzern CureVac um teures Geld aufzukaufen, um eine medizinische Behandlung von Covid-19 ausschließlich den USA zur Verfügung zu stellen.[417]

Doch Brüssel sieht sich nicht nur von äußeren Feinden wie Russland und der Türkei umgeben und von Washington verraten, sondern kämpft auch intern mit Abweichlern vom identitätsstiftenden Postulat der liberalen Demokratie. Eher national ausgerichtete Regierungen in der Slowakei (2006–2010), in Ungarn (ab 2010), Polen (ab 2015) oder Italien (2018–2019) tragen zur Erosion der unionistischen Glaubenssätze bei.

Im Frühjahr 2020 zeigte sich dann, dass Brüssel im wirklichen Krisenfall ein Papiertiger ist. Binnen Tagen stellte ein Virus das gesamte Konzept der Europäischen Union bloß. Mitgliedsstaaten wie Tschechien und Österreich begannen ohne jede Rücksprache mit der EU-Kommission, ihre Grenzen zu schließen und jeweils eigene nationale Gesetze zu erlassen, die weit über gesundheitspolitische Eingriffe hinausgingen. Sämtliche EU-Staaten folgten, sodass Mitte März

417 https://www.welt.de/wirtschaft/article206594327/CureVac-Trumps-Angriff-ist-ein-Weckruf-fuer-Deutschland.html (10.4.2020)

2020 ein nationales Krisenmanagement zur Eindämmung des Sars-2-CoV-Virus EU-weit das Zepter in die Hand genommen hatte. Im von EU-Kommissionschefin Ursula von der Leyen ausgerufenen »Krieg gegen Corona« blieb Brüssel auf der Strecke. Der seither laufende Versuch, dem in allen Mitgliedsländern offenkundig gewordenen Glaubwürdigkeitsverlust mit riesigen Geldsummen für sogenannte Hilfsprogramme entgegenzutreten, kann das Ziel aus mehreren Gründen nicht erreichen. Zum einen sind die drei- bis vierstelligen Milliardensummen nicht vorhanden und damit Schuldtitel, über die in der Zukunft famos gestritten werden wird; und zum anderen zeigen die Erfahrung mit ähnlichen, wenn auch weniger Kapital verschlingenden Programmen in Griechenland (ab 2010) und Zypern (ab 2013), dass unter dem Dach der Europäischen Union bzw. einer von ihr dominierten Troika die Hilfe nicht bei den Bedürftigen ankommt. Alle diesbezüglichen Versprechen scheitern letztlich daran, dass aus der EU längst eine Plutokratie geworden ist, in der – nach altgriechischem Vorbild – das Geld die politische Herrschaft ausübt.

Historisch einigermaßen neu ist das Feindbild China, das sich allerdings erst zögerlich und unkoordiniert abzeichnet. Das Reich der Mitte stand schon im 19. Jahrhundert im Visier Großbritanniens, als London 1839 nach der Beschlagnahme von Opium auf britischen Handelsschiffen einen mehrjährigen Krieg vom Zaun brach. Sechs Jahrzehnte später schlug eine unter britischer Führung stehende Achterallianz, zu der auch das Deutsche Reich und Österreich-Ungarn gehörte, den antiimperialistischen chinesischen Boxeraufstand nieder, der sich an den Sonderrechten vornehmlich christlicher Europäer entzündet hatte. Heute ist es Chinas enorme Industrieproduktivität, die den europäischen Konzernen zusetzt. Entsprechende Verlagerungen mit dem Ziel, die billige, willige und disziplinierte chinesische Arbeiterschaft zu nutzen, nehmen der Feindwahrnehmung zwar ihre Spitze, werden den chinesischen Vormarsch aber langfristig nicht aufhalten können. Denn längst sind aus verlängerten Werkbänken, auf denen ausgereifte Industrien für den Weltmarkt produziert wurden, technologisch führende Konkurrenten geworden. Dies führt dazu, dass gegenseitige Beschränkungen der Marktzugänge für zu »systemrelevant« erklärten Branchen spätestens seit 2019 eskalieren. Der von immer mehr europäischen Staaten eingeschlagene Umgang mit dem chinesischen Megakonzern Huawei, dem zunehmend Märkte verschlossen werden, ist ein modernes Erkennungszeichen dafür, wie ein Feindbild aufgebaut wird.

Historisch am tiefsten verwurzelt und aktuell am sichtbarsten ausgeprägt ist die Feindschaft, die Europa Russland gegenüber pflegt. Von einer ersten Feindbildwahrnehmung im späten 15. Jahrhundert über die Eroberungszüge und Eindämmungsvorstellungen im 20. Jahrhundert bis zum Wirtschaftskrieg, den EU und USA 2014 ausgerufen haben, zieht sich ein Bogen der Dämonisierung Russlands.[418] Die Anfang März 2014 von Brüssel und Washington im Gleichklang erlassenen Sanktionen gegen russische BürgerInnen weiteten sich im April 2014 zu einem Embargo gegen russische Unternehmen und ganze Branchen aus. Als Legitimation für diesen vom Westen losgetretenen Wirtschaftskrieg musste die Politik Moskaus in der Ukraine-Krise herhalten, die zur Abspaltung der Krim von Kiew führte.

Wie unglaubwürdig diese Rechtfertigung ist, zeigt sowohl ein Blick zurück in die Geschichte als auch ein Vergleich mit einer ähnlichen Entwicklung in der Gegenwart. Ein westliches Wirtschaftsembargo gegen Moskau bestand, wie weiter oben beschrieben, seit 1948, als ein »Koordinierendes Komitee« (Cocom) unter der Führung der USA umfassende Exportverbote gegen alle kommunistischen Staaten verhängte. Diese versuchte Strangulierung osteuropäischer Volkswirtschaften hatte nichts mit Annexionen oder politischer Einmischung zu tun, sondern fußte schlicht auf der Ansicht, dass dem Kommunismus damit ein Ende bereitet werden könnte. Das Cocom mit seinen Exportverboten blieb bis in die 1990er-Jahre aufrecht, alle Mitgliedsstaaten der Europäischen Gemeinschaft beteiligten sich daran.

Wie sehr EU-Europa mit ungleichem Maß misst, wenn es um die Verhängung von Wirtschaftssanktionen geht, zeigt das Beispiel Jugoslawien. Am 24. März 1999 wurde von 19 NATO-Staaten ein völkerrechtswidriger Krieg ohne UN-Mandat gegen Belgrad erklärt. Daran anschließend erfolgte im Jahr 2008 die Unabhängigkeitserklärung des Kosovo, ein Vorgang, der dem Herausschälen der Krim aus dem ukrainischen Staatsverband ähnelt. Doch während im Fall des Eingriffs in jugoslawische Souveränitätsrechte, der noch

418 Vgl. dazu: Hannes Hofbauer, Feindbild Russland. Geschichte einer Dämonisierung. Wien 2016

dazu mittels Bombenkrieg erfolgte, nicht einmal Proteste von Seiten der EU, geschweige denn Sanktionen gegen die Angreifer zu vernehmen waren – was freilich daran lag, dass viele EU-Staaten an der Militäraktion mitmachten –, erließ man im Fall des ukrainischen Zerfallsprozesses sogleich harte Sanktionen gegen Russland.

Zusätzlich zum Wirtschaftskrieg führt Brüssel einen politischen Feldzug gegen Informationen aus russischen Quellen. Dazu wurde im September 2015 eine eigene Task Force mit dem Namen »Strategisches Kommunikationsteam Ost« aufgestellt, die sämtliche russischen Medien, die innerhalb der Europäischen Union empfangen werden können, im Visier hat. Wie sehr diese Task Force auf Feindbild getrimmt ist, wird bei der Beschreibung ihrer selbst gesetzten Ziele deutlich. Sie müsse in »Wachsamkeit und Erziehung investieren«, um »Desinformation« zu bekämpfen, die darauf abziele, »abzulenken und zu spalten, durch die Verdrehung und Verfälschung von Tatsachen Zweifel zu säen und so die Menschen zu verwirren und ihr Vertrauen in die Institutionen und die etablierten politischen Prozesse auszuhöhlen.« Die Feindortung wird im Text der Presseerklärung überdeutlich, wenn es in der Resolution des EU-Parlaments vom 23. November 2016 heißt: *»Der Druck auf die EU durch Propaganda aus Russland und von islamischen Terroristen wächst stetig. (…) Diese Propaganda verzerre Wahrheiten, schüre Angst und Zweifel und wolle Europa spalten.«*[419]

Seither screenen hunderte von Mitarbeitern in sämtlichen EU-Staaten alle Informationen von Medienhäusern, die russisch kontrolliert sind, insbesondere die relativ reichweitenstarken Sender *RT* und *Sputnik*. Im März 2019 wurde dazu ein »Frühwarnsystem« eingerichtet. Im »Bericht über die Umsetzung des Aktionsplans gegen Desinformation«[420] vom 14. Juni 2019 ist von »anhaltenden und ausgeprägten Desinformationsaktivitäten aus russischen Quellen« die Rede, die »von der Infragestellung der demokratischen Legitimität der Union bis hin zur Ausnutzung kontroverser öffentlicher Debatten, etwa über Migration oder Souveränität« reichen.

419 https://www.europarl.europa.eu/news/de/press-room/20161118IPR51718/parlament-warnt-vor-anti-eu-propaganda-aus-russland-und-von-islamisten (15.5.2020)

420 Gemeinsame Mitteilung an das Europäischer Parlament, den Europäischen Rat, den Rat, den Europäischen Wirtschafts- und Sozialausschuss und den Ausschuss der Regionen. Brüssel, 14. Juni 2019, S. 3

Tatsächlich herrscht ein beidseitiger Propagandakrieg um die Meinungshoheit in wesentlichen Fragen politischer Identität. Mit ihrer Task Force gegen Desinformation bereitet sich die Europäische Union auf einen möglichen weiteren Schritt vor: die Zensur. Für die russischsprachige Bevölkerung im Baltikum wird diese bereits mannigfach verhängt. So lässt die litauische Regierung seit dem Jahr 2017 immer wieder den in Schweden registrierten auf Russisch sendenden TV-Kanal *RTR Planeta* für Monate vom Netz nehmen, weil dieser, so der Vorwurf, »Anstiftung zum Krieg« betreibe.[421] Auch Lettland verbot im Januar 2019 die Ausstrahlung des Senders *RTR* für drei Monate mit der Begründung, der Moderator Wladimir Solowjew verbreite Hass gegen Stepan Bandera. Dazu muss man wissen, dass der 1959 im Münchner Exil gestorbene Bandera von den Nazis im September 1939 aus einem polnischen Gefängnis befreit und ins Feld gegen die Sowjetunion geschickt wurde, wo er im Juni 1941 in Lemberg ein Judenpogrom zu verantworten hatte. Heute gilt er in der Ukraine allerdings wegen seines Bekenntnisses zur nationalen Unabhängigkeit als Nationalheld. Riga entschied sich dafür, die historische Streitfrage per Zensur zu lösen; und Brüssel gab dazu seinen Sanktus.

Das EU-Parlament legte am 19. September 2019 noch eines drauf, indem die Geschichtsschreibung zum Ausbruch des Zweiten Weltkrieges einer vollkommenen Revision unterzogen wurde. Während alle einigermaßen seriösen Historiker von der Kriegsschuld der Nationalsozialisten ausgehen und ihnen den Angriffskrieg auf Polen (1939) – und später die Sowjetunion (1941) – zuschreiben, revidierte das EU-Parlament diese Ansicht. In einer Entschließung vom 19. September 2019 »zur Bedeutung des europäischen Geschichtsverständnisses für die Zukunft Europas«[422] heißt es: »In der Erwägung, dass vor 80 Jahren, am 23. August 1939, die kommunistische Sowjetunion und das nationalsozialistische Deutsche Reich den als Hitler-Stalin-Pakt bekannten Nichtangriffspakt und dessen Gemeinprotokolle unterzeichneten, womit die beiden totalitären Regime Europa und die Hoheitsgebiete unabhängiger Staaten untereinander aufteilten (…) und damit die Weichen für den Zweiten Weltkrieg stellten«,

421 www.fit4russland.com/propaganda/1995-im-baltikum-wird-das-russische-fernsehen-mundtot-gemacht (2. 12. 2019)
422 Entschließung des Europäischen Parlaments vom 19. September 2019 zur Bedeutung des europäischen Geschichtsbewusstseins für die Zukunft Europas (2019/2819(RSP)

betont das Europäische Parlament mit Stimmenmehrheit, dass der »Zweite Weltkrieg (…) als unmittelbare Folge des Hitler-Stalin-Paktes und seiner geheimen Zusatzprotokolle (…) ausbrach, in deren Rahmen die beiden gleichermaßen das Ziel der Welteroberung verfolgenden totalitären Regime Europa in zwei Einflussbereiche aufteilten.«[423] Alle Abgeordneten von CDU/CSU, SPD und FDP sowie die beiden Grünen Franziska Keller und Sven Giegold stimmten dafür, nur die EU-Parlamentarier der Linken votierten dagegen. Von den österreichischen Fraktionen war überhaupt keine Gegenstimme zu hören.[424]

Die im September 2019 beschlossene Sicht des EU-Parlaments auf den Zweiten Weltkrieg stellt die historische Wirklichkeit unter dem Eindruck der neuen Russland-Feindschaft auf den Kopf. Der Überfall auf Polen am 1. September 1939 wird als abgekartetes Spiel zwischen zwei Mächten dargestellt, die sich im Vorfeld auf die Aufteilung Europas geeinigt haben. Er fand dem EU-Parlament zufolge nur deshalb statt, weil einer der beiden Bösewichte eben beginnen musste. Es hätte, folgt man der Argumentation aus Straßburg, genauso gut auch die Sowjetunion sein können. Beider gemeinsames Ziel sei es ohnedies gewesen, sich Europa aufzuteilen. Aus der Tatsache, dass die Wehrmacht 1943 in Stalingrad eine vernichtende Niederlage hinnehmen musste, Moskau nicht einnehmen konnte und sowjetische Truppen in der Folge bis Berlin und Wien marschierten, basteln die EU-Parlamentarier post tragoediam ihre Geschichtsklitterung. So wird die Aggression des Nationalsozialismus 80 Jahre später zu einer vereinbarten Aufteilung Europas zwischen zwei autoritären Regimen. Nur wenigen fällt offensichtlich auf, wie sich die (deutsch geführte) Europäische Union 74 Jahre nach dem Ende des Zweiten Weltkrieges zumindest ideologisch-historisch wieder in die damalige Frontlinie einreiht.

Das Gefühl, von äußeren Feinden und solchen im Inneren umringt zu sein, hat von der Brüsseler Union seit der Jahrtausendwende verstärkt Besitz ergriffen. Neben den am Beispiel Russlands beschriebenen Aktionen werden zunehmend auch Repressionsmaßnahmen gegen Abweichler und Feinde innerhalb der Gemeinschaft erörtert. Die massive Außerkraftsetzung von Grundrechten

423 Ebd.
424 Vgl. https://www.nachdenkseiten.de/?p=55198 (21.4.2020)

im Zuge der Virusbekämpfung im Frühling 2020 könnte in den Aufbau autoritärer Strukturen übergeführt werden. Zu vergessen ist dabei jedoch nicht, dass Repressionsmaßnahmen zur Aufrechterhaltung staatlicher bzw. suprastaatlicher Autorität ein Zeichen von Schwäche sind und eine Herrschaftsstruktur hervorbringen, die leicht erodieren kann.

11. Brüssels Todesvirus

Spätestens der europaweite Umgang mit dem auf Sars-CoV-2 getauften Virus im Jahr 2020 hat gezeigt, dass der Unionsgedanke in der Krise zerschellt. Allen EU-Staaten gemeinsam war der Rückzug aufs Nationalstaatliche. Mit der Ausnahme von Schweden brachte dies zugleich autoritär agierende Regime hervor, wie sie zuvor nicht für möglich gehalten wurden. Die Aufhebung der Gewaltenteilung zwischen Legislative und Exekutive, wie sie für die Brüsseler Union konstitutiv ist, zog nun auch in den einzelnen Mitgliedstaaten ein.

Das Jahr 2020 mit seiner Corona-Krise machte klar, dass die Europäische Union in zweierlei Hinsicht gescheitert ist: zum einen legte der Umgang mit Covid-19 die strukturelle und personelle Unfähigkeit bloß, die größte Herausforderung Europas seit dem Zweiten Weltkrieg zu managen. Das kam einem Offenbarungseid vor dem Publikum gleich, das sich von seinen jeweiligen Regierungen einschüchtern ließ. Und zum anderen zerplatzte die Vorstellung, der EU-europäische Gedanke hätte über die vergangenen Jahrzehnte dazu beigetragen, den Nationalstaat zu überwinden. Das Gegenteil war der Fall.

Als sinnbildlich für das Scheitern der Europäischen Union im Angesicht einer Seuche, deren Gefährlichkeit auch Monate nach ihrem Ausbruch unterschiedlich beurteilt wird, kann der Rücktritt des Präsidenten des Europäischen Forschungsrates, Mauro Ferrari, gewertet werden. Am Höhepunkt der Krise, als die Fallzahlen von positiv Getesteten überall in der Union nach oben schossen und händeringend nach Ursachen und Auswirkungen einer bis dahin unbekannten Virusverbreitung gesucht wurde, trat ausgerechnet jener Mann zurück, der für die Grundlagenforschung zuständig war. Nur drei Monate, nachdem der italienisch-amerikanische Nanomediziner die Führung dieser Institution übernommen hatte, war ihm am 7. April 2020 klar geworden, dass die Brüsseler Strukturen als Koordinaten für die Bewältigung der epidemischen Herausforderung ungeeignet sind. »Ich war enttäuscht über die europäische Antwort auf Covid-19. Die Führung des Forschungsrates hatte ich als überzeugter EU-Befürworter übernommen. Doch wegen der Covid-19-Krise habe ich meine Meinung komplett geändert«[425], meinte Ferrari anlässlich seines Rücktritts.

Auf politischer Ebene sekundierte dem Techniker Ferrari niemand geringerer als Jaques Delors, zehn Jahre lang Präsident der Europäischen Kommission. In Reaktion auf die völlige Abwesenheit eines EU-europäischen Plans, statt dem gegenseitige Behinderungen bei der Krisenbewältigung Platz griffen, meinte der 94-jährige Franzose: »Das Klima, das zwischen den Staats- und Regierungschefs zu herrschen scheint und die mangelnde europäische Solidarität stellen eine tödliche Gefahr für die Europäische Union dar.«[426] Tatsächlich waren die Beziehungen zwischen den EU-Mitgliedsländern seit den ersten Corona-Ansteckungen von gegenseitigem Misstrauen, ja offener Feindseligkeit geprägt.

Als Anfang März 2020 klar wurde, dass das Virus nicht nur chinesische, sondern auch europäische Lungen angreifen würde, standen die 27 EU-Staaten nicht etwa zusammen, um dem Problem gemeinsam Herr zu werden. Jedes Land verordnete für sein Territorium spontan – und in vielen Fällen ohne Einhaltung der eigenen Verfassungsbestimmungen – Repressionsmaßnahmen. Grundfreiheiten wurden außer Kraft gesetzt, Ausnahmezustände erlassen. Oft setzte sich dabei – wie in Österreich – die Regierungsspitze über das parlamentarische Prozedere hinweg, agierte per Verordnung oder überhaupt nur via Pressekonferenzen. Brüssel erfuhr von dem kopflosen Treiben aus den Medien.

Zu allem Überdruss wurde auch direkt gegeneinander agiert. So führten Deutschland und Frankreich Ausfuhrverbote für medizinische Schutzkleider und Schutzvorrichtungen ein und ließen damit Länder wie Italien, in dessen nördlichen Provinzen das Virus ideale Verbreitungsmöglichkeiten vorfand, im Regen stehen. In der größten Not musste Rom ausgerechnet auf russische und chinesische Hilfe zurückgreifen. Moskau und Peking sprangen bereitwillig ein und lieferten Schutzmasken und Spezialkleidung. Währenddessen saß EU-Chefin Ursula von der Leyen in ihrem Brüsseler Homeoffice und sah hilflos dem nationalen Wettlauf um Ansteckungs- und Todesraten und den gegenseitigen Behinderungen bei der Bewältigung der Krise zu.

425 *Financial Times* vom 8. April 2020, siehe: https://www.ft.com/content/f94725c8-e038-4841-a5f6-2e046ae78e95 (11.6.2020)

426 zit. in: *Die Presse* vom 30. Mai 2020

So inaktiv die Brüsseler Institutionen gegenüber dem epidemischen Ausmaß der Seuche blieben, so hyperaktiv agierten die einzelnen Mitgliedstaaten. Ein Land nach dem anderen schloss seine Grenzbalken. Die Maßnahmen erfolgten unkoordiniert, in panischer Eile und die betroffenen Nachbarn speiste man mit dürren ministeriellen Aussendungen ab, ohne dass es im Vorfeld abklärende Gespräche gegeben hätte. Am 10. März erließ Österreich als eines der ersten Länder einen Einreisestopp an der italienischen Grenze. Er galt anfangs nur für Nicht-Österreicher, zielte also auf Italiener und ließ trotzdem alle anderen Personen passieren, wenn diese versicherten, ohne Halt zum Beispiel nach Deutschland durchzureisen. Die Slowakei toppte das österreichische Vorgehen am 12. März, indem sie Einreiseverbote für alle Ausländer außer für Polen verhängte. Ab dann ging es Schlag auf Schlag. Jedes Land für sich schottete sich ab. Mitte März 2020 war die Reisefreiheit innerhalb der Europäischen Union Geschichte – und blieb es vorerst für drei Monate. EU-Verträge, nach denen Brüssel und alle Mitglieder über derlei einschneidende Maßnahmen vorab informiert werden müssten, erwiesen sich als Makulatur.

Dies alles, darauf sei hingewiesen, passierte nicht etwa auf gesicherten Erkenntnissen über die Gefährlichkeit von Covid-19, denn solche gab es nicht. Viele Mediziner warnten bereits sehr früh vor Lockdown-Maßnahmen und bezeichneten diese als unverhältnismäßig bzw. unverantwortlich, ja schädlich. Derlei Stimmen kamen sowohl von innerhalb schnell eingerichteter Krisenstäbe als auch von außen. Gehört wurden sie nicht. Im Gegenteil, sie wurden übergangen, ausgeschaltet oder diffamiert. So beispielsweise im Fall der beiden Beraterstäbe für die österreichische Bundesregierung, der »Task Force Corona« und des »Koordinationsstabes Sars-CoV-2/Covid-19«, die sich von Anfang an gegen die radikale Schließung des öffentlichen Raumes ausgesprochen hatten. Franz Allerberger, Professor für Mikrobiologie und »Task Force Corona«-Mitglied, warnte im Vorfeld der Lockdown-Verkündung, am 9. März, vor der Schließung von Schulen und Kindergärten und bat die Politiker, das Virus nicht als ein »ganz gefährliches« darzustellen. Einem geleakten Protokoll des Beratergremiums entnimmt man seine Stellungnahme: »Das Virus ist so weit verbreitet, dass alles andere dazu führen wird, alles lahmzulegen, was Kollateralschäden verursacht, die weit über Covid-19 hinausgehen. Jede Botschaft, die als ›ganz gefährliches Virus‹ missinterpretiert werden kann, ist kontraproduktiv. Sars-CoV-2 ist für über 80 Prozent der Bevölkerung nicht gefährlich.«[427] Bundeskanzler Sebastian Kurz (ÖVP) ignorierte seine eigenen Berater und hörte stattdessen auf seine Amtskollegen aus Israel und Südkorea, deren drastische Maßnahmen ihm imponierten.

Auch außerhalb von Krisenstäben meldeten sich gleich zu Beginn der Corona-Krise kritische Stimmen zu Wort, die die Verhängung des Lockdown aus medizinischer Sicht für vollkommen ungerechtfertigt hielten. Ihre Namen sind einer breiten Öffentlichkeit bekannt geworden. Einerseits deshalb, weil Millionen von Menschen ihre eigenen Regierungen von einem Tag auf den anderen nicht mehr verstanden und auf alternative zu den öffentlich-rechtlichen Informationen auswichen und andererseits, weil die geballte Kraft der Mainstream-Medien über sie herfiel und sie als Verschwörungstheoretiker darstellte. Drei Mediziner seien hier stellvertretend für hunderte genannt: Wolfgang Wodarg, langjähriger Amtsarzt und SPD-Politiker;[428] Sucharit Bhakdi, Infektionsepidemiologe und Mikrobiologe;[429] und Martin Haditsch, Infektionsepidemiologe und Virologe.[430]

Stattdessen vertrauten die meisten Regierungen auf die Vorgaben der Weltgesundheitsorganisation (WHO), die – was anfangs nur wenigen bekannt war – unter beträchtlichen Einfluss der Pharmaindustrie geraten war. Auch dass die als Philanthropen bezeichneten Spekulanten und Steuervermeider Bill Gates, Melinda Gates und Warren Buffet die weltweite Gesundheitspolitik mitbestimmen, nahmen viele mit Erstaunen zur Kenntnis.

Über die fehlende Unabhängigkeit der WHO existieren eine Reihe von Berichten staatlich finanzierter TV-Stationen aus der Vor-Corona-Zeit, wie jener des *SWR* aus dem Jahr 2017 mit dem Titel »WHO am Bettelstab. Was gesund ist, bestimmt Bill Gates«. Damals getraute man sich in staatsnahen Medien über die Verschwörungspraxis rund um die WHO zu berichten. Die Sendungen sind auch in Corona-Zeiten – interessanterweise mit einem neuen Fakten-Check-Verweis, der einer Relativierung ähnelt – immer noch online verfügbar.[431]

427 zit. in: https://www.falter.at/zeitung/20200512/was-passiert-wenn-es-eng-wird (13. 6. 2020)
428 https://www.youtube.com/watch?v=p_AyuhbnPOI (12. 6. 2020)
429 Karina Reiss/Sucharit Bhakdi, Corona Fehlalarm? Zahlen, Daten und Hintergründe. Berlin/Wien 2020
430 https://www.youtube.com/watch?v=oYVdWw2FNGY (12. 6. 2020)
431 https://www.swr.de/swr2/wissen/who-am-bettelstab-was-gesund-ist-bestimmt-bill-gates-100.html (12. 6. 2020)

Zudem erhärtet sich der Verdacht, dass das Virus für viele EU-europäische Regierungen als Instrument willkommen war, um autoritäre Maßnahmen und die Reaktion der Bevölkerung darauf zu testen. Das Resultat ist für eine – angeblich – demokratische Gesellschaft teilweise ernüchternd. Die Mehrheit unterwarf sich in allen Staaten jedweder Maßnahme, manche übertrieben es sogar und setzten den Mund- und Nasenschutz auch dann nicht ab, wenn sie eine Radtour über Land machten.

Wer an der Sinnhaftigkeit der Maßnahmen zweifelte, wurde als Spinner dargestellt. Jeder oppositionellen Regung, ob das die Verbreitung von Videobotschaften, der Druck von Zeitungen – wie z. B. das von Anselm Lenz in Berlin herausgegebene Wochenblatt »Demokratischer Widerstand«[432] – und Demonstrationen waren, wurde mit aller Staatsmacht entgegengetreten. Und ein paar staatsaffine Radikale begannen im Schatten der repressiven Corona-Maßnahmen mit physischen Attacken auf jene, die von einflussreichen Zeitungshäusern als Verschwörungstheoretiker gebrandmarkt wurden. So geschehen rund um große Demonstrationen gegen die Aushebelung des deutschen Grundgesetzes; z. B. jener in Stuttgart, die am 9. Mai 2020 unter dem Namen »Querdenken 711« stattfand. Dabei kam es zu Brandanschlägen auf die Bühnenfahrzeuge und das technische Equipment sowie einem Anschlagsversuch auf den Redner Ken Jebsen. Die Verantwortlichen der Europäischen Union schwiegen sowohl zu den autoritär verfügten Maßnahmen wie auch zu den politischen Auseinandersetzungen rund um sie.

Grundlage des Lockdown war die – später von der WHO-Expertin Maria van Kerkhove revidierte[433] – Einschätzung, dass jeder positiv getestete Mensch ein potenzieller Überträger des Virus sei, selbst dann, wenn er keine Symptome zeigt. Dies war offiziell die Grundlage dafür, alle Menschen in ihrer Bewegungsfreiheit einzuschränken. Doch die Mobilitätsverbote unterschieden sich von Land zu Land. Die spanischen und italienischen Ausgangssperren kannten kaum Ausnahmeregeln, in Frankreich erlebte der Passierschein ein Revival; er diente auch dazu, die Möglichkeit, sich im öffentlichen Raum zu bewegen,

432 https://www.nichtohneuns.de/zeitung/ (12. 6. 2020)

433 https://www.handelsblatt.com/unternehmen/management/coronavirus-maria-van-kerkhoves-ueberraschende-erkenntnis-zu-den-treibern-in-der-pandemie/25899746.html?ticket=ST-2771061-CHQetGJiFK6XNY1ypuOn-ap1 (12. 6. 2020)

auf wenige hundert Meter im Umkreis seiner Schlafstatt einzuschränken. In Österreich galt ein allgemeines Betretungsverbot des öffentlichen Raumes mit wenigen Ausnahmen (Fahrt zum Arbeitsplatz, wenn dies unbedingt nötig war, Besorgung von Lebensmitteln, Arztbesuch, Luft schnappen). Allerdings durfte der Zweitwohnsitz, anders als in deutschen Verordnungen, ungehindert aufgesucht werden, auch wenn sich dieser weit entfernt in einem anderen Bundesland befand. Öffentliche Verkehrsmittel konnte man dafür allerdings nicht benutzen. Das ganze Sammelsurium an Ge- und Verboten überstieg schon innerhalb eines Staates einen einsehbaren, vernünftigen oder gar mit anderen Maßnahmen abgestimmten Rahmen. Für die EU als Ganzes wird es noch Monate dauern, bis Studien einen Überblick werden geben können.

Die einzige der vier Grundsäulen der Europäischen Union, die nirgendwo angetastet wurde, war der freie Kapitalverkehr. Kapital konnte ungehindert verschoben werden. Behindert – in unterschiedlicher Form – wurde der freie Verkehr von Waren und Dienstleistungen, indem sowohl in den meisten Ländern Geschäfte schließen mussten als auch zwischen Ländern Waren zwar grundsätzlich verkehren durften, aber Lieferketten nicht funktionierten und Grenzkontrollen Zeitverzögerungen mit sich brachten. Am radikalsten außer Kraft gesetzt war die sogenannte ArbeitnehmerInnenfreizügigkeit. Der Mensch durfte nur in Ausnahmefällen Grenzen überschreiten. Damit wurde auch allen, die bislang davon nicht Notiz nahmen, klar, wie systemisch wichtig die massenhafte Arbeitsmigration zwischen Billig- und Hochlohnländern ist. Paradigmatisch konnte dies bei den Pflegekräften und Spargelstechern gesehen werden. Zigtausende rumänische, polnische und slowakische Altenpflegerinnen saßen oft über Monate fest, entweder bei ihrer zu pflegenden Person in Deutschland/ Österreich oder zu Hause in Osteuropa. Wenn sie dann doch, wie im Fall von Ilona R., in den heimischen Osten aufbrachen, steckten sie die slowakischen Behörden in eine zweiwöchige Quarantäne direkt in ein ohnehin leeres Hotel unmittelbar hinter der Grenze.

Die Not, billige Arbeitskräfte aus osteuropäischen EU-Ländern zu erhaschen, veranlasste Berlin und Wien, Sonderflüge und plombierte Züge zu organisieren, die z. B. rumänische SpargelstecherInnen zu den brandenburgischen oder Marchfelder Plastikfeld-Kulturen brachten. Auch in diesen Fällen waren es ausschließlich bilaterale Vereinbarungen, die den Großbauern zu Hilfe kamen. Die EU war dazu verdammt, dem seltsamen Treiben zuzusehen.

Krisengewinner

Mitten im Lockdown des Frühjahr 2020 kristallisierten sich die Gewinner der in vielerlei Hinsicht verheerenden Maßnahmen heraus. Denn während Millionen Menschen keine Arbeit hatten, kleinere und mittlere, vornehmlich eigentümergeführte Gewerbebetriebe vor dem Ruin standen, Kinder nicht zur Schule gehen und Alte in Heimen nicht besucht werden durften, das Kulturleben abgedreht war, Hochzeiten und Begräbnisse von Staats wegen tunlichst zu vermeiden waren, während also die Angst vor dem Tod das Zusammenleben verunmöglichte, große Teile der Wirtschaft schädigte und Kollateralschäden sonder Zahl verursachte, konnten sich die Gewinner der »Corona-Krise« die Hände reiben. Denn nicht »die« Wirtschaft war ruiniert, sondern weite Bereiche des Produktions- und Dienstleistungssektors. Die Starken, die Kapitalstarken überlebten. Und dann sind da noch jene Branchen, denen der Lockdown zu einem ungeahnten Höhenflug verhalf. Pharmaunternehmen, Überwachungstechnik-Firmen und Versandhändler verzeichneten und verzeichnen Umsatzsteigerungen, die jenen von Waffenherstellern in Vorkriegszeiten ähneln.

Einer der Branchenführer bei Pharmazeutika, Novartis (CH), wies in seinem Geschäftsbericht für das erste Quartal 2020 ein sagenhaftes Gewinnplus von 24 Prozent oder 2,17 Milliarden US-Dollar aus.[434] Der weltgrößte Arzneimittelhersteller Roche (CH) verbuchte ein Umsatzplus von 7 Prozent. Der französische Pharmariese Sanofi wiederum machte zwischen Januar und März 2020 um 48 Prozent mehr Gewinn als im Vergleichszeitraum des Vorjahres.[435] 30 Prozent plus waren es für den britischen Konzern AstraZeneca; auch Amgen und Eli Lilly (USA) sowie Bayer (Deutschland) konnten Umsatz und Gewinn markant steigern.

434 https://www.boersennews.de/nachrichten/artikel/novartis-bertrifft-erwartungen-im-ersten-quartal-ausblick-best-tigt/2227541/ (13.6.2020)

435 https://www.onvista.de/news/coronavirus-beschert-franzoesischem-pharmakonzern-sanofi-gewinnsprung-352401377 (13.6.2020)

In der »Corona-Krise« haben wir gelernt, dass sich die UN-Organisation WHO im Jahr 2020 zu 75 % aus Spenden finanziert.[436] Weil die Mitgliedstaaten ihre Beiträge jahrzehntelang reduziert haben, musste die Weltgesundheitsorganisation auf Drittmittel zurückgreifen. Die Pharmaindustrie griff diese Chance schnell auf und erwies sich bald als größter Geldgeber. Die Bill-und-Melinda-Gates-Stiftung mit einem Volumen von 50 Mrd. US-Dollar ist mittlerweile zum größten Sponsor der WHO geworden. Ihr Stiftungskapital ist u. a. in Konzernen wie Coca-Cola und Monsanto (Bayer), aber auch in Rüstungs- und Pharmaunternehmen investiert. Das führt zwangsläufig zu einem Interessenskonflikt. »Die Profitinteressen dieser Konzerne widersprechen gesundheitspolitischen Interessen fundamental«, schreibt dazu der Berichterstatter der Parlamentarischen Versammlung des Europarates und »Linke«-Politiker Andrej Hunko.[437] Auch die von Pharmakonzernen und die wiederum von der Gates-Stiftung finanziell gefütterte Impfallianz GAVI (Global Alliance for Vaccines und Immunisation) sowie die »Koalition für Innovation in der Epidemievorbeugung« (CEPI) stecken viel Geld in die WHO. Ihr Engagement wird, wie bei jedem Investment, vom Eigennutz angetrieben.

Ein Beispiel mag illustrieren, wie verwoben die Interessen der Pharmaindustrie mit der Gesundheitspolitik der WHO und der Europäischen Union sind. Am 4. Mai 2020 fand eine von Ursula von der Leyen einberufene Geberkonferenz statt. Dort kamen drei Dutzend Entscheidungsträger – wie in jenen Zeiten üblich geworden per Videokonferenz – überein, einem zwei Wochen zuvor erfolgten Aufruf der WHO und der Bill-und-Melinda-Gates-Stiftung nachzukommen und insgesamt 7,4 Mrd. Euro für eine »Global-Response-Initiative« zur Bekämpfung des Corona-Virus zu sammeln.

Laut Homepage der deutschen Bundeskanzlerin Angela Merkel soll das Geld, zu dem die BRD 520 Mio. beisteuert, an drei Organisationen verteilt werden: die WHO, die Impfallianz GAVI und die Epidemie-Koalition CEPI.[438] Auffallend dabei ist, wie oben beschrieben, die überragende finanzielle Präsenz

436 https://www.tagesschau.de/faktenfinder/who-finanzierung-101.html (12. 6. 2020)

437 Andrej Hunko, WHO – Wer bestimmt, was gesund ist. In: Hannes Hofbauer/Stefan Kraft (Hg.), Lockdown 2020. Wie ein Virus dazu benutzt wird, die Gesellschaft zu verändern. Wien 2020, S. 47.

438 https://www.bundeskanzlerin.de/bkin-de/aktuelles/geberkonferenz-covid-19-1750152 (9. 5. 2020)

von Bill Gates in allen dreien. Der Wirtschaftsjournalist Norbert Häring meinte deshalb zur Corona-Geberkonferenz: »Lange musste Gates der UN und den Regierungen Geld geben, um die Welt mitregieren zu dürfen. Nun dreht sich das um. (...) Wenn Regierungen Steuermilliarden für Gates und das Weltwirtschaftsforum einsammeln, haben die Konzerne die Weltregierung übernommen.«[439] Die Präsidentin von »Brot für die Welt«, Cornelia Füllkrug-Weitzel, warnte bereits Anfang 2017 vor dem wachsenden Einfluss von privaten Stiftungen und forderte »rote Linien für die Kooperation (...), um möglichen Risiken und negativen Nebeneffekten vorzubeugen.«[440] Damals ging es um risikoreiche Impfprogramme für Afrika, diesmal geht es um die Welt. Das Prozedere ist ähnlich, kritisiert Füllkrug-Weitzel auch die Covid-Geberkonferenz vom Mai 2020: »Diejenigen, die sicherstellen, dass die Menschen auch wirklich geheilt werden, die sitzen alle nicht mit am Tisch. Es sitzen die am Tisch, die jetzt verdienen können.«[441]

Neue Leitsektoren

Die »Corona-Krise« beschleunigte einen Prozess, der bereits lange zuvor begonnen hatte, nämlich den Aufstieg neuer Leitsektoren. Diese bestehen aus biotechnischen, pharmazeutischen, Kontroll- und Informationskonzernen. Die russischen Forscher Leonid und Anton Grinin nennen es den MBNRIC-Komplex (Medizin, Bio, Nano, Robotik, Information und kognitive Bereiche).[442] Dabei geht es um nicht weniger als die – schleichende – Ablösung des industriellen durch ein kybernetisches Zeitalter, das von selbstregulierenden und optimierenden Technologien beherrscht wird. Nicht mehr die Arbeitskraft des Menschen wie unter industriellen Vorzeichen wird in erster Linie ausgebeutet, sondern seine Körperlichkeit mit all ihren Funktionen. Das kann z. B. sein schlechtes bzw. schlecht geredetes Immunsystem gegenüber Virusattacken sein, wie es sich im Kampf gegen Covid-19 zeigt. Mit Testen, Tracken und Impfen lässt sich

439 https://norberthaering.de/die-regenten-der-welt/geberkonferenz-gates-weltwirtschaftsforum/ (9. 5. 2020)
440 https://www.brot-fuer-die-welt.de/pressemeldung/2017-risiken-beachten-verbindliche-standards-festlegen/ (9. 5. 2020)
441 zit. in: *Berliner Zeitung* vom 4. Mai 2020
442 Leonid und Anton Grinin, The Cybernetic Revolution and the Forthcoming Epoch of Self-Regulation Systems. Moskau 2016

dabei viel Geld verdienen, umso mehr, wenn es staatlich verordnet und über Steuergelder bezahlt wird.

Kommodifizierbar, das heißt zur Ware gemacht, wird allerdings über den menschlichen Körper hinaus noch mehr, wie die US-amerikanische Wirtschaftswissenschaftlerin Shoshana Zuboff in ihrem Buch »Das Zeitalter des Überwachungskapitalismus« zeigt. Sie beschreibt darin beispielsweise das Geschäftsmodell von Alphabet Inc. (Google), das zu einem guten Teil darauf beruht, menschliche Erfahrungen geschäftlich verwertbar zu machen. »Überwachungskapitalismus beansprucht menschliche Erfahrung als Rohstoff zur Umwandlung in Verhaltensdaten«[443], aus denen Konzerne wie Google in der Folge »Vorhersageprodukte« formen, fasst sie zusammen.

Das aufstrebende digital-kybernetische Zeitalter fällt mit einem geopolitischen Hegemoniewechsel zusammen. Schritt für Schritt können wir die Ablöse des transatlantischen, US-geführten Zentralraums durch den Aufstieg Chinas beobachten. Dieser erfolgt nicht nur in Hinblick auf wirtschaftliche Wachstumszahlen, sondern bestätigt sich auch, wenn man die starke Rolle chinesischer Konzerne im MBNRIC-Komplex, insbesondere in der Robotik und auch im Bereich der Künstlichen Intelligenz berücksichtigt. Dazu kommt als kulturelles Asset eine gesellschaftliche Disziplin, die Kontroll- und Überwachungsmethoden sowie staatliche Repression widerspruchsloser hinnimmt, als dies in Nordamerika und Europa der Fall ist. Der extrem repressive Umgang Pekings mit der Virus-Seuche Covid-19 verdeutlichte dies.

Seit den Zeiten des Merkantilismus im 17. Jahrhundert tritt bei jedem historischen Zykluswechsel der starke Staat in Aktion. Dies ist auch während der Corona-Krise zu beobachten, die den Übergang vom industriellen zum kybernetischen Zeitalter beschleunigt. Zur Überwindung der tiefen wirtschaftlichen Krise und zur Festigung zukünftiger Leitsektoren schöpft der Staat seine finanziellen und organisatorischen Möglichkeiten aus, um einem neuen Akkumulationsregime den Weg zu ebnen, um Kapitalherrschaft zu organisieren.[444] Das Jahr 2020 sah folgerichtig den Wiederaufstieg des Nationalstaates.

443 vgl. dazu: Shoshana Zuboff, Das Zeitalter des Überwachungskapitalismus. Frankfurt/New York 2018, S. 22

444 Vgl. Hierzu: Hannes Hofbauer/Andrea Komlosy, Post Corona: Organisierte Kapitalherrschaft. In: *Telepolis* vom 3. April 2020, siehe: https://www.heise.de/tp/features/Post-Corona-4695731.html?seite=all (14. 6. 2020)

Ohnmächtiges Brüssel im Angesicht der Corona-Krise

Als sich Angela Merkel und Emmanuel Macron am 18. Mai 2020 den jeweils anderen per Großbildschirm in die Amtsräume holten, waren weder die EU-Kommission noch der Rat und schon gar kein Vertreter des EU-Parlaments zugeschaltet. Der erste Schritt für einen EU-weiten Hilfsfonds zur Bekämpfung der Corona-Krise wurde zeitgleich in Berlin und Paris gesetzt. EU-Kommissionspräsidentin Ursula von der Leyen beeilte sich in einer rasch einberufenen Pressekonferenz, den deutsch-französischen Vorschlag zu begrüßen. Er ginge »in die Richtung des Vorschlags, an dem die Kommission arbeitet«, meinte sie. 500 Mrd. Euro wollten Merkel und Macron lockern machen, um sie in alle durch den Lockdown geschädigten Bereiche der 27 EU-Gesellschaften zu pumpen. »Wir sind skeptisch«, ließ sich unmittelbar darauf Österreichs Kanzler Sebastian Kurz vernehmen und formte in den Tagen danach eine Viererallianz, bestehend aus Österreich, Schweden, den Niederlanden und Dänemark, die sich gegen eine »Schuldenunion durch die Hintertür« verwehrte.

Die EU-Kommission machte den deutsch-französischen Vorschlag zu dem ihren, vergrößerte den Geldtopf um weitere 250 Mrd. Euro auf 750 Mrd. und schlug vor, diese in unterschiedlichen Tranchen aus dem ESM (»Europäischer Stabilitätsmechanismus«), der Europäischen Investitionsbank (EIB) und über das Budget der Europäischen Union auszugeben. Der ESM als Kapitalgesellschaft, an der Deutschland mit 27,1 % Anteilen eine Sperrminorität hält, soll an bittstellende Staaten Kredite oder verlorene Zuschüsse vergeben, während die Europäische Investitionsbank für Unternehmen vorbehalten bleibt. Der Streit darüber, wie viel von dem Geld als Kredite und wie viel als nicht rückzahlbare Zuschüsse vergeben wird, dauerte bis zum EU-Gipfel vom 17. Juli 2020. Eine ursprünglich von Rom geforderte Ausgabe einer gemeinschaftlichen EU-Anleihe, die in den Medien als »Corona-Bonds« bezeichnet wurde, war bald wieder vom Tisch. Sehr unterschiedliche Schuldenquoten der einzelnen Staaten[445] sowie das Fehlen eines EU-europäischen Kapitalmarktes machen eine Vergemeinschaftung

445 Im Jahr 2019 betrug die öffentliche Verschuldung in den Niederlanden 49 % des BIP, in Deutschland 60 %, in Österreich 70 %, in Frankreich 99 %, in Italien 139 % und in Griechenland 169 %. Siehe dazu: https://oegfe.at/2020/04/euro-bonds-corona/ (13. 6. 2020)

von Schuldtiteln, und nichts anderes sind letztlich solche »Bonds«, nicht nur für (national-)liberale Positionen zweifelhaft, wie der ehemalige Chef der österreichischen Nationalbank Ewald Nowotny, ein eingefleischter Sozialdemokrat, darlegte.[446]

90 Stunden lang verhandelten 27 Staats- und Regierungschefs zwischen dem 17. und 21. Juli 2020 in Brüssel, um ein Kredit- und Zuschusspaket für marode Mitgliedsstaaten sowie den EU-Haushalt bis 2027 zu beschließen. Die Tatsache, dass zwischen dem Gerangel ums Geld kaum geschlafen wurde, quittierten die Begleitmedien seltsamerweise mit dem Beiwort »heroisch«. Als ob Schlafmangel positive Resultate erzielen könnte.

Der erste analoge Gipfel mit physischer Anwesenheit seit den Lockdowns war ein einziges Wundenlecken. Mitte März 2020 hatte die Europäische Union ihre bis dahin dunkelste Stunde erlebt. Ein Virus, oder besser: das Virus-Management, förderte zutage, was Worthülsen wie »europäische Solidarität«, »Grenzenlosigkeit« und »Weltoffenheit« wert sind, wenn es auf sie ankäme: nichts. Die ausschließlich nationalstaatlich verordneten Notstandsgesetze und Grenzschließungen blamierten die EU-Kommission und den EU-Rat. Dazu kam der nun endgültige Rückzug der zweitgrößten Volkswirtschaft, Großbritannien. Der Vollzug des Brexit machte es für die übrig gebliebenen Mitglieder deutlich: es wird teurer.[447]

Beim sogenannten Corona-Hilfspaket einigte man sich schließlich auf die Summe von 750 Mrd. Euro, wovon 360 Mrd. als Kredite und 390 Mrd. als (verlorene) Zuschüsse zu vergeben seien. Tatsächlich sind es nur 650 Mrd. Euro frisches Geld, weil 100 Mrd. aus anderen EU-Programmen – wie beispielsweise dem Solvenz-Hilfsfonds – abgezweigt werden und nur ein neues Corona-Mascherl erhalten. Sämtliche Geldausschüttungen unterliegen dem euphemistisch »Europäisches Semester« genannten Haushaltsüberprüfungen, de facto einem austeritätspolitischen Kontrollinstrument, das die Budgethoheit aller Mitgliedstaaten einschränkt. Die Tilgung der aus dem Corona-Topf entnommenen Schulden soll zwischen 2028 und 2058 stattfinden.[448]

446 https://oegfe.at/2020/04/euro-bonds-corona/ (13. 6. 2020)

447 Siehe dazu weiter: Hannes Hofbauer, Die EU – ein Trümmerhaufen. In: *Das Blättchen* vom 3. August 2020. Berlin 2020

448 Peter Wahl, Die extreme Mitte und der Fetisch Europa. In: Tariq Ali u. a., Die extreme Mitte. Wer die westliche Welt beherrscht. Eine Warnung. Wien 2020, S. 103

Das gemeinsame Aufnehmen von Schulden, über das insbesondere Keynesianer frohlockten, wird allerdings die Staaten der Europäischen Union einander nicht näherbringen. Denn zum einen hört die Gemeinsamkeit bei der Schuldenaufnahme schon auf, die Tilgung bleibt geteilt; jedes Mitgliedsland haftet für seine zugeteilte Quote. Und zum anderen ist die Dimension des Corona-Paketes bei näherer Betrachtung quantitativ nicht besonders eindrucksvoll. So sind im deutschen Bundesbudget für Anti-Corona-Maßnahmen 353 Mrd. Euro vorgesehen, pro Bundesbürger hiermit 4200 Euro, wobei Berlin sogar für das Doppelte haftet. Stellt man diesem Betrag die 750 Mrd. Euro für 446 Millionen EU-Bürger gegenüber, die im Juli 2020 in Brüssel beschlossen wurden, ergibt dies 1680 Euro pro EU-Bürger. Ein Ausgleich zwischen Arm und Reich findet also nicht statt.

Der Einwand, das meiste Geld ginge immerhin an die von Covid-19 stark betroffenen Südländer Italien und Spanien, kann zerstreut werden. Denn auch hier stellt die Relation klar, dass eine Annäherung armer an reiche Staaten gar nicht gedacht ist. 82 Mrd. Euro darf sich Rom als Zuschuss überweisen lassen, während der Anstieg seiner Staatsverschuldung zwischen 2020 und 2024 mit 202 Mrd. prognostiziert wird. Den 77 Mrd. nichtrückzahlbareren Euro für Spanien steht eine zusätzliche Staatsverschuldung für denselben Zeitraum von geschätzten 105 Mrd. gegenüber.[449]

Die Corona-»Hilfen«, von Brüssel als »Pandemie-Wiederaufbaufonds« gepriesen, dienen also zur Fortschreibung der ökonomischen Ungleichheit im Euro-Raum. Kredit- und Zuschussvergaben garantieren den Bestand des Systems, wonach Exportländer wie Deutschland den Euro und die billige Arbeitskraft dazu nützen können, im Geschäft zu bleiben. Die Peripherie wird mittels Zuschüssen und Krediten notgefüttert, auf dass ihre Nachfrage nach Industriegütern aus den Zentralräumen aufrechterhalten werden kann.

Zum fortgeschriebenen wirtschaftlichen Ungleichgewicht gesellte sich auf dem Brüsseler Gipfel vom Juli 2020 eine Blockbildung, die auch eine politisch desintegrative Sprengkraft in sich birgt. Eine Viereralianz aus den Niederlanden,

449 https://de.statista.com/statistik/daten/studie/167737/umfrage/staatsverschuldung-von-italien/
https://de.statista.com/statistik/daten/studie/167461/umfrage/staatsverschuldung-von-spanien/ (6. 8. 2020)

Österreich, Schweden und Dänemark, zu der sich später auch Finnland gesellte, widersprach offen der Achse Berlin-Paris, als es darum ging, nichtrückzahlbare Gelder an marode Südländer auszuschütten. Diese monetaristisch orientierten wirtschaftsliberalen Kräfte sollen nach Österreichs Kanzler Sebastian Kurz langfristig zusammenarbeiten und eine neue Rolle als »Sparmeister« einnehmen. Ein interessanter Nebenaspekt dieser »Frugalen« ist, dass in drei der vier Regierungen Grüne mit am Koalitionstisch sitzen. Auch dürfte es der deutschen Kanzlerin Angela Merkel gar nicht so unrecht gewesen sein, dass Mark Rutte und Sebastian Kurz den Zeigefinger der restriktiven Budgetpolitik hoben. So konnte die Kanzlerin auch auf EU-Ebene die spendable Mutti geben und ihre konservativen Kollegen böse Egoisten spielen lassen.

Anfang Juni 2020 begannen konkrete Planungen der Europäischen Zentralbank zur Gründung einer sogenannten Bad Bank.[450] In ein solches Institut sollen alle uneinbringlichen, faulen Kredite eingebracht werden, für die private Banken geradestehen müssten. Man geht in der EZB davon aus, dass es sich um ein Volumen von bis zu 1 Billion Euro handeln könnte, mit dem EU-Unternehmen und Haushalte bei ihren Banken in der Kreide stehen. Die Verschiebung dieser Schuldtitel in eine EU-europäische Bad Bank entlastet den Bankensektor, verschiebt die Zahlungen und bürdet sie den SteuerzahlerInnen auf. Nach Vorstellungen der EZB-Banker soll es der »Europäische Stabilitätsmechanismus« (ESM) sein, der die Begleichung der offenen Forderungen garantiert. Woher dieser zwar mit 700 Mrd. Euro Stammkapital gut bestallte ESM die Mittel nehmen soll, die er ja gleichzeitig für Zuschüsse an Staaten aufzubringen hat, bleibt ein Bankgeheimnis.

Manche EU-Staaten beließen es nicht bei Krediten und Zuschüssen, sondern reagierten auf die bevorstehende tiefste Wirtschaftskrise seit dem Zweiten Weltkrieg mit Steuersenkungen. So reduzierten Deutschland (für Waren und Dienstleistungen aller Art) und Österreich (für ausgewählte Bereiche wie Gastronomie, Kulturveranstaltungen, Buchhandel etc.) mit 1. Juli 2020 einzelne Mehrwertsteuersätze – eine Maßnahme, die auf ein halbes Jahr beschränkt bleiben sollte. Sie hat freilich auch indirekte Auswirkungen auf die Europäische Union, deren

450 *Die Presse* vom 12. Juni 2020

Kommission ja zeitgleich darum kämpft, den durch den britischen Brexit spürbar gewordenen Finanzausfall mittels höherer Einlagen durch die Rest-Mitglieder zu kompensieren. Wenn diese, wie leicht vorhersehbar, in den kommenden Jahren jedoch immer weniger Steuereinnahmen zur Verfügung haben, wird sich eine Erhöhung des EU-Budgets nicht ausgehen. Wie am Anfang der Corona-Pandemie gilt auch bei der Bewältigung ihrer Folgen: jeder Nationalstaat sieht zuerst auf seine Befindlichkeit. Die Brüsseler Union hat das Nachsehen.

Mitten im Corona-Chaos kam dann noch eine die Existenz der EU bedrohende Botschaft aus Karlsruhe. Denn am 5. Mai 2020 sprach sich das deutsche Bundesverfassungsgericht gegen einen der wichtigsten EU-europäischen Schiedssprüche aus. Die Karlsruher Richter erachteten Anleihekäufe der Europäischen Zentralbank als teilweise ungesetzlich. Damit stellte sich die oberste rechtsstaatliche Behörde Deutschlands direkt gegen den Europäischen Gerichtshof (EuGH). Der Schlag gegen Brüssel hätte nicht schlimmer und zu keinem ungünstigeren Zeitpunkt kommen können. Im Kern der Sache ging es um die Behandlung einer Klage, die von über 1400 Privatpersonen, unter ihnen das CSU-Urgestein Peter Gauweiler, im Jahr 2015 gegen ein Programm zum Ankauf von Anleihen notleidender Staaten angestrengt wurde. Es handelte sich dabei um die beträchtliche Summe von 2,1 Billionen Euro, mit der die Europäische Zentralbank auf den Finanzmärkten schlecht beleumundeten Euro-Staaten unter die Arme griff. Die EZB dürfe laut Artikel 123 Euro-Länder nicht direkt unterstützen, lautete der Kernsatz der Kläger. Der EuGH wies die Klage 2018 ab, womit die Sache – wie viele andere ähnliche Klagen gegen die Politik des ESM und der EZB – erledigt schien. Doch die deutschen Höchstrichter sahen im EuGH-Urteil eine Fehlentscheidung, nahmen den Fall erneut auf und entschieden, dass die Europäische Zentralbank (EZB) ohne entsprechende Prüfung der Bonität Anleihekäufe vorgenommen hätte.[451]

Der Paukenschlag war in doppelter Hinsicht bemerkenswert. Denn zum einen unterstellte das Karlsruher Gericht der EZB »Unverhältnismäßigkeit« und Schlamperei und zum anderen – und das wog schwerer – setzte es sich über einen Rechtsspruch des EuGH hinweg. Und das, obwohl der Europäische Gerichtshof

451 Vgl. hierzu: *Die Presse* vom 6. Mai 2020

grundsätzlich über jeder nationalen Justiz steht. Damit reihte sich der deutsche Verfassungsgerichtshof in eine Phalanx aus tschechischen, polnischen und ungarischen Urteilen ein, die ebenfalls in der Vergangenheit nationales Recht über EU-europäische Rechtsprechung gestellt hatten.

In praktischer Hinsicht steht mit dem Karlsruher Richterspruch vom Mai 2020 die zukünftige Beteiligung Deutschlands an den Anleihekaufprogrammen der EZB zur Disposition. Mit 26,4 Prozent hält Berlin den größten Anteil an der Europäischen Zentralbank. Es ist also nicht einerlei, ob der wichtigste Geldgeber ein Programm mitträgt oder nicht. Darüber hinaus untergräbt der Spruch des deutschen Verfassungsgerichts aber das rechtliche Selbstverständnis der Europäischen Union als Ganzes. Und er öffnet die Schleusen für nationale Begehrlichkeiten anderer Staaten. Deshalb zeigte sich auch der langjährige EU-Kommissionschef Jean-Claude Juncker in einem Interview über die Folgen der Karlsruher Rechtsprechung viel beunruhigter als über die Auswirkungen der Corona-Krise: »Meine Kommission hat sowohl Polen als auch Ungarn vor dem Europäischen Gerichtshof geklagt und die meisten Prozesse gewonnen«, meinte er, »deshalb macht mich auch die jüngste Rechtsprechung des deutschen Bundesverfassungsgerichts so besorgt, weil hier mit dem Prinzip des Primats des Gemeinschaftsrechts gebrochen wurde. Das Urteil könnte dazu führen, dass man sich in Budapest und Warschau an den deutschen Verfassungsrichtern ein Beispiel nimmt. Wenn das passiert, dann bricht die gesamte Rechtsordnung der Europäischen Union zusammen.«[452]

Europa ohne EU denken

Der ohnmächtige, hilflose Umgang der Europäischen Union mit den Auswirkungen der Corona-Krise hat die Stimmen der EU-apologetischen Intellektuellen verstummen lassen. Zu offensichtlich war das Scheitern der Großraumidee im Angesicht nationaler Alleingänge und gegenseitiger Abschottungen. Der die Ideen der ökonomischen Konvergenz begleitende links- bis rechtsliberale Flankenschutz brach in sich zusammen. Nichts war in den Phasen nationalstaatlicher

452 zit. in: *Die Presse* vom 30. Mai 2020

Notverordnungen und Lockdowns zu hören von Jürgen Habermas, kein Daniel Cohn-Bendit tauchte in virtuellen Talk Shows auf. Adam Michnik, Martin Pollack, Ulrike Guérot … und wie sie alle heißen, waren abgemeldet. »Wir brauchen die Nation nicht mehr«,[453] tönte die Letztgenannte drei Jahre zuvor. Jetzt düpierte sie die Wirklichkeit. Das »Manifest zur Neugründung der EU von unten«[454] aus dem Jahr 2012 verstaubte in den Archiven der Mainstream-Medien, während es seine Unterzeichner wie Jürgen Habermas, Herta Müller oder Joschka Fischer nicht einmal der Mühe Wert fanden, gegen nationale Isolations- und Quarantäneverordnungen aufzubegehren.

Die drei bestbezahlten EU-Präsidenten mussten also ohne jeden intellektuellen Flankenschutz weitermachen. Nach kurzer Schockstarre meldeten sich EU-Kommissionspräsidentin Ursula von der Leyen, der Präsident des Europäischen Rates Charles Michel und der Präsident des Europäischen Parlaments David Sassoli am 9. Mai 2020 in einer gemeinsamen Stellungnahme zu Wort. Was sie zu sagen hatten, waren oft gelesene und gehörte Plattitüden. »Europa muss gestärkt aus der Krise hervorgehen«,[455] lautete die Überschrift in einem Gastbeitrag, der zum 70. Jahrestag der Schuman-Erklärung zur Gründung der Europäischen Gemeinschaft für Kohle und Stahl in vielen Medien erschien. Neben ein paar Dankesworten an die »Helden von Corona«, wie die Altenpflegerinnen und Supermarkt-Kassierinnen in jenen Tagen genannt wurden, suhlte sich das Brüsseler Dreigestirn in historischen Reminiszenzen und überschüttete sich mit Selbstlob: »Wir haben beispiellose Entscheidungen getroffen, um sicherzustellen, dass die nationalen Regierungen über die finanziellen Kapazitäten verfügen, die sie zur Bewältigung der unmittelbaren Krise benötigen«, hieß es da. Abschließend verfielen sie wieder in einen jahrzehntelang eingeübten Tonfall, allerdings um ein Vokabel aus dem Gesundheitswortschatz und um eine kaum verhohlene Drohung ergänzt: »Unsere Union muss auch gesund und nachhaltig sein. Eine Lehre, die wir aus der Krise ziehen sollen, ist, dass wir auf wissenschaftliche Ratschläge hören und entschieden handeln müssen.«[456]

453 https://www.derstandard.at/story/2000056814520/politologin-guerot-wir-brauchen-die-nation-nicht-mehr (14. 6. 2020)

454 https://www.zeit.de/2012/19/Europa-Manifest/komplettansicht (1. 6. 2020)

455 vgl.: *Die Presse* vom 9. Mai 2020

456 Ebd.

Im »entschiedenen Handeln« versteckt sich indirekt die Idee, den immer spürbarer werdenden Vertrauensverlust mit autoritären Maßnahmen zu kompensieren. Auf diese Weise, so mögen es sich von der Leyen und Konsorten gedacht haben, könnte der Unionsgedanke gerettet werden, was freilich keine Frohbotschaft ist.

Stattdessen wäre es höchst an der Zeit, Vorstellungen von einem Europa ohne Europäische Union zu denken. Solche Gedanken dürfen von Anfang an nicht mehr in der Dimension globaler Konkurrenzfähigkeit verhaftet bleiben, sondern müssen umgekehrt ein Konzept ökonomischer Subsidiarität entwickeln, das den wirtschaftlichen Kleinraum vor den Großraum stellt und Indikatoren wie individuelles Glück und kollektive Solidarität in den Vordergrund rückt.

Konkret geht es um regionalen und sozialen Schutz vor einer global agierenden und auf Verwertung ausgerichteten Wirtschaftsweise. Das Dogma von der steten Verbilligung der Produktionsfaktoren, die notwendig sei, um im weltweiten Konkurrenzkampf bestehen zu können, muss aufgebrochen werden. Es ruht im Wesentlichen auf drei Säulen: Rationalisierung, schrankenloser Mobilität und billiger Arbeitskraft.

Rationalisierung kann grundsätzlich mit unterschiedlichen Zielsetzungen erfolgen. In der für uns über Jahrhunderte gewohnten Form einer kapitalistischen Akkumulation dient sie in erster Linie der Maximierung des Profits. So war es paradigmatisch bei der Industrialisierung von zuvor handwerklich hergestellten Produktionsvorgängen, und so ist es bei der Ablösung einer bäuerlichen Landwirtschaft durch agroindustrielle Komplexe, um nur zwei wichtige Zeitenwenden zu nennen. Ideologisch begleitet werden derlei Rationalisierungsschübe mit dem Bild eines unaufhaltsamen, linear ansteigenden menschlichen Fortschritts. Auch dieses gilt es neu zu malen, gehören doch Werte wie Glück, Gemeinschaft und Solidarität nicht unbedingt zu seinem Inhalt. Zukünftige, neu-europäisch gedachte Rationalisierungen müssen sozialer, regionaler und ökologischer Nützlichkeit Vorrang vor Profitmaximierung und Konkurrenzfähigkeit einräumen.

Auch der dem globalistischen EU-Gedanken inhärente Glaubenssatz einer schrankenlosen Mobilität muss überwunden werden. Mobilität ist, wie es der Wiener Verkehrsexperte Hermann Knoflacher treffend ausdrückt, »Mangel am

Ort«.[457] Es gilt, diesen Mangel möglichst an Ort und Stelle zu beheben, bevor Waren und Menschen rund um den Globus geschippert werden, weil ihre Herstellung oder ihre Vernutzung am anderen Ende der Welt billiger kommen. Die Gründe für diese »Einsparung« können in sozialen, steuerrechtlichen oder andersgearteten Unterschieden liegen, weil die Löhne anderswo niedriger, die Gesetze unternehmerfreundlicher oder naturfeindlicher sind. Dieser »Mangel am Ort« besteht auch innerhalb Europas, wenn Löhne zwischen einzelnen Mitgliedsstaaten um das Achtfache differieren, Arbeitsgesetze unterschiedlicher nicht sein können oder niedrige Steuersätze zu einem Wettlauf um ausländische Investitionen führen. Grenzenlose Mobilität hat sowohl in regionaler als auch in sozialer und ökologischer Hinsicht verheerende Auswirkungen. Sie bedarf zudem einer militärischen Begleitung, die die Sicherheit der Verkehrs- und Transportwege rund um den Globus gewährleistet. Eine neu-europäische Antwort darauf muss heißen, die sozialen, regionalen und ökologischen Kosten hinter dem darauf beruhenden Konkurrenzvorteil sichtbar zu machen und Kostenwahrheit einzufordern. Mobilität wird dadurch freilich nicht verschwinden, was auch gar nicht wünschenswert wäre, ihr werden allerdings Schranken gesetzt.

Billiglohn ist einer der wesentlichen, wenn auch von den meinungsbildenden Medien oft heruntergespielten Faktoren für Investitionsentscheidungen. Er kann in zwei Richtungen für Profitmaximierung genützt werden. Einerseits, indem das Kapital dem Standort der billigen Arbeitskräfte folgt und sein Unternehmen dorthin verlagert; und andererseits, indem es auf möglichst ungehinderten Import billiger Arbeitskräfte drängt, mithin ein Migrationsregime befördert. Beide Varianten sind sowohl im globalen Maßstab als auch innerhalb der Europäischen Union üblich, mehr noch: sie sind konstitutiv für einen Freiheitsbegriff, der die Gewinnmaximierung über Kapital, Waren, Dienstleistungen und Arbeitskräfte im Auge hat. Soziale Verwerfungen sind die Folge, wenn sogenannte Weltmarktfabriken in Billiglohnländern Arbeitskräfte für den Weltmarkt vernutzen oder Teile der jungen, aktiven Bevölkerung eines peripheren Staates in die Zentralräume strömen, um sich dort zu verdingen.

In einem wünschenswerten Post-EU-Europa muss anstelle der sogenannten

457 https://wwwo.oekoneews.at/?mdoc_id=1044761 (4.7.2018)

»ArbeitnehmerInnenfreizügigkeit« eine Lohn-, Sozial- und Regionalpolitik betrieben werden, die lokaler und nationaler Beschäftigung Vorrang einräumt. Wie in anderen Bereichen auch bedarf es eines Neuaufbaus, der von der jeweils unteren Ebene ausgeht – lokal vor regional vor national vor international/ zwischenstaatlich.

Seit Jahrzehnten sehen wir eine Europäische Union am Werk, deren Repräsentanten die Überwindung nationalstaatlicher Grenzen predigen, wohl wissend und befürwortend, dass eine solche unter dem Schirm der vier kapitalistischen Freiheiten einen Mix aus sozialen, regionalen und kulturellen Ungleichheiten hervorbringt. Manche älteren linken Ansätze, seien sie sozialdemokratisch geprägt oder an marxistisch-leninistischen Ideen festhaltend, sind der Meinung, aus der Not der Ungleichheit von oben herab eine Tugend sozialistischer Gleichheit machen zu können. Die Erlangung der Macht – gemeint der Staatsmacht oder noch besser: der Macht über die Institutionen der EU – würde genügen, um supranationale Strukturen dem Menschen dienstbar machen zu können. Abgesehen davon, dass das von Brüssel aufgebaute »Haus Europa« eine solche Machtübernahme praktisch nicht möglich macht, wie uns die Geschichte seit Jahrzehnten lehrt, ist sie auch perspektivisch nicht wünschenswert.

Großraum und strukturelle Ungleichheiten hängen systemisch zusammen. Damit die Herstellung eines politischen Primats über ökonomische Prozesse eine solidarische, lebenswerte Gesellschaft ergeben kann, bedarf es eines Neuaufbaus Europas. Das Prinzip einer ökonomischen Subsidiarität garantiert kleinräumiges vor großräumigem Wirtschaften. Was lokal produziert werden kann, ist dem regionalen vorzuziehen und dieses wiederum dem nationalen und so weiter. Das schließt einen Weltmarkt für bestimmte Produkte nicht von vornherein aus, unterstellt aber die jeweils kleinere Einheit einem Schutz gegenüber der größeren.

Ökonomische Subsidiarität muss aber auch die Vorrangigkeit von Gebrauchswertproduktion vor Tauschwertproduktion beinhalten, mithin die Nähe des Produzenten/der Produzentin zu seinem/ihrem Produkt. Entfremdung vom Arbeitsprozess und Kommodifizierung des Erarbeiteten sind als Systemmerkmale der kapitalistischen Wirtschaftsweise zu überwinden.

Europa neu gedacht ist also ein Plädoyer für möglichst lokale und regionale

Wirtschaftskreisläufe anstelle einer auf globalisierter Arbeitsteilung beruhender Wachstumsideologie. Es bedeutet auch Priorität von nationalstaatlicher Souveränität vor globaler Standortkonkurrenz. Nicht der Sieg im Wettlauf um Konkurrenzvorteile und Investitionen, wie er die Welt seit Jahrzehnten prägt, ist die Zielvorgabe, sondern eine von unten aufgebaute Wirtschaftsstruktur. Diese muss sich auch politisch niederschlagen, indem Entscheidungen möglichst regional vor national und international getroffen werden.

Solche Europagedanken werden sich auch von einem jahrhundertelang vorherrschenden missionarisch-imperialen Anspruch verabschieden müssen, Vorreiter und Maßstab für Gesellschaften überall auf der Welt zu sein. Die Menschen und Völker Europas könnten die Initialzündung dafür geben und den Anfang machen. Die sozialen und ökologischen Gründe dafür liegen auf der Hand und waren noch nie so sichtbar wie im Jahr 2020, dem Erscheinungsjahr dieses Buches.

Literaturliste

Bücher, Buchbeiträge, Schriftstücke

Hermann Josef Abs in einem Vortrag »Aktive Kapitalpolitik« auf einer Veranstaltung des Deutschen Instituts für Bankwissenschaft und Bankwesen. (25.10.1940). Zit. in: Opitz (Hg.) 1994

Gunnar Adler-Karlsson, Der Fehlschlag. 20 Jahre Wirtschaftskrieg zwischen Ost und West. Wien 1971

Tariq Ali u. a., Die extreme Mitte. Wer die westliche Welt beherrscht. Eine Warnung. Wien 2020

Hans Herbert von Arnim, Die Deutschland-Akte. Was Politiker und Wirtschaftsbosse unserem Land antun. München 2008

Gerhard Altmann, Abschied vom Empire: die innere Dekolonisation Großbritanniens 1945–1995. Göttingen 2005

Elmar Altvater, Im Schlepptau der Finanzmärkte. Wie sich die Politik dem Diktat der Kreditverursacher unterwirft. In: *Blätter für deutsche und internationale Politik,* November 2010

Auswärtiges Amt (Hg.), Die Auswärtige Politik der Bundesrepublik Deutschland, Köln 1972

Magdalena Bainczyk, Die umstrittene Justizreform in Polen. In: *WeltTrends. Das außenpolitische Journal,* Nr. 143, Potsdam September 2018

Stephan Balling, Sozialphilosophie und Geldpolitik bei Friedrich August von Hayek, Walter Eucken, Joseph Alois Schumpeter, Milton Friedman und John Maynard Keynes. In: *Schriftenreihe der Aktionsgemeinschaft Soziale Marktwirtschaft* Nr. 15, Stuttgart 2013

Bank Austria-Creditanstalt (Hg.), Bankenvergleich Mittel- und Osteuropa 2001. Wien 2002

Charles Barthel, Sturm im Wasserglas. Das Streben der Stahlkocher nach einer Gangbarmachung des Schuman-Plans. Einige Betrachtungen aus der Sicht Luxemburger Industriearchive (1950–1952). In: Centre d'études et des recherches européennes Robert Schuman (Hg.) 1996

Nikolaus Bayer, Wurzeln der Europäischen Union. Visionäre Realpolitik bei der Gründung der Montanunion. St. Ingbert 2002

BGBl. II vom 6. Mai 1952, Nr. 7

Hans-Jürgen Bieling/Jochen Steinhilber (Hg.), Die Konfiguration Europas. Dimensionen einer kritischen Integrationstheorie. Münster 2000

Böckler Impuls, Ausgabe 7/205

Dorothee Bohle, EU-Integration und Osterweiterung: die Konturen einer neuen europäischen Unordnung. In: Bieling/Steinhilber (Hg.) 2000

Klaus-Dieter Borchardt, Die europäische Einigung. Die Entstehung und Entwicklung der Europäischen Union. In: Europäische Dokumentation (Amt für amtliche Veröffentlichungen der Europäischen Gemeinschaften). Luxemburg 1995

Andreas Bovenschulte/ Andreas Fisahn, Fiskalpakt entmachtet Bundestag. Bremen/Bielefeld im März 2012

Bundesministerium Landesverteidigung (Hg.), Sicher. Und morgen? Sicherheitspolitische Jahresvorschau 2019. Wien 2019

Andreas Bracher, Europa im amerikanischen Weltsystem. Bruchstücke zu einer ungeschriebenen Geschichte des 20. Jahrhunderts. Basel 2001

Rainer Brähler, Der Marshallplan. Zur Strategie weltmarktorientierter Krisenvermeidung in der amerikanischen Westeuropapolitik 1933–1952. Köln 1983

Karl Brenke, Reallöhne in Deutschland über mehrere Jahre rückläufig (Wochenbericht des DIW Nr. 32/2009)

Briand-Memorandum vom 17. Mai 1930, zit. in: Majer/Höhne 2014

Brockhaus Enzyklopädie, Mannheim 1993, Bd. 21
Brockhaus Lexikon. Wiesbaden 1952, Bd. 1
Jürgen Bruhn, Der Kalte Krieg oder die Totrüstung der Sowjetunion. Der US-militärisch-industrielle Komplex und seine Bedrohung durch den Frieden. Gießen 1995
Gerhardt Brunn, Die Europäische Einigung von 1945 bis heute. Stuttgart 2009
Jacob Burckhardt, Historische Fragmente. Aus dem Nachlaß gesammelt von Emil Dürr. Basel 1942
Bundesamt für gesamtdeutsche Fragen, Protokoll über die Besprechung der Staatssekretäre am 21. April 1952 über die Maßnahmen nach der Wiedervereinigung Deutschlands im Gebiet der Sowjetzone. BArchK, B 137 I/12
Bundesgesetzblatt II 1990, S. 1318/1320/1324
Bundesgesetzblatt 1994, Teil II, S. 3205

Centre d'études et des recherches européennes Robert Schuman (Hg.), Le Luxembourg face à la construction européenne – Luxemburg und die europäische Einigung, Luxemburg 1996
Nikos Chilas/Winfried Wolf, Die griechische Tragödie. Rebellion, Kapitulation, Ausverkauf. Wien 2018
Comenius (Komenský), Ausgewählte Schriften. Leipzig 1924
Robert Cooper, The New Liberal Imperialism, in: *The Observer* vom 7. April 2002
Richard Coudenhove-Kalergi, Das pan-europäische Manifest. Wien Leipzig 1923
Richard Coudenhove-Kalergi, Weltmacht Europa. Stuttgart 1971

Denkschrift von Werner Daitz betreffend die Errichtung eines Reichskommissariats für Großraumwirtschaft (31. Mai 1940). Zit. in: Reinhard Opitz (Hg.) 1994
Denkschrift von Werner Daitz über die Errichtung einer Zentralstelle für europäische Großraumwirtschaft. Zit. in: Opitz (Hg.) 1994
Denkwürdigkeiten, Zürich 1783–1786
Özlem Demirel, Mit von der Leyen zu neuen Militarisierungsufern, in: *Friedensforum. Zeitschrift der Friedensbewegung*. Bonn Nr. 1/2020
François Duchêne, Jean Monnet – The First Statesman of Interdependence. New York/London 1994

Einheitliche Europäische Akte vom 28. Februar 1986, in: Verträge zur Gründung der Europäischen Gemeinschaften. Brüssel-Luxemburg 1987
Entschließung des Europäischen Parlaments vom 19. September 2019 zur Bedeutung des europäischen Geschichtsbewusstseins für die Zukunft Europas (2019/2819 (RSP))
Entwurf für eine Denkschrift des Auswärtigen Amtes über die Schaffung eines »Europäischen Staatenbundes« (9. 9. 1943) aus: Zentrales Staatsarchiv Potsdam. Filmsammlung, Nr. 5582, Bl. D 514553ff. Zit. in: Opitz (Hg.) 1994
ERP-Austria Country Study. Wien 1949
Thomas Ertl/Andrea Komlosy/Hans-Jürgen Puhle (Hg.), Europa als Weltregion. Zentrum, Modell oder Provinz? Wien 2014
Giscard d'Estaing, Reform treaty: Cosmetic Changes to avoid Referendums. Siehe: https://www.eumonitor.eu/9353000/1/j9vvik7m1c3gyxp/vhmir5kr75zo?ctx=vggd1fum7n7f
Europa-Archiv, Auslandshilfegesetz Abschnitt 117d. Oberursel 1948
Europäische Dokumentation, Eine neue Ordnung für Europa. Vierzig Jahre Schuman-Plan (1950–1990). Luxemburg 1990
Ulrich Everling, Das Maastricht-Urteil des Bundesverfassungsgerichts und seine Bedeutung für die Entwicklung der Europäischen Union; in: Integration 3, Berlin 1994

Günter Fabiunke, Zur historischen Rolle des deutschen Nationalökonomen Friedrich List (1789–1846). Ein Beitrag zur Geschichte der politischen Ökonomie in Deutschland. Berlin 1955

Anneliese Fikentscher/Andreas Neumann, Ja! Ja! Ja! Ursula! – Was geschah am 16. Juni 2019 in Straßburg?, in: *Das Krokodil* Nr. 30 vom September 2019
Rolf Hellmut Foerster, Die Idee Europa 1300–1946. Quellen zur Geschichte der politischen Einigung. München 1963
Rolf Hellmut Foerster, Europa. Geschichte einer politischen Idee. München 1967
Rede von Walther Funk vom 25. Juli 1940, zit. in: Schmale 2001
Aus dem Briefwechsel Funk-Göring. Zentrales Staatsarchiv Potsdam, NP Fall XI, Dokumentenbuch 88 II, Bd. 369. Zit. in: Opitz (Hg.) 1994

Alessandro Gasparotti/Matthias Kullas, 20 Jahre Euro: Verlierer und Gewinner. Eine empirische Untersuchung. CEP (Centrum für Europäische Politik)-Studie. Freiburg 2019
Michael Gehler, Europa. Von der Utopie zur Realität. Innsbruck-Wien 2014
Wolfgang Geier, Europabilder. Begriffe, Ideen, Projekte aus 2500 Jahren. Wien 2009
Gemeinsame Mitteilung an das Europäischer Parlament, den Europäischen Rat, den Rat, den Europäischen Wirtschafts- und Sozialausschuss und den Ausschuss der Regionen. Brüssel, 14. Juni 2019
John Gillingham, Die französische Ruhrpolitik und die Ursprünge des Schuman-Plans, in: *Vierteljahreshefte für Zeitgeschichte* Nr. 35 (1987)
Joseph Goebbels am 5. April 1940, zit. in: Mazower 2009
Leonid und Anton Grinin, The Cybernetic Revolution and the Forthcoming Epoch of Self-Regulation Systems. Moskau 2016

John Hale, Die Kultur der Renaissance in Europa. München 1994
Oskar Halecki, Europa. Grenzen und Gliederung seiner Geschichte. Darmstadt 1957
Daniel Hannan, What next. How to get the best from Brexit. London 2016
Klaus Hänsch, Der Weg zur Osterweiterung der EU. In: Kreyenberg (Hg.) 1998
Wolfgang Harich, Keine Schwierigkeiten mit der Wahrheit. Berlin 1993
Claudia Haydt/Jürgen Wagner, Die Militarisierung der EU. Der (un)haltsame Weg Europas zur militärischen Großmacht. Berlin 2018
Friedrich Hayek, The economic conditions of interstate federalism, In: Friedrich Hayek, Individualism and Economic Order. Chicago 1948
Sigismund von Herberstein, Rerum moscoviticarum commentarii (erschienen 1567)
Herodot, Historien, Deutsche Gesamtausgabe, Buch VII. Stuttgart 1971
Roman Herzog/Lüder Gerken, Europa entmachtet uns und unsere Vertreter. In: *Die Welt* vom 13. Januar 2007
Roman Herzog/Lüder Gerken, Stoppt den Europäischen Gerichtshof. In: *Frankfurter Allgemeine Zeitung* vom 8. September 2008
Stefan Hinsch/Wilhelm Langthaler, Europa zerbricht am Euro. Unter deutscher Vorherrschaft in die Krise 2016
Adolf Hitler, Mein Kampf. München 1934
Hannes Hofbauer/Andrea Komlosy, Post Corona: Organisierte Kapitalherrschaft. In: *Telepolis* vom 3. April 2020
Hannes Hofbauer/David X. Noack, Slowakei. Der mühsame Weg nach Westen. Wien 2012
Hannes Hofbauer, DDR-Nachruf: Der Staat stirbt ab; in: Hannes Hofbauer, Der Wilde Osten. Reportagen vom Rande Europas. Wien 1991
Hannes Hofbauer, Der Wilde Osten. Reportagen vom Rande Europas. Wien 1991
Hannes Hofbauer, Die Diktatur des Kapitals. Souveränitätsverlust im postdemokratischen Zeitalter. Wien 2014
Hannes Hofbauer, EU-Osterweitung. Historische Basis – ökonomische Triebkräfte – soziale Folgen. Wien 2007
Hannes Hofbauer, Europäische Union: Dem Kapital ergeben, der Demokratie abhold. In: Mies (Hg.) 2019
Hannes Hofbauer, Feindbild Russland. Geschichte einer Dämonisierung. Wien 2016
Hannes Hofbauer/Stefan Kraft (Hg.), Lockdown 2020. Wie ein Virus dazu benutzt wird, die Gesellschaft zu verändern. Wien 2020

Hannes Hofbauer, Westwärts. Österreichs Wirtschaft im Wiederaufbau. Wien 1992
Victor Hugo, Œuvres Complètes. Bd. 15. Paris 1985
Andrej Hunko, WHO – Wer bestimmt, was gesund ist. In: Hannes Hofbauer/Stefan Kraft (Hg.), Lockdown 2020. Wie ein Virus dazu benutzt wird, die Gesellschaft zu verändern. Wien 2020, in Druck

Nadeem Ilahi/Anna Ilyina/Daria Zakharova, Emigration slows Eastern Europe's Catch Up with the West, siehe: https://blogs.imf.org/2016/07/20/emigration-slows-eastern-europes-catch-upwith-the-west/
Institut der Deutschen Wirtschaft (Hg.), Informationsdienst des IW (iwd). O. O. 1996

Joint Intelligence Committee, Direktive JIC 329, Nov 3, 1945

Immanuel Kant, Idee zu einer allgemeinen Geschichte in weltbürgerlicher Absicht. 1784/1795, in: Kant 1871
Immanuel Kant, Kleine Schriften, 7. Satz, Leipzig 1871
Udo Kempf/Hans-Georg Merz: Kanzler und Minister 1949–1998. Wiesbaden 2001
Paul Klee, Das Personenlexikon zum Dritten Reich. Wer war was vor und nach 1945. Frankfurt am Main 2005
Andrea Komlosy, Europa und seine Grenzen, in: Ertl/ Komlosy/ Puhle (Hg.) 2014
Gerd-Helmut Komossa, Die deutsche Karte. Das verdeckte Spiel der geheimen Dienste. Graz 2007
Abschiedsrede von Verteidigungsministerin Annegret Kramp-Karrenbauer für ihre Vorgängerin Ursula von der Leyen am 15. August 2019
Peter Kreyenberg (Hg.), Europa braucht den Osten. Stuttgart 1998
Gabriele Krone-Schmalz, Russland verstehen. Der Kampf um die Ukraine und die Arroganz des Westens. München 2015

Dieter Langewiesche, Staat, Nation und Föderation in der europäischen Geschichte. Münster 2008
Emmanuel de Las Cases, Denkwürdigkeiten von Sanct-Helena, Bd. 5, Stuttgart-Tübingen 1826
Paul Lazersfeld-Gesellschaft für Sozialforschung, Politischer Wandel und Wohlstandsentwicklung in Mittel- und Osteuropa. Meinungsklima 1991–1998. Wien 1998
Sebastian Liebold, Konzeptionelle Überlegungen. In: Hendrik Thoß (Hg.), Mitteleuropäische Grenzräume (Chemnitzer Europastudien, Bd. 3). Berlin 2006
Leibniz, Bedenken, welchergestalt Securitas publica interna et externa et Status praesens im Reich jetzigen Umständen nach auf festen Fuß zu stellen; zit. in: Foerster 1963
Leibniz, Sämtliche Schriften und Briefe. Akademieausgabe, 4. Reihe, Politische Schriften, Bd. 1. Darmstadt 1931
Walter Lipgens (Hg.), 45 Jahre Ringen um die Europäische Verfassung. Dokumente 1939–1984. Bonn 1986
Friedrich List, Das nationale System der politischen Ökonomie. Stuttgart 1883 (1841); Jena 1904

Maastricht-Vertrag in der konsolidierten Fassung des Vertrags über die Europäische Union aus dem Amtsblatt der Europäischen Union vom 9. Mai 2008 (Artikel 3, ex-Artikel 2 EUV)
Dietmut Majer/Wolfgang Höhne, Europäische Einigungsbestrebungen vom Mittelalter bis zur Gründung der Europäischen Wirtschaftsgemeinschaft (EWG) 1957, Band 3 der Schriftenreihe Juris Fontes. Karlsruhe 2014
Dietmut Majer/Margarethe Hunzinger (Hg.), Verfassungsstrukturen, Freiheits- und Gleichheitsrechte in Europa seit 1789. Eine Sammlung ausgewählter Verfassungstexte. Karlsruhe 2009
Manifest »Die währungspolitischen Beschlüsse von Maastricht. Eine Gefahr für Europa«; in: *Frankfurter Allgemeine Zeitung* (»Die EG-Währungsunion führt zur Zerreißprobe«) am 11. Juni 1992
Hans-Peter Martin, Die Europafalle. Das Ende von Demokratie und Wohlstand. München 2009
Karl Marx, Der Generalrat an den Föderalrat der romanischen Schweiz, 1. Januar 1870. Siehe: http://www.mlwerke.de/me/me16/me16_384.htm
Mark Mazower, Hitlers Imperium: Europa unter der Herrschaft des Nationalsozialismus. München 2009
Hans Peter Mensing, Konrad Adenauer. In: Kempf/ Merz 2001

Angela Merkel am 13. November 2018 vor dem Europäischen Parlament, zit. in: https://www.bundeskanzlerin.de/bkin-de/aktuelles/rede-von-bundeskanzlerin-merkel-vor-dem-europaeischen-parlament-am-13-november-2018-in-strassburg-1549538

Ullrich Mies (Hg.), Der Tiefe Staat schlägt zu. Wie die westliche Welt Krisen erzeugt und Kriege vorbereitet. Wien 2019

Ullrich Mies/ Jens Wernicke (Hg.), Fassadendemokratie und Tiefer Staat. Auf dem Weg in ein autoritäres Zeitalter. Wien 2017

Jürgen Mittag, Kleine Geschichte der Europäischen Union. Von der Europa-Idee bis zur Gegenwart. Münster 2008

Jean Monnet, Erinnerungen eines Europäers. München 1980

Friedrich Naumann, Mitteleuropa. Berlin 1915

Hans-Heinrich Nolte, Weltgeschichte. Imperien, Religionen und Systeme. 15. bis 19. Jahrhundert. Wien-Köln-Weimar 2005

Reinhard Opitz (Hg.), Europastrategien des deutschen Kapitals 1900–1945. Bonn 1994

William Penn, Essay towards the Present and Future Peace in Europa, zit. in: Foerster 1963

Karl Heinrich Peter (Hg.), Reden, die die Welt bewegten. Stuttgart 1959

Johannes Pollak/Peter Slominski, Das politische System der EU. Wien 2012

Hans Prader/Michael Unterleitner, Das »Trade Union Recovery Program« der amerikanischen Gewerkschaften in Westeuropa und Österreich der Nachkriegszeit. In: *Österreichische Zeitschrift für Politikwissenschaften* Nr. 1/76. Wien 1976

Alicia Prager, LobbyControl, Fortschritte in Brüssel, kaum Transparenz in Berlin. In: www.euractiv.de vom 29. April 2019

Pressedienst der Bundesregierung, Korrespondenz-Spiegel. Schnell-Information vom 21. Juli 1959

Kurt von Raumer, Ewiger Friede. Friedensrufe und Friedenspläne seit der Renaissance. Freiburg 1953

Karina Reiss/Sucharit Bhakdi, Corona Fehlalarm? Zahlen, Daten und Hintergründe. Berlin/Wien 2020

Ernest Renan, Nation? Und andere politische Schriften, in: Renan 1947, Tome 1

Œuvres Renan 1947, Tome 1 & 2

Robespierre, Œuvres, Bd. 4, Discours 1789–1790. Paris 1950

Andreas Rödder, Deutschland einig Vaterland. Die Geschichte der Wiedervereinigung. München 2009

James Rogers/Luis Simón, The new »long telegram«: Why we must re-found European integration«, in: Group on Grand Strategy, Long Telegram 1, summer 2011

Viorel Roman/Hannes Hofbauer, Transsilvanien – Siebenbürgen. Begegnung der Völker am Kreuzweg der Reiche. Wien 1996

Karl Heinz Roth, Anschließen, angleichen, abwickeln. Die westdeutschen Planungen zur Übernahme der DDR 1952–1990. Hamburg 2000

Karl Heinz Roth, Atombomben auf Moskau, Taschkent, Leningrad … Zur Vorgeschichte eines präventiven amerikanischen Atomkriegsplanes gegen die Sowjetunion vom November 1945

Erasmus von Rotterdam, Klage des Friedens, der bei allen Völkern verworfen und niedergeschlagen wurde (1517 auf Lateinisch). Zit. in: von Raumer 1953

Jean-Jaques Rousseau, Auszug aus dem Plan des Ewigen Friedens des Herrn Abbé de Saint-Pierre. Paris 1756, zit. in: Foerster 1963

Hermann-Josef Rupieper, Der besetzte Verbündete. Die amerikanische Deutschlandpolitik 1945–1955. Opladen 1991

Nikolai Ryschkow, Mein Chef Gorbatschow. Die wahre Geschichte des Untergangs. Berlin 2013

Martin Saeter, Europa – politisch. Alternativen, Modelle und Motive der Integrationspolitik. Berlin 1977
Abbé de Saint-Pierre, Œuvres, T. XXII., S. 90; zit. in: Foerster 1967
Thilo Sarrazin, Zukunft Europa: Geburtsfehler Maastricht; in: *Frankfurter Allgemeine Zeitung* vom 17. Juli 2012
Wolfgang Schmale, Geschichte Europas. Wien-Köln-Weimar 2001
Conrad Friedrich von Schmidt-Phiseldek, Der Europäische Bund. O. O. o. J.
Conrad Friedrich von Schmidt-Phiseldek, Europa und Amerika. Kopenhagen 1820
Laurence Shoup/William Minter, Die Kulissenschieber e. V. Der Council on Foreign Relations und die Außenpolitik der USA. Bremen 1981
Heinrich von Siegler, Dokumentation der europäischen Integration. Bonn 1961
Christopher Simpson, Der amerikanische Bumerang – NS-Kriegsverbrecher im Solde der USA. Wien 1988
The Sources of Soviet Conduct, in: *Foreign Affairs*, July 1947
Wolfgang Streeck, Gekaufte Zeit. Die vertagte Krise des demokratischen Kapitalismus. Frankfurt/Main 2013
Studiengruppe zur Förderung der österreichischen Wirtschaftsentwicklung (Hg.), Sichert Österreichs Wirtschaftsfreiheit! Wien 1957

Hendrik Thoß (Hg.), Mitteleuropäische Grenzräume (Chemnitzer Europastudien, Bd. 3). Berlin 2006

United Nations Monetary and Financial Conference, Bretton Woods, New Hampshire July 1st to July 22nd 1944. Final Act and related Documents. Washington 1944

Vertrag über die Europäische Union, Art. 19 Abs. 1 Satz 2 EUV
Vertrag von Amsterdam vom 2. Oktober 1997
Verträge zur Gründung der Europäischen Gemeinschaften. Brüssel-Luxemburg 1987

Hans-Jürgen Wagner/Heiko Fritz (Hg.), Im Osten was Neues. Aspekte der EU-Osterweiterung. Bonn 1998
Peter Wahl, Die extreme Mitte und der Fetisch Europa. In: Tariq Ali u. a., Die extreme Mitte. Wer die westliche Welt beherrscht. Eine Warnung. Wien 2020
Peter Wahl, Stell Dir vor, es ist Europa – und keiner geht hin! Mai 2016. In: https://www.zeitschrift-luxemburg.de/stell-dir-vor-es-ist-europa-und-keiner-geht-hin/#_ftn1
Helen Wallace, Government without Statehood: The Unstable Equilibrium. In: Wallace/Wallace 1996
Helen Wallace/William Wallace, Policy-Making in the European Union. Oxford 1996
War and Peace Studies, Memorandum E-B 34 vom 24. Juli 1941
Sarina Wassermann, Die Militarisierung der Europäischen Union, in: *Friedensforum. Zeitschrift der Friedensbewegung*. Bonn Nr. 1/2020
Andreas Wehr, Der elektorale Selbstmord von Labour – Und was die deutsche Linke aus ihm lernen sollte. Vom 25. Januar 2020, siehe: https://www.andreas-wehr.eu/der-elektorale-selbstmord-von-labour-469.html
Andreas Wehr, Die EU als demokratiefreie Herrschaftsarchitektur; in: Mies/Wernicke (Hg.) 2017
Andreas Wehr, Kein echtes Parlament – zur Stellung des Europäischen Parlaments im Institutionengefüge der EU. 28. April 2019; siehe: https://www.andreas-wehr.eu/kein-echtes-parlament.html
Andreas Wehr, Overturning the Referendum – wie der Brexit gekippt werden soll, 15. April 2019; siehe: https://www.andreas-wehr.eu/overturning-the-referendum-wie-der-brexit-gekippt-werden-soll.html
Wiener Institut für Internationale Wirtschaftsvergleiche (Hg.), Countries in Transition 1995, Wien 1995
Stuart Woolf, Napoleon's Integration of Europe. London 2015

Mr. X, The Sources of Soviet Conduct. In: *Foreign Affairs*, July 1947

Fareed Zakaria, The Rise of Illiberal Democracy. In: *Foreign Affairs* Nov/Dec 1997
Shoshana Zuboff, Das Zeitalter des Überwachungskapitalismus. Frankfurt/New York 2018

Online-Quellen

https://www.24heures.ch
http://www.ag-friedensforschung.de
https://aktenkunde.hypotheses.org
https://www.andreas-wehr.eu
http://www.arbeiter-innen-kampf.org
https://archive.org
https://at.schindhelm.com
https://blogs.faz.net
https://blogs.imf.org
https://www.boersennews.de
https://www.bpb.de
https://www.bpv-huegel.com
https://www.bundeskanzlerin.de
http://bundestag.de
https://www.businessinsider.com
http://www.centre-robert-schuman.org
https://www.consilium.europa.eu
http://davidnoack.net
https://dejure.org
https://www.derstandard.at
https://www.dgb.de
https://de.statista.com
https://www.deutschlandfunkkultur.de
https://de.wikipedia.org
https://www.die-linke.de
http://dip21.bundestag.de
https://www.diw.de
https://www.dw.com/
https://ec.europa.eu
http://www.eu-info.de
https://www.eumonitor.eu
www.euractiv.de
https://eur-lex.europa.eu
www.euro-know.org
https://europa.eu
https://www.europarl.europa.eu
https://www.falter.at
https://www.faz.net
www.fit4russland.com
https://www.focus.de
https://www.handelsblatt.com
https://www.heise.de
https://jacobjung.wordpress.com
http://www.jura.uni-bielefeld.de
https://www.konsument.at
http://korrektheiten.com

https://www.merkur.de
http://www.mlwerke.de
https://www.nachdenkseiten.de
https://www.nato.int
https://www.neues-deutschland.de
https://www.nichtohneuns.de
https://norberthaering.de
https://oegfe.at
https://wwwo.oekoneews.at
https://www.onvista.de
https://politik.brunner-architekt.ch
http://www.rferl.org
https://www.ris.bka.gv.at
http://www.rotfuchs.net
https://www.spiegel.de
http://stats.oecd.org
https://www.swr.de
https://www.tagesschau.de
https://www.uibk.ac.at
https://www.welt.de
https://www.wikizero.com
https://www.youtube.com/watch?v=p_AyuhbnPOI
https://www.youtube.com/watch?v=xhalnPkxgi4
https://www.youtube.com/watch?v=cc-elFcs96Y
https://www.zeit-online.de
https://www.zeitschrift-luxemburg.de

Zeitungen & Zeitschriften

Arbeiterstimme (Nürnberg)
BBC (London)
Berliner Zeitung (Berlin)
Das Blättchen (Berlin)
Blätter für deutsche und internationale Politik (Berlin)
Business Central Europa (Wien)
Capital (Berlin)
Das Krokodil (Köln)
Der Spiegel (Hamburg)
Die Presse (Wien)
Die Welt (Berlin)
Financial Times (London)
Foreign Affairs (New York)
Frankfurter Allgemeine Zeitung (Frankfurt/Main)
Friedensforum. Zeitschrift der Friedensbewegung (Bonn)
Handelsblatt (Düsseldorf)
Integration (Berlin)
Kurier (Wien)
Le Figaro (Paris)

Mitteilungen der Dokumentationsstelle zur NS-Sozialpolitik (Hamburg)
Morning Star (London)
Münchner Merkur (München)
Neue Zürcher Zeitung (Zürich)
Newsweek (New York)
Österreichische Zeitschrift für Politikwissenschaften (Wien)
Ruptures (Paris)
Saturday Evening Post (USA)
Schriftenreihe der Aktionsgemeinschaft Soziale Marktwirtschaft (Stuttgart)
Sputnik Deutschland (Berlin)
The New York Times (New York)
The Observer (New York)
The Telegraph (London)
Tiroler Tageszeitung (Innsbruck)
Vierteljahreshefte für Zeitgeschichte (München)
WeltTrends. Das außenpolitische Journal (Potsdam)
Wiener Zeitung (Wien)
ZDF, heute.de (Mainz)
Zeit-Fragen (Zürich)